Die Genfer Konventionen
nebst Anhängen und Zusatzprotokollen

Die Genfer Konventionen

nebst Anhängen und Zusatzprotokollen

ISBN: 978-3-86741-221-6
Erscheinungsjahr: 2010
Erscheinungsort: Bremen, Deutschland

Die Genfer Konventionen

nebst Anhängen und Zusatzprotokollen

Inhalt

- Genfer Abkommen zur Verbesserung des Loses der Verwundeten und Kranken der bewaffneten Kräfte im Felde (mit Anhängen)
- Genfer Abkommen zur Verbesserung des Loses der Verwundeten, Kranken und Schiffbrüchigen der bewaffneten Kräfte zur See (mit Anhängen)
- Genfer Abkommen über die Behandlung der Kriegsgefangenen
- Genfer Abkommen über den Schutz von Zivilpersonen in Kriegszeiten
- Zusatzprotokoll zu den Genfer Abkommen vom 12. August 1949 über den Schutz der Opfer internationaler bewaffneter Konflikte
- Zusatzprotokoll zu den Genfer Abkommen vom 12. August 1949 über den Schutz der Opfer nicht internationaler bewaffneter Konflikte
- Zusatzprotokoll zu den Genfer Abkommen vom 12. August 1949 über die Annahme eines zusätzlichen Schutzzeichen

Genfer Abkommen
zur Verbesserung des Loses der Verwundeten und Kranken der bewaffneten Kräfte im Felde[2]

Die unterzeichneten Bevollmächtigten der Regierungen, die an der vom 21. April bis 12. August 1949 in Genf versammelten diplomatischen Konferenz zur Revision des Genfer Abkommens vom 27. Juli 1929[4] zur Verbesserung des Loses der Verwundeten und Kranken der Heere im Felde vertreten waren, haben folgendes vereinbart:

Kapitel I
Allgemeine Bestimmungen

Art. 1

Die Hohen Vertragsparteien verpflichten sich, das vorliegende Abkommen unter allen Umständen einzuhalten und seine Einhaltung durchzusetzen.

Art. 2

Ausser den Bestimmungen, die bereits in Friedenszeiten zu handhaben sind, ist das vorliegende Abkommen in allen Fällen eines erklärten Krieges oder jedes anderen bewaffneten Konflikts anzuwenden, der zwischen zwei oder mehreren der Hohen Vertragsparteien entsteht, und zwar auch dann, wenn der Kriegszustand von einer dieser Parteien nicht anerkannt wird.

Das Abkommen ist auch bei vollständiger oder teilweiser Besetzung des Gebietes einer Hohen Vertragspartei anzuwenden, selbst wenn diese Besetzung auf keinen bewaffneten Widerstand stösst.

Wenn eine der im Konflikt befindlichen Mächte am vorliegenden Abkommen nicht beteiligt ist, bleiben die daran beteiligten Mächte in ihren gegenseitigen Beziehungen gleichwohl durch das Abkommen gebunden. Sie sind aber durch das Abkom-

---

AS **1951** 181; BB1 **1949** II 1181
1   Der französische Originaltext findet sich unter der gleichen Nummer in der französischen Ausgabe dieser Sammlung.
2   Siehe auch die Zusatzprot. I und II vom 8. Juni 1977 (SR **0.518.521/522**).
3   AS **1951** 175
4   [BS **11** 499. AS **2002** 2645]

men auch gegenüber dieser Macht gebunden, wenn diese dessen Bestimmungen annimmt und anwendet.

Art. 3

Im Falle eines bewaffneten Konflikts, der keinen internationalen Charakter aufweist und der auf dem Gebiet einer der Hohen Vertragsparteien entsteht, ist jede der am Konflikt beteiligten Parteien gehalten, wenigstens die folgenden Bestimmungen anzuwenden:

1. Personen, die nicht direkt an den Feindseligkeiten teilnehmen, einschliesslich der Mitglieder der bewaffneten Streitkräfte, welche die Waffen gestreckt haben, und der Personen, die infolge Krankheit, Verwundung, Gefangennahme oder irgendeiner anderen Ursache ausser Kampf gesetzt wurden, sollen unter allen Umständen mit Menschlichkeit behandelt werden, ohne jede Benachteiligung aus Gründen der Rasse, der Farbe, der Religion oder des Glaubens, des Geschlechts, der Geburt oder des Vermögens oder aus irgendeinem ähnlichen Grunde.

    Zu diesem Zwecke sind und bleiben in bezug auf die oben erwähnten Personen jederzeit und jedenorts verboten:

    a. Angriffe auf Leib und Leben, namentlich Mord jeglicher Art, Verstümmelung, grausame Behandlung und Folterung;

    b. Gefangennahme von Geiseln;

    c. Beeinträchtigung der persönlichen Würde, namentlich erniedrigende und entwürdigende Behandlung;

    d. Verurteilungen und Hinrichtungen ohne vorhergehendes Urteil eines ordnungsmässig bestellten Gerichtes, das die von den zivilisierten Völkern als unerlässlich anerkannten Rechtsgarantien bietet.

2. Die Verwundeten und Kranken sollen geborgen und gepflegt werden.

Eine unparteiische humanitäre Organisation, wie das Internationale Komitee vom Roten Kreuz, kann den am Konflikt beteiligten Parteien ihre Dienste anbieten.

Die am Konflikt beteiligten Parteien werden sich anderseits bemühen, durch besondere Vereinbarungen auch die andern Bestimmungen des vorliegenden Abkommens ganz oder teilweise in Kraft zu setzen.

Die Anwendung der vorstehenden Bestimmungen hat auf die Rechtsstellung der am Konflikt beteiligten Parteien keinen Einfluss.

Art. 4

Die neutralen Mächte haben die Bestimmungen dieses Abkommens sinngemäss auf Verwundete und Kranke sowie auf die Angehörigen des Sanitäts- und Seelsorgepersonals der bewaffneten Kräfte der am Konflikt beteiligten Parteien anzuwenden, die in ihr Gebiet aufgenommen oder dort interniert werden, ebenso auf die geborgenen Gefallenen.

Art. 5

Auf geschützte Personen, die in die Gewalt der Gegenpartei gefallen sind, ist dieses Abkommen bis zu ihrer endgültigen Heimschaffung anzuwenden.

Art. 6

Ausser den in den Artikeln 10, 15, 23, 28, 31, 36, 37 und 52 ausdrücklich vorgesehenen Vereinbarungen können die Hohen Vertragsparteien andere besondere Vereinbarungen über jede Frage treffen, deren besondere Regelung ihnen zweckmässig erscheint. Keine besondere Vereinbarung darf die Lage der Verwundeten und Kranken sowie der Angehörigen des Sanitäts- und Seelsorgepersonals, wie sie durch das vorliegende Abkommen geregelt ist, beeinträchtigen oder die Rechte beschränken, die ihnen das Abkommen einräumt.

Die Verwundeten und Kranken sowie die Angehörigen des Sanitäts- und Seelsorgepersonals geniessen die Vorteile dieser Vereinbarungen so lange, als das Abkommen auf sie anwendbar ist, vorbehaltlich ausdrücklicher gegenteiliger Bestimmungen, die in den oben genannten oder in späteren Vereinbarungen enthalten sind und vorbehaltlich günstigerer Massnahmen, die durch die eine oder andere der am Konflikt beteiligten Parteien hinsichtlich dieser Personen ergriffen worden sind.

Art. 7

Die Verwundeten und Kranken, sowie die Angehörigen des Sanitäts- und Seelsorgepersonals können in keinem Falle, weder teilweise noch vollständig, auf die Rechte verzichten, die ihnen das vorliegende Abkommen und gegebenenfalls die im vorhergehenden Artikel genannten besonderen Vereinbarungen einräumen.

Art. 8

Das vorliegende Abkommen ist unter der Mitwirkung und Aufsicht der Schutzmächte anzuwenden, die mit der Wahrnehmung der Interessen der am Konflikt beteiligten Parteien betraut sind. Zu diesem Zwecke können die Schutzmächte neben ihren diplomatischen oder konsularischen Vertretern Delegierte unter ihren eigenen Staatsangehörigen oder unter Staatsangehörigen anderer neutraler Mächte bezeichnen. Diese Delegierten müssen von der Macht genehmigt werden, bei der sie ihre Mission durchzuführen haben.

Die am Konflikt beteiligten Parteien sollen die Aufgabe der Vertreter oder Delegierten der Schutzmächte in grösstmöglichem Masse erleichtern.

Die Vertreter oder Delegierten der Schutzmächte dürfen keinesfalls die Grenzen ihrer Aufgabe, wie sie aus dem vorliegenden Abkommen hervorgeht, überschreiten; insbesondere haben sie die zwingenden Sicherheitsbedürfnisse des Staates, in dem sie ihre Aufgabe durchführen, zu berücksichtigen. Nur aus zwingender militärischer Notwendigkeit kann ihre Tätigkeit ausnahmsweise und zeitweilig eingeschränkt werden.

Art. 9

Die Bestimmungen des vorliegenden Abkommens bilden kein Hindernis für die humanitäre Tätigkeit, die das Internationale Komitee vom Roten Kreuz oder irgendeine andere unparteiliche humanitäre Organisation mit Einwilligung der am Konflikt beteiligten Parteien ausübt, um die Verwundeten und Kranken sowie die Angehörigen des Sanitäts- und Seelsorgepersonals zu schützen und ihnen Hilfe zu bringen.

Art. 10

Die Hohen Vertragsparteien können jederzeit vereinbaren, die durch das vorliegende Abkommen den Schutzmächten übertragenen Aufgaben einer Organisation anzuvertrauen, die alle Garantien für Unparteilichkeit und erfolgreiche Arbeit bietet.

Wenn Verwundete und Kranke sowie Angehörige des Sanitäts- und Seelsorgepersonals aus irgendeinem Grunde nicht oder nicht mehr von einer Schutzmacht oder einer in Absatz 1 vorgesehenen Organisation betreut werden, hat der Gewahrsamsstaat einen neutralen Staat oder eine solche Organisation zu ersuchen, die Funktionen zu übernehmen, die das vorliegende Abkommen den Schutzmächten überträgt, die von den am Konflikt beteiligten Parteien bezeichnet werden.

Sollte ein Schutz auf diese Weise nicht gewährleistet werden können, so hat der Gewahrsamsstaat entweder eine humanitäre Organisation, wie das Internationale Komitee vom Roten Kreuz, zu ersuchen, die durch das vorliegende Abkommen den Schutzmächten zufallenden humanitären Aufgaben zu übernehmen, oder aber unter Vorbehalt der Bestimmungen dieses Artikels die Dienste anzunehmen, die ihm eine solche Organisation anbietet.

Jede neutrale Macht oder jede Organisation, die von der betreffenden Macht eingeladen wird oder sich zu diesem Zwecke zur Verfügung stellt, soll sich in ihrer Tätigkeit der Verantwortung gegenüber der am Konflikt beteiligten Partei, welcher die durch das vorliegende Abkommen geschützten Personen angehören, bewusst bleiben und ausreichende Garantien dafür bieten, dass sie in der Lage ist, die betreffenden Funktionen zu übernehmen und sie mit Unparteilichkeit zu erfüllen.

Von den vorstehenden Bestimmungen kann nicht durch eine besondere Vereinbarung zwischen Mächten abgewichen werden, von denen die eine, wenn auch nur vorübergehend, gegenüber der anderen oder deren Verbündeten infolge militärischer Ereignisse und besonders infolge einer Besetzung des gesamten oder eines wichtigen Teils ihres Gebietes, in ihrer Verhandlungsfreiheit beschränkt wäre.

Wo immer im vorliegenden Abkommen die Schutzmacht erwähnt wird, bezieht sich diese Erwähnung ebenfalls auf die Organisationen, die sie im Sinne dieses Artikels ersetzen.

Art. 11

In allen Fällen, in denen die Schutzmächte es im Interesse der zu schützenden Personen als angezeigt erachten, insbesondere in Fällen von Meinungsverschiedenheiten zwischen den am Konflikt beteiligten Parteien über die Anwendung oder

Auslegung der Bestimmungen des vorliegenden Abkommens, sollen sie zur Beilegung des Streitfalles ihre guten Dienste leihen.

Zu diesem Zwecke kann jede der Schutzmächte, entweder auf Einladung einer Partei oder von sich aus, den am Konflikt beteiligten Parteien eine Zusammenkunft ihrer Vertreter und im besondern der für das Schicksal der Verwundeten und Kranken sowie der Angehörigen des Sanitäts- und Seelsorgepersonals verantwortlichen Behörden vorschlagen, gegebenenfalls auf einem passend gewählten neutralen Gebiet. Die am Konflikt beteiligten Parteien sind verpflichtet, den ihnen zu diesem Zwecke gemachten Vorschlägen Folge zu geben. Die Schutzmächte können, wenn nötig, unter Zustimmung der am Konflikt beteiligten Parteien eine einer neutralen Macht angehörende oder vom Internationalen Komitee vom Roten Kreuz delegierte Persönlichkeit vorschlagen, die zu ersuchen ist, an dieser Zusammenkunft teilzunehmen.

Kapitel II
Verwundete und Kranke

Art. 12

Die Angehörigen der bewaffneten Kräfte und die übrigen im folgenden Artikel angeführten Personen, die verwundet oder krank sind, sollen unter allen Umständen geschont und geschützt werden.

Sie sollen durch die am Konflikt beteiligte Partei, in deren Gewalt sie sich befinden, mit Menschlichkeit behandelt und gepflegt werden, ohne jede Benachteiligung aus Gründen des Geschlechtes, der Rasse, der Staatsangehörigkeit, der Religion, der politischen Meinung oder aus irgendeinem ähnlichen Grunde. Streng verboten ist jeder Angriff auf Leib und Leben dieser Personen und besonders, sie umzubringen oder auszurotten, sie zu foltern, an ihnen biologische Versuche vorzunehmen, sie vorsätzlich ohne ärztliche Hilfe oder Pflege zu lassen oder sie eigens dazu geschaffenen Ansteckungs- oder Infektionsgefahren auszusetzen.

Nur dringliche medizinische Gründe rechtfertigen eine Bevorzugung in der Reihenfolge der Behandlung.

Frauen sollen mit aller ihrem Geschlechte geschuldeten Rücksicht behandelt werden.

Die am Konflikt beteiligte Partei, die Verwundete oder Kranke dem Gegner zu überlassen genötigt ist, soll, soweit es die militärische Notwendigkeit gestattet, zur Mithilfe bei ihrer Pflege einen Teil ihres Sanitätspersonals und -materials bei ihnen zurücklassen.

Art. 13

Dieses Abkommen findet auf Verwundete und Kranke folgender Kategorien Anwendung:

1. Angehörige von bewaffneten Kräften einer am Konflikt beteiligten Partei, ebenso Angehörige von Milizen und Freiwilligenkorps, die zu diesen bewaffneten Kräften gehören;

2. Angehörige anderer Milizen und Freiwilligenkorps, einschliesslich solcher von organisierten Widerstandsbewegungen, die zu einer am Konflikt beteiligten Partei gehören und ausserhalb oder innerhalb ihres eigenen Gebietes, auch wenn dasselbe besetzt ist, tätig sind, sofern diese Milizen oder Freiwilligenkorps, einschliesslich der organisierten Widerstandsbewegungen:

   a. an ihrer Spitze eine für ihre Untergebenen verantwortliche Person haben;

   b. ein bleibendes und von weitem erkennbares Zeichen tragen;

   c. die Waffen offen tragen;

   d. bei ihren Operationen die Gesetze und Gebräuche des Krieges einhalten;

3. Angehörige regulärer bewaffneter Kräfte, die sich zu einer von der Gewahrsamsmacht nicht anerkannten Regierung oder Behörde bekennen;

4. Personen, die den bewaffneten Kräften folgen, ohne ihnen direkt anzugehören, wie zivile Besatzungsmitglieder von Militärflugzeugen, Kriegsberichterstatter, Heereslieferanten, Angehörige von Arbeitseinheiten oder von Diensten, die mit der Fürsorge für die bewaffneten Kräfte betraut sind, sofern dieselben von den bewaffneten Kräften, die sie begleiten, zu ihrer Tätigkeit ermächtigt wurden;

5. Besatzungsmitglieder der Handelsmarine, einschliesslich der Kapitäne, Steuermänner und Schiffsjungen sowie Besatzungen der Zivilluftfahrt der am Konflikt beteiligten Parteien, welche auf Grund anderer Bestimmungen des internationalen Rechts keine günstigere Behandlung geniessen;

6. die Bevölkerung eines unbesetzten Gebietes, die beim Herannahen des Feindes aus eigenem Antrieb die Waffen gegen die Invasionstruppen ergreift, ohne zur Bildung regulärer Streitkräfte Zeit gehabt zu haben, sofern sie die Waffen offen trägt und die Gesetze und Gebräuche des Krieges einhält.

Art. 14

Unbeschadet der Bestimmungen von Artikel 12 werden Verwundete und Kranke eines Kriegführenden, wenn sie in Feindeshand geraten, Kriegsgefangene und die die Kriegsgefangenen betreffenden Regeln des Völkerrechtes sind auf sie anzuwenden.

Art. 15

Die am Konflikt beteiligten Parteien haben jederzeit und besonders nach einer Kampfhandlung unverzüglich alle zu Gebote stehenden Massnahmen zu treffen, um die Verwundeten und Kranken aufzusuchen und zu bergen, sie vor Beraubung und Misshandlung zu schützen und ihnen die notwendige Pflege zu sichern, und um die Gefallenen aufzusuchen und deren Ausplünderung zu verhindern.

Wenn immer es die Umstände gestatten, sollen ein Waffenstillstand, eine Feuer-pause oder örtliche Abmachungen vereinbart werden, um die Bergung, den Aus-tausch und den Abtransport der auf dem Schlachtfeld gebliebenen Verwundeten zu ermöglichen.

Gleichenfalls können zwischen den am Konflikt beteiligten Parteien örtliche Abmachungen für die Evakuierung oder den Austausch von Verwundeten und Kranken aus einer belagerten oder eingekreisten Zone getroffen werden, sowie für den Durchzug von Sanitäts- und Seelsorgepersonal sowie von Sanitätsmaterial nach dieser Zone.

Art. 16

Die am Konflikt beteiligten Parteien haben möglichst bald sämtliche Anhaltspunkte für die Identifizierung der in ihre Gewalt geratenen Verwundeten, Kranken und Gefallenen der Gegenpartei zu verzeichnen. Diese Ermittlungen sollen, wenn mög-lich, folgendes enthalten:

a. Angabe der Macht, von der sie abhängen;

b. militärische Einteilung oder Matrikelnummer;

c. Familienname;

d. den oder die Vornamen;

e. Geburtsdatum;

f. alle anderen auf der Identitätskarte oder der Erkennungsmarke enthaltenen Angaben;

g. Ort und Datum der Gefangennahme oder des Todes;

h. Angaben über Verwundungen, Krankheit oder Todesursache.

Die oben erwähnten Angaben müssen so rasch als möglich der in Artikel 122 des Genfer Abkommens vom 12. August 1949[5] über die Behandlung der Kriegsgefan-genen vorgesehenen Auskunftsstelle übermittelt werden, die sie ihrerseits durch Vermittlung der Schutzmacht oder der Zentralstelle für Kriegsgefangene an die Macht weiterleitet, von der diese Personen abhängen.

Die am Konflikt beteiligten Parteien sollen gehörig beglaubigte Todesurkunden oder Gefallenenlisten ausfertigen und diese einander auf dem im vorhergehenden Absatz erwähnten Weg zukommen lassen. Sie sollen auch die Hälften der doppelten Erken-nungsmarken, Testamente und andere für die Familien der Gefallenen wichtige Schriftstücke sowie Geldbeträge und allgemein alle bei den Gefallenen gefundenen Gegenstände von eigentlichem oder gefühlsmässigem Wert sammeln und einander durch Vermittlung derselben Stelle gegenseitig zukommen lassen. Diese sowie die nicht identifizierten Gegenstände sollen in versiegelten Paketen versandt werden und von einer Erklärung, die alle zur Identifizierung des verstorbenen Besitzers notwen-

5   SR **0.518.42**

digen Einzelheiten enthält, sowie von einem vollständigen Verzeichnis des Paketinhaltes begleitet sein.

Art. 17

Die am Konflikt beteiligten Parteien sollen dafür sorgen, dass der Beerdigung oder der Einäscherung der Gefallenen, die, soweit es die Umstände irgendwie gestatten, einzeln vorgenommen werden soll, eine sorgfältige und, wenn möglich, ärztliche Leichenschau vorangeht, die den Tod feststellen, die Identität abklären und einen Bericht darüber ermöglichen soll. Die Hälfte der doppelten Erkennungsmarke oder, wenn diese nur einfach ist, die ganze, soll auf der Leiche bleiben.

Die Leichen dürfen nur aus zwingenden hygienischen Gründen oder auf Grund der Religion der Gefallenen eingeäschert werden. Im Falle einer Einäscherung soll dies unter Angabe der Gründe auf der Todesurkunde oder der beglaubigten Gefallenenliste ausführlich vermerkt werden.

Die am Konflikt beteiligten Parteien sollen ferner dafür sorgen, dass die Gefallenen mit allen Ehren und wenn möglich gemäss den Riten der Religion, der sie angehören, bestattet werden und dass ihre Gräber geachtet und wenn möglich nach der Staatsangehörigkeit geordnet, angemessen unterhalten und so gekennzeichnet werden, dass sie jederzeit wieder aufgefunden werden können. Zu diesem Zwecke richten sie bei Beginn der Feindseligkeiten einen amtlichen Gräberdienst ein, um etwaige Exhumierungen zu ermöglichen und um, wie auch immer die Gräber angeordnet sind, die Identifizierung der Leichen und ihre etwaige Überführung in die Heimat sicherzustellen. Dieselben Bestimmungen gelten auch für die Asche, die vom Gräberdienst aufzubewahren ist, bis der Heimatstaat seine endgültigen Verfügungen in dieser Hinsicht bekanntgibt.

Sobald es die Umstände gestatten, spätestens aber nach Beendigung der Feindseligkeiten, tauschen diese Dienststellen durch Vermittlung der in Artikel 16 Absatz 2 erwähnten Auskunftsstelle die Listen aus mit den genauen Angaben über den Ort und die Bezeichnung der Gräber sowie über die darin beerdigten Gefallenen.

Art. 18

Die Militärbehörde kann sich an die Hilfsbereitschaft der Einwohner wenden, damit diese unter ihrer Aufsicht Verwundete und Kranke freiwillig bergen und pflegen, wobei sie den Personen, die ihrem Aufruf Folge leisten, den notwendigen Schutz und die erforderlichen Erleichterungen gewährt. Wenn die Gegenpartei das betreffende Gebiet unter ihre Kontrolle bringt oder wieder unter ihre Kontrolle bringt, hat sie zugunsten der genannten Personen diesen Schutz und diese Erleichterungen aufrechtzuerhalten.

Die Militärbehörde hat die Einwohner und die Hilfsgesellschaften auch in überfallenen oder besetzten Gebieten zu ermächtigen, unaufgefordert Verwundete oder Kranke gleich welcher Staatsangehörigkeit zu bergen und zu pflegen. Die Zivilbevölkerung hat diese Verwundeten und Kranken zu schonen und darf vor allem keinerlei Gewaltakte gegen sie verüben.

Niemand darf jemals wegen der Pflege von Verwundeten oder Kranken behelligt oder verurteilt werden.

Die Bestimmungen dieses Artikels entheben die Besetzungsmacht nicht ihrer Pflicht, den Verwundeten und Kranken gesundheitliche und moralische Pflege zu gewähren.

Kapitel III
Sanitätsformationen und -anstalten

Art. 19

Stehende Sanitätsanstalten und bewegliche Sanitätsformationen des Sanitätsdienstes dürfen unter keinen Umständen angegriffen werden, sondern sind von den am Konflikt beteiligten Parteien jederzeit zu schonen und zu schützen. Fallen sie in die Hände der Gegenpartei, so können sie ihre Tätigkeit so lange fortsetzen, als die gefangennehmende Macht nicht selbst die für die in diesen Anstalten und Formationen befindlichen Verwundeten und Kranken notwendige Pflege sicherstellt.

Die zuständigen Behörden haben dafür zu sorgen, dass die oben erwähnten Sanitätsanstalten und -formationen nach Möglichkeit so gelegen sind, dass sie durch Angriffe auf militärische Ziele nicht gefährdet werden können.

Art. 20

Lazarettschiffe, die Anspruch auf den Schutz des Genfer Abkommens vom 12. August 1949[6] zur Verbesserung des Loses der Verwundeten, Kranken und Schiffbrüchigen der bewaffneten Kräfte zur See haben, dürfen nicht vom Land aus angegriffen werden.

Art. 21

Der den stehenden Sanitätsanstalten und beweglichen Sanitätsformationen des Sanitätsdienstes gebührende Schutz darf nur aufhören, wenn diese ausserhalb ihrer humanitären Aufgaben zur Begehung von Handlungen verwendet werden, die den Feind schädigen. Immerhin darf ihnen der Schutz erst entzogen werden, nachdem eine Warnung, die in allen Fällen, soweit angängig, eine angemessene Frist setzt, unbeachtet geblieben ist.

Art. 22

Folgende Umstände gelten nicht als Begründung für den Entzug des Schutzes, der einer Sanitätsformation oder -anstalt durch Artikel 19 zugesichert ist:

1. wenn das Personal der Formation oder der Anstalt bewaffnet ist und von seinen Waffen zur eigenen Verteidigung oder zur Verteidigung seiner Verwundeten und Kranken Gebrauch macht;

2. wenn in Ermangelung bewaffneter eigener Pfleger die Formation oder die Anstalt von einer Truppenabteilung oder von Schildwachen oder von einem Geleite geschützt wird;

3. wenn sich in der Formation oder in der Anstalt Handwaffen und Munition vorfinden, die den Verwundeten oder Kranken abgenommen und der zuständigen Dienststelle noch nicht abgeliefert worden sind;

4. wenn sich Personal und Material des Veterinärdienstes in der Formation oder der Anstalt befinden, ohne integrierender Bestandteil derselben zu sein;

5. wenn sich die humanitäre Tätigkeit der Sanitätsformationen und -anstalten oder ihres Personals auf verwundete oder kranke Zivilpersonen erstreckt.

Art. 23

Schon in Friedenszeiten können die Hohen Vertragsparteien und, nach Eröffnung der Feindseligkeiten, die am Konflikt beteiligten Parteien in ihrem eigenen und, wenn nötig, in den besetzten Gebieten, Sanitätszonen und -orte schaffen, die so organisiert sind, dass sie den Verwundeten und Kranken sowie dem mit der Organisation und Verwaltung dieser Zonen und Orte und mit der Pflege der dort befindlichen Personen beauftragten Personal Schutz vor den Folgen des Krieges bieten.

Vom Ausbruch eines Konfliktes an und während seiner Dauer können die beteiligten Parteien unter sich Vereinbarungen über die gegenseitige Anerkennung der von ihnen gegebenenfalls errichteten Sanitätszonen und -orte treffen. Sie können zu diesem Zweck die Bestimmungen des dem vorliegenden Abkommen beigefügten Vereinbarungsentwurfs in Kraft setzen, und zwar mit den Abänderungen, die sie gegebenenfalls für notwendig erachten.

Die Schutzmächte und das Internationale Komitee vom Roten Kreuz werden eingeladen, ihre guten Dienste zu leihen, um die Errichtung und Anerkennung dieser Sanitätszonen und -orte zu erleichtern.

Kapitel IV
Das Sanitätspersonal

Art. 24

Das ausschliesslich zum Aufsuchen, zur Bergung, zum Transport oder zur Pflege der Verwundeten und Kranken oder zur Verhütung von Krankheiten verwendete Sanitätspersonal, das ausschliesslich für die Verwaltung der Sanitätsformationen und -anstalten verwendete Personal sowie die den bewaffneten Kräften zugeteilten Feldprediger sind unter allen Umständen zu schonen und zu schützen.

Art. 25

Militärpersonen, die besonders ausgebildet wurden, um gegebenenfalls als Hilfskrankenpfleger oder Hilfskrankenträger zum Aufsuchen, zur Bergung, zum Transport oder zur Pflege von Verwundeten und Kranken verwendet zu werden, sind in gleicher Weise zu schonen und zu schützen, wenn sie bei der Erfüllung dieser Aufgaben mit dem Feind in Berührung kommen oder in seine Gewalt geraten.

Art. 26

Dem in Artikel 24 erwähnten Personal wird das Personal der von ihrer Regierung gebührend anerkannten und zugelassenen nationalen Gesellschaften des Roten Kreuzes und anderer freiwilliger Hilfsgesellschaften, das für dieselben Aufgaben wie das im genannten Artikel erwähnte Personal verwendet wird, gleichgestellt, unter der Voraussetzung, dass das Personal dieser Gesellschaften den Militärgesetzen und -vorschriften unterstellt ist.

Jede Hohe Vertragspartei teilt der andern, sei es schon in Friedenszeiten, sei es bei Beginn oder im Verlaufe der Feindseligkeiten, jedenfalls aber vor der tatsächlichen Inanspruchnahme, die Namen der Gesellschaften mit, die sie ermächtigt hat, unter ihrer Verantwortung den offiziellen Sanitätsdienst ihrer bewaffneten Kräfte zu unterstützen.

Art. 27

Eine anerkannte Hilfsgesellschaft eines neutralen Staates darf einer am Konflikt beteiligten Partei nur dann mit ihrem Personal und ihren Sanitätsformationen Hilfe leisten, wenn ihre eigene Regierung zugestimmt und die am Konflikt beteiligte Partei selbst sie hierzu ermächtigt hat. Dieses Personal und diese Formationen werden unter die Aufsicht dieser am Konflikt beteiligten Partei gestellt.

Die neutrale Regierung soll die Gegenpartei desjenigen Staates, der die Hilfe annimmt, über die Erteilung dieser Zustimmung unterrichten. Die am Konflikt beteiligte Partei, welche diese Hilfe angenommen hat, ist gehalten, bevor sie von dem Anerbieten Gebrauch macht, die Gegenpartei darüber zu unterrichten.

Unter keinen Umständen darf diese Hilfe als eine Einmischung in den Konflikt betrachtet werden.

Die Angehörigen des in Absatz 1 erwähnten Personals müssen vor dem Verlassen des neutralen Staates, dem sie angehören, mit den in Artikel 40 vorgesehenen Identitätsausweisen versehen sein.

Art. 28

Gerät das in den Artikeln 24 und 26 bezeichnete Personal in die Gewalt der Gegenpartei, so darf es nur insofern zurückgehalten werden, als es der gesundheitliche Zustand, die geistigen Bedürfnisse und die Zahl der Kriegsgefangenen erfordern.

Die so zurückgehaltenen Personen sind nicht als Kriegsgefangene zu betrachten. Sie stehen jedoch zum mindesten im Genuss sämtlicher Bestimmungen des Genfer Abkommens vom 12. August 1949[7] über die Behandlung der Kriegsgefangenen. Sie haben im Rahmen der militärischen Gesetze und Vorschriften des Gewahrsamsstaates und unter der Leitung seiner zuständigen Dienststellen und in Übereinstimmung mit ihrem Berufsgewissen ihre ärztliche und seelsorgerische Tätigkeit zugunsten der Kriegsgefangenen, vor allem derjenigen ihrer eigenen bewaffneten Kräfte, fortzusetzen. Für die Ausübung ihrer ärztlichen oder seelsorgerischen Tätigkeit sollen ihnen ferner folgende Erleichterungen zustehen:

a. Sie sind berechtigt, periodisch die Kriegsgefangenen, die sich in Arbeitsgruppen oder in ausserhalb des Lagers liegenden Lazaretten befinden, zu besuchen. Die Gewahrsamsbehörde hat ihnen zu diesem Zweck die nötigen Transportmittel zur Verfügung zu stellen.

b. In jedem Lager soll der rangälteste Militärarzt des höchsten Dienstgrades gegenüber den militärischen Behörden für die gesamte Tätigkeit des zurückgehaltenen Sanitätspersonals verantwortlich sein. Zu diesem Zweck haben sich die am Konflikt beteiligten Parteien schon bei Beginn der Feindseligkeiten über das Dienstgradverhältnis ihres Sanitätspersonals, einschliesslich desjenigen der in Artikel 26 erwähnten Gesellschaften, zu verständigen. Für alle ihre Aufgaben betreffenden Fragen sollen sich dieser Arzt sowie die Feldprediger direkt an die zuständigen Lagerbehörden wenden können. Diese haben ihnen alle Erleichterungen zu gewähren, die für die mit diesen Fragen zusammenhängende Korrespondenz erforderlich sind.

c. Obwohl das zurückgehaltene Personal der betreffenden Lagerdisziplin unterstellt ist, kann es zu keiner mit seiner ärztlichen oder seelsorgerischen Tätigkeit nicht im Zusammenhang stehenden Arbeit gezwungen werden.

Im Verlaufe der Feindseligkeiten sollen sich die am Konflikt beteiligten Parteien über eine etwaige Ablösung des zurückgehaltenen Personals verständigen und die Art ihrer Durchführung festlegen.

Keine der vorhergehenden Bestimmungen enthebt die Gewahrsamsmacht der Pflichten, die ihr in gesundheitlicher und geistiger Hinsicht gegenüber den Kriegsgefangenen obliegen.

Art. 29

Fallen die in Artikel 25 bezeichneten Personen in Feindeshand, so sind sie als Kriegsgefangene zu betrachten, aber, soweit ein Bedürfnis darnach besteht, für den Sanitätsdienst zu verwenden.

Art. 30

Angehörige des Personals, die nach den Bestimmungen von Artikel 28 nicht unbedingt zurückgehalten werden müssen, werden an die am Konflikt beteiligte Partei, der sie angehören, zurückgesandt, sobald ein Weg für ihre Rückkehr offen ist und die militärischen Erfordernisse es gestatten.

Bis zu ihrer Rücksendung sind sie nicht als Kriegsgefangene zu betrachten. Sie stehen jedoch zum mindesten im Genuss sämtlicher Bestimmungen des Genfer

Abkommens vom 12. August 1949[8] über die Behandlung der Kriegsgefangenen. Sie haben ihre Tätigkeit unter der Leitung der Gegenpartei fortzusetzen und sollen vorzugsweise für die Pflege der Verwundeten und Kranken der am Konflikt beteiligten Partei verwendet werden, der sie angehören.

Bei ihrer Rückkehr können sie die Effekten, persönlichen Gegenstände, Wertsachen und Instrumente, die ihnen gehören, mitnehmen.

Art. 31

Die Auswahl der Personen, deren Rücksendung an die am Konflikt beteiligte Partei durch Artikel 30 vorgesehen ist, soll ohne jede Rücksicht auf Rasse, Religion oder politische Anschauung, vorzugsweise nach der zeitlichen Reihenfolge ihrer Gefangennahme und nach ihrem Gesundheitszustand, getroffen werden.

Vom Beginn der Feindseligkeiten an können die am Konflikt beteiligten Parteien durch besondere Vereinbarungen den prozentualen Anteil des im Verhältnis zur Gefangenenzahl zurückzuhaltenden Personals und dessen Verteilung auf die einzelnen Lager festsetzen.

Art. 32

Geraten die in Artikel 27 bezeichneten Personen in die Gewalt der Gegenpartei, so dürfen sie nicht zurückgehalten werden.

Unbeschadet gegenteiliger Vereinbarungen sind sie berechtigt, sobald ein Weg für ihre Rückkehr offen ist und die militärischen Erfordernisse es gestatten, in ihr Land zurückzukehren oder, wenn dies nicht möglich ist, in das Gebiet der am Konflikt beteiligten Partei, in deren Dienst sie standen.

Bis zu ihrer Rückkehr haben sie ihre Tätigkeit unter der Leitung der Gegenpartei fortzusetzen; sie sind vorzugsweise für die Pflege der Verwundeten und Kranken der am Konflikt beteiligten Partei zu verwenden, in deren Dienst sie standen.

Bei ihrer Rückkehr können sie die Effekten, persönlichen Gegenstände und Wertsachen, Instrumente, Waffen und, wenn möglich, auch die Transportmittel, die ihnen gehören, mitnehmen.

Die am Konflikt beteiligten Parteien sollen diesem Personal, solange es sich in ihrer Gewalt befindet, denselben Unterhalt, dieselbe Unterkunft, dieselben Bezüge und denselben Sold wie dem entsprechenden Personal ihrer Armee gewähren. Menge, Beschaffenheit und Abwechslung ihrer Verpflegung soll auf jeden Fall genügen, um den Betreffenden ein normales gesundheitliches Gleichgewicht zu gewährleisten.

Kapitel V
Die Gebäude und das Sanitätsmaterial

Art. 33

Das Material der beweglichen Sanitätsformationen bewaffneter Kräfte, die in die Gewalt der Gegenpartei geraten, soll weiterhin für die Pflege der Verwundeten und Kranken verwendet werden.

Die Gebäude, das Material und die Magazine der stehenden Sanitätsanstalten der bewaffneten Kräfte bleiben dem Kriegsrecht unterworfen, dürfen aber ihrer Bestimmung nicht entzogen werden, solange sie für die Verwundeten und Kranken notwendig sind. Die Befehlshaber der Armeen im Felde können sie jedoch, wenn dringende militärische Erfordernisse vorliegen, unter der Voraussetzung benützen, dass sie vorher die für das Wohl der dort gepflegten Kranken und Verwundeten notwendigen Massnahmen getroffen haben.

Das in diesem Artikel erwähnte Material und die Magazine dürfen nicht absichtlich zerstört werden.

Art. 34

Das bewegliche und unbewegliche Eigentum der Hilfsgesellschaften, welchen die Vergünstigungen dieses Abkommens zustehen, ist als Privateigentum zu betrachten.

Das den Kriegführenden nach den Gesetzen und Gebräuchen des Krieges zuerkannte Requisitionsrecht darf nur im Falle dringender Notwendigkeit und nach Sicherstellung des Schicksals der Verwundeten und Kranken ausgeübt werden.

Kapitel VI
Sanitätstransporte

Art. 35

Transporte von Verwundeten und Kranken oder von Sanitätsmaterial sind in gleicher Weise wie die beweglichen Sanitätsformationen zu schonen und zu schützen.

Geraten solche Transporte oder Fahrzeuge in die Gewalt der Gegenpartei, so unterliegen sie dem Kriegsrecht, vorausgesetzt, dass die am Konflikt beteiligte Partei, die sie erbeutet hat, sich in allen Fällen der mitgeführten Verwundeten und Kranken annimmt.

Das Zivilpersonal und alle requirierten Transportmittel unterstehen den allgemeinen Regeln des Völkerrechtes.

Art. 36

Sanitätsluftfahrzeuge, d. h. ausschliesslich für die Wegschaffung von Verwundeten und Kranken und für die Beförderung von Sanitätspersonal und -material verwendete Luftfahrzeuge sollen von den Kriegführenden nicht angegriffen, sondern geschont werden, solange sie in Höhen, zu Stunden und auf Routen fliegen, die von allen beteiligten Kriegführenden ausdrücklich vereinbart wurden.

Sie sollen neben den Landesfarben deutlich sichtbar das in Artikel 38 vorgesehene Schutzzeichen auf den untern, obern und seitlichen Flächen tragen. Sie sollen mit allen übrigen zwischen den Kriegführenden bei Beginn oder im Verlaufe der Feindseligkeiten durch Vereinbarung festgelegten Kennzeichen oder Erkennungsmitteln ausgestattet sein.

Unbeschadet gegenteiliger Vereinbarungen ist das Überfliegen feindlichen oder vom Feinde besetzten Gebietes untersagt.

Die Sanitätsluftfahrzeuge haben jedem Landebefehl Folge zu leisten. Im Falle einer so befohlenen Landung kann das Luftfahrzeug mit seinen Insassen nach einer etwaigen Untersuchung den Flug fortsetzen.

Im Falle einer zufälligen Landung auf feindlichem oder vom Feinde besetztem Gebiet werden die Verwundeten und Kranken sowie die Besatzung des Luftfahrzeuges Kriegsgefangene. Das Sanitätspersonal soll gemäss Artikel 24 ff. behandelt werden.

Art. 37

Sanitätsluftfahrzeuge der am Konflikt beteiligten Parteien können unter Vorbehalt von Absatz 2 das Gebiet neutraler Mächte überfliegen und dort eine Not- oder Zwischenlandung oder -wasserung vornehmen. Sie haben vorher den neutralen Mächten das Überfliegen ihres Gebietes zu melden und jedem Befehl zum Landen oder Wassern Folge zu leisten. Bei ihrem Flug sind sie vor Angriffen nur geschützt, solange sie in Höhen, zu Stunden und auf Routen fliegen, die zwischen den betreffenden am Konflikt beteiligten Parteien und neutralen Mächten ausdrücklich vereinbart wurden.

Die neutralen Mächte können jedoch für das Überfliegen ihres Gebietes durch Sanitätsluftfahrzeuge oder für deren Landung auf demselben Bedingungen oder Beschränkungen festsetzen. Diese Bedingungen oder Beschränkungen sollen auf alle am Konflikt beteiligten Parteien in gleicher Weise angewendet werden.

Die mit Zustimmung der lokalen Behörde von einem Sanitätsluftfahrzeug auf neutralem Gebiet abgesetzten Verwundeten und Kranken müssen vom neutralen Staat, wenn zwischen ihm und den am Konflikt beteiligten Parteien keine gegenteilige Vereinbarung getroffen wurde, so bewacht werden, dass sie, wenn es das Völkerrecht erfordert, nicht mehr an Kriegshandlungen teilnehmen können. Die Hospitalisierungs- und Internierungskosten gehen zu Lasten derjenigen Macht, von der die Verwundeten und Kranken abhängen.

Kapitel VII
Das Schutzzeichen

Art. 38

Zu Ehren der Schweiz wird das durch Umstellung der eidgenössischen Farben gebildete Wappenzeichen des roten Kreuzes auf weissem Grund als Schutz- und Erkennungszeichen des Sanitätsdienstes der Armeen beibehalten.

Indessen sind für die Länder, die an Stelle des roten Kreuzes den roten Halbmond oder den roten Löwen mit roter Sonne auf weissem Grunde bereits als Erkennungszeichen verwenden, diese Schutzzeichen im Sinne dieses Abkommens ebenfalls zugelassen.

Art. 39

Unter der Aufsicht der zuständigen Militärbehörde sollen Fahnen, Armbinden und das gesamte für den Sanitätsdienst verwendete Material mit diesem Schutzzeichen versehen sein.

Art. 40

Das in Artikel 24 sowie in den Artikeln 26 und 27 bezeichnete Personal hat eine am linken Arm befestigte, feuchtigkeitsbeständige, mit dem Schutzzeichen versehene Binde zu tragen, die von der Militärbehörde abzugeben und zu stempeln ist.

Dieses Personal hat ausser der in Artikel 16 erwähnten Erkennungsmarke eine besondere, mit dem Schutzzeichen versehene Identitätskarte auf sich zu tragen. Diese Karte muss feuchtigkeitsbeständig sein und Taschenformat haben. Sie soll in der Landessprache abgefasst sein und mindestens Namen und Vornamen, Geburtsdatum, Dienstgrad und Matrikelnummer des Inhabers enthalten. Sie soll bescheinigen, in welcher Eigenschaft er Anspruch auf den Schutz dieses Abkommens hat. Die Karte soll mit einer Photographie des Inhabers und ausserdem mit seiner Unterschrift oder seinen Fingerabdrücken oder mit beidem versehen sein. Sie soll ferner den Trockenstempel der Militärbehörde tragen.

In jeder Armee sollen die Identitätskarten einheitlich und in den Armeen der Hohen Vertragsparteien soweit als möglich nach gleichem Muster gestaltet sein. Die am Konflikt beteiligten Parteien können sich an das dem Abkommen beigefügte Muster halten. Bei Beginn der Feindseligkeiten sollen sie einander das von ihnen verwendete Muster bekanntgeben. Jede Identitätskarte soll, wenn möglich, in mindestens zwei Exemplaren ausgefertigt werden, wovon eines vom Heimatstaat aufbewahrt wird.

In keinem Fall dürfen dem oben erwähnten Personal die Abzeichen oder die Identitätskarte abgenommen oder das Recht zum Tragen seiner Armbinde entzogen werden. Bei Verlust derselben hat es Anspruch auf ein Doppel der Karte oder auf Ersatz der Abzeichen.

Art. 41

Das in Artikel 25 bezeichnete Personal soll, jedoch nur während der Verrichtung sanitätsdienstlicher Aufgaben, eine weisse Armbinde mit einem verkleinerten Schutzzeichen in der Mitte tragen; die Armbinde soll von der Militärbehörde abgegeben und gestempelt werden.

Die militärischen Identitätsausweise dieses Personals sollen alle Angaben über die sanitätsdienstliche Ausbildung des Inhabers, über den vorübergehenden Charakter seiner Tätigkeit und über das Recht zum Tragen der Armbinde enthalten.

Art. 42

Das Flaggenabzeichen des vorliegenden Abkommens darf nur auf den durch das Abkommen geschützten Sanitätsformationen und -anstalten und nur mit Erlaubnis der Militärbehörde gehisst werden.

Bei den beweglichen Sanitätsformationen wie bei den stehenden Anstalten kann daneben die Nationalfahne der am Konflikt beteiligten Partei aufgezogen werden, der die Sanitätsformation oder -anstalt angehört.

In Feindeshand geratene Sanitätsformationen sollen jedoch keine andere Flagge als die des Abkommens hissen.

Die am Konflikt beteiligten Parteien sollen, soweit die militärischen Erfordernisse es gestatten, die nötigen Massnahmen ergreifen, um den feindlichen Land-, Luft- und Seestreitkräften die Schutzzeichen, welche Sanitätsformationen und -anstalten kennzeichnen, deutlich sichtbar zu machen und so die Möglichkeit jeder Angriffshandlung auszuschalten.

Art. 43

Sanitätsformationen neutraler Länder, die unter den in Artikel 27 vorgesehenen Bedingungen ermächtigt wurden, einem Kriegführenden Hilfe zu leisten, haben neben der Flagge des vorliegenden Abkommens die Nationalfahne dieses Kriegführenden zu hissen, wenn dieser von dem ihm gemäss Artikel 42 zustehenden Recht Gebrauch macht.

Sofern die zuständige Militärbehörde nichts Gegenteiliges befiehlt, können sie unter allen Umständen, selbst wenn sie in die Gewalt der Gegenpartei geraten, ihre eigene Nationalfahne hissen.

Art. 44

Das Zeichen des roten Kreuzes auf weissem Grund und die Worte «Rotes Kreuz» oder «Genfer Kreuz» dürfen, mit Ausnahme der in den nachfolgenden Absätzen dieses Artikels erwähnten Fällen, sowohl in Friedens- als in Kriegszeiten nur zur Bezeichnung oder zum Schutze der Sanitätsformationen, der Sanitätsanstalten, des Personals und des Materials verwendet werden, die durch das vorliegende Abkommen oder durch andere internationale Abkommen, welche ähnliche Gegenstände regeln, geschützt sind. Das gleiche gilt hinsichtlich der in Artikel 38 Absatz 2 genannten Schutzzeichen für die Länder, die sie verwenden. Die nationalen Gesellschaften des Roten Kreuzes und die übrigen in Artikel 26 genannten Gesellschaften dürfen das Erkennungszeichen, das den Schutz dieses Abkommens gewährleistet, nur im Rahmen der Bestimmungen dieses Absatzes verwenden.

Die nationalen Gesellschaften des Roten Kreuzes (des Roten Halbmondes, des Roten Löwen mit roter Sonne) dürfen ausserdem in Friedenszeiten gemäss den nationalen Gesetzen den Namen und das Zeichen des Roten Kreuzes für ihre übrige den Grundsätzen der internationalen Rotkreuzkonferenzen entsprechende Tätigkeit verwenden. Wird diese Tätigkeit in Kriegszeiten fortgesetzt, so muss das Zeichen unter solchen Voraussetzungen verwendet werden, dass es nicht den Anschein haben kann, als ob dadurch der Schutz des Abkommens gewährleistet werde; das Zeichen muss entsprechend kleiner sein und darf weder auf Armbinden noch auf Dächern angebracht werden.

Die internationalen Rotkreuzorganisationen und ihr gehörig ausgewiesenes Personal sind berechtigt, jederzeit das Zeichen des roten Kreuzes auf weissem Grund zu verwenden.

Ausnahmsweise kann gemäss den nationalen Gesetzen und mit ausdrücklicher Erlaubnis einer der nationalen Gesellschaften des Roten Kreuzes (des Roten Halbmondes, des Roten Löwen mit roter Sonne) das Schutzzeichen des Abkommens in Friedenszeiten verwendet werden, um Ambulanzfahrzeuge und Rettungsstellen kenntlich zu machen, die ausschliesslich der unentgeltlichen Pflege von Verwundeten und Kranken dienen.

Kapitel VIII
Vollzug des Abkommens

Art. 45

Jede am Konflikt beteiligte Partei hat durch ihre Oberbefehlshaber für die Einzelheiten der Durchführung der vorstehenden Artikel und für die nicht vorgesehenen Fälle in Übereinstimmung mit den allgemeinen Grundsätzen dieses Abkommens vorzusorgen.

Art. 46

Vergeltungsmassnahmen gegen Verwundete, Kranke, Personal, Gebäude oder Material, die unter dem Schutze des Abkommens stehen, sind untersagt.

Art. 47

Die Hohen Vertragsparteien verpflichten sich, in Friedens- und in Kriegszeiten den Wortlaut des vorliegenden Abkommens in ihren Ländern im weitestmöglichen Ausmass zu verbreiten und insbesondere sein Studium in die militärischen und, wenn möglich, zivilen Ausbildungsprogramme aufzunehmen, damit die Gesamtheit der Bevölkerung und insbesondere die bewaffneten Streitkräfte, das Sanitätspersonal und die Feldprediger seine Grundsätze kennenlernen können.

Art. 48

Die Hohen Vertragsparteien sollen sich gegenseitig durch Vermittlung des Schweizerischen Bundesrates und während der Feindseligkeiten durch Vermittlung der Schutzmächte die amtlichen Übersetzungen des vorliegenden Abkommens sowie die Gesetze und Verordnungen zustellen, die sie zur Gewährleistung seiner Anwendung unter Umständen erlassen.

Kapitel IX
Ahndung von Missbräuchen und Übertretungen

Art. 49

Die Hohen Vertragsparteien verpflichten sich, alle notwendigen gesetzgeberischen Massnahmen zur Festsetzung von angemessenen Strafbestimmungen für solche Personen zu treffen, die irgendeine der im folgenden Artikel umschriebenen schweren Verletzungen des vorliegenden Abkommens begehen oder zu einer solchen Verletzung den Befehl erteilen.

Jede Vertragspartei ist zur Ermittlung der Personen verpflichtet, die der Begehung oder der Erteilung eines Befehls zur Begehung der einen oder andern dieser schweren Verletzungen beschuldigt sind und hat sie ohne Rücksicht auf ihre Staatsangehörigkeit vor ihre eigenen Gerichte zu ziehen. Wenn sie es vorzieht, kann sie sie auch gemäss den in ihrer eigenen Gesetzgebung vorgesehenen Bedingungen zur Aburteilung einer andern an der Verfolgung interessierten Vertragspartei übergeben, sofern diese gegen die erwähnten Personen ausreichende Beschuldigungen nachgewiesen hat.

Jede Vertragspartei soll die notwendigen Massnahmen ergreifen, um auch diejenigen Zuwiderhandlungen gegen die Bestimmungen des vorliegenden Abkommens zu unterbinden, die nicht zu den im folgenden Artikel umschriebenen schweren Verletzungen zählen.

Unter allen Umständen müssen die Angeklagten nicht geringere Sicherheiten in bezug auf Gerichtsverfahren und freie Verteidigung geniessen als die in Artikel 105 und den folgenden des Genfer Abkommens vom 12. August 1949[9] über die Behandlung der Kriegsgefangenen vorgesehenen.

Art. 50

Als schwere Verletzungen, wie sie im vorhergehenden Artikel erwähnt sind, gelten jene, die die eine oder andere der folgenden Handlungen umfassen, sofern sie gegen Personen oder Güter begangen werden, die durch das Abkommen geschützt sind: vorsätzlicher Mord, Folterung oder unmenschliche Behandlung, einschliesslich biologischer Experimente, vorsätzliche Verursachung grosser Leiden oder schwere Beeinträchtigung der körperlichen Integrität oder der Gesundheit, sowie Zerstörung und Aneignung von Gut, die nicht durch militärische Erfordernisse gerechtfertigt sind und in grossem Ausmass auf unerlaubte und willkürliche Weise vorgenommen werden.

Art. 51

Eine Hohe Vertragspartei kann weder sich selbst noch eine andere Vertragspartei von den Verantwortlichkeiten befreien, die ihr selbst oder einer andern Vertragspartei auf Grund der im vorhergehenden Artikel erwähnten Verletzungen zufallen.

Art. 52

Auf Begehren einer am Konflikt beteiligten Partei soll gemäss einem zwischen den beteiligten Parteien festzusetzenden Verfahren eine Untersuchung eingeleitet werden über jede behauptete Verletzung des Abkommens.

Kann über das Untersuchungsverfahren keine Übereinstimmung erzielt werden, so sollen sich die Parteien über die Wahl eines Schiedsrichters einigen, der über das zu befolgende Verfahren zu entscheiden hat.

Sobald die Verletzung festgestellt ist, sollen ihr die am Konflikt beteiligten Parteien ein Ende setzen und sie so rasch als möglich ahnden.

Art. 53

Der Gebrauch des Zeichens oder der Bezeichnung «Rotes Kreuz» oder «Genfer Kreuz», sowie von allen Zeichen und Bezeichnungen, die eine Nachahmung darstellen, durch nach dem gegenwärtigen Abkommen dazu nicht berechtigte Privatpersonen, durch öffentliche und private Gesellschaften und Handelsfirmen ist jederzeit verboten, ohne Rücksicht auf den Zweck und auf den etwaigen früheren Zeitpunkt der Verwendung.

Im Hinblick auf die der Schweiz durch die Annahme der umgestellten eidgenössischen Landesfarben erwiesene Ehrung und auf die zwischen dem Schweizer Wappen und dem Schutzzeichen des Abkommens mögliche Verwechslung ist der Gebrauch des Wappens der Schweizerischen Eidgenossenschaft sowie aller Zeichen, die eine Nachahmung darstellen, durch Privatpersonen, Gesellschaften und Handelsfirmen, sei es als Fabrik- oder Handelsmarke oder als Bestandteil solcher Marken, sei es zu einem gegen die kaufmännische Ehrbarkeit verstossenden Zweck oder unter Bedingungen, die geeignet sind, das schweizerische Nationalgefühl zu verletzen, jederzeit verboten.

Die Hohen Vertragsparteien, die am Genfer Abkommen vom 27. Juli 1929 nicht beteiligt waren, können jedoch den bisherigen Benützern der in Absatz 1 erwähnten Zeichen, Bezeichnungen oder Marken eine Frist von höchstens drei Jahren seit Inkrafttreten dieses Abkommens einräumen, um diese Verwendung einzustellen, wobei während dieser Frist die Verwendung zu Kriegszeiten nicht den Anschein erwecken darf, als ob dadurch der Schutz des Abkommens gewährleistet werde.

Das in Absatz 1 dieses Artikels erlassene Verbot gilt auch für die in Artikel 38 Absatz 2 vorgesehenen Zeichen und Bezeichnungen, ohne jedoch eine Wirkung auf die durch bisherige Benützer erworbenen Rechte auszuüben.

Art. 54

Die Hohen Vertragsparteien, deren Gesetze zurzeit nicht ausreichend sein sollten, haben die nötigen Massnahmen zu treffen, um die in Artikel 53 erwähnten Missbräuche jederzeit zu verhindern und zu ahnden.

Schlussbestimmungen

Art. 55

Das vorliegende Abkommen ist in französischer und englischer Sprache abgefasst, Beide Texte sind gleicherweise authentisch.

Der Schweizerische Bundesrat wird offizielle Übersetzungen des Abkommens in russischer und spanischer Sprache herstellen lassen.

Art. 56

Das vorliegende Abkommen, welches das Datum des heutigen Tages trägt, kann bis zum 12. Februar 1950 im Namen der Mächte unterzeichnet werden, die an der am 21. April 1949 in Genf eröffneten Konferenz vertreten waren, sowie im Namen der Mächte, die an dieser Konferenz nicht vertreten waren, aber an den Genfer Abkommen von 1864[10] 1906[11] oder 1929 zur Verbesserung des Loses der Verwundeten und Kranken der Heere im Felde beteiligt sind.

Art. 57

Das vorliegende Abkommen soll sobald als möglich ratifiziert werden. Die Ratifikationsurkunden sollen in Bern hinterlegt werden.

Über die Hinterlegung jeder Ratifikationsurkunde soll ein Protokoll aufgenommen werden. Von diesem soll eine beglaubigte Abschrift durch den Schweizerischen Bundesrat allen Mächten zugestellt werden, in deren Namen das Abkommen unterzeichnet oder der Beitritt erklärt worden ist.

Art. 58

Das vorliegende Abkommen tritt sechs Monate nach Hinterlegung von mindestens zwei Ratifikationsurkunden in Kraft.

---

[10]   [AS **VIII** 520 816]
[11]   [BS **11** 487]

Späterhin tritt es für jede Hohe Vertragspartei sechs Monate nach Hinterlegung ihrer Ratifikationsurkunde in Kraft.

Art. 59

Das gegenwärtige Abkommen ersetzt in den Beziehungen zwischen den Hohen Vertragsparteien die Abkommen vom 22. August 1864[12], vom 6. Juli 1906[13] und vom 27. Juli 1929.

Art. 60

Vom Zeitpunkt seines Inkrafttretens an steht das vorliegende Abkommen jeder Macht zum Beitritt offen, in deren Namen es nicht unterzeichnet worden ist.

Art. 61

Der Beitritt soll dem Schweizerischen Bundesrat schriftlich mitgeteilt werden und wird sechs Monate nach dem Zeitpunkt, an dem ihm die Mitteilung zugegangen ist, wirksam.

Der Schweizerische Bundesrat soll die Beitritte allen Mächten zur Kenntnis bringen, in deren Namen das Abkommen unterzeichnet oder der Beitritt erklärt worden ist.

Art. 62

Die in den Artikeln 2 und 3 vorgesehenen Situationen verleihen den vor oder nach Beginn der Feindseligkeiten oder der Besetzung hinterlegten Ratifikationsurkunden und abgegebenen Beitrittserklärungen von den am Konflikt beteiligten Parteien sofortige Wirkung. Der Schweizerische Bundesrat soll die Ratifikationen oder Beitritte der am Konflikt beteiligten Parteien auf dem schnellsten Wege bekanntgeben.

Art. 63

Jeder Hohen Vertragspartei steht es frei, das vorliegende Abkommen zu kündigen.

Die Kündigung ist dem Schweizerischen Bundesrat schriftlich anzuzeigen, der sie den Regierungen aller Hohen Vertragsparteien bekanntgibt.

Die Kündigung wird ein Jahr nach ihrer Anzeige an den Schweizerischen Bundesrat wirksam. Die angezeigte Kündigung bleibt jedoch, wenn die kündigende Macht in einen Konflikt verwickelt ist, so lange unwirksam, als der Friede nicht geschlossen wurde, und auf alle Fälle solange, als die Aktionen nicht abgeschlossen sind, die mit der Freilassung und Heimschaffung der durch das vorliegende Abkommen geschützten Personen in Zusammenhang stehen.

[12]   [AS **VIII** 520 816]
[13]   [BS **11** 487]

Die Kündigung gilt nur in bezug auf die kündigende Macht. Sie hat keinerlei Wirkung auf die Verpflichtungen, welche die am Konflikt beteiligten Parteien zu erfüllen gehalten sind, wie sie sich gemäss den Grundsätzen des Völkerrechts aus den unter zivilisierten Völkern feststehenden Gebräuchen, aus den Gesetzen der Menschlichkeit und aus den Forderungen des öffentlichen Gewissens ergeben.

Art. 64

Der Schweizerische Bundesrat wird das vorliegende Abkommen beim Sekretariat der Vereinten Nationen eintragen lassen. Er wird das Sekretariat der Vereinten Nationen ebenfalls von allen Ratifikationen, Beitritten und Kündigungen, die er in bezug auf das vorliegende Abkommen erhält, in Kenntnis setzen.

Zu Urkund dessen haben die Unterzeichneten nach Hinterlegung ihrer entsprechenden Vollmachten das vorliegende Abkommen unterzeichnet.

Gegeben in Genf am 12. August 1949 in französischer und englischer Sprache. Das Original ist im Archiv der Schweizerischen Eidgenossenschaft zu hinterlegen. Der Schweizerische Bundesrat soll jedem der unterzeichnenden und beitretenden Staaten eine beglaubigte Abschrift dieses Abkommens übermitteln.

Entwurf einer Vereinbarung über Sanitätszonen und -orte

Art. 1

Die Sanitätszonen sind ausschliesslich den in Artikel 23 des Genfer Abkommens vom 12. August 1949 zur Verbesserung des Loses der Verwundeten und Kranken der bewaffneten Kräfte im Felde erwähnten Personen sowie dem Personal vorbehalten, das mit der Organisation und der Verwaltung dieser Zonen und Orte und mit der Pflege der dort befindlichen Personen beauftragt ist.

Personen, die innerhalb dieser Zonen ihren ständigen Wohnsitz haben, sind jedoch berechtigt, dort zu bleiben.

Art. 2

Personen, die sich, in welcher Eigenschaft es auch sei, in einer Sanitätszone befinden, dürfen weder innerhalb noch ausserhalb derselben eine Tätigkeit ausüben, die mit den militärischen Operationen oder mit der Herstellung von Kriegsmaterial in direkter Beziehung steht.

Art. 3

Die Macht, die eine Sanitätszone schafft, soll alle geeigneten Massnahmen ergreifen, um allen Personen, die nicht berechtigt sind, sich dorthin zu begeben oder sich dort aufzuhalten, den Zutritt zu verwehren.

Art. 4

Die Sanitätszonen sollen folgenden Bedingungen entsprechen:

a. sie dürfen nur einen geringen Teil des von der Macht, die sie geschaffen hat, kontrollierten Gebietes ausmachen;

b. sie dürfen im Verhältnis zu ihrem Aufnahmevermögen nur schwach bevölkert sein;

c. sie müssen von jedem militärischen Objekt und von jeder wichtigen Industrieanlage oder Verwaltungseinrichtung entfernt und frei sein;

d. sie sollen sich nicht in Gebieten befinden, die aller Wahrscheinlichkeit nach von Bedeutung für die Kriegführung sein können.

Art. 5

Die Sanitätszonen sind folgenden Verpflichtungen unterworfen:

a. dort befindliche Verbindungswege und Transportmittel sollen nicht, auch nicht im Durchgangsverkehrs, für die Beförderung von Militärpersonen und -material benützt werden;

b. sie sollen unter keinen Umständen militärisch verteidigt werden.

Art. 6

Die Sanitätszonen sollen mit roten Kreuzen (roten Halbmonden, roten Löwen mit roten Sonnen) auf weissem Grund, die an den Umgrenzungen und auf den Gebäuden anzubringen sind, gekennzeichnet werden.

Nachts können sie ausserdem durch angemessene Beleuchtung gekennzeichnet werden.

Art. 7

Schon zu Friedenszeiten oder bei Ausbruch der Feindseligkeiten soll jede Macht allen Hohen Vertragsparteien die Liste der Sanitätszonen zustellen, die auf dem ihrer Aufsicht unterstellten Gebiet errichtet sind. Sie soll sie über jede im Verlaufe des Konfliktes neu errichtete Zone benachrichtigen.

Sobald die Gegenpartei die oben erwähnte Anzeige erhalten hat, gilt die Zone als ordnungsgemäss errichtet.

Wenn jedoch die Gegenpartei eine durch die vorliegende Vereinbarung gestellte Bedingung als offensichtlich nicht erfüllt betrachtet, kann sie die Anerkennung der Zone unter sofortiger Mitteilung ihrer Weigerung an die Partei, von der die Zone abhängt, verweigern oder ihre Anerkennung von der Einrichtung der in Artikel 8 vorgesehenen Kontrolle abhängig machen.

Art. 8

Jede Macht, die eine oder mehrere von der Gegenpartei errichtete Sanitätszonen anerkannt hat, ist berechtigt, eine Prüfung durch eine oder mehrere Spezialkommissionen darüber zu verlangen, ob die Zonen die in dieser Vereinbarung festgesetzten Bedingungen und Verpflichtungen erfüllen.

Zu diesem Zweck haben die Mitglieder der Spezialkommissionen jederzeit freien Zutritt zu den verschiedenen Zonen und können dort sogar ständig wohnen. Für die Ausübung ihrer Kontrolltätigkeit ist ihnen jede Erleichterung zu gewähren.

Art. 9

Sollten die Spezialkommissionen irgendwelche Tatsachen feststellen, die sie als den Bestimmungen dieser Vereinbarung widersprechend betrachten, so sollen sie hiervon sofort die Macht, von der die Zone abhängt, benachrichtigen, und ihr eine Frist von höchstens fünf Tagen setzen, um Abhilfe zu schaffen; sie sollen auch die Macht, welche die Zone anerkannt hat, hiervon in Kenntnis setzen.

Wenn bei Ablauf dieser Frist die Macht, von der die Zone abhängt, der an sie gerichteten Mahnung keine Folge geleistet hat, kann die Gegenpartei erklären, dass sie hinsichtlich dieser Zone nicht mehr durch diese Vereinbarung gebunden ist.

Art. 10

Die Macht, die eine oder mehrere Sanitätszonen und -orte geschaffen hat, sowie die Gegenparteien, welchen deren Bestehen mitgeteilt wurde, sollen die Personen bezeichnen, die den in den Artikeln 8 und 9 erwähnten Spezialkommissionen angehören können, oder sie durch neutrale Mächte bezeichnen lassen.

Art. 11

Die Sanitätszonen dürfen unter keinen Umständen angegriffen werden, sondern sollen jederzeit von den am Konflikt beteiligten Parteien geschützt und geschont werden.

Art. 12

Wird ein Gebiet besetzt, so müssen die dort befindlichen Sanitätszonen weiterhin geschont und als solche benützt werden.

Die Besetzungsmacht kann sie indessen anderweitig verwenden, sofern sie das Los der dort befindlichen Personen sichergestellt hat.

Art. 13

Diese Vereinbarung ist auch auf jene Orte anzuwenden, welche die Mächte zum gleichen Zweck wie die Sanitätszonen verwenden.

Rückseite

Photographie
des Inhabers

Trockenstempel
der ausstellenden
Militärbehörde

Unterschrift
oder Fingerabdrücke
oder beides

Höhe	Augen	Haare

Andere Kennzeichen:

....

....

....

Vorderseite

(Bleibt offen für die Angabe des
Landes und der Militärbehörde,
welche diese Karten ausstellen.)

Identitätskarte

für die Mitglieder des Sanitäts-
und Seelsorgepersonals der Armeen

Name: ....

Vornamen: ....

Geburtsdatum: ....

Dienstgrad: ....

Matrikelnummer: ....

Der Inhaber dieser Karte steht unter dem Schutz
des Genfer Abkommens vom 12. August 1949 zur
Verbesserung des Loses der Verwundeten und
Kranken der bewaffneten Kräfte im Felde in der
Eigenschaft als

....

Ausstellungsdatum: Kartennummer:

....

Geltungsbereich der vier Genfer Abkommen von 1949[14]
am 19. April 2007[15]

Vertragsstaaten	Ratifikation Beitritt (B) Nachfolgeerklärung (N)		Inkrafttreten	
Afghanistan	26. September	1956	26. März	1957
Ägypten	10. November	1952	10. Mai	1953
Albanien*	27. Mai	1957	27. November	1957
Algerien	20. Juni	1960 B	20. Dezember	1960
Andorra	17. September	1993 B	17. März	1994
Angola*	20. September	1984 B	20. März	1985
Antigua und Barbuda	6. Oktober	1986 N	1. November	1981
Äquatorialguinea	24. Juli	1986 B	24. Januar	1987
Argentinien	18. September	1956	18. März	1957
Armenien	7. Juni	1993 B	7. Dezember	1993
Aserbaidschan	1. Juni	1993 B	1. Dezember	1993
Äthiopien	2. Oktober	1969	2. April	1970
Australien**	14. Oktober	1958	14. April	1959
Bahamas	11. Juli	1975 N	10. Juli	1973
Bahrain	30. November	1971 B	30. Mai	1972
Bangladesch	4. April	1972 N	26. März	1971
Barbados	10. September	1968 N	30. November	1966
Belarus	3. August	1954	3. Februar	1955
Belgien	3. September	1952	3. März	1953
Belize	29. Juni	1984 B	29. Dezember	1984
Benin	14. Dezember	1961 N	1. August	1960
Bhutan	10. Januar	1991 B	10. Juli	1991
Bolivien	10. Dezember	1976	10. Juni	1977
Bosnien und Herzegowina	31. Dezember	1992 N	6. März	1992
Botsuana	29. März	1968 B	29. September	1968
Brasilien	29. Juni	1957	29. Dezember	1957
Brunei	14. Oktober	1991 B	14. April	1992
Bulgarien	22. Juli	1954	22. Januar	1955
Burkina Faso	7. November	1961 N	5. August	1960
Burundi	27. Dezember	1971 N	1. Juli	1962
Chile	12. Oktober	1950	12. April	1951
China*	28. Dezember	1956	28. Juni	1957
Hongkong[a]	14. April	1999	1. Juli	1997
Macao[b]	31. Mai	2000	20. Dezember	1999
Cook-Inseln	7. Mai	2002 N	11. Juni	2001
Costa Rica	15. Oktober	1969 B	15. April	1970
Côte d'Ivoire	28. Dezember	1961 N	7. August	1960
Dänemark	27. Juni	1951	27. Dezember	1951

[14] SR **0.518.12** (Abk. I), **0.518.23** (Abk. II), **0.518.42** (Abk. III), **0.518.51** (Abk. IV)
[15] Eine aktualisierte Fassung des Geltungsbereiches findet sich auf der Internetseite des EDA (http://www.eda.admin.ch/eda/de/home/topics/intla/intrea/dbstv.html).

Vertragsstaaten	Ratifikation Beitritt (B) Nachfolgeerklärung (N)		Inkrafttreten	
Deutschland	3. September	1954 B	3. März	1955
Dominica	28. September	1981 N	3. November	1978
Dominikanische Republik	22. Januar	1958 B	22. Juli	1958
Dschibuti	26. Januar	1978 N	27. Juni	1977
Ecuador	11. August	1954	11. Februar	1955
El Salvador	17. Juni	1953	17. Dezember	1953
Eritrea	14. August	2000 B	14. August	2000
Estland	18. Januar	1993 B	18. Juli	1993
Fidschi	9. August	1971 N	10. Oktober	1970
Finnland	22. Februar	1955	22. August	1955
Frankreich	28. Juni	1951	28. Dezember	1951
Gabun	20. Februar	1965 N	17. August	1960
Gambia	11. Oktober	1966 N	18. Februar	1965
Georgien	14. September	1993 B	14. März	1994
Ghana	2. August	1958 B	2. Februar	1959
Grenada	13. April	1981 N	7. Februar	1974
Griechenland	5. Juni	1956	5. Dezember	1956
Guatemala	14. Mai	1952	14. November	1952
Guinea	11. Juli	1984 B	11. Januar	1985
Guinea-Bissau*	21. Februar	1974 B	21. August	1974
Guyana	22. Juli	1968 N	26. Mai	1966
Haiti	11. April	1957 B	11. Oktober	1957
Heiliger Stuhl	22. Februar	1951	22. August	1951
Honduras	31. Dezember	1965 B	30. Juni	1966
Indien	9. November	1950	9. Mai	1951
Indonesien	30. September	1958 B	30. März	1959
Irak	14. Februar	1956 B	14. August	1956
Iran*	20. Februar	1957	20. August	1957
Irland	27. September	1962	27. März	1963
Island	10. August	1965 B	10. Februar	1966
Israel*	6. Juli	1951	6. Januar	1952
Italien	17. Dezember	1951	17. Juni	1952
Jamaika	17. Juli	1964 N	6. August	1962
Japan	21. April	1953 B	21. Oktober	1953
Jemen	16. Juli	1970 B	16. Januar	1971
Jordanien	29. Mai	1951 B	29. November	1951
Kambodscha	8. Dezember	1958 B	8. Juni	1959
Kamerun	16. September	1963 N	1. Januar	1960
Kanada	14. Mai	1965	14. November	1965
Kap Verde	11. Mai	1984 B	11. November	1984
Kasachstan	5. Mai	1992 N	21. Dezember	1991
Katar	15. Oktober	1975 B	15. April	1976
Kenia	20. September	1966 B	20. März	1967

Vertragsstaaten	Ratifikation Beitritt (B) Nachfolgeerklärung (N)		Inkrafttreten	
Kirgisistan	18. September	1992 N	21. Dezember	1991
Kiribati	5. Januar	1989 N	12. Juli	1979
Kolumbien	8. November	1961	8. Mai	1962
Komoren	21. November	1985 B	21. Mai	1986
Kongo (Brazzaville)	30. Januar	1967 N	15. August	1960
Kongo (Kinshasa)	20. Februar	1961 N	30. Juni	1960
Korea (Nord-)*	27. August	1957 B	27. Februar	1958
Korea (Süd-)*	16. August	1966 B	23. September	1966
Kroatien	11. Mai	1992 N	8. Oktober	1991
Kuba	15. April	1954	15. Oktober	1954
Kuwait	2. September	1967 B	2. März	1968
Laos	29. Oktober	1956 B	29. April	1957
Lesotho	20. Mai	1968 N	4. Oktober	1966
Lettland	24. Dezember	1991 B	24. Juni	1992
Libanon	10. April	1951	10. Oktober	1951
Liberia	29. März	1954 B	29. September	1954
Libyen	22. Mai	1956 B	22. November	1956
Liechtenstein	21. September	1950	21. März	1951
Litauen	3. Oktober	1996 B	3. April	1997
Luxemburg	1. Juli	1953	1. Januar	1954
Madagaskar	13. Juli	1963 N	26. Juni	1960
Malawi	5. Januar	1968 B	5. Juli	1968
Malaysia	24. August	1962 B	24. Februar	1963
Malediven	18. Juni	1991 B	18. Dezember	1991
Mali	24. Mai	1965 B	24. November	1965
Malta	22. August	1968 N	21. September	1964
Marokko	26. Juli	1956 B	26. Januar	1957
Marshallinseln	1. Juni	2004 B	1. Dezember	2004
Mauretanien	27. Oktober	1962 N	28. November	1960
Mauritius	18. August	1970 N	12. März	1968
Mazedonien*	1. September	1993 N	8. September	1991
Mexiko	29. Oktober	1952	29. April	1953
Mikronesien	19. September	1995 B	19. März	1996
Moldau	24. Mai	1993 B	24. November	1993
Monaco	5. Juli	1950	5. Januar	1951
Mongolei	20. Dezember	1958 B	20. Juni	1959
Montenegro	2. August	2006 B	2. Februar	2007
Mosambik	14. März	1983 B	14. September	1983
Myanmar	25. August	1992 B	25. Februar	1993
Namibia	22. August	1991 N	21. März	1990
Nauru	27. Juni	2006 B	27. Dezember	2006
Nepal	7. Februar	1964 B	7. August	1964
Neuseeland**	2. Mai	1959	2. November	1959
Nicaragua	17. Dezember	1953	17. Juni	1954

Vertragsstaaten	Ratifikation Beitritt (B) Nachfolgeerklärung (N)		Inkrafttreten	
Niederlande	3. August	1954	3. Februar	1955
Aruba	1. Januar	1986	1. Januar	1986
Niederländische Antillen	3. August	1954	3. Februar	1955
Niger	16. April	1964 N	3. August	1960
Nigeria	9. Juni	1961 N	1. Oktober	1960
Norwegen	3. August	1951	3. Februar	1952
Oman	31. Januar	1974 B	31. Juli	1974
Österreich	27. August	1953	27. Februar	1954
Pakistan	12. Juni	1951	12. Dezember	1951
Palau	25. Juni	1996 B	25. Dezember	1996
Panama	10. Februar	1956 B	10. August	1956
Papua-Neuguinea	26. Mai	1976 N	16. September	1975
Paraguay	23. Oktober	1961	23. April	1962
Peru	15. Februar	1956	15. August	1956
Philippinen				
Abk. I	7. Februar	1951	7. September	1951
Abk. II-IV	6. Oktober	1952	6. April	1953
Polen	26. November	1954	26. Mai	1955
Portugal*	14. März	1961	14. September	1961
Ruanda	21. März	1964 N	1. Juli	1962
Rumänien	1. Juni	1954	1. Dezember	1954
Russland*	10. Mai	1954	10. November	1954
Salomoninseln	6. Juli	1981 N	7. Juli	1978
Sambia	19. Oktober	1966 B	19. April	1967
Samoa	23. August	1984 N	1. Januar	1962
San Marino	29. August	1953 B	28. Februar	1954
St. Kitts und Nevis	14. Februar	1986 N	19. September	1983
St. Lucia	18. September	1981 N	22. Februar	1979
St. Vincent und die Grenadinen	1. April	1981 B	1. Oktober	1981
São Tomé und Príncipe	21. Mai	1976 B	21. November	1976
Saudi-Arabien	18. Mai	1963 B	18. November	1963
Schweden	28. Dezember	1953	28. Juni	1954
Schweiz	31. März	1950	21. Oktober	1950
Senegal	23. April	1963 N	20. Juni	1960
Serbien	16. Oktober	2001 N	27. April	1992
Seychellen	8. November	1984 B	8. Mai	1985
Sierra Leone	31. Mai	1965 N	27. April	1961
Simbabwe	7. März	1983 B	7. September	1983
Singapur	27. April	1973 B	27. Oktober	1973
Slowakei*	2. April	1993 N	1. Januar	1993
Slowenien	26. März	1992 N	25. Juni	1991
Somalia	12. Juli	1962 B	12. Januar	1963
Spanien	4. August	1952	4. Februar	1953

Vertragsstaaten	Ratifikation Beitritt (B) Nachfolgeerklärung (N)		Inkrafttreten	
Sri Lanka				
Abk. I-III	28. Februar	1959	28. August	1959
Abk. IV	23. Februar	1959 B	23. August	1959
Südafrika	31. März	1952 B	30. September	1952
Sudan	23. September	1957 B	23. März	1958
Suriname	13. Oktober	1976 N	25. November	1975
Swasiland	28. Juni	1973 B	28. Dezember	1973
Syrien	2. November	1953	2. Mai	1954
Tadschikistan	13. Januar	1993 N	21. Dezember	1991
Tansania	12. Dezember	1962 N	9. Dezember	1961
Thailand	29. Dezember	1954 B	29. Juni	1955
Timor-Leste	8. Mai	2003	8. November	2003
Togo	6. Januar	1962	27. April	1960
Tonga	13. April	1978 N	4. Juni	1970
Trinidad und Tobago				
Abk. I	17. Mai	1963 B	17. November	1963
Abk. II-IV	24. September	1963 B	24. März	1964
Tschad	5. August	1970 B	5. Februar	1971
Tschechische Republik	5. Februar	1993 N	1. Januar	1993
Tunesien	4. Mai	1957 B	4. November	1957
Türkei	10. Februar	1954	10. August	1954
Turkmenistan	10. April	1992 N	26. Dezember	1991
Tuvalu	19. Februar	1981 N	1. Oktober	1978
Uganda	18. Mai	1964 B	18. November	1964
Ukraine	3. August	1954	3. Februar	1955
Ungarn*	3. August	1954	3. Februar	1955
Uruguay*	5. März	1969	5. September	1969
Usbekistan	8. Oktober	1993 B	8. April	1994
Vanuatu	27. Oktober	1982 B	27. April	1983
Venezuela	13. Februar	1956	13. August	1956
Vereinigte Arabische Emirate	10. Mai	1972 B	10. November	1972
Vereinigte Staaten* **	2. August	1955	2. Februar	1956
Vereinigtes Königreich* **	23. September	1957	23. März	1958
Vietnam*	28. Juni	1957 B	28. Dezember	1957
Zentralafrikanische Republik	1. August	1966 N	13. August	1960

Vertragsstaaten	Ratifikation Beitritt (B) Nachfolgeerklärung (N)	Inkrafttreten
Zypern	23. Mai 1962 B	23. November 1962

*   Vorbehalte und Erklärungen.

**   Einwendungen.

Die Vorbehalte, Erklärungen und Einwendungen werden in der AS nicht veröffentlicht. Die französischen und englischen Texte können auf der Internet-Seite des Internationalen Komitees vom Roten Kreuz: www.icrc.org/ eingesehen oder bei der Direktion für Völkerrecht, Sektion Staatsverträge, 3003 Bern, bezogen werden.

a   Bis zum 30. Juni 1997 waren die Abkommen auf Grund einer Ausdehnungserklärung des Vereinigten Königreichs in Hongkong anwendbar. Seit dem 1. Juli 1997 bildet Hongkong eine Besondere Verwaltungsregion (SAR) der Volksrepublik China. Auf Grund der chinesischen Erklärung vom 9. Juni 1997 sind die Abkommen seit dem 1. Juli 1997 auch in der SAR Hongkong anwendbar.

b   Bis zum 19. Dez. 1999 waren die Abkommen auf Grund einer Ausdehnungserklärung Portugals in Macau anwendbar. Seit dem 20. Dez. 1999 bildet Macau eine Besondere Verwaltungsregion (SAR) der Volksrepublik China. Auf Grund der chinesischen Erklärung vom 22. Nov. 1999 sind die Abkommen seit dem 20. Dez. 1999 auch in der SAR Macau anwendbar.

Genfer Abkommen zur Verbesserung des Loses der Verwundeten, Kranken und Schiffbrüchigen der bewaffneten Kräfte zur See[2]

Die unterzeichneten Bevollmächtigten der Regierungen, die an der vom 21. April bis 12. August 1949 in Genf versammelten diplomatischen Konferenz zur Revision des X. Haager Abkommens vom 18. Oktober 1907[4] betreffend die Anwendung der Grundsätze des Genfer Abkommens von 1906 auf den Seekrieg vertreten waren, haben folgendes vereinbart:

Kapitel I
Allgemeine Bestimmungen

Art. 1

Die Hohen Vertragsparteien verpflichten sich, das vorliegende Abkommen unter allen Umständen einzuhalten und seine Einhaltung durchzusetzen.

Art. 2

Ausser den Bestimmungen, die bereits in Friedenszeiten zu handhaben sind, ist das vorliegende Abkommen in allen Fällen eines erklärten Krieges oder jedes anderen bewaffneten Konflikts anzuwenden, der zwischen zwei oder mehreren der Hohen Vertragsparteien entsteht, und zwar auch dann, wenn der Kriegszustand von einer dieser Parteien nicht anerkannt wird.

Das Abkommen ist auch in allen Fällen vollständiger oder teilweiser Besetzung des Gebietes einer Hohen Vertragspartei anzuwenden, selbst wenn diese Besetzung auf keinen bewaffneten Widerstand stösst.

Wenn eine der im Konflikt befindlichen Mächte am vorliegenden Abkommen nicht beteiligt ist, bleiben die daran beteiligten Mächte in ihren gegenseitigen Beziehungen gleichwohl durch das Abkommen gebunden. Sie sind aber durch das Abkom-

AS **1951** 207; BBl **1949** II 1181
1   Der französische Originaltext findet sich unter der gleichen Nummer in der französischen Ausgabe dieser Sammlung.
2   Siehe auch die Zusatzprot. I und II vom 8. Juni 1977 (SR **0.518.521./522**).
3   AS **1951** 175
4   [BS **11** 522]

men auch gegenüber dieser Macht gebunden, wenn diese dessen Bestimmungen annimmt und anwendet.

Art. 3

Im Falle eines bewaffneten Konflikts, der keinen internationalen Charakter aufweist und der auf dem Gebiet einer der Hohen Vertragsparteien entsteht, ist jede der am Konflikt beteiligten Parteien gehalten, wenigstens die folgenden Bestimmungen anzuwenden:

1. Personen, die nicht direkt an den Feindseligkeiten teilnehmen, einschliesslich der Mitglieder der bewaffneten Streitkräfte, welche die Waffen gestreckt haben, und der Personen, die infolge Krankheit, Verwundung, Gefangennahme oder irgendeiner anderen Ursache ausser Kampf gesetzt wurden, sollen unter allen Umständen mit Menschlichkeit behandelt werden, ohne jede Benachteiligung aus Gründen der Rasse, der Farbe, der Religion oder des Glaubens, des Geschlechts, der Geburt oder des Vermögens oder einem ähnlichen Grunde.

   Zu diesem Zwecke sind und bleiben in bezug auf die oben erwähnten Personen jederzeit und jedenorts verboten:

   a. Angriffe auf Leib und Leben, namentlich Mord jeglicher Art, Verstümmelung, grausame Behandlung und Folterung;

   b. die Gefangennahme von Geiseln;

   c. Beeinträchtigung der persönlichen Würde, namentlich erniedrigende und entwürdigende Behandlung;

   d. Verurteilungen und Hinrichtungen ohne vorhergehendes Urteil eines ordnungsmässig bestellten Gerichtes, das die von den zivilisierten Völkern als unerlässlich anerkannten Rechtsgarantien bietet.

2. Die Verwundeten, Kranken und Schiffbrüchigen sollen geborgen und gepflegt werden.

Eine unparteiische humanitäre Organisation, wie das Internationale Komitee vom Roten Kreuz, kann den am Konflikt beteiligten Parteien ihre Dienste anbieten.

Die am Konflikt beteiligten Parteien werden sich anderseits bemühen, durch besondere Vereinbarungen auch die andern Bestimmungen des vorliegenden Abkommens ganz oder teilweise in Kraft zu setzen.

Die Anwendung der vorstehenden Bestimmungen hat auf die Rechtsstellung der am Konflikt beteiligten Parteien keinen Einfluss.

Art. 4

Bei Kriegshandlungen zwischen den Land- und Seestreitkräften der am Konflikt beteiligten Parteien sind die Bestimmungen dieses Abkommens nur auf die an Bord befindlichen Streitkräfte anwendbar.

2

Die an Land gesetzten Streitkräfte sind sofort dem Genfer Abkommen vom 12. August 1949[5] zur Verbesserung des Loses der Verwundeten und Kranken der bewaffneten Kräfte im Felde unterstellt.

Art. 5

Die neutralen Mächte haben die Bestimmungen dieses Abkommens sinngemäss auf Verwundete, Kranke und Schiffbrüchige sowie auf die Angehörigen des Sanitäts- und Seelsorgepersonals der bewaffneten Kräfte der am Konflikt beteiligten Parteien anzuwenden, die in ihr Gebiet aufgenommen oder dort interniert werden, ebenso auf die geborgenen Gefallenen.

Art. 6

Ausser den in den Artikeln 10, 18, 31, 38, 39, 40, 43 und 53 ausdrücklich vorgesehenen Vereinbarungen können die Hohen Vertragsparteien besondere Vereinbarungen über jede Frage treffen, deren Sonderregelung ihnen zweckmässig erscheint. Keine besondere Vereinbarung darf die Lage der Verwundeten, Kranken und Schiffbrüchigen sowie der Angehörigen des Sanitäts- und Seelsorgepersonals, wie sie durch das vorliegende Abkommen geregelt ist, beeinträchtigen oder die Rechte beschränken, die ihnen das Abkommen einräumt.

Die Verwundeten, Kranken und Schiffbrüchigen sowie die Angehörigen des Sanitäts- und Seelsorgepersonals geniessen die Vorteile dieser Vereinbarungen so lange, als das Abkommen auf sie anwendbar ist, vorbehaltlich ausdrücklicher gegenteiliger Bestimmungen, die in den oben genannten oder in späteren Vereinbarungen enthalten sind und vorbehaltlich günstigerer Massnahmen, die durch die eine oder andere der am Konflikt beteiligten Parteien hinsichtlich dieser Personen ergriffen worden sind.

Art. 7

Die Verwundeten, Kranken und Schiffbrüchigen sowie die Angehörigen des Sanitäts- und Seelsorgepersonals können in keinem Falle, weder teilweise noch vollständig, auf die Rechte verzichten, die ihnen das vorliegende Abkommen und gegebenenfalls die im vorhergehenden Artikel genannten besonderen Vereinbarungen einräumen.

Art. 8

Das vorliegende Abkommen ist unter der Mitwirkung und Aufsicht der Schutzmächte anzuwenden, die mit der Wahrnehmung der Interessen der am Konflikt beteiligten Parteien betraut sind. Zu diesem Zwecke können die Schutzmächte neben ihren diplomatischen oder konsularischen Vertretern Delegierte unter ihren eigenen Staatsangehörigen oder unter Staatsangehörigen anderer neutraler Mächte bezeich-

5   SR **0.518.12**

3

nen. Diese Delegierten müssen von der Macht genehmigt werden, bei der sie ihre Mission auszuführen haben.

Die am Konflikt beteiligten Parteien sollen die Aufgabe der Vertreter oder Delegierten der Schutzmächte in grösstmöglichem Masse erleichtern.

Die Vertreter oder Delegierten der Schutzmächte dürfen keinesfalls die Grenzen ihrer Aufgabe, wie sie aus dem vorliegenden Abkommen hervorgeht, überschreiten; insbesondere haben sie die zwingenden Sicherheitsbedürfnisse des Staates, in dem sie ihre Aufgabe durchführen, zu berücksichtigen. Nur aus zwingender militärischer Notwendigkeit kann ihre Tätigkeit ausnahmsweise und zeitweilig eingeschränkt werden.

Art. 9

Die Bestimmungen des vorliegenden Abkommens bilden kein Hindernis für die humanitäre Tätigkeit, die das Internationale Komitee vom Roten Kreuz oder irgendeine andere unparteiliche humanitäre Organisation mit Einwilligung der am Konflikt beteiligten Parteien ausübt, um die Verwundeten, Kranken und Schiffbrüchigen sowie die Angehörigen des Sanitäts- und Seelsorgepersonals zu schützen und ihnen Hilfe zu bringen.

Art. 10

Die Hohen Vertragsparteien können jederzeit vereinbaren, die durch das vorliegende Abkommen den Schutzmächten übertragenen Aufgaben einer Organisation anzuvertrauen, die alle Garantien für Unparteilichkeit und erfolgreiche Arbeit bietet.

Wenn Verwundete, Kranke und Schiffbrüchige sowie Angehörige des Sanitäts- und Seelsorgepersonals aus irgendeinem Grunde nicht oder nicht mehr von einer Schutzmacht oder einer in Absatz 1 vorgesehenen Organisation betreut werden, hat der Gewahrsamsstaat einen neutralen Staat oder eine solche Organisation zu ersuchen, die Funktionen zu übernehmen, die das vorliegende Abkommen den Schutzmächten überträgt, die von den am Konflikt beteiligten Parteien bezeichnet werden.

Sollte ein Schutz auf diese Weise nicht gewährleistet werden können, so hat der Gewahrsamsstaat entweder eine humanitäre Organisation, wie das Internationale Komitee vom Roten Kreuz, zu ersuchen, die durch das vorliegende Abkommen den Schutzmächten zufallenden humanitären Aufgaben zu übernehmen, oder aber unter Vorbehalt der Bestimmungen dieses Artikels die Dienste anzunehmen, die ihm eine solche Organisation anbietet.

Jede neutrale Macht oder jede Organisation, die von der betreffenden Macht eingeladen wird oder sich zu diesem Zwecke zur Verfügung stellt, soll sich in ihrer Tätigkeit der Verantwortung gegenüber der am Konflikt beteiligten Partei, welcher die durch das vorliegende Abkommen geschützten Personen angehören, bewusst bleiben und ausreichende Garantien dafür bieten, dass sie in der Lage ist, die betreffenden Funktionen zu übernehmen und sie mit Unparteilichkeit zu erfüllen.

Von den vorstehenden Bestimmungen kann nicht durch eine besondere Vereinbarung zwischen Mächten abgewichen werden, von denen die eine, wenn auch nur vorübergehend, gegenüber der anderen oder deren Verbündeten infolge militärischer Ereignisse und besonders infolge einer Besetzung des gesamten oder eines wichtigen Teils ihres Gebietes, in ihrer Verhandlungsfreiheit beschränkt wäre.

Wo immer im vorliegenden Abkommen die Schutzmacht erwähnt wird, bezieht sich diese Erwähnung ebenfalls auf die Organisationen, die sie im Sinne dieses Artikels ersetzen.

Art. 11

In allen Fällen, in denen die Schutzmächte es im Interesse der geschützten Personen als angezeigt erachten, insbesondere in Fällen von Meinungsverschiedenheiten zwischen den am Konflikt beteiligten Parteien über die Anwendung oder Auslegung der Bestimmungen des vorliegenden Abkommens, sollen sie zur Beilegung des Streitfalles ihre guten Dienste leihen.

Zu diesem Zwecke kann jede der Schutzmächte, entweder auf Einladung einer Partei oder von sich aus, den am Konflikt beteiligten Parteien eine Zusammenkunft ihrer Vertreter und im besondern der für das Schicksal der Verwundeten, Kranken und Schiffbrüchigen sowie der Angehörigen des Sanitäts- und Seelsorgepersonals verantwortlichen Behörden vorschlagen, gegebenenfalls auf einem passend gewählten neutralen Gebiet. Die am Konflikt beteiligten Parteien sind verpflichtet, den ihnen zu diesem Zwecke gemachten Vorschlägen Folge zu geben. Die Schutzmächte können, wenn nötig, unter Zustimmung der am Konflikt beteiligten Parteien eine einer neutralen Macht angehörende oder vom Internationalen Komitee vom Roten Kreuz delegierte Persönlichkeit vorschlagen, die zu ersuchen ist, an dieser Zusammenkunft teilzunehmen.

Kapitel II
Verwundete, Kranke und Schiffbrüchige

Art. 12

Die Angehörigen der bewaffneten Kräfte und die übrigen im folgenden Artikel angeführten Personen, die sich zur See befinden und verwundet, krank oder schiffbrüchig sind, sollen unter allen Umständen geschont und geschützt werden, wobei der Ausdruck «Schiffbruch» auf jede Art von Schiffbruch anzuwenden ist, unter welchen Umständen immer er sich ereignet, einschliesslich der Notwasserung von Flugzeugen auf dem Meere oder deren Absturz in das Meer.

Sie sollen durch die am Konflikt beteiligte Partei, in deren Gewalt sie sich befinden, mit Menschlichkeit behandelt und gepflegt werden, ohne jede Benachteiligung aus Gründen des Geschlechts, der Rasse, der Staatsangehörigkeit, der Religion, der politischen Meinung oder aus irgendeinem ähnlichen Grunde. Streng verboten ist jeder Angriff auf Leib und Lebendieser Personen und besonders, sie umzubringen oder auszurotten, sie zu foltern, an ihnen biologische Versuche vorzunehmen, sie vorsätzlich ohne ärztliche Hilfe oder Pflege zu lassen oder sie eigens dazu geschaffenen Ansteckungs- oder Infektionsgefahren auszusetzen.

Nur dringliche medizinische Gründe rechtfertigen eine Bevorzugung in der Reihenfolge der Behandlung.

Frauen sollen mit aller ihrem Geschlechte geschuldeten Rücksicht behandelt werden.

Art. 13

Dieses Abkommen findet auf Schiffbrüchige, Verwundete und Kranke zur See folgender Kategorien Anwendung:

1. Angehörige von bewaffneten Kräften einer am Konflikt beteiligten Partei, ebenso Angehörige von Milizen und Freiwilligenkorps, die zu diesen bewaffneten Kräften gehören;

2. Angehörige anderer Milizen und Freiwilligenkorps, einschliesslich solcher von organisierten Widerstandsbewegungen, die zu einer am Konflikt beteiligten Partei gehören und ausserhalb oder innerhalb ihres eigenen Gebietes, auch wenn dasselbe besetzt ist, tätig sind, sofern diese Milizen oder Freiwilligenkorps, einschliesslich der organisierten Widerstandsbewegungen:

   a. an ihrer Spitze eine für ihre Untergebenen verantwortliche Person haben;

   b. ein bleibendes und von weitem erkennbares Zeichen tragen;

   c. die Waffen offen tragen;

   d. bei ihren Operationen die Gesetze und Gebräuche des Krieges einhalten;

3. Angehörige regulärer bewaffneter Kräfte, die sich zu einer von der Gewahrsamsmacht nicht anerkannten Regierung oder Behörde bekennen;

4. Personen, die den bewaffneten Kräften folgen, ohne ihnen direkt anzugehören, wie zivile Besatzungsmitglieder von Militärflugzeugen, Kriegsberichterstatter, Heereslieferanten, Angehörige von Arbeitseinheiten oder von Diensten, die mit der Fürsorge für die bewaffneten Kräfte betraut sind, sofern dieselben von den bewaffneten Kräften, die sie begleiten, zu ihrer Tätigkeit ermächtigt wurden;

5. Besatzungsmitglieder der Handelsmarine, einschliesslich der Kapitäne, Steuermänner und Schiffsjungen, sowie Besatzungen der Zivilluftfahrt der am Konflikt beteiligten Parteien, welche auf Grund anderer Bestimmungen des internationalen Rechts keine günstigere Behandlung geniessen;

6. die Bevölkerung eines unbesetzten Gebietes, die beim Herannahen des Feindes aus eigenem Antrieb die Waffen gegen die Invasionstruppen ergreift, ohne zur Bildung regulärer Streitkräfte Zeit gehabt zu haben, sofern sie die Waffen offen trägt und die Gesetze und Gebräuche des Krieges einhält.

Art. 14

Jedes Kriegsschiff einer kriegführenden Partei kann die Auslieferung der Verwundeten, Kranken oder Schiffbrüchigen verlangen, die sich an Bord von militärischen Lazarettschiffen, von Lazarettschiffen der Hilfsgesellschaften oder privater Personen sowie von Handelsschiffen, Jachten und Booten gleich welcher Nationalität befinden, sofern der Gesundheitszustand der Verwundeten und Kranken dies gestattet und das Kriegsschiff über die für eine hinreichende Pflege nötigen Einrichtungen verfügt.

Art. 15

Wenn Verwundete, Kranke oder Schiffbrüchige an Bord eines neutralen Kriegsschiffes oder eines neutralen Militärluftfahrzeuges genommen werden, ist, wenn es das Völkerrecht erfordert, dafür zu sorgen, dass sie nicht mehr an Kriegshandlungen teilnehmen können.

Art. 16

Unbeschadet der Bestimmungen von Artikel 12 werden Verwundete, Kranke und Schiffbrüchige eines Kriegführenden, wenn sie in Feindeshand geraten, Kriegsgefangene und die die Kriegsgefangenen betreffenden Regeln des Völkerrechtes sind auf sie anzuwenden. Es liegt im Ermessen des Gefangennehmenden, sie je nach Umständen festzuhalten oder sie nach einem Hafen seines Landes, nach einem neutralen oder selbst nach einem Hafen des Gegners zu geleiten. Im letztern Falle dürfen die so in ihre Heimat zurückgekehrten Kriegsgefangenen während der Dauer des Krieges keinen Dienst mehr leisten.

Art. 17

Die mit Zustimmung der lokalen Behörde in einem neutralen Hafen an Land gebrachten Verwundeten, Kranken und Schiffbrüchigen müssen von der neutralen Macht, wenn zwischen ihr und den kriegführenden Mächten keine gegenteilige Vereinbarung getroffen wurde, so bewacht werden, dass sie, wenn es das Völkerrecht erfordert, nicht mehr an Kriegshandlungen teilnehmen können.

Die Hospitalisierungs- und Internierungskosten gehen zu Lasten derjenigen Macht, von der die Verwundeten, Kranken und Schiffbrüchigen abhängen.

Art. 18

Nach jedem Kampfe haben die am Konflikt beteiligten Parteien unverzüglich alle zu Gebote stehenden Massnahmen zu treffen, um die Schiffbrüchigen, Verwundeten und Kranken aufzusuchen und zu bergen, sie vor Beraubung und Misshandlung zu schützen und ihnen die notwendige Pflege zu sichern, und um die Gefallenen aufzusuchen und deren Ausplünderung zu verhindern.

Wenn immer es die Umstände gestatten, sollen die am Konflikt beteiligten Parteien örtliche Abmachungen für die Evakuierung zur See von Verwundeten und Kranken aus einer belagerten oder eingekreisten Zone treffen, sowie für den Durchzug von Sanitäts- und Seelsorgepersonal sowie von Sanitätsmaterial nach dieser Zone.

Art. 19

Die am Konflikt beteiligten Parteien haben möglichst bald sämtliche Anhaltspunkte für die Identifizierung der in ihre Gewalt geratenen Schiffbrüchigen, Verwundeten, Kranken und Gefallenen der Gegenpartei zu verzeichnen. Diese Ermittlungen sollen, wenn möglich, folgendes enthalten:

a. Angabe der Macht, von der sie abhängen;

b. militärische Einteilung oder Matrikelnummer;

c. Familienname;

d. den oder die Vornamen;

e. Geburtsdatum;

f. alle anderen auf der Identitätskarte oder der Erkennungsmarke enthaltenen Angaben;

g. Ort und Datum der Gefangennahme oder des Todes;

h. Angaben über Verwundungen, Krankheit oder Todesursache.

Die oben erwähnten Angaben müssen so rasch als möglich der in Artikel 122 des Genfer Abkommens vom 12. August 1949[6] über die Behandlung der Kriegsgefangenen vorgesehenen Auskunftstelle übermittelt werden, die sie ihrerseits durch Vermittlung der Schutzmacht oder der Zentralstelle für Kriegsgefangene an die Macht weiterleitet, von der diese Gefangenen abhängen.

Die am Konflikt beteiligten Parteien sollen gehörig beglaubigte Todesurkunden oder Gefallenenlisten ausfertigen und diese einander auf dem im vorhergehenden Absatz erwähnten Weg zukommen lassen. Sie sollen auch die Hälften der doppelten Erkennungsmarken oder, wenn diese einfach sind, die ganzen, sowie Testamente und andere für die Familien der Gefallenen wichtige Schriftstücke sowie Geldbeträge und allgemein alle bei den Gefallenen gefundenen Gegenstände von eigentlichem oder gefühlsmässigem Wert sammeln und einander durch Vermittlung derselben Stelle gegenseitig zukommen lassen. Diese sowie die nicht identifizierten Gegenstände sollen in versiegelten Paketen versandt werden und von einer Erklärung, die alle zur Identifizierung des verstorbenen Besitzers notwendigen Einzelheiten enthält, sowie von einem vollständigen Verzeichnis des Paketinhaltes begleitet sein.

Art. 20

Die am Konflikt beteiligten Parteien sollen dafür sorgen, dass der Versenkung der Gefallenen, die, soweit es die Umstände irgendwie gestatten, einzeln vorgenommen werden soll, eine sorgfältige und, wenn möglich, ärztliche Leichenschau vorangeht, die den Tod feststellen, die Identität abklären und einen Bericht darüber ermöglichen soll. Wurde eine doppelte Erkennungsmarke getragen, so soll deren Hälfte auf der Leiche bleiben.

---

[6] SR **0.518.42**

Werden Gefallene an Land gebracht, so sind die Bestimmungen des Genfer Abkommens vom 12. August 1949[7] zur Verbesserung des Loses der Verwundeten und Kranken der bewaffneten Kräfte im Felde auf sie anzuwenden.

Art. 21

Die am Konflikt beteiligten Parteien können sich an die Hilfsbereitschaft der Kapitäne neutraler Handelsschiffe, Jachten oder Boote wenden, damit diese Verwundete, Kranke oder Schiffbrüchige an Bord nehmen und pflegen und Gefallene bergen.

Die Schiffe jeder Art, welche diesem Aufruf Folge leisten, sowie jene, die unaufgefordert Verwundete, Kranke oder Schiffbrüchige aufnehmen, sollen einen besondern Schutz sowie Erleichterungen für die Ausübung ihrer Hilfstätigkeit geniessen.

Sie dürfen auf keinen Fall wegen eines solchen Transportes aufgebracht werden; sofern ihnen aber keine gegenteiligen Zusicherungen gemacht wurden, bleiben sie für etwa begangene Neutralitätsverletzungen der Gefahr der Aufbringung ausgesetzt.

Kapitel III
Lazarettschiffe

Art. 22

Die militärischen Lazarettschiffe, d.h. die Schiffe, die von den Mächten einzig und allein dazu erbaut und eingerichtet worden sind, um den Verwundeten, Kranken und Schiffbrüchigen Hilfe zu bringen, sie zu pflegen und zu befördern, dürfen unter keinen Umständen angegriffen oder aufgebracht werden, sondern sind jederzeit zu schonen und zu schützen, sofern ihre Namen und ihre besonderen Merkmale zehn Tage vor ihrem Einsatz den am Konflikt beteiligten Parteien mitgeteilt wurden.

Unter den besonderen Merkmalen, die in der Anzeige enthalten sein müssen, sind die Anzahl der Bruttoregistertonnen, die Länge vom Heck zum Bug sowie die Anzahl der Masten und Schornsteine zu verstehen.

Art. 23

An der Küste gelegene Anstalten, die Anspruch auf den Schutz des Genfer Abkommens vom 12. August 1949[8] zur Verbesserung des Loses der Verwundeten und Kranken der bewaffneten Kräfte im Felde haben, dürfen nicht vorn Meer aus angegriffen oder beschossen werden.

Art. 24

Die von nationalen Gesellschaften des Roten Kreuzes, von offiziell anerkannten Hilfsgesellschaften oder von Privatpersonen eingesetzten Lazarettschiffe sollen den

---

[7] SR **0.518.12**
[8] SR **0.518.12**

9

gleichen Schutz geniessen wie die militärischen Lazarettschiffe und dürfen nicht aufgebracht werden, wenn die am Konflikt beteiligte Partei, von der sie abhängen, einen amtlichen Ausweis für sie ausgestellt hat und sofern die Bestimmungen von Art. 22 über die Anzeige eingehalten wurden.

Diese Schiffe müssen eine Bescheinigung der zuständigen Behörde darüber bei sich führen, dass sie während der Ausrüstung und beim Auslaufen ihrer Aufsicht unterstellt waren.

Art. 25

Die von nationalen Gesellschaften des Roten Kreuzes, von offiziell anerkannten Hilfsgesellschaften oder von Privatpersonen neutraler Länder eingesetzten Lazarettschiffe sollen den gleichen Schutz geniessen wie die militärischen Lazarettschiffe und dürfen nicht aufgebracht werden, sofern sie sich mit vorgängiger Einwilligung ihrer eigenen Regierung und mit Ermächtigung einer am Konflikt beteiligten Partei der Aufsicht dieser Partei unterstellt haben und sofern die Bestimmungen von Artikel 22 über die Anzeige eingehalten wurden.

Art. 26

Der in den Artikeln 22, 24 und 25 vorgesehene Schutz soll sich auf die Lazarettschiffe aller Tonnagen und auf ihre Rettungsboote erstrecken, wo immer sie tätig sind. Um jedoch die grösstmögliche Annehmlichkeit und Sicherheit zu gewährleisten, sollen sich die am Konflikt beteiligten Parteien bemühen, für die Beförderung von Verwundeten, Kranken und Schiffbrüchigen auf weite Entfernungen und auf hoher See nur Lazarettschiffe von mehr als 2000 Bruttotonnen einzusetzen.

Art. 27

Unter den gleichen Voraussetzungen, wie sie in den Artikeln 22 und 24 vorgesehen sind, sollen auch die von einem Staat oder von offiziell anerkannten Hilfsgesellschaften eingesetzten Küstenrettungsboote, soweit es die Erfordernisse der Operationen gestatten, geschont und geschützt werden.

Dasselbe soll soweit möglich auch für die feststehenden Küstenanlagen gelten, die ausschliesslich von diesen Booten für ihre humanitäre Tätigkeit benützt werden.

Art. 28

Findet an Bord von Kriegsschiffen ein Kampf statt, so sollen die Lazarette nach Möglichkeit geachtet und verschont werden. Diese Schiffslazarette und ihre Ausrüstung bleiben den Kriegsgesetzen unterworfen, dürfen aber ihrer Bestimmung nicht entzogen werden, solange sie für Verwundete und Kranke notwendig sind. Gleichwohl kann der Befehlshaber, der sie in seiner Gewalt hat, im Falle dringender militärischer Notwendigkeit darüber verfügen, wenn er zuvor die Betreuung der darin gepflegten Verwundeten und Kranken sichergestellt hat.

Art. 29

Jedes Lazarettschiff, das in einem Hafen liegt, der in die Gewalt des Feindes gerät, ist berechtigt, auszulaufen.

Art. 30

Die in den Artikeln 22, 24, 25 und 27 bezeichneten Schiffe und Boote sollen den Verwundeten, Kranken und Schiffbrüchigen ohne Unterschied der Staatsangehörigkeit Hilfe und Beistand gewähren.

Die Hohen Vertragsparteien verpflichten sich, diese Schiffe und Boote zu keinerlei militärischen Zwecken zu benützen.

Diese Schiffe und Boote dürfen in keiner Weise die Bewegungen der Kämpfenden behindern.

Während des Kampfes und nach demselben handeln sie auf ihre eigene Gefahr.

Art. 31

Die am Konflikt beteiligten Parteien haben auf den in den Artikeln 22, 24, 25 und 27 bezeichneten Schiffen und Booten das Kontroll- und Durchsuchungsrecht. Sie können die Hilfe dieser Schiffe und Boote ablehnen, ihnen befehlen, sich zu entfernen, ihnen einen bestimmten Kurs vorschreiben, die Verwendung ihrer Funk- und aller andern Nachrichtengeräte regeln und sie bei Vorliegen besonders schwerwiegender Umstände sogar für eine Höchstdauer von sieben Tagen, vom Zeitpunkt des Anhaltens an gerechnet, zurückhalten.

Sie können vorübergehend einen Kommissar an Bord geben, dessen ausschliessliche Aufgabe darin besteht, die Ausführung der gemäss den Bestimmungen des vorhergehenden Absatzes erteilten Befehle sicherzustellen.

Die am Konflikt beteiligten Parteien sollen soweit wie möglich ihre den Lazarettschiffen erteilten Befehle in einer für den Kapitän des Lazarettschiffes verständlichen Sprache in deren Bordbuch eintragen.

Die am Konflikt beteiligten Parteien können einseitig oder durch eine besondere Vereinbarung neutrale Beobachter an Bord ihrer Lazarettschiffe geben, die die genaue Einhaltung der Bestimmungen dieses Abkommens festzustellen haben.

Art. 32

Die in den Artikeln 22, 24, 25 und 27 bezeichneten Schiffe und Boote werden bei einem Aufenthalt in neutralen Häfen nicht als Kriegsschiffe behandelt.

Art. 33

In Lazarettschiffe umgewandelte Handelsschiffe dürfen während der ganzen Dauer der Feindseligkeiten keiner andern Bestimmung zugeführt werden.

Art. 34

Der den Lazarettschiffen und Schiffslazaretten gebührende Schutz darf nur aufhören, wenn diese ausserhalb ihrer humanitären Aufgaben zur Begehung von Handlungen verwendet werden, die den Feind schädigen. Immerhin darf ihnen der Schutz erst entzogen werden, nachdem eine Warnung, die, soweit angängig, eine angemessene Frist setzt, unbeachtet geblieben ist.

Insbesondere dürfen Lazarettschiffe für ihre Sendungen mit Funk- oder irgendwelchen andern Nachrichtengeräten keinen Geheimkode besitzen oder verwenden.

Art. 35

Folgende Umstände gelten nicht als Begründung für den Entzug des Schutzes, der den Lazarettschiffen oder Schiffslazaretten gebührt:

1. wenn das Personal dieser Schiffe oder Lazarette bewaffnet ist und von seinen Waffen zur Aufrechterhaltung der Ordnung, zu seiner eigenen Verteidigung oder zur Verteidigung seiner Verwundeten und Kranken Gebrauch macht;

2. wenn sich an Bord Apparate befinden, die ausschliesslich für die Sicherung der Navigation oder der Nachrichtenübermittlung bestimmt sind;

3. wenn sich an Bord von Lazarettschiffen oder in Schiffslazaretten Handwaffen und Munition vorfinden, die den Verwundeten, Kranken und Schiffbrüchigen abgenommen und der zuständigen Dieststelle noch nicht abgeliefert worden sind;

4. wenn sich die humanitäre Tätigkeit der Lazarettschiffe und der Schiffslazarette oder ihres Personals auf verwundete, kranke oder schiffbrüchige Zivilpersonen erstreckt;

5. wenn Lazarettschiffe ausschliesslich für sanitätsdienstliche Zwecke bestimmtes Material und Personal in grösserem Ausmass befördern, als für sie üblicherweise erforderlich ist.

Kapitel IV
Sanitätspersonal

Art. 36

Das geistliche, ärztliche und Lazarettpersonal von Lazarettschiffen und deren Besatzung sollen geschont und geschützt werden; es darf während der Zeit seines Dienstes auf diesen Schiffen nicht gefangengenommen werden, gleichgültig ob Verwundete und Kranke an Bord sind oder nicht.

Art. 37

Wenn das geistliche, ärztliche und Lazarettpersonal, das mit der ärztlichen oder seelischen Betreuung der in den Artikeln 12 und 13 bezeichneten Personen befasst ist, in Feindeshand gerät, soll es geschont und geschützt werden; es kann seine Tätigkeit solange fortsetzen, als es die Pflege der Verwundeten und Kranken erfordert. Es muss danach zurückgesandt werden, sobald der Oberbefehlshaber, in dessen Gewalt es sich befindet, dies für möglich erachtet. Beim Verlassen des Schiffes kann es sein persönliches Eigentum mit sich nehmen.

Wenn es sich jedoch infolge der gesundheitlichen oder seelischen Bedürfnisse der Kriegsgefangenen als notwendig erweist, einen Teil dieses Personals zurückzuhalten, sollen alle Massnahmen getroffen werden, um es möglichst bald an Land zu setzen.

Bei seiner Landung soll das zurückgehaltene Personal den Bestimmungen des Genfer Abkommens vom 12. August 1949[9] zur Verbesserung des Loses der Verwundeten und Kranken der bewaffneten Kräfte im Felde unterstellt werden.

Kapitel V
Sanitätstransporte

Art. 38

Die zu diesem Zweck gecharterten Schiffe sind berechtigt, ausschliesslich für die Pflege der Verwundeten und Kranken der bewaffneten Kräfte oder für die Verhütung von Krankheiten bestimmtes Material zu befördern, sofern ihre Fahrbedingungen der feindlichen Macht mitgeteilt und durch diese genehmigt wurden. Der feindlichen Macht bleibt das Recht vorbehalten, sie anzuhalten, aber nicht, sie aufzubringen oder das mitgeführte Material zu beschlagnahmen.

Auf Grund einer Abmachung zwischen den am Konflikt beteiligten Parteien können neutrale Beobachter zur Kontrolle des mitgeführten Materials an Bord gebracht werden. Zu diesem Zweck muss dieses Material leicht zugänglich sein.

Art. 39

Sanitätsluftfahrzeuge, d.h. ausschliesslich für die Wegschaffung von Verwundeten, Kranken und Schiffbrüchigen und für die Beförderung von Sanitätspersonal und -material verwendete Luftfahrzeuge, sollen von den am Konflikt beteiligten Parteien nicht angegriffen, sondern geschont werden, solange sie in Höhen, zu Stunden und auf Routen fliegen, die von allen am Konflikt Beteiligten ausdrücklich vereinbart wurden.

Sie sollen neben den Landesfarben deutlich sichtbar das in Artikel 41 vorgesehene Schutzzeichen auf den untern, obern und seitlichen Flächen tragen. Sie sollen mit allen übrigen zwischen den am Konflikt beteiligten Parteien bei Beginn oder im Verlaufe der Feindseligkeiten durch Vereinbarung festgelegten Kennzeichen oder Erkennungsmitteln ausgestattet sein.

[9] SR **0.518.12**

Unbeschadet gegenteiliger Vereinbarungen ist das Überfliegen feindlichen oder vom Feinde besetzten Gebietes untersagt.

Die Sanitätsluftfahrzeuge haben jedem Befehl zum Landen oder Wassern Folge zu leisten. Im Falle einer so befohlenen Landung oder Wasserung kann das Luftfahrzeug mit seinen Insassen nach einer etwaigen Untersuchung den Flug fortsetzen.

Im Falle einer zufälligen Landung oder Wasserung auf feindlichem oder vom Feinde besetztem Gebiet werden die Verwundeten, Kranken und Schiffbrüchigen sowie die Besatzung des Luftfahrzeuges Kriegsgefangene. Das Sanitätpersonal soll gemäss den Artikeln 36 und 37 behandelt werden.

Art. 40

Sanitätsluftfahrzeuge der am Konflikt beteiligten Parteien können unter Vorbehalt von Absatz 2 das Gebiet neutraler Mächte überfliegen und dort eine Not- oder Zwischenlandung oder -wasserung vornehmen. Sie haben vorher den neutralen Mächten das Überfliegen ihres Gebietes zu melden und jedem Befehl zum Landen oder Wassern Folge zu leisten. Bei ihrem Flug sind sie vor Angriffen nur geschützt, solange sie in Höhen, zu Stunden und auf Routen fliegen, die zwischen den betreffenden am Konflikt beteiligten Parteien und neutralen Mächten ausdrücklich vereinbart wurden.

Die neutralen Mächte können jedoch für das Überfliegen ihres Gebietes durch Sanitätsluftfahrzeuge oder für deren Landung auf demselben Bedingungen oder Beschränkungen festsetzen. Diese Bedingungen oder Beschränkungen sollen auf alle am Konflikt beteiligten Parteien in gleicher Weise angewendet werden.

Die mit Zustimmung der lokalen Behörde von einem Sanitätsluftfahrzeug auf neutralem Gebiet abgesetzten Verwundeten, Kranken und Schiffbrüchigen müssen vom neutralen Staat, wenn zwischen ihm und den am Konflikt beteiligten Parteien keine gegenteilige Vereinbarung getroffen wurde, so bewacht werden, dass sie, wenn es das Völkerrecht erfordert, nicht mehr an Kriegshandlungen teilnehmen können. Die Hospitalisierungs- und Internierungskosten gehen zu Lasten derjenigen Macht, von der die Verwundeten, Kranken oder Schiffbrüchigen abhängen.

Kapitel VI
Schutzzeichen

Art. 41

Unter der Aufsicht der zuständigen Militärbehörde sollen Fahnen, Armbinden und das gesamte für den Sanitätsdienst verwendete Material mit dem Zeichen des roten Kreuzes auf weissem Grund versehen sein.

Indessen sind für die Länder, die an Stelle des roten Kreuzes den roten Halbmond oder den roten Löwen mit roter Sonne auf weissem Grunde bereits als Erkennungszeichen verwenden, diese Schutzzeichen im Sinne dieses Abkommens ebenfalls zugelassen.

Art. 42

Das in den Artikeln 36 und 37 bezeichnete Personal hat, am linken Arm befestigt, eine feuchtigkeitsbeständige, mit dem Schutzzeichen versehene Binde zu tragen, die von der Militärbehörde abzugeben und zu stempeln ist.

Dieses Personal hat ausser der in Artikel 19 erwähnten Erkennungsmarke eine besondere, mit dem Schutzzeichen versehene Identitätskarte auf sich zu tragen. Diese Karte muss feuchtigkeitsbeständig sein und Taschenformat haben. Sie soll in der Landessprache abgefasst sein und mindestens Namen und Vornamen, Geburtsdatum, Dienstgrad und Matrikelnummer des Inhabers enthalten. Sie soll bescheinigen, in welcher Eigenschaft er Anspruch auf den Schutz dieses Abkommens hat. Die Karte soll mit einer Photographie des Inhabers und ausserdem mit seiner Unterschrift oder seinen Fingerabdrücken oder mit beidem versehen sein. Sie soll ferner den Trockenstempel der Militärbehörde tragen.

In jeder Armee sollen die Identitätskarten einheitlich und in den Armeen der Hohen Vertragsparteien soweit als möglich nach gleichem Muster gestaltet sein. Die am Konflikt beteiligten Parteien können sich an das dem Abkommen beigefügte Muster halten. Bei Beginn der Feindseligkeiten sollen sie einander das von ihnen verwendete Muster bekanntgeben. Jede Identitätskarte soll, wenn möglich, in mindestens zwei Exemplaren ausgefertigt werden, wovon eines vom Heimatstaat aufbewahrt wird.

In keinem Fall dürfen dem oben erwähnten Personal die Abzeichen oder die Identitätskarte abgenommen oder das Recht zum Tragen seiner Armbinde entzogen werden. Bei Verlust derselben hat es Anspruch auf ein Doppel der Karte oder auf Ersatz der Abzeichen.

Art. 43

Die in den Artikeln 22, 24, 25 und 27 bezeichneten Schiffe und Boote sollen auf folgende Weise gekennzeichnet sein:

a. alle ihre äusseren Flächen sollen weiss sein;

b. ein oder mehrere möglichst grosse dunkelrote Kreuze sollen auf beiden Seiten des Rumpfes sowie auf die horizontalen Flächen so aufgemalt sein, dass sie die beste Sicht vom Meere und aus der Luft gewährleisten.

Alle Lazarettschiffe sollen sich kenntlich machen, indem sie ihre Landesflagge hissen und, wenn sie einem neutralen Staat angehören, ebenfalls die Flagge der am Konflikt beteiligten Partei, deren Aufsicht sie sich unterstellt haben. Eine weisse Flagge mit rotem Kreuz soll am Grossmast so hoch wie möglich gehisst werden.

Die Rettungsboote der Lazarettschiffe, die Küstenrettungsboote und alle vom Sanitätsdienst verwendeten kleinen Boote sollen weiss mit gut sichtbaren dunkelroten Kreuzen bemalt sein; ganz allgemein gilt für sie die oben für Lazarettschiffe vorgesehene Art der Kennzeichnung.

Die oben erwähnten Schiffe und Boote, die sich bei Nacht und bei beschränkter Sicht den ihnen zustehenden Schutz sichern wollen, sollen im Einvernehmen mit der am Konflikt beteiligten Macht, in deren Gewalt sie sich befinden, die nötigen Massnahmen treffen, um ihre Bemalung und ihre Schutzzeichen genügend sichtbar zu machen.

Lazarettschiffe, die auf Grund von Artikel 31 vorübergehend vom Feind zurückgehalten werden, müssen die Flagge der am Konflikt beteiligten Partei, in deren Dienst sie stehen oder deren Aufsicht sie sich unterstellt haben, einziehen.

Unter Vorbehalt der vorherigen Anzeige an alle interessierten am Konflikt beteiligten Parteien können die Küstenrettungsboote, die mit der Zustimmung der Besetzungsmacht ihre Tätigkeit von einem besetzten Stützpunkt aus fortsetzen, ermächtigt werden, neben der Rotkreuzflagge weiterhin ihre Landesflagge zu hissen, solange sie von ihrem Stützpunkt entfernt sind.

Alle Bestimmungen dieses Artikels über das Zeichen des Roten Kreuzes gelten auch auf die andern in Artikel 41 erwähnten Zeichen.

Die am Konflikt beteiligten Parteien sollen sich jederzeit bemühen, Vereinbarungen abzuschliessen zwecks Verwendung der modernsten ihnen zur Verfügung stehenden Methoden, die die Kennzeichnung der in diesem Artikel erwähnten Schiffe und Boote erleichtern.

Art. 44

Die in Artikel 43 vorgesehenen Schutzzeichen dürfen sowohl in Friedens- als in Kriegszeiten nur zur Bezeichnung oder zum Schutze der darin erwähnten Schiffe verwendet werden, unter Vorbehalt der Fälle, die in einem andern internationalen Abkommen oder durch Vereinbarung zwischen allen interessierten am Konflikt beteiligten Parteien vorgesehen werden.

Art. 45

Die Hohen Vertragsparteien, deren Gesetze zurzeit nicht ausreichend sein sollten, haben die nötigen Massnahmen zu treffen, um jeden Missbrauch der in Artikel 43 vorgesehenen Schutzzeichen jederzeit zu verhindern und zu ahnden.

Kapitel VII
Vollzug des Abkommens

Art. 46

Jede am Konflikt beteiligte Partei hat durch ihre Oberbefehlshaber für die Einzelheiten der Durchführung der vorstehenden Artikel und für die nicht vorgesehenen Fälle in Übereinstimmung mit den allgemeinen Grundsätzen dieses Abkommens vorzusorgen.

Art. 47

Vergeltungsmassnahmen gegen Verwundete, Kranke, Schiffbrüchige, Personal, Schiffe oder Material, die unter dem Schutze des Abkommens stehen, sind untersagt.

Artikel 48

Die Hohen Vertragsparteien verpflichten sich, in Friedens- und in Kriegszeiten den Wortlaut des vorliegenden Abkommens in ihren Ländern im weitestmöglichen Ausmass zu verbreiten und insbesondere sein Studium in die militärischen und, wenn möglich, zivilen Ausbildungsprogramme aufzunehmen, damit die Gesamtheit der Bevölkerung, insbesondere die bewaffneten Streitkräfte, das Sanitätspersonal und die Feldprediger, seine Grundsätze kennen lernen können.

Art. 49

Die Hohen Vertragsparteien sollen sich gegenseitig durch Vermittlung des Schweizerischen Bundesrates und während der Feindseligkeiten durch Vermittlung der Schutzmächte die amtlichen Übersetzungen des vorliegenden Abkommens sowie die Gesetze und Verordnungen zustellen, die sie zur Gewährleistung seiner Anwendung unter Umständen erlassen.

Kapitel VIII
Ahndung von Missbräuchen und Übertretungen

Art. 50

Die Hohen Vertragsparteien verpflichten sich, alle notwendigen gesetzgeberischen Massnahmen zur Festsetzung von angemessenen Strafbestimmungen für solche Personen zu treffen, die irgendeine der im folgenden Artikel umschriebenen schweren Verletzungen des vorliegenden Abkommens begehen oder zu einer solchen Verletzung den Befehl erteilen.

Jede Vertragspartei ist zur Ermittlung der Personen verpflichtet, die der Begehung oder der Erteilung eines Befehls zur Begehung der einen oder andern dieser schweren Verletzungen beschuldigt sind und hat sie ohne Rücksicht auf ihre Staatsangehörigkeit vor ihre eigenen Gerichte zu ziehen. Wenn sie es vorzieht, kann sie sie auch gemäss den in ihrer eigenen Gesetzgebung vorgesehenen Bedingungen zur Aburteilung einer andern an der Verfolgung interessierten Vertragspartei übergeben, sofern diese gegen die erwähnten Personen ausreichende Beschuldigungen nachgewiesen hat.

Jede Vertragspartei soll die notwendigen Massnahmen ergreifen, um auch diejenigen Zuwiderhandlungen gegen die Bestimmungen des vorliegenden Abkommens zu unterbinden, die nicht zu den im folgenden Artikel umschriebenen schweren Verletzungen zählen.

Unter allen Umständen müssen die Angeklagten nicht geringere Sicherheiten in bezug auf Gerichtsverfahren und freie Verteidigung geniessen als die in Artikel 105 ff. des Genfer Abkommens vom 12. August 1949[10] über die Behandlung der Kriegsgefangenen vorgesehenen.

Art. 51

Als schwere Verletzungen, wie sie im vorhergehenden Artikel erwähnt sind, gelten jene, die die eine oder andere der folgenden Handlungen umfassen, sofern sie gegen Personen oder Güter begangen werden, die durch das Abkommen geschützt sind: vorsätzlicher Mord, Folterung oder unmenschliche Behandlung, einschliesslich biologischer Experimente, vorsätzliche Verursachung grosser Leiden oder schwere Beeinträchtigung der körperlichen Integrität oder der Gesundheit, sowie Zerstörung und Aneignung von Gut, die nicht durch militärische Erfordernisse gerechtfertigt sind und in grossem Ausmass auf unerlaubte und willkürliche Weise vorgenommen werden.

Art. 52

Eine Hohe Vertragspartei kann weder sich selbst noch eine andere Vertragspartei von den Verantwortlichkeiten befreien, die ihr selbst oder einer andern Vertragspartei auf Grund der im vorhergehenden Artikel erwähnten Verletzungen zufallen.

Art. 53

Auf Begehren einer am Konflikt beteiligten Partei soll gemäss einem zwischen den beteiligten Parteien festzusetzenden Verfahren eine Untersuchung eingeleitet werden über jede behauptete Verletzung des Abkommens.

Kann über das Untersuchungsverfahren keine Übereinstimmung erzielt werden, so sollten sich die Parteien über die Wahl eines Schiedsrichters einigen, der über das zu befolgende Verfahren zu entscheiden hat.

Sobald die Verletzung festgestellt ist, sollen ihr die am Konflikt beteiligten Parteien ein Ende setzen und sie so rasch als möglich ahnden.

Schlussbestimmungen

Art. 54

Das vorliegende Abkommen ist in französischer und englischer Sprache abgefasst. Beide Texte sind gleicherweise authentisch.

Der Schweizerische Bundesrat wird offizielle Übersetzungen des Abkommens in russischer und spanischer Sprache herstellen lassen.

---

[10] SR **0.518.42**

18

Art. 55

Das vorliegende Abkommen, welches das Datum des heutigen Tages trägt, kann bis zum 12. Februar 1950 im Namen der Mächte unterzeichnet werden, die an der am 2 1. April 1949 in Genf eröffneten Konferenz vertreten waren, sowie im Namen der Mächte, die an dieser Konferenz nicht vertreten waren, aber am X. Haager Abkommen vom 18. Oktober 1907[11] betreffend die Anwendung der Grundsätze des Genfer Abkommens von 1906 auf den Seekrieg oder an den Genfer Abkommen von 1864[12], 1906[13] oder 1929[14] zur Verbesserung des Loses der Verwundeten und Kranken der Heere im Felde beteiligt sind.

Art. 56

Das vorliegende Abkommen soll sobald als möglich ratifiziert werden. Die Ratifikationsurkunden sollen in Bern hinterlegt werden.

Über die Hinterlegung jeder Ratifikationsurkunde soff ein Protokoll aufgenommen werden. Von diesem soll eine beglaubigte Abschrift durch den Schweizerischen Bundesrat allen Mächten zugestellt werden, in deren Namen das Abkommen unterzeichnet oder der Beitritt erklärt worden ist.

Art. 57

Das vorliegende Abkommen tritt sechs Monate nach Hinterlegung von mindestens zwei Ratifikationsurkunden in Kraft.

Späterhin tritt es für jede Hohe Vertragspartei sechs Monate nach Hinterlegung ihrer Ratifikationsurkunde in Kraft.

Art. 58

Das gegenwärtige Abkommen ersetzt in den Beziehungen zwischen den Hohen Vertragsparteien das X. Haager Abkommen vom 18. Oktober 1907[15] betreffend die Anwendung der Grundsätze des Genfer Abkommens von 1906 auf den Seekrieg.

Art. 59

Vom Zeitpunkt seines Inkrafttretens an steht das vorliegende Abkommen jeder Macht zum Beitritt offen, in deren Namen es nicht unterzeichnet worden ist.

---

[11] [BS 11 522]
[12] [AS VIII 520 816]
[13] [BS 11 487]
[14] SR 0.518.11
[15] [BS 11 522]

Art. 60

Der Beitritt soll dem Schweizerischen Bundesrat schriftlich mitgeteilt werden und wird sechs Monate nach dem Zeitpunkt, an dem ihm die Mitteilung zugegangen ist, wirksam.

Der Schweizerische Bundesrat soll den Beitritt allen Mächten zur Kenntnis bringen, in deren Namen das Abkommen unterzeichnet oder der Beitritt erklärt worden ist.

Art. 61

Die den Artikeln 2 und 3 vorgesehenen Situationen verleihen den vor oder nach Beginn der Feindseligkeiten oder der Besetzung hinterlegten Ratiflikationsurkunden und abgegebenen Beitrittserklärungen von den am Konflikt beteiligten Parteien sofortige Wirkung. Der Schweizerische Bundesrat soll die Ratifikationen oder Beitritte der am Konflikt beteiligten Parteien auf dem schnellsten Wege bekanntgeben.

Art. 62

Jeder Hohen Vertragspartei steht es frei, das vorliegende Abkommen zu kündigen.

Die Kündigung ist dem Schweizerischen Bundesrat schriftlich anzuzeigen, der sie den Regierungen aller Hohen Vertragsparteien bekanntgibt.

Die Kündigung wird ein Jahr nach ihrer Anzeige an den Schweizerischen Bundesrat wirksam. Die angezeigte Kündigung bleibt jedoch, wenn die kündigende Macht in einen Konflikt verwickelt ist, so lange unwirksam, als der Friede nicht geschlossen wurde und auf alle Fälle so lange, als die Aktionen nicht abgeschlossen sind, die mit der Freilassung und Heimschaffung der durch das vorliegende Abkommen geschützten Personen in Zusammenhang stehen.

Die Kündigung gilt nur in bezug auf die kündigende Macht. Sie hat keinerlei Wirkung auf die Verpflichtungen, welche die am Konflikt beteiligten Parteien gemäss den Grundsätzen des Völkerrechts zu erfüllen gehalten sind, wie sie sich aus den unter zivilisierten Völkern feststehenden Gebräuchen, aus den Gesetzen der Menschlichkeit und aus den Forderungen des öffentlichen Gewissens ergeben.

Art. 63

Der Schweizerische Bundesrat wird das vorliegende Abkommen beim Sekretariat der Vereinten Nationen eintragen lassen. Er wird das Sekretariat der Vereinten Nationen ebenfalls von allen Ratifikationen, Beitritten und Kündigungen, die er in bezug auf das vorliegende Abkommen erhält, in Kenntnis setzen.

Zu Urkund dessen haben die Unterzeichneten nach Hinterlegung ihrer entsprechenden Vollmachten das vorliegende Abkommen unterzeichnet.

Gegeben in Genf am 12. August 1949 in französischer und englischer Sprache. Das Original ist im Archiv der Schweizerischen Eidgenossenschaft zu hinterlegen. Der Schweizerische Bundesrat soll jedem der unterzeichnenden und beitretenden Staaten eine beglaubigte Abschrift dieses Abkommens übermitteln.

Vorderseite

(Bleibt offen für die Angabe des
Landes und der Militärbehörde,
welche diese Karten ausstellen.)

Identitätskarte

für die Mitglieder des Sanitäts- und
Seelsorgepersonals der bewaffneten Kräfte zur See

Name: ....

Vornamen: ....

Geburtsdatum: ....

Dienstgrad: ....

Matrikelnummer: ....

Der Inhaber dieser Karte steht unter dem Schutz
des Genfer Abkommens vom 12. August 1949 zur
Verbesserung des Loses der Verwundeten, Kranken und Schiffbrüchigen der bewaffneten Kräfte
zur See in der Eigenschaft als

....

Ausstellungsdatum: Kartennummer:

Rückseite

Photographie
des Inhabers

Trockenstempel
der ausstellenden
Militärbehörde

Unterschrift
oder Fingerabdrücke
oder beides

Höhe	Augen	Haare

Andere Kennzeichen:

....

....

....

....

Genfer Abkommen
über die Behandlung der Kriegsgefangenen[2]

Die unterzeichneten Bevollmächtigten der Regierungen, die an der vom 21. April bis 12. August 1949 in Genf zur Revision des Genfer Abkommens vom 27. Juli 1929[4] über die Behandlung der Kriegsgefangenen versammelten diplomatischen Konferenz vertreten waren, haben folgendes vereinbart:

Teil 1
Allgemeine Bestimmungen

Art. 1

Die Hohen Vertragsparteien verpflichten sich, das vorliegende Abkommen unter allen Umständen einzuhalten und seine Einhaltung durchzusetzen.

Art. 2

Ausser den Bestimmungen, die bereits in Friedenszeiten zu handhaben sind, ist das vorliegende Abkommen in allen Fällen eines erklärten Krieges oder jedes anderen bewaffneten Konflikts anzuwenden, der zwischen zwei oder mehreren der Hohen Vertragsparteien entsteht, und zwar auch dann, wenn der Kriegszustand von einer dieser Parteien nicht anerkannt wird.

Das Abkommen ist auch in allen Fällen vollständiger oder teilweiser Besetzung des Gebietes einer Hohen Vertragspartei anzuwenden, selbst wenn diese Besetzung auf keinen bewaffneten Widerstand stösst.

Wenn eine der im Konflikt befindlichen Mächte am vorliegenden Abkommen nicht beteiligt ist, bleiben die daran beteiligten Mächte in ihren gegenseitigen Beziehungen gleichwohl durch das Abkommen gebunden. Sie sind aber durch das Abkommen auch gegenüber dieser Macht gebunden, wenn diese dessen Bestimmungen annimmt und anwendet.

AS **1951** 228; BBl **1949** II 1181
1   Der französische Originaltext findet sich unter der gleichen Nummer in der französischen Ausgabe dieser Sammlung.
2   Siehe auch die Zusatzprot. I und II vom 8. Juni 1977 (SR **0.518.521/.522**).
3   AS **1951** 175
4   SR **0.518.41**

1

Art. 3

Im Falle eines bewaffneten Konflikts, der keinen internationalen Charakter aufweist und der auf dem Gebiet einer der Hohen Vertragsparteien entsteht, ist jede der am Konflikt beteiligten Parteien gehalten, wenigstens die folgenden Bestimmungen anzuwenden:

1. Personen, die nicht direkt an den Feindseligkeiten teilnehmen, einschliesslich der Mitglieder der bewaffneten Streitkräfte, welche die Waffen gestreckt haben, und der Personen, die infolge Krankheit, Verwundung, Gefangennahme oder irgendeiner anderen Ursache ausser Kampf gesetzt wurden, sollen unter allen Umständen mit Menschlichkeit behandelt werden, ohne jede Benachteiligung aus Gründen der Rasse, der Farbe, der Religion oder des Glaubens, Geschlechts, der Geburt oder des Vermögens oder aus irgendeinem ähnlichen Grunde.

   Zu diesem Zwecke sind und bleiben in Bezug auf die oben erwähnten Personen jederzeit und jedenorts verboten:

   a. Angriffe auf Leib und Leben, namentlich Mord jeglicher Art, Verstümmelung, grausame Behandlung und Folterung;

   b. die Gefangennahme von Geiseln;

   c. Beeinträchtigung der persönlichen Würde, namentlich erniedrigende und entwürdigende Behandlung;

   d. Verurteilungen und Hinrichtungen ohne vorhergehendes Urteil eines ordnungsmässig bestellten Gerichtes, das die von den zivilisierten Völkern als unerlässlich anerkannten Rechtsgarantien bietet.

2. Die Verwundeten und Kranken sollen geborgen und gepflegt werden.

Eine unparteiische humanitäre Organisation, wie das Internationale Komitee vom Roten Kreuz, kann den am Konflikt beteiligten Parteien ihre Dienste anbieten.

Die am Konflikt beteiligten Parteien werden sich anderseits bemühen, durch besondere Vereinbarungen auch die andern Bestimmungen des vorliegenden Abkommens ganz oder teilweise in Kraft zu setzen.

Die Anwendung der vorstehenden Bestimmungen hat auf die Rechtsstellung der am Konflikt beteiligten Parteien keinen Einfluss.

Art. 4

A. Kriegsgefangene im Sinne des vorliegenden Abkommens sind die in die Gewalt des Feindes gefallenen Personen, die einer der nachstehenden Kategorien angehören:

1. Angehörige von bewaffneten Kräften einer am Konflikt beteiligten Partei, ebenso Angehörige von Milizen und Freiwilligenkorps, die zu diesen bewaffneten Kräften gehören;

2. Angehörige anderer Milizen und Freiwilligenkorps, einschliesslich solcher von organisierten Widerstandsbewegungen, die zu einer am Konflikt beteiligten Partei gehören und ausserhalb oder innerhalb ihres eigenen Gebietes,

auch wenn dasselbe besetzt ist, tätig sind, sofern diese Milizen oder Freiwilligenkorps, einschliesslich der organisierten Widerstandsbewegungen:

a. an ihrer Spitze eine für ihre Untergebenen verantwortliche Person haben;

b. ein bleibendes und von weitem erkennbares Zeichen tragen;

c. die Waffen offen tragen;

d. bei ihren Operationen die Gesetze und Gebräuche des Krieges einhalten;

3. Angehörige regulärer bewaffneter Kräfte, die sich zu einer von der Gewahrsamsmacht nicht anerkannten Regierung oder Behörde bekennen;

4. Personen, die den bewaffneten Kräften folgen, ohne ihnen direkt anzugehören, wie zivile Besatzungsmitglieder von Militärflugzeugen, Kriegsberichterstatter, Heereslieferanten, Angehörige von Arbeitseinheiten oder von Diensten, die mit der Fürsorge für die bewaffneten Kräfte betraut sind, sofern dieselben von den bewaffneten Kräften, die sie begleiten, zu ihrer Tätigkeit ermächtigt wurden. Diese sind gehalten, ihnen zu diesem Zweck eine dem beigefügten Muster entsprechende Identitätskarte auszuhändigen;

5. Besatzungsmitglieder der Handelsmarine, einschliesslich der Kapitäne, Steuermänner und Schiffsjungen sowie Besatzungen der Zivilluftfahrt der am Konflikt beteiligten Parteien, welche auf Grund anderer Bestimmungen des internationalen Rechts keine günstigere Behandlung geniessen;

6. die Bevölkerung eines unbesetzten Gebietes, die beim Herannahen des Feindes aus eigenem Antrieb die Waffen gegen die Invasionstruppen ergreift, ohne zur Bildung regulärer Streitkräfte Zeit gehabt zu haben, sofern sie die Waffen offen trägt und die Gesetze und Gebräuche des Krieges einhält.

B. Die gemäss dem vorliegenden Abkommen den Kriegsgefangenen zugesicherte Behandlung geniessen ebenfalls:

1. die Personen, die den bewaffneten Kräften des besetzten Landes angehören oder angehört haben, sofern die Besetzungsmacht es als nötig erachtet, sie auf Grund dieser Zugehörigkeit zu internieren, selbst wenn sie sie ursprünglich, während die Feindseligkeiten ausserhalb des besetzten Gebietes weitergingen, freigelassen hatte; dies gilt namentlich nach einem missglückten Versuch, die eigenen, im Kampfe stehenden Streitkräfte zu erreichen, oder wenn sie einer Aufforderung zur Internierung nicht Folge leisteten;

2. die einer der im vorliegenden Artikel aufgezählten Kategorien angehörenden Personen, die von neutralen oder nicht kriegführenden Staaten in ihr Gebiet aufgenommen wurden und auf Grund des Völkerrechts interniert werden müssen, unter dem Vorbehalt jeder günstigeren Behandlung, die diese ihnen zu gewähren wünschen, und mit Ausnahme der Bestimmungen der Artikel 8, 10, 15, 30, fünfter Absatz, 58 bis inbegriffen 67, 92, 126 und, für den Fall, dass zwischen den am Konflikt beteiligten Parteien und der beteiligten neutralen oder nicht kriegführenden Macht diplomatische Beziehungen bestehen, auch mit Ausnahme der die Schutzmacht betreffenden Bestimmungen. Bestehen solche diplomatische Beziehungen, so sind die am Konflikt betei-

ligten Parteien, denen diese Personen angehören, ermächtigt, diesen gegenüber die gemäss dem vorliegenden Abkommen den Schutzmächten zufallenden Funktionen auszuüben, ohne dass dadurch die von diesen Parteien auf Grund der diplomatischen oder konsularischen Gebräuche und Verträge ausgeübten Funktionen beeinträchtigt würden.

C. Die Bestimmungen dieses Artikels beeinträchtigen in keiner Weise die Rechtsstellung des Sanitäts- und Seelsorgepersonals, wie sie in Artikel 33 des vorliegenden Abkommens vorgesehen ist.

Art. 5

Das vorliegende Abkommen findet auf die in Artikel 4 aufgeführten Personen Anwendung, sobald sie in die Gewalt des Feindes fallen und bis zu ihrer endgültigen Befreiung und Heimschaffung.

Wenn Zweifel bestehen, ob eine Person, die eine kriegerische Handlung begangen hat und in die Hand des Feindes gefallen ist, einer der in Artikel 4 aufgezählten Kategorien angehört, geniesst diese Person den Schutz des vorliegenden Abkommens, bis ihre Rechtsstellung durch ein zuständiges Gericht festgestellt worden ist.

Art. 6

Ausser den in den Artikeln 10, 23, 28, 33, 60, 65, 66, 67, 72, 73, 75, 109, 110, 118, 119, 122 und 132 ausdrücklich vorgesehenen Vereinbarungen können die Hohen Vertragsparteien andere besondere Vereinbarungen über jede Frage treffen, deren besondere Regelung ihnen zweckmässig erscheint. Keine besondere Vereinbarung darf die Lage der Kriegsgefangenen, wie sie durch das vorliegende Abkommen geregelt ist, beeinträchtigen oder die Rechte beschränken, die ihnen das Abkommen einräumt.

Die Kriegsgefangenen geniessen die Vorteile dieser Vereinbarungen so lange, als das Abkommen auf sie anwendbar ist, vorbehaltlich ausdrücklicher gegenteiliger Bestimmungen, die in den oben genannten oder in späteren Vereinbarungen enthalten sind und vorbehaltlich günstigerer Massnahmen, die durch die eine oder andere der am Konflikt beteiligten Parteien hinsichtlich dieser Personen ergriffen worden sind.

Art. 7

Die Kriegsgefangenen können in keinem Falle, weder teilweise noch vollständig, auf die Rechte verzichten, die ihnen das vorliegende Abkommen und gegebenenfalls die im vorhergehenden Artikel genannten besonderen Vereinbarungen einräumen.

Art. 8

Das vorliegende Abkommen ist unter der Mitwirkung und Aufsicht der Schutzmächte anzuwenden, die mit der Wahrnehmung der Interessen der am Konflikt beteiligten Parteien betraut sind. Zu diesem Zwecke können die Schutzmächte neben ihren diplomatischen oder konsularischen Vertretern Delegierte unter ihren eigenen

Staatsangehörigen oder unter Staatsangehörigen anderer neutraler Mächte bezeichnen. Diese Delegierten müssen von der Macht genehmigt werden, bei der sie ihre Mission auszuführen haben.

Die am Konflikt beteiligten Parteien sollen die Aufgabe der Vertreter oder Delegierten der Schutzmächte in grösstmöglichem Masse erleichtern.

Die Vertreter oder Delegierten der Schutzmächte dürfen keinesfalls die Grenzen ihrer Aufgabe, wie sie aus dem vorliegenden Abkommen hervorgeht, überschreiten; insbesondere haben sie die zwingenden Sicherheitsbedürfnisse des Staates, in dem sie ihre Aufgabe durchführen, zu berücksichtigen.

Art. 9

Die Bestimmungen des vorliegenden Abkommens bilden kein Hindernis für die humanitäre Tätigkeit, die das Internationale Komitee vom Roten Kreuz oder irgendeine andere unparteiliche humanitäre Organisation mit Einwilligung der am Konflikt beteiligten Parteien ausübt, um die Kriegsgefangenen zu schützen und ihnen Hilfe zu bringen.

Art. 10

Die Hohen Vertragsparteien können jederzeit vereinbaren, die durch das vorliegende Abkommen den Schutzmächten übertragenen Aufgaben einer Organisation anzuvertrauen, die alle Garantien für Unparteilichkeit und erfolgreiche Arbeit bietet.

Wenn Kriegsgefangene aus irgendeinem Grunde nicht oder nicht mehr von einer in Absatz 1 vorgesehenen Organisation betreut werden, hat der Gewahrsamsstaat einen neutralen Staat oder eine solche Organisation zu ersuchen, die Funktionen zu übernehmen, die das vorliegende Abkommen den Schutzmächten überträgt, die von den am Konflikt beteiligten Parteien bezeichnet werden.

Sollte ein Schutz auf diese Weise nicht gewährleistet werden können, so hat der Gewahrsamsstaat entweder eine humanitäre Organisation, wie das Internationale Komitee vom Roten Kreuz, zu ersuchen, die durch das vorliegende Abkommen den Schutzmächten zufallenden humanitären Aufgaben zu übernehmen, oder aber unter Vorbehalt der Bestimmungen dieses Artikels die Dienste anzunehmen, die ihm eine solche Organisation anbietet.

Jede neutrale Macht oder jede Organisation, die von der betreffenden Macht eingeladen wird oder sich zu diesem Zweck zur Verfügung stellt, soll sich in ihrer Tätigkeit der Verantwortung gegenüber der am Konflikt beteiligten Partei, welcher die durch das vorliegende Abkommen geschützten Personen angehören, bewusst bleiben und ausreichende Garantien dafür bieten, dass sie in der Lage ist, die betreffenden Funktionen zu übernehmen und sie mit Unparteilichkeit zu erfüllen.

Von den vorstehenden Bestimmungen kann nicht durch eine besondere Vereinbarung zwischen Mächten abgewichen werden, von denen die eine, wenn auch nur vorübergehend, gegenüber der anderen oder deren Verbündeten infolge militärischer Ereignisse und besonders infolge einer Besetzung des gesamten oder eines wichtigen Teils ihres Gebietes, in ihrer Verhandlungsfreiheit beschränkt wäre.

Wo immer im vorliegenden Abkommen die Schutzmacht erwähnt wird, bezieht sich diese Erwähnung ebenfalls auf die Organisation, die sie im Sinne dieses Artikels ersetzt.

Art. 11

In allen Fällen, in denen die Schutzmächte es im Interesse der geschützten Personen als angezeigt erachten, insbesondere in Fällen von Meinungsverschiedenheiten zwischen den am Konflikt beteiligten Parteien über die Anwendung oder Auslegung der Bestimmungen des vorliegenden Abkommens, sollen sie zur Beilegung des Streitfalles ihre guten Dienste leihen.

Zu diesem Zwecke kann jede der Schutzmächte, entweder auf Einladung einer Partei oder von sich aus, den am Konflikt beteiligten Parteien eine Zusammenkunft ihrer Vertreter und im besondern der für das Schicksal der Kriegsgefangenen verantwortlichen Behörden vorschlagen, gegebenenfalls auf einem passend gewählten neutralen Gebiet. Die am Konflikt beteiligten Parteien sind verpflichtet, den ihnen zu diesem Zwecke gemachten Vorschlägen Folge zu geben. Die Schutzmächte können, wenn nötig, unter Zustimmung der am Konflikt beteiligten Parteien eine einer neutralen Macht angehörende oder vom Internationalen Komitee vom Roten Kreuz delegierte Persönlichkeit vorschlagen, die zu ersuchen ist, an dieser Zusammenkunft teilzunehmen.

Teil II
Allgemeiner Schutz der Kriegsgefangenen

Art. 12

Die Kriegsgefangenen unterstehen der Gewalt der feindlichen Macht, nicht jedoch der Gewalt der Personen oder Truppenteile, die sie gefangen genommen haben. Der Gewahrsamsstaat ist, unabhängig von etwa bestehenden persönlichen Verantwortlichkeiten, für die Behandlung der Kriegsgefangenen verantwortlich.

Die Kriegsgefangenen dürfen vom Gewahrsamsstaat nur einer Macht übergeben werden, die an diesem Abkommen beteiligt ist, und dies nur, wenn sich der Gewahrsamsstaat vergewissert hat, dass die fragliche Macht willens und in der Lage ist, das Abkommen anzuwenden. Wenn Kriegsgefangene unter diesen Umständen übergeben werden, übernimmt die sie aufnehmende Macht die Verantwortung für die Anwendung des Abkommens, solange sie ihr anvertraut sind.

Sollte diese Macht indessen die Bestimmungen des Abkommens nicht in allen wichtigen Punkten einhalten, so hat die Macht, die die Kriegsgefangenen übergeben hat, auf Anzeige der Schutzmacht hin wirksame Massnahmen zu ergreifen, um Abhilfe zu schaffen, oder die Rückgabe der Kriegsgefangenen zu verlangen. Einem solchen Verlangen muss stattgegeben werden.

Art. 13

Die Kriegsgefangenen sind jederzeit mit Menschlichkeit zu behandeln. Jede unerlaubte Handlung oder Unterlassung seitens des Gewahrsamsstaates, die den Tod oder eine schwere Gefährdung der Gesundheit eines in ihrem Gewahrsam befindlichen Kriegsgefangenen zur Folge hat, ist verboten und als schwere Verletzung des vorliegenden Abkommens zu betrachten. Insbesondere dürfen an den Kriegsgefangenen keine Körperverstümmelungen oder medizinische oder wissenschaftliche Versuche irgendwelcher Art vorgenommen werden, die nicht durch die ärztliche Behandlung des betreffenden Kriegsgefangenen gerechtfertigt sind und nicht in seinem Interesse liegen.

Die Kriegsgefangenen müssen ferner jederzeit geschützt werden, namentlich auch vor Gewalttätigkeit oder Einschüchterung, Beleidigungen und der öffentlichen Neugier.

Vergeltungsmassnahmen gegen Kriegsgefangene sind verboten.

Art. 14

Die Kriegsgefangenen haben unter allen Umständen Anspruch auf Achtung ihrer Person und ihrer Ehre.

Frauen sind mit aller ihrem Geschlecht geschuldeten Rücksicht zu behandeln und müssen auf jeden Fall die gleich günstige Behandlung erfahren wie die Männer.

Die Kriegsgefangenen behalten ihre volle bürgerliche Rechtsfähigkeit, wie sie im Augenblick ihrer Gefangennahme bestand. Der Gewahrsamsstaat darf deren Ausübung innerhalb oder ausserhalb seines Gebietes nur insofern einschränken, als es die Gefangenschaft erfordert.

Art. 15

Der Gewahrsamsstaat ist verpflichtet, unentgeltlich für den Unterhalt der Kriegsgefangenen aufzukommen und ihnen unentgeltlich die ärztliche Behandlung angedeihen zu lassen, die ihr Gesundheitszustand erfordert.

Art. 16

Unter Berücksichtigung der Bestimmungen des vorliegenden Abkommens hinsichtlich Grad und Geschlecht und vorbehaltlich der ihnen auf Grund ihres Gesundheitszustandes, ihres Alters oder ihrer beruflichen Eignung gewährten Vergünstigungen sind alle Kriegsgefangenen durch den Gewahrsamsstaat gleich zu behandeln, ohne jede Benachteiligung aus Gründen der Rasse, der Staatszugehörigkeit, der Religion, der politischen Meinung oder aus irgendeinem ähnlichen Grunde.

Teil III
Gefangenschaft
Abschnitt I
Beginn der Gefangenschaft

Art. 17

Jeder Kriegsgefangene ist auf Befragen hin nur zur Nennung seines Namens, Vornamens und Grades, seines Geburtsdatums und der Matrikelnummer oder, wenn diese fehlt, einer andern gleichwertigen Angabe verpflichtet.

Handelt er wissentlich gegen diese Vorschrift, so setzt er sich einer Beschränkung der Vergünstigungen, die den Kriegsgefangenen seines Grades oder seiner Stellung zustehen, aus.

Jede der am Konflikt beteiligten Parteien ist verpflichtet, allen Personen, die unter ihrer Hoheit stehen und die in Kriegsgefangenschaft geraten könnten, eine Identitätskarte auszuhändigen, auf der Name, Vornamen und Grad, Matrikelnummer oder eine gleichwertige Angabe und das Geburtsdatum verzeichnet sind. Diese Identitätskarte kann ausserdem mit der Unterschrift oder den Fingerabdrücken oder mit beidem sowie mit allen andern den am Konflikt beteiligten Parteien für die Angehörigen ihrer bewaffneten Kräfte als wünschenswert erscheinenden Angaben versehen sein. Soweit möglich soll diese Karte 6,5 × 10 cm messen und in zwei Exemplaren ausgestellt werden. Der Kriegsgefangene hat diese Identitätskarte auf jedes Verlangen hin vorzuweisen; sie darf ihm jedoch keinesfalls abgenommen werden.

Zur Erlangung irgendwelcher Auskünfte dürfen die Kriegsgefangenen weder körperlichen noch seelischen Folterungen ausgesetzt, noch darf irgendein Zwang auf sie ausgeübt werden. Die Kriegsgefangenen, die eine Auskunft verweigern, dürfen weder bedroht noch beleidigt noch Unannehmlichkeiten oder Nachteilen irgendwelcher Art ausgesetzt werden.

Kriegsgefangene, die infolge ihres körperlichen oder geistigen Zustandes sich über ihre Person nicht auszuweisen vermögen, sind dem Sanitätsdienst anzuvertrauen. Die Identität dieser Kriegsgefangenen soll, vorbehaltlich der Bestimmungen des vorhergehenden Absatzes, mit allen zur Verfügung stehenden Mitteln festgestellt werden.

Die Kriegsgefangenen sollen in einer für sie verständlichen Sprache einvernommen werden.

Art. 18

Alle persönlichen Effekten und Gebrauchsgegenstände – ausser Waffen, Pferden, militärischer Ausrüstung und militärischen Dokumenten – verbleiben, ebenso wie die Stahlhelme, die Gasmasken und alle andern zum persönlichen Schutz dienenden Gegenstände, im Besitze der Kriegsgefangenen. Sämtliche Effekten und Gegenstände, die zur Bekleidung und Verpflegung dienen, verbleiben gleicherweise in ihrem Besitze, auch wenn sie zu ihrer offiziellen militärischen Ausrüstung gehören.

Die Kriegsgefangenen müssen stets im Besitze eines Identitätsausweises sein. Der Gewahrsamsstaat hat allen denen, die keinen Ausweis besitzen, einen solchen zu verschaffen.

Grad- und Staatsangehörigkeitsabzeichen, Auszeichnungen sowie Gegenstände, die hauptsächlich persönlichen oder gefühlsmässigen Wert haben, dürfen den Kriegsgefangenen nicht abgenommen werden.

Geldbeträge, die die Kriegsgefangenen auf sich tragen, dürfen ihnen nur auf Befehl eines Offiziers abgenommen werden, und dies erst, nachdem die Summe und die genaue Bezeichnung des Besitzers in ein besonderes Register eingetragen worden sind und ihm eine detaillierte Empfangsbestätigung ausgehändigt wurde, auf der in gut lesbarer Schrift Name, Grad und Einheit des Ausstellers aufgeführt sind. Die Beträge in der Währung des Gewahrsamsstaates sowie diejenigen, die auf Verlangen des Kriegsgefangenen in diese Währung umgewechselt wurden, sind gemäss Artikel 64 auf das Konto des Kriegsgefangenen gutzuschreiben.

Wertgegenstände dürfen den Kriegsgefangenen durch den Gewahrsamsstaat nur aus Gründen der Sicherheit abgenommen werden. In diesem Falle ist das gleiche Verfahren anzuwenden wie bei der Abnahme des Bargeldes.

Diese Wertgegenstände sowie die abgenommenen Geldbeträge in jeder anderen Währung als derjenigen des Gewahrsamsstaates, deren Umwechslung vom Besitzer nicht verlangt worden ist, sind vom Gewahrsamsstaat aufzubewahren und dem Kriegsgefangenen bei Beendigung der Gefangenschaft in ihrer ursprünglichen Form zurückzuerstatten.

Art. 19

Die Kriegsgefangenen sollen nach ihrer Gefangennahme möglichst bald in Lager gebracht werden, die von der Kampfzone so weit entfernt sind, dass sie sich ausser Gefahr befinden.

In der Gefahrenzone dürfen nur solche Gefangene vorübergehend zurückbehalten werden, die infolge ihrer Verwundungen oder Krankheiten bei der Überführung in ein Lager grösseren Gefahren ausgesetzt wären als beim Verbleiben an Ort und Stelle.

Die Kriegsgefangenen sollen bis zu ihrer Wegschaffung aus der Kampfzone nicht unnötig Gefahren ausgesetzt werden.

Art. 20

Das Wegschaffen der Kriegsgefangenen soll immer mit Menschlichkeit und unter ähnlichen Bedingungen erfolgen wie die Verschiebungen der eigenen Truppen des Gewahrsamsstaates.

Der Gewahrsamsstaat soll die wegzuschaffenden Kriegsgefangenen mit Trinkwasser und Verpflegung in genügender Menge und mit der notwendigen Bekleidung und ärztlichen Pflege versehen; er soll ferner alle Vorsichtsmassnahmen treffen, um die Sicherheit der Gefangenen während der Wegschaffung zu gewährleisten, und so bald wie möglich ein Verzeichnis der weggeschafften Gefangenen erstellen.

Müssen die Kriegsgefangenen während der Wegschaffung in Übergangslagern untergebracht werden, so soll ihr Aufenthalt in diesen Lagern so kurz wie möglich sein.

Abschnitt II
Internierung der Kriegsgefangenen
Kapitel I
Allgemeines

Art. 21

Der Gewahrsamsstaat kann die Kriegsgefangenen internieren. Er kann ihnen die Verpflichtung auferlegen, sich nicht über eine gewisse Grenze vom Lager, in dem sie interniert sind, zu entfernen oder, wenn das Lager eingezäunt ist, nicht über diese Umzäunung hinauszugehen. Vorbehaltlich der Bestimmungen des vorliegenden Abkommens betreffend Straf- und disziplinarische Massnahmen, ist die Entschliessung oder Beschränkung auf einen bestimmten Raum nur als unerlässliche Massnahme zum Schutz ihrer Gesundheit zulässig, und zwar nur für solange, als die Umstände, die diese Massnahme nötig machten, andauern.

Die Kriegsgefangenen können auf Ehrenwort oder Versprechen teilweise oder ganz freigelassen werden, sofern die Gesetze der Macht, von der sie abhängen, dies gestatten. Diese Massnahme soll namentlich dann getroffen werden, wenn sie zur Besserung des Gesundheitszustandes der Gefangenen beizutragen vermag. Es darf kein Gefangener gezwungen werden, seine Freilassung auf Ehrenwort oder Versprechen anzunehmen.

Bei Eröffnung der Feindseligkeiten soll jede am Konflikt beteiligte Partei der Gegenpartei ihre Gesetze und Vorschriften bekanntgeben, welche ihren Angehörigen die Annahme der Freilassung auf Ehrenwort oder Versprechen gestatten oder verbieten. Die gemäss diesen Gesetzen und Vorschriften auf Ehrenwort oder Versprechen in Freiheit gesetzten Gefangenen sind bei ihrer persönlichen Ehre verpflichtet, die eingegangenen Verpflichtungen gewissenhaft einzuhalten und dies sowohl gegenüber der Macht, von der sie abhängen, als gegenüber dem Gewahrsamsstaat. In derartigen Fällen darf die Macht, von der die Kriegsgefangenen abhängen, keine Dienstleistung von ihnen verlangen oder annehmen, die gegen das eingegangene Ehrenwort oder Versprechen verstossen würde.

Art. 22

Die Kriegsgefangenen dürfen nur in Anlagen interniert werden, die auf dem Festlande liegen und jede mögliche Gewähr für Hygiene und Reinlichkeit bieten; ausgenommen besondere Fälle, in denen dies ihr eigenes Interesse rechtfertigt, dürfen Kriegsgefangene nicht in Strafanstalten interniert werden.

Kriegsgefangene, die in ungesunden Gegenden oder solchen, deren Klima für sie schädlich ist, interniert sind, sollen sobald als möglich in Gegenden mit einem günstigeren Klima geschafft werden.

Der Gewahrsamsstaat hat die Kriegsgefangenen in den Lagern oder in Teilen derselben unter Berücksichtigung ihrer Staatsangehörigkeit, ihrer Sprache und ihrer
Gebräuche zu gruppieren, unter dem Vorbehalt, dass diese Gefangenen nicht von
den Kriegsgefangenen der bewaffneten Kräfte getrennt werden, in denen sie im
Augenblick ihrer Gefangennahme dienten, es sei denn, sie wären damit einverstanden.

Art. 23

Kein Kriegsgefangener darf jemals in ein Gebiet gebracht oder dort zurückgehalten
werden, wo er dem Feuer der Kampfzone ausgesetzt wäre; er darf auch nicht dazu
benützt werden, um durch seine Anwesenheit militärische Operationen von gewissen
Punkten oder Gebieten fernzuhalten.

Die Kriegsgefangenen sollen in gleichem Masse wie die ortsansässige Zivilbevölkerung über Schutzräume gegen Fliegerangriffe und andere Kriegsgefahren verfügen;
mit Ausnahme derjenigen, die am Schutz ihrer Unterkunftsräume gegen diese
Gefahren teilnehmen, sollen sie sich nach gegebenem Alarm so rasch wie möglich in
die Schutzräume begeben können. Jede andere zugunsten der Bevölkerung getroffene Schutzmassnahme soll auch ihnen zugute kommen.

Die Gewahrsamsstaaten sollen einander durch Vermittlung der Schutzmächte alle
nützlichen Angaben über die geographische Lage der Kriegsgefangenenlager zugehen lassen.

Wenn immer die militärischen Erwägungen es erlauben, sollen die Kriegsgefangenenlager am Tag so mit den beiden Buchstaben PG oder PW gekennzeichnet sein,
dass sie aus der Luft deutlich erkannt werden können; die betreffenden Mächte können sich jedoch über ein anderes Mittel der Kennzeichnungen einigen. Einzig die
Kriegsgefangenenlager dürfen auf diese Weise gekennzeichnet sein.

Art. 24

Die ständigen Durchgangs- und Sonderungslager sind nach ähnlichen Gesichts-
punkten einzurichten wie die in diesem Abschnitt vorgesehenen, und den Kriegsgefangenen soll darin die gleiche Behandlung wie in den andern Lagern zukommen.

Kapitel II
Unterkunft, Verpflegung und Bekleidung der Kriegsgefangenen

Art. 25

Die Unterkunftsbedingungen der Kriegsgefangenen sollen ebenso günstig sein wie
diejenigen der im gleichen Gebiete untergebrachten Truppen des Gewahrsamsstaates. Diese Bedingungen haben den Sitten und Gebräuchen der Gefangenen Rechnung zu tragen und dürfen ihrer Gesundheit keinesfalls abträglich sein.

Die vorstehenden Bestimmungen beziehen sich namentlich auf die Schlafräume der Kriegsgefangenen, und zwar sowohl hinsichtlich des gesamten Belegraumes und des Mindestluftraumes als auch hinsichtlich der Einrichtung und des Bettzeuges mit Einschluss der Decken.

Die sowohl für die persönliche wie für die gemeinschaftliche Benützung durch die Kriegsgefangenen dienenden Räume sollen vollkommen vor Feuchtigkeit geschützt und, namentlich zwischen dem Einbruch der Dunkelheit und dem Beginn der Nachtruhe, genügend geheizt und beleuchtet sein. Gegen Feuersgefahr sind alle Vorsichtsmassnahmen zu treffen.

In allen Lagern, in denen gleichzeitig weibliche und männliche Gefangene untergebracht sind, muss für getrennte Schlafräume gesorgt sein.

Art. 26

Die tägliche Grundration von Nahrungsmitteln soll in Menge, Beschaffenheit und Abwechslung ausreichend sein, um einen guten Gesundheitszustand der Gefangenen zu gewährleisten und um Gewichtsverluste und Mangelerscheinungen zu verhindern. Den Ernährungsgewohnheiten der Gefangenen soll ebenfalls Rechnung getragen werden.

Der Gewahrsamsstaat hat den arbeitenden Kriegsgefangenen die zur Verrichtung der Arbeit, zu der sie verwendet werden, notwendige Zusatzration zu liefern.

Trinkwasser soll den Kriegsgefangenen in genügender Menge geliefert werden. Tabakgenuss soll gestattet sein.

Die Kriegsgefangenen sollen soviel wie möglich für die Zubereitung der Mahlzeiten herangezogen werden; sie können dazu in den Küchen verwendet werden. Überdies soll ihnen die Möglichkeit zur Zubereitung der zusätzlichen Nahrung gegeben werden, über die sie verfügen.

Als Essräume und als Messen sind zweckmässige Räumlichkeiten zur Verfügung zu stellen.

Sämtliche kollektiven Disziplinarmassnahmen auf dem Gebiete der Ernährung sind verboten.

Art. 27

Kleider, Wäsche und Schuhwerk sind den Kriegsgefangenen vom Gewahrsamsstaat in genügender Menge zu liefern, wobei dem Klima der Gegend, in der sich die Gefangenen befinden, Rechnung zu tragen ist. Die durch den Gewahrsamsstaat den feindlichen Armeen abgenommenen Uniformen sind, wenn sie den klimatischen Verhältnissen entsprechen, für die Bekleidung der Kriegsgefangenen zu verwenden.

Der Gewahrsamsstaat soll regelmässig für den Ersatz und die Ausbesserung dieser Effekten sorgen. Ferner sollen arbeitende Kriegsgefangene einen geeigneten Arbeitsanzug erhalten, wenn immer die Art der Arbeit dies erfordert.

Art. 28

In allen Lagern sind Kantinen einzurichten, bei denen sich die Kriegsgefangenen Lebensmittel, Gebrauchsgegenstände, Seife und Tabak zu Preisen, die keinesfalls jene des lokalen Handels übersteigen dürfen, beschaffen können.

Die Überschüsse dieser Kantinen sind zugunsten der Kriegsgefangenen zu verwenden; zu diesem Zwecke wird ein besonderer Fonds geschaffen. Dem Vertrauensmann steht das Recht zu, bei der Verwaltung der Kantine und des Fonds mitzuwirken.

Bei der Auflösung eines Lagers ist der Überschuss dieses besonderen Fonds einer internationalen humanitären Organisation zu übergeben, um zugunsten von Kriegsgefangenen verwendet zu werden, die die gleiche Staatsangehörigkeit besitzen, wie die, welche den Fonds geschaffen haben. Im Falle allgemeiner Heimschaffung sind diese Überschüsse vom Gewahrsamsstaat aufzubewahren, falls keine gegenteiligen Abmachungen zwischen den beteiligten Mächten getroffen worden sind.

Kapitel III
Gesundheitspflege und ärztliche Hilfe

Art. 29

Der Gewahrsamsstaat ist verpflichtet, alle nötigen hygienischen Massnahmen zu treffen, um die Reinlichkeit und Zuträglichkeit der Lager zu gewährleisten und um Epidemien vorzubeugen.

Den Kriegsgefangenen sollen tags und nachts sanitäre Einrichtungen zur Verfügung stehen, die den Erfordernissen der Hygiene entsprechen und die dauernd sauber zu halten sind. In den Lagern, in denen sich auch weibliche Kriegsgefangene aufhalten, müssen diese über besondere sanitäre Einrichtungen verfügen.

Ausserdem sollen die Kriegsgefangenen, unbeschadet der in den Lagern vorhandenen Bäder und Duschen, für ihre tägliche Körperpflege und die Reinigung ihrer Wäsche genügend Wasser und Seife erhalten; die hiefür nötigen Einrichtungen und Erleichterungen sowie die notwendige Zeit sind ihnen zu gewähren.

Art. 30

Jedes Lager soll eine geeignete Krankenabteilung besitzen, wo die Kriegsgefangenen die erforderliche Pflege und die entsprechende Diät erhalten können. Für die von ansteckenden oder Geisteskrankheiten befallenen Kranken sollen gegebenenfalls Absonderungsräume bereitgestellt werden.

Kriegsgefangene, die von einer schweren Krankheit befallen sind oder deren Zustand eine besondere Behandlung, einen chirurgischen Eingriff oder Spitalpflege nötig macht, müssen in jeder für ihre Behandlung geeigneten militärischen oder zivilen Anstalt zugelassen werden, selbst wenn die Heimschaffung der Gefangenen für die nächste Zeit vorgesehen ist. Für die Behandlung der Invaliden, vor allem der

Blinden, sowie für ihre Umschulung bis zum Zeitpunkt ihrer Heimschaffung sind besondere Erleichterungen zu gewähren.

Die Kriegsgefangenen sollen vorzugsweise durch ärztliches Personal der Macht, von der sie abhängen, wenn möglich durch eigene Landsleute, behandelt werden.

Die Kriegsgefangenen dürfen nicht daran gehindert werden, sich den ärztlichen Behörden zur Untersuchung zu stellen. Die Behörden des Gewahrsamsstaates haben jedem behandelten Gefangenen auf Verlangen eine amtliche Bescheinigung auszuhändigen, die die Art seiner Verletzungen oder seiner Krankheit, die Dauer der Behandlung und die erhaltene Pflege angibt. Ein Doppel dieser Bescheinigung ist der Zentralstelle für Kriegsgefangene zu überweisen.

Die Kosten der Behandlung, inbegriffen die Kosten aller für die Aufrechterhaltung eines guten Gesundheitszustandes der Kriegsgefangenen benötigten Behelfe, namentlich künstlicher Zähne und anderer Prothesen sowie von Brillen, gehen zu Lasten des Gewahrsamsstaates.

Art. 31

Mindestens einmal monatlich sollen die Kriegsgefangenen einer ärztlichen Untersuchung unterworfen werden, die die Kontrolle und die Aufzeichnung des Gewichtes jedes Kriegsgefangenen umfasst. Ihr Zweck ist insbesondere, den allgemeinen Gesundheits-, Ernährungs- und Sauberkeitszustand zu überwachen sowie die ansteckenden Krankheiten, namentlich Tuberkulose, Malaria und Geschlechtskrankheiten, festzustellen. Dazu sollen die wirksamsten zur Verfügung stehenden Methoden zur Anwendung kommen, zum Beispiel die periodische Reihenröntgenaufnahme auf Mikrofilm zur frühzeitigen Erfassung von Tuberkulosefällen.

Art. 32

Kriegsgefangene, die, ohne dem Sanitätsdienst ihrer Streitkräfte angehört zu haben, Ärzte, Zahnärzte, Pfleger oder Pflegerinnen sind, können vom Gewahrsamsstaat zur Ausübung ihrer sanitätsdienstlichen Funktionen, im Interesse ihrer der gleichen Macht angehörenden Mitgefangenen, herangezogen werden. Sie bleiben in diesem Falle weiterhin Kriegsgefangene, sind jedoch gleich zu behandeln wie die entsprechenden Angehörigen des vom Gewahrsamsstaat zurückgehaltenen Sanitätspersonals. Sie sind von jeder andern Arbeit, die ihnen gemäss Artikel 49 übertragen werden könnte, befreit.

Kapitel IV
Zur Betreuung der Kriegsgefangenen zurückgehaltenes Sanitäts- und Seelsorgepersonal

Art. 33

Die vom Gewahrsamsstaat zum Zwecke der Betreuung der Kriegsgefangenen zurückgehaltenen Angehörigen des Sanitäts- und Seelsorgepersonals sind nicht als Kriegsgefangene zu betrachten. Sie geniessen jedoch mindestens alle durch das vorliegende Abkommen vorgesehenen Vergünstigungen und den Schutz desselben; auch werden ihnen alle nötigen Erleichterungen gewährt, um den Kriegsgefangenen ärztliche Pflege und geistlichen Beistand geben zu können.

Sie haben im Rahmen der militärischen Gesetze und Vorschriften des Gewahrsamsstaates und unter der Leitung seiner zuständigen Dienststellen und in Übereinstimmung mit ihrem Berufsgewissen ihre ärztliche und seelsorgerische Tätigkeit zugunsten der Kriegsgefangenen, vor allem derjenigen ihrer eigenen bewaffneten Kräfte, fortzusetzen. Für die Ausübung ihrer ärztlichen oder seelsorgerischen Tätigkeit sollen ihnen ferner folgende Erleichterungen zustehen:

a. Sie sind berechtigt, periodisch die Kriegsgefangenen, die sich in Arbeitsgruppen oder in ausserhalb des Lagers liegenden Lazaretten befinden, zu besuchen.

Die Gewahrsamsbehörde hat ihnen zu diesem Zweck die nötigen Transportmittel zur Verfügung zu stellen.

b. In jedem Lager soll der rangälteste Militärarzt des höchsten Dienstgrades gegenüber den militärischen Behörden für die gesamte Tätigkeit des zurückgehaltenen Sanitätspersonals verantwortlich sein. Zu diesem Zweck haben sich die am Konflikt beteiligten Parteien schon bei Beginn der Feindseligkeiten über das Dienstgradverhältnis ihres Sanitätspersonals, einschliesslich desjenigen der in Artikel 26 des Genfer Abkommens vom 12. August 1949[5] zur Verbesserung des Loses der Verwundeten und Kranken der bewaffnete Kräfte im Felde erwähnten Gesellschaften, zu verständigen. Für alle ihre Aufgaben betreffenden Fragen sollen sich dieser Arzt sowie die Feldprediger direkt an die zuständigen Lagerbehörden wenden können. Diese haben ihnen alle Erleichterungen zu gewähren, die für die mit diesen Fragen zusammenhängende Korrespondenz erforderlich sind.

c. Obwohl das zurückgehaltene Personal der betreffenden Lagerdisziplin unterstellt ist, kann es zu keiner mit seiner ärztlichen oder seelsorgerischen Tätigkeit nicht im Zusammenhang stehenden Arbeit gezwungen werden.

Im Verlaufe der Feindseligkeiten sollen sich die am Konflikt beteiligten Parteien über eine etwaige Ablösung des zurückgehaltenen Personals verständigen und die Art ihrer Durchführung festlegen.

Keine der vorhergehenden Bestimmungen enthebt die Gewahrsamsmacht der Pflichten, die ihr in gesundheitlicher und geistiger Hinsicht gegenüber den Kriegsgefangenen obliegen.

5   SR 0.518.12

Kapitel V
Religion, geistige und körperliche Betätigung

Art. 34

Den Kriegsgefangenen soll in der Ausübung ihres Glaubens, einschliesslich der Teilnahme an Gottesdiensten, volle Freiheit gewährt werden, vorausgesetzt, dass sie die normalen Ordnungsvorschriften der Militärbehörde befolgen.

Für die Abhaltung der Gottesdienste sind geeignete Räume zur Verfügung zu stellen.

Art. 35

Die in die Hände der feindlichen Macht gefallenen Feldprediger, die zur Betreuung der Kriegsgefangenen zurückgeblieben sind oder zurückgehalten wurden, sind berechtigt, diesen ihren geistlichen Beistand zukommen zu lassen und ihr Amt unter ihren Glaubensgenossen im Einklang mit ihrem religiösen Gewissen frei auszuüben. Sie sollen auf die verschiedenen Lager und Arbeitsgruppen verteilt werden, in denen sich den gleichen bewaffneten Kräften angehörende Kriegsgefangene befinden, die die gleiche Sprache sprechen oder sich zum gleichen Glauben bekennen. Es sollen ihnen die nötigen Erleichterungen gewährt und insbesondere die in Artikel 33 vorgesehenen Transportmittel zur Verfügung gestellt werden, damit sie die ausserhalb ihres Lagers sich befindlichen Kriegsgefangenen besuchen können. Sie sollen, unter Vorbehalt der Zensur, zur Ausübung ihres religiösen Amtes volle Freiheit in der Korrespondenz mit den kirchlichen Behörden des Gewahrsamsstaates und den internationalen religiösen Organisationen geniessen. Die zu diesem Zwecke versandten Briefe und Karten stehen ausserhalb des in Artikel 71 vorgesehenen Kontingentes.

Art. 36

Diejenigen Kriegsgefangenen, die geistlichen Standes sind, ohne in der eigenen Armee Feldprediger gewesen zu sein, sollen, gleich welcher Religion sie angehören, ermächtigt werden, ihr geistliches Amt unter ihren Glaubensgenossen uneingeschränkt auszuüben. Sie sind zu diesem Zweck gleich zu behandeln wie die durch den Gewahrsamsstaat zurückgehaltenen Feldprediger. Sie dürfen zu keiner andern Arbeit gezwungen werden.

Art. 37

Wenn Kriegsgefangene über keinen Beistand eines zurückgehaltenen Feldpredigers oder eines Kriegsgefangenen Geistlichen ihres Glaubens verfügen, so soll auf Verlangen der betreffenden Kriegsgefangenen entweder ein Geistlicher ihres oder eines ähnlichen Bekenntnisses oder, in Ermangelung eines solchen und wenn dies vom konfessionellen Standpunkt aus möglich ist, ein befähigter Laie zur Ausübung des geistlichen Amtes bezeichnet werden. Diese der Zustimmung des Gewahrsamsstaates unterliegende Ernennung soll im Einvernehmen mit der Gemeinschaft der betreffenden Kriegsgefangenen und, wo es nötig ist, mit der Zustimmung der lokalen geistlichen Behörde des gleichen Glaubens erfolgen. Die so ernannte Person hat alle vom Gewahrsamsstaat im Interesse der Disziplin und der militärischen Sicherheit erlassenen Vorschriften zu befolgen.

Art. 38

Der Gewahrsamsstaat soll unter Achtung der persönlichen Vorliebe der einzelnen Gefangenen die geistige, erzieherische, sportliche und die der Erholung geltende Tätigkeit der Kriegsgefangenen fördern; er soll die nötigen Massnahmen ergreifen, um deren Ausübung zu gewährleisten, indem er ihnen passende Räume sowie die nötige Ausrüstung zur Verfügung stellt.

Den Kriegsgefangenen soll die Möglichkeit zu körperlichen Übungen, inbegriffen Sport und Spiele, und zum Aufenthalt im Freien geboten werden. Zu diesem Zwecke sind in allen Lagern ausreichende offene Plätze zur Verfügung zu stellen.

Kapitel VI
Disziplin

Art. 39

Jedes Kriegsgefangenenlager soll der direkten Befehlsgewalt eines den regulären bewaffneten Kräften des Gewahrsamsstaates angehörenden verantwortlichen Offiziers unterstellt werden. Dieser Offizier soll das vorliegende Abkommen besitzen und darüber wachen, dass dessen Bestimmungen dem unter seinem Befehl stehenden Personal bekannt sind; er ist, unter der Kontrolle seiner Regierung, für dessen Anwendung verantwortlich.

Mit Ausnahme der Offiziere schulden die Kriegsgefangenen allen Offizieren des Gewahrsamsstaates den Gruss und die in den Vorschriften der eigenen Armee vorgesehenen Ehrenbezeugungen.

Die kriegsgefangenen Offiziere haben nur die Offiziere höhern Dienstgrades des Gewahrsamsstaates zu grüssen; auf jeden Fall schulden sie dem Lagerkommandanten, ohne Rücksicht auf dessen Dienstgrad, den Gruss.

Art. 40

Das Tragen der Dienstgrad- und Nationalitätenabzeichen sowie der Auszeichnungen ist gestattet.

Art. 41

In jedem Lager soll der Text des vorliegenden Abkommens und seiner Anhänge sowie der Inhalt aller in Artikel 6 vorgesehenen besondern Abkommen in der Sprache der Kriegsgefangenen an Stellen angeschlagen werden, wo sie von sämtlichen Gefangenen eingesehen werden können. Auf Verlangen sind sie denjenigen Gefangenen, die nicht in der Lage sind, vom angeschlagenen Text Kenntnis zu nehmen, bekannt zu geben.

Vorschriften, Befehle, Ankündigungen und Bekanntmachungen jeder Art, die sich auf das Verhalten der Kriegsgefangenen beziehen, sind diesen in einer für sie verständlichen Sprache bekannt zu geben; sie sind gemäss den oben vorgesehenen Bestimmungen anzuschlagen und dem Vertrauensmann sind weitere Exemplare davon auszuhändigen. Alle an einzelne Gefangene gerichteten Befehle und Anordnungen sind gleichfalls in einer ihnen verständlichen Sprache zu erteilen.

Art. 42

Der Waffengebrauch gegen Kriegsgefangene, besonders gegen solche, die flüchten oder zu flüchten versuchen, soll nur ein äusserstes Mittel bilden, dem stets den Umständen entsprechende Warnungen vorangehen sollen.

Kapitel VII
Dienstgrade der Kriegsgefangenen

Art. 43

Bei Eröffnung der Feindseligkeiten sollen sich die am Konflikt beteiligten Parteien gegenseitig die Titel und Dienstgrade aller in Artikel 4 des vorliegenden Abkommens aufgeführten Personen bekanntgeben, um die übereinstimmende Behandlung Gefangener gleichen Dienstgrades zu gewährleisten; werden Titel oder Dienstgrade erst nachträglich geschaffen, so sollen sie in gleicher Weise bekanntgegeben werden.

Der Gewahrsamsstaat hat die Beförderungen von Kriegsgefangenen im Dienstgrad anzuerkennen, wenn sie ihm von der Macht, von der diese Gefangenen abhängen, in aller Form bekanntgegeben werden.

Art. 44

Die kriegsgefangenen Offiziere und die ihnen Gleichgestellten sind mit der ihrem Dienstgrad und ihrem Alter zukommenden Rücksicht zu behandeln.

Zur Sicherstellung des Dienstbetriebes in den Offizierslagern sollen kriegsgefangene Soldaten der gleichen bewaffneten Kräfte, die möglichst die gleiche Sprache wie die Offiziere sprechen, in ausreichender, dem Dienstgrad der Offiziere und der ihnen Gleichgestellten entsprechender Zahl abkommandiert werden; sie dürfen zu keiner andern Arbeit gezwungen werden.

Hinsichtlich der Verpflegung ist die Selbstverwaltung durch die Offiziere in jeder Weise zu fördern.

Art. 45

Alle nicht zu den Offizieren und ihnen Gleichgestellten zählenden Kriegsgefangenen sind mit der ihrem Dienstgrad und ihrem Alter zukommenden Rücksicht zu behandeln.

Hinsichtlich der Verpflegung ist die Selbstverwaltung durch die Kriegsgefangenen in jeder Weise zu fördern.

Kapitel VIII
Überführung der Kriegsgefangenen in ein anderes Lager

Art. 46

Bei der Entscheidung über eine Überführung von Kriegsgefangenen soll der Gewahrsamsstaat die Interessen derselben berücksichtigen und namentlich ein Anwachsen der Schwierigkeiten für ihre Heimschaffung vermeiden.

Die Überführung der Kriegsgefangenen soll immer mit Menschlichkeit und unter nicht minder günstigen Bedingungen als die Verlegungen der Truppen des Gewahrsamsstaates durchgeführt werden. Auf die klimatischen Verhältnisse, an die die Kriegsgefangenen gewohnt sind, ist immer Rücksicht zu nehmen; die Bedingungen der Überführung sollen ihrer Gesundheit keinesfalls abträglich sein.

Der Gewahrsamsstaat soll die Kriegsgefangenen während der Überführung mit Trinkwasser und Nahrung in genügender Menge zur Erhaltung eines guten Gesundheitszustandes sowie mit Bekleidung, Unterkunft und der notwendigen ärztlichen Pflege versehen. Er soll alle nützlichen Vorsichtsmassnahmen treffen, namentlich für den Fall einer Meer- oder Luftreise, um die Sicherheit während der Überführung zu gewährleisten, und vor der Abreise eine vollständige Liste der übergeführten Gefangenen aufstellen.

Art. 47

Kranke oder verwundete Kriegsgefangene sollen nicht übergeführt werden, wenn die Reise ihre Genesung beeinträchtigen könnte; es sei denn, ihre Sicherheit verlange es gebieterisch.

Nähert sich die Front einem Lager, so dürfen die Kriegsgefangenen dieses Lagers nur weggebracht werden, wenn dies unter ausreichenden Sicherheitsbedingungen erfolgen kann oder wenn die Kriegsgefangenen durch Verbleib an Ort und Stelle grösseren Gefahren ausgesetzt sind als bei einer Überführung.

Art. 48

Im Falle der Überführung sollen die Kriegsgefangenen offiziell von ihrer Abreise und ihrer neuen Postadresse in Kenntnis gesetzt werden. Diese Anzeige soll ihnen so frühzeitig gemacht werden, dass sie ihr Gepäck vorbereiten und ihre Familien benachrichtigen können.

Sie sind berechtigt, ihre persönlichen Effekten, ihre Briefschaften und die erhaltenen Pakete mitzunehmen; das Gewicht dieses Gepäcks kann, falls die Umstände der Überführung es erfordern, auf das beschränkt werden, was der Kriegsgefangene vernünftigerweise tragen kann, keinesfalls jedoch darf das erlaubte Gewicht 25 Kilogramm überschreiten.

Die Briefschaften und Pakete, die an ihren ehemaligen Internierungsort adressiert sind, sollen ihnen ohne Verzug nachgeschickt werden. Der Lagerkommandant hat gemeinsam mit dem Vertrauensmann die notwendigen Massnahmen zu ergreifen, um die Überführung des Gemeinschaftseigentums der Internierten, des Gepäcks, das die Internierten infolge einer auf Grund von Absatz 2 dieses Artikels verordneten Beschränkung nicht mit sich nehmen dürfen, durchzuführen.

Die Kosten der Überführung gehen zu Lasten des Gewahrsamsstaates.

Abschnitt III
Arbeit der Kriegsgefangenen

Art. 49

Der Gewahrsamsstaat kann die gesunden Kriegsgefangenen unter Berücksichtigung ihres Alters, ihres Geschlechtes, ihres Dienstgrades sowie ihrer körperlichen Fähigkeiten zu Arbeiten heranziehen, besonders um sie in gutem körperlichem und moralischem Gesundheitszustand zu erhalten.

Die kriegsgefangenen Unteroffiziere dürfen nur zu Aufsichtsdiensten herangezogen werden. Diejenigen, die nicht dazu benötigt werden, können um eine andere ihnen zusagende Arbeit nachsuchen, die ihnen nach Möglichkeit verschafft werden soll.

Falls Offiziere oder ihnen Gleichgestellte um ihnen zusagende Arbeit nachsuchen, soll sie ihnen nach Möglichkeit verschafft werden. Auf keinen Fall dürfen sie jedoch zur Arbeit gezwungen werden.

Art. 50

Ausser den Arbeiten, die mit der Verwaltung, der Einrichtung und dem Unterhalt ihres Lagers in Zusammenhang stehen, dürfen die Kriegsgefangenen nur zu Arbeiten angehalten werden, die unter eine der nachfolgend angeführten Kategorien fallen:

    a.   Landwirtschaft;

    b.   Industrien, die sich mit der Erzeugung von Rohstoffen befassen, mit Ausnahme der metallurgischen, der chemischen und der Maschinenindustrie;

        öffentliche Arbeiten und Bauarbeiten, sofern sie nicht militärischen Charakter oder eine militärische Bestimmung haben;

    c.   Transport und Güterverwaltung ohne militärischen Charakter oder militärische Bestimmung;

    d.   kommerzielle oder künstlerische Betätigung;

    e.   Hausdienst

    f.   öffentliche Dienste ohne militärischen Charakter oder militärische Bestimmung.

Im Falle einer Verletzung dieser vorgenannten Bestimmungen steht den Kriegsgefangenen gemäss Artikel 78 ihr Recht zu, Beschwerde zu führen.

Art. 51

Den Kriegsgefangenen sollen zufrieden stellende Arbeitsbedingungen geboten werden, insbesondere hinsichtlich Unterkunft, Verpflegung, Bekleidung und Material; diese Bedingungen dürfen nicht schlechter sein als diejenigen, die den Angehörigen des Gewahrsamsstaates für gleiche Arbeit zugestanden werden; dabei sind die klimatischen Verhältnisse ebenfalls zu berücksichtigen.

Der Gewahrsamsstaat, für den die Kriegsgefangenen Arbeit leisten, hat darüber zu wachen, dass in den Gebieten, wo diese Gefangenen arbeiten, die Landesgesetze über den Arbeitsschutz und insbesondere die Vorschriften über die Sicherheit der Arbeiter eingehalten werden.

Die Kriegsgefangenen sollen ausgebildet und mit Schutzmitteln versehen werden, die der ihnen zugewiesenen Arbeit angepasst sind und den für die Angehörigen des Gewahrsamsstaates vorgesehenen entsprechen. Vorbehaltlich der Bestimmungen des Artikels 52 dürfen die Kriegsgefangenen den normalen Gefahren, die auch Zivilarbeiter auf sich nehmen müssen, ausgesetzt werden.

Auf keinen Fall dürfen die Arbeitsbedingungen durch Disziplinarmassnahmen verschärft werden.

Art. 52

Kein Kriegsgefangener darf für ungesunde oder gefährliche Arbeiten verwendet werden, ausser er melde sich freiwillig.

Kein Kriegsgefangener darf zu Arbeiten herangezogen werden, die für einen Angehörigen der bewaffneten Kräfte des Gewahrsamsstaates als erniedrigend angesehen würden.

Das Entfernen von Minen oder anderer ähnlicher Vorrichtungen ist als gefährliche Arbeit zu betrachten.

Art. 53

Die tägliche Arbeitszeit der Kriegsgefangenen, inbegriffen Hin- und Rückweg, soll nicht übermässig sein und auf keinen Fall die Arbeitszeit übersteigen, die für einen dem Gewahrsamsstaate angehörenden und für die gleiche Arbeit verwendeten Zivilarbeiter in der Gegend vorgesehen ist.

Den Kriegsgefangenen muss nach halber Tagesarbeit eine Ruhepause von mindestens einer Stunde eingeräumt werden; ist die für die Arbeiter des Gewahrsamsstaates vorgesehene Ruhepause von längerer Dauer, so gilt dies auch für die Kriegsgefangenen. Ausserdem ist ihnen wöchentlich eine ununterbrochene 24-stündige Ruhezeit zu gewähren, und zwar vorzugsweise am Sonntag oder an dem in ihrem Heimatlande üblichen Ruhetag. Im weitern soll jedem Kriegsgefangenen, der während eines ganzen Jahres gearbeitet hat, eine ununterbrochene achttägige Ruhezeit eingeräumt werden, für die ihm die Arbeitsentschädigung auszuzahlen ist.

Werden Arbeitsmethoden wie Akkordarbeit angewendet, so darf dadurch die Arbeitszeit nicht übermässig ausgedehnt werden.

Art. 54

Die den Kriegsgefangenen zustehende Arbeitsentschädigung wird gemäss den Bestimmungen von Artikel 62 des vorliegenden Abkommens festgesetzt.

Den Kriegsgefangenen, die einen Arbeitsunfall erlitten haben oder die während oder infolge ihrer Arbeit erkrankt sind, ist jegliche ihrem Zustande entsprechende Pflege zu gewähren. Ausserdem hat ihnen der Gewahrsamsstaat ein ärztliches Zeugnis auszuhändigen, mit dem sie gegenüber der Macht, von der sie abhängen, ihre Rechte geltend machen können; ein Doppel dieses Zeugnisses ist durch den Gewahrsamsstaat der in Artikel 123 vorgesehenen Zentralstelle für Kriegsgefangene zu übermitteln.

Art. 55

Die Arbeitsfähigkeit der Kriegsgefangenen ist periodisch, mindestens einmal im Monat, einer ärztlichen Kontrolle zu unterziehen. Bei dieser Kontrolle ist insbesondere die Art der Arbeiten, zu denen die Kriegsgefangenen herangezogen werden, zu berücksichtigen.

Glaubt ein Kriegsgefangener nicht arbeitsfähig zu sein, ist er berechtigt, sich den ärztlichen Instanzen seines Lagers zur Untersuchung zu stellen; die Ärzte können Kriegsgefangene, die ihrer Ansicht nach nicht arbeitsfähig sind, für Arbeitsbefreiung empfehlen.

Art. 56

Die Arbeitsgruppen sollen gleich organisiert und verwaltet werden wie die Kriegsgefangenenlager.

Jede Arbeitsgruppe verbleibt unter der Kontrolle eines Kriegsgefangenenlagers und hängt verwaltungsmässig weiter von ihm ab. Die Militärbehörden und der Lagerkommandant sind unter der Kontrolle ihrer Regierung dafür verantwortlich, dass die Bestimmungen des vorliegenden Abkommens in den Arbeitsgruppen beachtet werden.

Der Lagerkommandant hat ein stets nachgeführtes Verzeichnis der seinem Lager unterstellten Arbeitsgruppen zu führen und es den Delegierten der Schutzmacht, des Internationalen Komitees vom Roten Kreuz und anderer Kriegsgefangenen-Hilfsorganisationen, die das Lager besuchen, vorzuweisen.

Art. 57

Die Behandlung der Kriegsgefangenen, die für Privatpersonen arbeiten, soll, selbst wenn diese letztern für die Bewachung und den Schutz die Verantwortung tragen, mindestens der durch das vorliegende Abkommen vorgesehenen Behandlung entsprechen; der Gewahrsamsstaat, die militärischen Behörden und der Kommandant des Lagers, zu dem diese Gefangenen gehören, tragen die gesamte Verantwortung für den Unterhalt, die Pflege, die Behandlung und die Auszahlung der Arbeitsentschädigung dieser Kriegsgefangenen.

Diese Kriegsgefangenen haben das Recht, mit den Vertrauensleuten der Lager, denen sie unterstellt sind, in Verbindung zu bleiben.

Abschnitt IV
Geldmittel der Kriegsgefangenen

Art. 58

Der Gewahrsamsstaat kann von Beginn der Feindseligkeiten an und in Erwartung einer entsprechenden Regelung mit der Schutzmacht, den Höchstbetrag an Bargeld oder ähnlichen Zahlungsmitteln, den die Kriegsgefangenen auf sich tragen dürfen, festlegen. Die rechtmässig in ihrem Besitz befindlichen, ihnen abgenommenen oder zurückbehaltenen Mehrbeträge sowie die von ihnen hinterlegten Geldbeträge sind ihrem Konto gutzuschreiben und dürfen ohne ihre Einwilligung nicht in eine andere Währung umgewechselt werden.

Sind die Kriegsgefangenen ermächtigt, ausserhalb des Lagers gegen Barzahlung Käufe zu tätigen oder Dienstleistungen entgegenzunehmen, so sind diese Zahlungen durch die Kriegsgefangenen selbst vorzunehmen oder durch die Lagerverwaltung, die sie zu Lasten der Gefangenen verbucht. Der Gewahrsamsstaat erlässt die nötigen diesbezüglichen Bestimmungen.

Art. 59

Die gemäss Artikel 18 den Kriegsgefangenen bei ihrer Gefangennahme abgenommenen Geldbeträge in der Währung des Gewahrsamsstaates sind entsprechend den Bestimmungen von Artikel 64 dieses Abschnittes den einzelnen Konten der Gefangenen gutzuschreiben.

Diesem Konto sind in gleicher Weise die den Kriegsgefangenen gleichzeitig abgenommenen und in die Währung des Gewahrsamsstaates umgewechselten Beträge fremder Währung gutzuschreiben.

Art. 60

Der Gewahrsamsstaat hat den Kriegsgefangenen einen monatlichen Soldvorschuss auszuzahlen, dessen Höhe, in Geld des Gewahrsamsstaates umgewandelt, folgenden Beträgen entspricht:

Kategorie I: Kriegsgefangene unter dem Grade eines Wachtmeisters: acht Schweizerfranken;

Kategorie II: Wachtmeister und andere Unteroffiziere oder Kriegsgefangene mit entsprechendem Grad: zwölf Schweizerfranken;

Kategorie III: Offiziere bis zum Hauptmannsgrad oder Kriegsgefangene mit entsprechendem Grad: Fünfzig Schweizerfranken;

| Kategorie IV: | Majore, Oberstleutnants, Obersten oder Kriegsgefangene mit entsprechendem Grad: Sechzig Schweizerfranken; |
| Kategorie V: | Offiziere im Generalsrang oder Kriegsgefangene mit entsprechendem Grad: Fünfundsiebzig Schweizerfranken. |

Immerhin ist es den am Konflikt beteiligten Parteien freigestellt, die Höhe dieser den Kriegsgefangenen der oben angeführten Kategorien zustehenden Soldvorschüsse durch besondere Abkommen abzuändern.

Wenn ferner die im ersten Absatz dieses Artikels vorgesehenen Beträge im Vergleich zu dem den Angehörigen der bewaffneten Kräfte des Gewahrsamsstaates ausbezahlten Sold zu hoch wären oder wenn sie aus irgendeinem andern Grunde diesem Staat ernsthafte Schwierigkeiten bereiten sollten, so wird der Gewahrsamsstaat bis zum Abschluss eines besondern Abkommens über die Abänderung dieser Beträge mit der Macht, von der die Kriegsgefangenen abhängen:

a. die im ersten Absatz vorgesehenen Beträge weiterhin den Konten der Kriegsgefangenen gutschreiben;

b. die Beiträge, die er aus den Soldvorschüssen den Kriegsgefangenen für ihre persönliche Verwendung zur Verfügung stellt, vorübergehend auf ein vernünftiges Mass beschränken können; immerhin dürfen diese Beträge für die Gefangenen der Kategorie 1 keinesfalls niedriger sein als die den Angehörigen der eigenen bewaffneten Kräfte des Gewahrsamsstaates zukommenden Beträge.

Die Gründe einer solchen Beschränkung sind der Schutzmacht ohne Verzug bekanntzugeben.

Art. 61

Der Gewahrsamsstaat soll Geldsendungen, die die Macht, von der die Kriegsgefangenen abhängen, diesen als Soldzulage zukommen lässt, annehmen unter der Bedingung, dass diese Beträge für jeden Gefangenen derselben Kategorie gleich hoch sind, dass sie sämtlichen dieser Macht angehörenden Gefangenen dieser Kategorie ausbezahlt werden und dass sie so bald wie möglich gemäss den Bestimmungen von Artikel 64 den persönlichen Konten der Gefangenen gutgeschrieben werden. Diese Soldzulagen befreien den Gewahrsamsstaat von keiner der ihm durch das vorliegende Abkommen auferlegten Pflichten.

Art. 62

Die Kriegsgefangenen erhalten unmittelbar durch die Behörden des Gewahrsamsstaates eine angemessene Arbeitsentschädigung, deren Höhe durch diese Behörden festgesetzt wird, jedoch keinesfalls niedriger sein darf als ein Viertel eines Schweizerfrankens für den ganzen Arbeitstag. Der Gewahrsamsstaat hat es den Gefangenen und, durch Vermittlung der Schutzmacht, der Macht, von der sie abhängen, die von ihm festgesetzte Höhe der täglichen Arbeitsentschädigungen bekannt zu geben.

Die Behörden des Gewahrsamsstaates haben auch denjenigen Kriegsgefangenen, die im Zusammenhang mit der Verwaltung, der innern Einrichtung oder dem Unterhalt des Lagers ständige Funktionen ausüben oder handwerkliche Arbeit leisten, eine Entschädigung auszurichten; dasselbe gilt für Kriegsgefangene, die zugunsten ihrer Kameraden geistliche oder ärztliche Funktionen ausüben.

Die Arbeitsentschädigung des Vertrauensmannes, seiner Gehilfen und allfälligen Berater wird dem aus den Überschüssen der Kantine geäufneten Fonds entnommen; die Höhe dieser Entschädigung wird vom Vertrauensmann festgesetzt und ist vom Lagerkommandanten zu genehmigen. Besteht kein derartiger Fonds, so haben die Behörden des Gewahrsamsstaates diesen Gefangenen eine angemessene Entschädigung auszuzahlen.

Art. 63

Die Kriegsgefangenen sind berechtigt, Geldsendungen zu empfangen, die ihnen persönlich oder gemeinsam zugehen.

Jeder Kriegsgefangene kann über den Saldo seines im nachfolgenden Artikel vorgesehenen Kontos verfügen innerhalb der vom Gewahrsamsstaat, der die verlangten Zahlungen vornehmen wird, festgelegten Grenzen. Unter Vorbehalt der vom Gewahrsamsstaat als wesentlich erachteten Einschränkungen finanzieller oder währungstechnischer Art können die Kriegsgefangenen für das Ausland bestimmte Zahlungen vornehmen. In diesen Fällen soll der Gewahrsamsstaat vor allem solche Zahlungen begünstigen, die die Gefangenen an Personen anweisen, für deren Unterhalt sie aufzukommen haben.

Auf jeden Fall können die Kriegsgefangenen mit dem Einverständnis der Macht, von der sie abhängen, für ihr eigenes Land bestimmte Zahlungen nach folgendem Verfahren vornehmen lassen: der Gewahrsamsstaat lässt besagtem Staat durch Vermittlung der Schutzmacht eine Meldung zukommen, die alle nützlichen Angaben über den Anweiser und den Empfänger sowie über die Höhe des auszuzahlenden Betrages, in der Währung des Gewahrsamsstaates ausgedrückt enthält; diese Meldung ist vom betreffenden Kriegsgefangenen zu unterzeichnen und vom Lagerkommandanten gegenzuzeichnen. Der Gewahrsamsstaat belastet das Konto des Gefangenen mit diesem Betrag; die so gebuchten Beträge hat er der Macht, von der die Gefangenen abhängen, gutzuschreiben.

Für die Anwendung der vorangehenden Bestimmungen wird der Gewahrsamsstaat mit Vorteil das in Anhang V des vorliegenden Abkommens enthaltene Muster-Reglement zu Rate ziehen.

Art. 64

Der Gewahrsamsstaat hat für jeden Kriegsgefangenen ein Konto zu führen, das zum mindesten folgende Angaben enthalten soll:

1. die dem Gefangenen geschuldeten oder von ihm als Soldvorschuss, als Arbeitsentschädigung oder auf Grund einer andern Forderung bezogenen Beträge; die dem Gefangenen abgenommenen Beträge in der Währung des Gewahrsamsstaates; die dem Gefangenen abgenommenen und auf sein Verlangen in die Währung des Gewahrsamsstaates umgewechselten Beträge;

2. die dem Gefangenen in Bargeld oder ähnlicher Form ausbezahlten Beträge; die auf seine Rechnung und Verlangen hin geleisteten Zahlungen; die gemäss Absatz 3 des vorangehenden Artikels transferierten Beträge.

Art. 65

Alle auf dem Konto eines Kriegsgefangenen getätigten Buchungen sind durch ihn oder durch den in seinem Namen handelnden Vertrauensmann gegenzuzeichnen oder zu paraphieren.

Den Kriegsgefangenen sollen jederzeit angemessene Erleichterungen gewährt werden, um in ihr Konto Einsicht zu nehmen oder einen Auszug desselben zu erhalten; das Konto kann anlässlich von Lagerbesuchen auch durch die Vertreter der Schutzmacht geprüft werden.

Bei einer Überführung der Kriegsgefangenen in ein anderes Lager ist ihr persönliches Konto ebenfalls mitzuführen. Im Falle der Übergabe an einen andern Gewahrsamsstaat sind ihnen ihre nicht auf die Währung des Gewahrsamsstaates lautenden Beträge nachzusenden; für alle ihre übrigen Guthaben ist ihnen eine Bestätigung zu übergeben.

Die betreffenden am Konflikt beteiligten Parteien können vereinbaren, sich gegenseitig durch Vermittlung der Schutzmacht in bestimmten Zeitabständen die Kontenauszüge der Kriegsgefangenen mitzuteilen.

Art. 66

Wird die Gefangenschaft durch Befreiung oder Heimschaffung des Kriegsgefangenen beendigt, so hat ihm der Gewahrsamsstaat eine durch einen zuständigen Offizier unterzeichnete Bescheinigung über das Saldoguthaben auszuhändigen, das ihm bei Beendigung der Gefangenschaft noch zusteht. Anderseits hat der Gewahrsamsstaat der Macht, von der die Kriegsgefangenen abhängen, durch Vermittlung der Schutzmacht Verzeichnisse zuzustellen, die alle Angaben über die Gefangenen enthalten, deren Gefangenschaft durch Heimschaffung, Befreiung, Flucht, Tod oder aus irgendeinem andern Grund ihr Ende gefunden hat, und auf denen namentlich die ihnen zustehenden Saldoguthaben bescheinigt sind. Jedes einzelne Blatt dieser Verzeichnisse ist durch einen bevollmächtigten Vertreter des Gewahrsamsstaates zu beglaubigen.

Den beteiligten Mächten ist es freigestellt, die oben angeführten Bestimmungen durch besondere Abkommen ganz oder teilweise abzuändern.

Für die Auszahlung des dem Kriegsgefangenen nach Beendigung der Gefangenschaft vom Gewahrsamsstaat geschuldeten Saldoguthabens ist die Macht, von der er abhängt, verantwortlich.

Art. 67

Die den Kriegsgefangenen gemäss Artikel 60 ausbezahlten Soldvorschüsse werden als von der Macht, von der sie abhängen, getätigt betrachtet; diese Soldvorschüsse sowie alle von dieser Macht auf Grund von Artikel 63 Absatz 3 und Artikel 68 ausgeführten Zahlungen bilden nach Beendigung der Feindseligkeiten Gegenstand von Abrechnungen zwischen den beteiligten Mächten.

Art. 68

Jedes von einem Kriegsgefangenen wegen eines Arbeitsunfalls oder wegen einer durch Arbeit verursachten Invalidität gestellte Schadenersatzbegehren ist der Macht, von der er abhängt, durch Vermittlung der Schutzmacht bekannt zu geben. In allen diesen Fällen hat der Gewahrsamsstaat dem Kriegsgefangenen gemäss den Bestimmungen von Artikel 54 eine Erklärung zu übergeben, in der die Art der Verletzung oder der Invalidität, die Umstände, unter denen sich der Unfall ereignet hat, und die Angaben über die erhaltene ärztliche oder Spitalpflege bescheinigt sind. Diese Erklärung ist von einem verantwortlichen Offizier des Gewahrsamsstaates zu unterzeichnen; die ärztlichen Angaben sind von einem Arzt des Sanitätsdienstes als richtig zu beglaubigen.

Der Gewahrsamsstaat hat der Macht, von der die Kriegsgefangenen abhängen, ebenfalls jeden Schadenersatzanspruch zur Kenntnis zu bringen, der von einem Gefangenen hinsichtlich seiner persönlichen Effekten und der ihm gemäss Artikel 18 abgenommenen und anlässlich der Heimschaffung nicht zurückerstatteten Geldbeträge oder Wertsachen geltend gemacht wird; das gleiche gilt hinsichtlich eines Verlustes, den der Gefangene der Schuld des Gewahrsamsstaates oder eines seiner Funktionäre beimisst. Dagegen hat der Gewahrsamsstaat alle vom Gefangenen während der Gefangenschaft zum Gebrauch benötigten persönlichen Effekten auf seine Kosten zu ersetzen. Auf jeden Fall hat der Gewahrsamsstaat dem Gefangenen eine von einem verantwortlichen Offizier unterzeichnete Erklärung auszuhändigen, die alle nützlichen Angaben enthält über die Gründe, weshalb diese Effekten, Beträge oder Wertsachen ihm nicht zurückerstattet worden sind. Ein Doppel dieser Erklärung ist durch Vermittlung der in Artikel 123 vorgesehenen Zentralstelle für Kriegsgefangene der Macht zuzustellen, von der der Gefangene abhängt.

Abschnitt V
Beziehungen der Kriegsgefangenen zur Aussenwelt

Art. 69

Sobald der Gewahrsamsstaat Kriegsgefangene in seiner Hand hat, soll er ihnen sowie der Macht, von der sie abhängen, durch Vermittlung der Schutzmacht die zur Ausführung der Bestimmungen des vorliegenden Abschnittes vorgesehenen Massnahmen zur Kenntnis bringen; in gleicher Weise soll er von jeder Änderung dieser Massnahmen Mitteilung machen.

Art. 70

Jedem Kriegsgefangenen soll unmittelbar nach seiner Gefangennahme oder spätestens eine Woche nach seiner Ankunft in einem Lager die Gelegenheit eingeräumt werden, direkt an seine Familie und an die in Artikel 123 vorgesehene Zentralstelle für Kriegsgefangene eine Karte zu senden, die möglichst dem diesem Abkommen beigefügten Muster entspricht und die Empfänger von seiner Gefangenschaft, seiner Adresse und seinem Gesundheitszustand in Kenntnis setzt; dies gilt auch, wenn sich der Gefangene in einem Übergangslager befindet, sowie in allen Fällen von Krankheit oder Überführung in ein Lazarett oder ein anderes Lager. Die Beförderung dieser Karten soll so rasch als möglich erfolgen und darf in keiner Weise verzögert werden.

Art. 71

Die Kriegsgefangenen sind ermächtigt, Karten und Briefe abzuschicken und zu empfangen. Erachtet es der Gewahrsamsstaat als nötig, diese Korrespondenz einzuschränken, muss er doch mindestens das Absenden von monatlich zwei Briefen und vier Postkarten gestatten (ohne die in Artikel 70 vorgesehenen Karten mitzuzählen), die, wenn immer möglich, den diesem Abkommen beigefügten Mustern entsprechen sollen. Andere Beschränkungen dürfen nur auferlegt werden, wenn die Schutzmacht überzeugt ist, dass angesichts der Schwierigkeiten, die dem Gewahrsamsstaat in der Beschaffung einer genügenden Anzahl qualifizierter Übersetzer zur Erledigung der Zensuraufgaben erwachsen, diese Beschränkungen im Interesse der Gefangenen selbst liegen. Muss die an die Gefangenen gerichtete Korrespondenz eingeschränkt werden, kann dies nur durch Entscheid der Macht, von der die Kriegsgefangenen abhängen, angeordnet werden, allenfalls auf Verlangen des Gewahrsamsstaates. Diese Karten und Briefe sollen mit den schnellsten Mitteln, über die der Gewahrsamsstaat verfügt, befördert werden; sie dürfen aus disziplinarischen Gründen weder auf- noch zurückgehalten werden.

Den Kriegsgefangenen, die seit längerer Zeit ohne Nachrichten von ihrer Familie sind oder denen es nicht möglich ist, von ihr solche zu erhalten oder ihr auf normalem Wege zugehen zu lassen, sowie jenen, die durch beträchtliche Entfernungen von den Ihren getrennt sind, soll gestattet werden, Telegramme zu senden, deren Kosten ihrem Konto beim Gewahrsamsstaat belastet oder mit dem ihnen zur Verfügung stehenden Geld beglichen werden. Diese Vergünstigung steht ihnen auch in dringenden Fällen zu.

In der Regel soll der Briefwechsel der Gefangenen in ihrer Muttersprache geführt werden. Die am Konflikt beteiligten Parteien können indessen Korrespondenzen auch in andern Sprachen zulassen.

Die Säcke mit der Post der Gefangenen sollen sorgfältig versiegelt, mit einer Aufschrift, die ihren Inhalt klar ersichtlich macht, versehen und an die Bestimmungspoststellen adressiert sein.

Art. 72

Die Kriegsgefangenen sind berechtigt, durch die Post oder auf jede andere Weise Einzel- und Sammelsendungen zu empfangen, die namentlich Lebensmittel, Kleider, Medikamente und Gegenstände enthalten, die zur Befriedigung ihrer religiösen und Studienbedürfnisse und der Freizeitbeschäftigung dienen, inbegriffen Bücher, religiöse Gegenstände, wissenschaftliches Material, Examenformulare, Musikinstrumente, Sportgeräte und Sachen, die den Gefangenen die Fortsetzung ihrer Studien oder eine künstlerische Betätigung ermöglichen.

Diese Sendungen können den Gewahrsamsstaat in keiner Weise von den Verpflichtungen befreien, die ihm das vorliegende Abkommen überträgt.

Diese Sendungen können nur denjenigen Einschränkungen unterliegen, die von der Schutzmacht im Interesse der Kriegsgefangenen selbst vorgeschlagen oder durch das Internationale Komitee vom Roten Kreuz oder andere Hilfsorganisationen für Kriegsgefangene in Bezug auf ihre eigenen Sendungen wegen der ausserordentlichen Beanspruchung der Transport- und Verbindungsmittel beantragt werden.

Wenn nötig sollen die Modalitäten der Beförderung von Einzel- oder Sammelsendungen Gegenstand von besonderen Abmachungen zwischen den betreffenden Mächten sein, wodurch jedoch die Verteilung solcher Hilfssendungen an die Kriegsgefangenen auf keinen Fall verzögert werden darf. Lebensmittel- und Kleidersendungen sollen keine Bücher enthalten. Ärztliche Hilfslieferungen sollen in der Regel in Sammelpaketen versandt werden.

Art. 73

Bei Fehlen besonderer Abmachungen zwischen den beteiligten Mächten über das beim Empfang und bei der Verteilung von Kollektivhilfssendungen zu befolgende Vorgehen soll das dem vorliegenden Abkommen beigefügte Reglement betreffend kollektive Hilfssendungen angewendet werden.

Die oben erwähnten besondern Abmachungen dürfen auf keinen Fall das Recht der Vertrauensleute beschränken, die für die Kriegsgefangenen bestimmten kollektiven Hilfssendungen in Empfang zu nehmen, sie zu verteilen und darüber im Interesse der Gefangenen zu verfügen.

Ebenso wenig dürfen diese Abmachungen das Recht der Vertreter der Schutzmacht, des Internationalen Komitees vom Roten Kreuz und jeder andern mit der Weiterleitung dieser kollektiven Sendungen beauftragten Hilfsorganisation für Kriegsgefangene beschränken, ihre Verteilung an die Empfänger zu überwachen.

Art. 74

Alle für die Kriegsgefangenen bestimmten Hilfssendungen sind von sämtlichen Einfuhr-, Zoll- und andern Gebühren befreit.

Die Korrespondenz, die Hilfssendungen und die bewilligten Geldsendungen, die an die Kriegsgefangenen gerichtet oder von ihnen auf dem Postweg entweder direkt oder durch Vermittlung der in Artikel 122 vorgesehenen Auskunftsbüros oder der in Artikel 123 vorgesehenen Zentralstelle für Kriegsgefangene abgeschickt werden, sollen sowohl im Ursprungs- und Bestimmungs- als auch im Durchgangsland von allen Postgebühren befreit sein.

Die Transportkosten der für die Kriegsgefangenen bestimmten Hilfssendungen, die wegen ihres Gewichtes oder aus irgendeinem andern Grunde nicht auf dem Postweg befördert werden können, fallen in allen im Herrschaftsbereich des Gewahrsamsstaates liegenden Gebieten zu dessen Lasten. Die andern am Abkommen beteiligten Mächte haben für die Transportkosten auf ihren Gebieten aufzukommen.

Bei Fehlen besonderer Abmachungen zwischen den beteiligten Mächten fallen die aus dem Transport dieser Sendungen erwachsenden Kosten, die durch die oben vorgesehenen Portofreiheiten nicht gedeckt sind, zu Lasten des Absenders.

Die Hohen Vertragsparteien sollen sich bemühen, die Gebühren für die von den Kriegsgefangenen aufgegebenen oder ihnen zugestellten Telegramme im Rahmen des Möglichen zu ermässigen.

Art. 75

Sollten militärische Operationen die betreffenden Mächte verhindern, die ihnen zufallenden Verpflichtungen für den Transport der in den Artikeln 70, 71, 72 und 77 vorgesehenen Sendungen zu erfüllen, so können die betreffenden Schutzmächte, das Internationale Komitee vom Roten Kreuz oder jede andere von den am Konflikt beteiligten Parteien anerkannte Organisation es übernehmen, den Transport dieser Sendungen mit passenden Mitteln (Eisenbahnen, Lastwagen, Schiffen oder Flugzeugen usw.) zu gewährleisten. Zu diesem Zwecke sollen sich die Hohen Vertragsparteien bemühen, ihnen diese Transportmittel zu verschaffen und sie zum Verkehr zuzulassen, insbesondere durch Ausstellung der notwendigen Geleitbriefe.

Diese Transportmittel können ebenfalls verwendet werden zur Beförderung von:

a. Briefschaften, Listen und Berichten, die zwischen der im Artikel 123 vorgesehenen zentralen Auskunftsstelle und den in Artikel 122 vorgesehenen nationalen Büros ausgetauscht werden;

b. Briefschaften und Berichten betreffend die Kriegsgefangenen, die von den Schutzmächten, dem Internationalen Komitee vom Roten Kreuz und jeder andern Hilfsorganisation für Kriegsgefangene entweder mit ihren eigenen Delegierten oder mit den am Konflikt beteiligten Parteien ausgetauscht werden.

Diese Bestimmungen beschränken keinesfalls das Recht jeder am Konflikt beteiligten Partei, wenn sie es vorzieht, andere Transporte zu organisieren und Geleitbriefe zu vereinbarten Bedingungen abzugeben.

Bei Fehlen besonderer Vereinbarungen sollen die aus der Verwendung dieser Transportmittel erwachsenden Kosten proportional von den am Konflikt beteiligten Parteien, deren Angehörigen diese Dienste zugute kommen, getragen werden.

Art. 76

Die Zensur der an die Kriegsgefangenen gerichteten und von ihnen abgeschickten Briefschaften soll so rasch als möglich vorgenommen werden. Sie darf nur von den Absende- und den Empfangsstaaten durchgeführt werden, und zwar von jedem nur einmal.

Die Durchsicht der für die Kriegsgefangenen bestimmten Sendungen darf nicht unter Bedingungen erfolgen, welche die darin enthaltenen Lebensmittel dem Verderb aussetzen, und muss, ausser wenn es sich um Schriftstücke oder Drucksachen handelt, in Gegenwart des Empfängers oder eines von ihm beauftragten Kameraden vorgenommen werden. Die Abgabe der Einzel- oder Sammelsendungen an die Kriegsgefangenen darf nicht unter dem Vorwand von Zensurschwierigkeiten verzögert werden.

Ein aus militärischen oder politischen Gründen von einer am Konflikt beteiligten Partei erlassenes Korrespondenzverbot darf nur vorübergehender Natur sein und soll so kurz als möglich befristet sein.

Art. 77

Die Gewahrsamsstaaten sollen jede Erleichterung gewähren für die Weiterleitung – sei es durch Vermittlung der Schutzmacht oder der in Artikel 123 vorgesehenen Zentralstelle für Kriegsgefangene – von Akten, Schriftstücken oder Urkunden, insbesondere von Vollmachten und Testamenten, die für die Kriegsgefangenen bestimmt sind oder von ihnen ausgehen.

In allen Fällen sollen die Gewahrsamsmächte den Kriegsgefangenen die Erstellung dieser Dokumente erleichtern; sie sollen ihnen namentlich die Befragung eines Rechtsanwalts gestatten und das Nötige veranlassen, um die Echtheit ihrer Unterschrift beglaubigen zu lassen.

Abschnitt VI
Beziehungen der Kriegsgefangenen zu den Behörden

Kapitel I
Beschwerden der Kriegsgefangenen
über die Gefangenschaftsbedingungen

Art. 78

Die Kriegsgefangenen haben das Recht, den militärischen Behörden, in deren Händen sie sich befinden, ihre Anliegen betreffend das Gefangenschaftsregime, dem sie unterstellt sind, vorzubringen,

Sie haben ferner das unbeschränkte Recht, sich entweder durch Vermittlung des Vertrauensmannes oder, wenn sie es für notwendig erachten, direkt an die Vertreter der Schutzmächte zu wenden, um ihnen die Punkte zur Kenntnis zu bringen, über welche sie Beschwerden hinsichtlich der Gefangenschaftsbedingungen vorzubringen haben.

Diese Anliegen und Beschwerden unterliegen keiner Beschränkung und sind dem in Artikel 71 genannten Korrespondenzkontingent nicht zuzuzählen. Sie sollen mit aller Beschleunigung weitergeleitet werden. Selbst wenn sie sich als unbegründet erweisen, dürfen sie nicht Anlass zu irgendeiner Bestrafung geben.

Die Vertrauensleute können den Vertretern der Schutzmacht regelmässige Berichte über die Lage in den Lagern und über die Bedürfnisse der Kriegsgefangenen zustellen.

Kapitel II
Vertreter der Kriegsgefangenen

Art. 79

An allen Orten, an denen sich Kriegsgefangene befinden, mit Ausnahme derjenigen, wo Offiziere sind, sollen die Gefangen alle sechs Monate und gleicherweise bei Vakanzen in freier und geheimer Wahl Vertrauensleute wählen können, die beauftragt sind, sie bei den militärischen Behörden, den Schutzmächten, dem Internationalen Komitee vom Roten Kreuz und allen andern Hilfsorganisationen für Kriegsgefangene zu vertreten. Diese Vertrauensleute sind wieder wählbar.

In den Lagern der Offiziere und der ihnen Gleichgestellten oder in den gemischten Lagern wird der rangälteste kriegsgefangene Offizier des höchsten Dienstgrades als Vertrauensmann anerkannt. In den Offizierslagern wird er durch einen oder mehrere von den Offizieren gewählte Berater unterstützt; in den gemischten Lagern werden diese Gehilfen unter den Kriegsgefangenen, die nicht Offiziere sind, ausgelesen und von diesen gewählt.

In die Arbeitslager für Kriegsgefangene sollen kriegsgefangene Offiziere der gleichen Staatsangehörigkeit versetzt werden, um die den Kriegsgefangenen obliegenden Verwaltungsaufgaben der Lager zu übernehmen. Im Übrigen können diese Offiziere gemäss den Bestimmungen des ersten Absatzes dieses Artikels zu Vertrauensleuten gewählt werden. In diesem Falle müssen die Gehilfen des Vertrauensmannes unter den Kriegsgefangenen, die nicht Offiziere sind, ausgelesen werden.

Jeder Vertrauensmann muss, bevor er seine Funktionen ausüben kann, vom Gewahrsamsstaat anerkannt werden. Lehnt der Gewahrsamsstaat die Anerkennung eines durch seine Kameraden gewählten Kriegsgefangenen ab, so hat er der Schutzmacht die Gründe seiner Ablehnung bekannt zu geben.

Auf jeden Fall soll der Vertrauensmann die gleiche Staatsangehörigkeit besitzen, die gleiche Sprache sprechen und dieselben Gebräuche pflegen wie die Kriegsgefangenen, die er vertritt. Auf diese Weise erhalten die nach Nationalität, Sprache und Gebräuchen auf die verschiedenen Abteilungen eines Lagers verteilten Kriegsgefangenen für jede Abteilung einen eigenen Vertrauensmann, gemäss den Bestimmungen der vorhergehenden Absätze.

Art. 80

Die Vertrauensleute sollen zum körperlichen, moralischen und geistigen Wohlergehen der Kriegsgefangenen beitragen.

Namentlich wenn die Kriegsgefangenen beschliessen sollten, unter sich ein gegenseitiges Unterstützungssystem zu organisieren, soll diese Organisation zur Zuständigkeit der Vertrauensleute gehören, ungeachtet der besondern Aufgaben, die ihnen durch andere Bestimmungen des vorliegenden Abkommens auferlegt sind.

Die Vertrauensleute können ihrer Aufgaben wegen nicht für die von den Kriegsgefangenen begangenen strafbaren Handlungen verantwortlich gemacht werden.

Art. 81

Die Vertrauensleute sollen nicht zu einer andern Arbeit gezwungen werden, wenn dies die Erfüllung ihrer Funktionen erschweren könnte.

Die Vertrauensleute können unter den Gefangenen die von ihnen benötigten Hilfskräfte bezeichnen. Alle materiellen Erleichterungen, zumal eine gewisse für die Erfüllung ihrer Aufgaben (Besuche der Arbeitsgruppen, Inempfangnahme von Hilfssendungen usw.) notwendige Freizügigkeit, sollen ihnen gewährt werden.

Die Vertrauensleute sind ermächtigt, die Räume zu besichtigen, in denen die Kriegsgefangenen interniert sind, und diese wiederum haben das Recht, ihren Vertrauensmann frei zu Rate zu ziehen.

Für ihre postalische und telegrafische Korrespondenz mit den Gewahrsamsbehörden, den Schutzmächten, dem Internationalen Komitee vom Roten Kreuz und ihren Delegierten, den gemischten Ärztekommissionen sowie mit den Hilfsorganisationen für Kriegsgefangene soll den Vertrauensleuten gleicherweise jegliche Erleichterung gewährt werden. Die gleichen Erleichterungen sollen die Vertrauensleute der Arbeitsgruppen für ihre Korrespondenz mit dem Vertrauensmann des Hauptlagers geniessen. Diese Korrespondenz soll weder beschränkt noch als Teil des in Artikel 71 erwähnten Kontingentes betrachtet werden.

Kein Vertrauensmann darf versetzt werden, ohne dass ihm die vernünftigerweise notwendige Zeit eingeräumt wurde, um seinen Nachfolger mit den laufenden Geschäften vertraut zu machen.

Im Falle einer Absetzung sind die Gründe, die zu diesem Entscheid geführt haben, der Schutzmacht bekannt zu geben.

Kapitel III
Straf- und Disziplinarmassnahmen
I. Allgemeine Bestimmungen

Art. 82

Die Kriegsgefangenen unterstehen den für die bewaffneten Kräfte des Gewahrsamsstaates geltenden Gesetzen, Vorschriften und allgemeinen Befehlen. Der Gewahrsamsstaat ist ermächtigt, gegen jeden Kriegsgefangenen, der sich eine Übertretung dieser Gesetze, Vorschriften und allgemeinen Dienstbefehle zuschulden kommen lässt, gerichtliche oder disziplinarische Massnahmen zu treffen. Hingegen ist keine Strafverfolgung oder Bestrafung, die den Bestimmungen dieses Kapitels entgegensteht, erlaubt.

Erklären Gesetze, Vorschriften oder allgemeine Befehle des Gewahrsamsstaates von einem Kriegsgefangenen begangene Handlungen als strafbar, wenn die gleichen Handlungen nicht strafbar sind, sofern sie durch Angehörige der bewaffneten Kräfte des Gewahrsamsstaates begangen werden, so dürfen diese Handlungen lediglich eine disziplinarische Bestrafung nach sich ziehen.

Art. 83

Handelt es sich darum, festzustellen, ob eine durch einen Kriegsgefangenen begangene strafbare Handlung disziplinarisch oder gerichtlich zu bestrafen ist, so hat der Gewahrsamsstaat darüber zu wachen, dass die zuständigen Behörden bei der Prüfung dieser Frage grösste Nachsicht walten lassen und, wenn immer möglich, eher zu disziplinarischen Massnahmen als zu gerichtlicher Verfolgung greifen.

Art. 84

Ein Kriegsgefangener darf nur vor ein Militärgericht gestellt werden, es sei denn, dass die Gesetze des Gewahrsamsstaates ausdrücklich die Zivilgerichte zur Aburteilung eines Angehörigen der bewaffneten Kräfte des Gewahrsamsstaates als zuständig erklären, der für die gleiche strafbare Handlung wie die von einem Kriegsgefangenen begangene verfolgt wird.

Auf keinen Fall darf ein Kriegsgefangener vor ein Gericht gestellt werden, das nicht die allgemein anerkannten wesentlichen Garantien der Unabhängigkeit und der Unparteilichkeit bietet und dessen Verfahren ihm im besondern nicht die in Artikel 105 vorgesehenen Rechte und Mittel der Verteidigung zusichert.

Art. 85

Die Kriegsgefangenen, die auf Grund der Gesetze des Gewahrsamsstaates für Handlungen, die sie vor ihrer Gefangennahme begangen haben, verfolgt werden, bleiben, auch wenn sie verurteilt werden, im Genusse der im vorliegenden Abkommen vorgesehenen Vergünstigungen.

Art. 86

Ein Kriegsgefangener darf nicht mehr als einmal wegen derselben Handlung oder auf Grund desselben Anklagepunktes bestraft werden.

Art. 87

Über die Kriegsgefangenen können von den Militärbehörden und den Gerichten des Gewahrsamsstaates nur solche Strafen verhängt werden, die bei den gleichen Tatbeständen für die Angehörigen der bewaffneten Kräfte dieses Staates vorgesehen sind.

Bei der Strafzumessung sollen die Gerichte oder Behörden des Gewahrsamsstaates soweit als möglich die Tatsache in Berücksichtigung ziehen, dass der Angeklagte, da er nicht Angehöriger des Gewahrsamsstaates ist, durch keinerlei Treuepflicht ihm gegenüber gebunden ist und wegen Umständen, die nicht von seinem eigenen Willen abhängen, sich in seiner Gewalt befindet. Diese Gerichte und Behörden können das Strafmass, das für die dem Gefangenen vorgeworfene strafbare Handlung vorgesehen ist, nach freiem Ermessen verringern; sie sind daher nicht an die vorgeschriebene Mindeststrafe gebunden.

Sämtliche Kollektivstrafen für Vergehen Einzelner, sämtliche Körperstrafen, jedes Einsperren in Räume ohne Tageslicht und ganz allgemein jede Art von Folter und Grausamkeit sind verboten.

Im Übrigen darf der Gewahrsamsstaat keinen Kriegsgefangenen seines Dienstgrades entheben oder am Tragen seiner Dienstgradabzeichen hindern.

Art. 88

Kriegsgefangene Offiziere, Unteroffiziere und Soldaten, die eine disziplinarische oder gerichtliche Strafe zu verbüssen haben, dürfen keiner strengern Behandlung unterworfen werden, als sie bei gleichem Dienstgrad und gleicher Strafe für die Angehörigen der bewaffneten Kräfte des Gewahrsamsstaates vorgesehen ist.

Die weiblichen Kriegsgefangenen sollen nicht strenger bestraft und während ihrer Strafverbüssung nicht strenger behandelt werden als die wegen des gleichen Vergehens bestraften, den bewaffneten Kräften des Gewahrsamsstaates angehörenden Frauen.

Auf keinen Fall dürfen die weiblichen Gefangenen strenger bestraft und während der Strafverbüssung strenger behandelt werden als ein wegen des gleichen Vergehens bestrafter, den bewaffneten Kräften des Gewahrsamsstaates angehörender Mann.

Kriegsgefangene, die eine disziplinarische oder gerichtliche Strafe verbüsst haben, sollen nicht anders behandelt werden als die übrigen Kriegsgefangenen.

II. Disziplinarstrafen

Art. 89

Den Kriegsgefangenen können folgende Disziplinarstrafen auferlegt werden:

1. Busse bis zu 50 Prozent des Soldvorschusses und der Arbeitsentschädigung, wie sie in den Artikeln 60 und 62 vorgesehen sind, für die Dauer von höchstens dreissig Tagen;

2. Entzug von Vorteilen, welche über die im vorliegenden Abkommen vorgesehene Behandlung hinausgehend gewährt wurden;

3. befohlener Arbeitsdienst von höchstens zwei Stunden täglich;

4. Arrest.

Die unter Ziffer 3 vorgesehene Strafe darf jedoch nicht auf Offiziere angewendet werden.

Keinesfalls dürfen Disziplinarstrafen unmenschlich, brutal oder für die Gesundheit der Kriegsgefangenen gefährlich sein.

Art. 90

Die Dauer einer einzigen Strafe darf dreissig Tage nicht überschreiten. In Disziplinarfällen ist die vor der Verhandlung oder der Verhängung der Strafe in Untersuchungshaft verbrachte Zeit von der ausgesprochenen Strafe abzuziehen.

Die oben erwähnte Höchstdauer der Strafe von dreissig Tagen darf auch dann nicht überschritten werden, wenn ein Kriegsgefangener im Zeitpunkt der Entscheidung über seinen Fall sich wegen verschiedener Disziplinarvergehen zu verantworten hätte, gleichgültig, ob diese Handlungen miteinander in Zusammenhang stehen oder nicht.

Zwischen der Disziplinarentscheidung und ihrem Vollzug darf nicht mehr als ein Monat verstreichen.

Wird über einen Kriegsgefangenen eine weitere Disziplinarstrafe verhängt, so soll zwischen dem Vollzug jeder der Strafen ein Zeitraum von mindestens drei Tagen liegen, sobald die Dauer der einen zehn Tage oder mehr beträgt.

Art. 91

Die Flucht eines Kriegsgefangenen wird als gelungen betrachtet;

1. wenn er die bewaffneten Kräfte der Macht, von der er abhängt, oder einer verbündeten Macht erreicht hat;

2. wenn er das in der Gewalt des Gewahrsamsstaates oder einer mit ihm verbündeten Macht befindliche Gebiet verlassen hat;

3. wenn er ein der Macht, von der er abhängt, oder einer verbündeten Macht gehörendes, in den Territorialgewässern des Gewahrsamsstaates befindliches Schiff erreicht, vorausgesetzt, dass dieses Schiff nicht unter der Befehlsgewalt des Gewahrsamsstaates steht.

Kriegsgefangene, denen im Sinne dieses Artikels die Flucht gelungen ist, die aber neuerdings in Gefangenschaft geraten sind, dürfen wegen ihrer frühern Flucht nicht bestraft werden.

Art. 92

Ein Kriegsgefangener, der einen Fluchtversuch unternimmt und wieder ergriffen wird, bevor seine Flucht im Sinne von Artikel 91 gelungen ist, darf wegen dieser Handlung, selbst im Wiederholungsfalle, lediglich disziplinarisch bestraft werden.

Der wieder ergriffene Gefangene ist den zuständigen militärischen Behörden so schnell wie möglich zu übergeben.

In Abweichung von Artikel 88 Absatz 4 können wegen eines misslungenen Fluchtversuches bestrafte Kriegsgefangene einer besondern Aufsicht unterstellt werden, jedoch nur unter der Bedingung, dass diese Überwachung ihren Gesundheitszustand nicht beeinträchtigt, in einem Gefangenenlager durchgeführt wird und keinen Entzug irgendeiner der ihnen durch das vorliegende Abkommen gewährten Vergünstigungen zur Folge hat.

Art. 93

Flucht oder Fluchtversuch soll, selbst im Wiederholungsfall, nicht als erschwerender Umstand betrachtet werden, wenn der Kriegsgefangene wegen eines während seiner Flucht oder seines Fluchtversuches begangenen Vergehens vor Gericht gestellt wird.

Kriegsgefangene, die sich einzig und allein mit der Absicht, ihre Flucht zu erleichtern, eines Vergehens schuldig machen, ohne dabei gegen Personen Gewalt anzuwenden, wie etwa eines Vergehens gegen das öffentliche Eigentum, des Diebstahls ohne Bereicherungsabsicht, der Herstellung und Verwendung falscher Papiere, des Tragens von Zivilkleidern, dürfen, entsprechend dem in Artikel 83 aufgestellten Grundsatz, nur disziplinarisch bestraft werden.

Kriegsgefangene, die an einer Flucht oder an einem Fluchtversuch mitgewirkt haben, dürfen deswegen nur disziplinarisch bestraft werden.

Art. 94

Wird ein geflüchteter Kriegsgefangener wieder ergriffen, so ist dies, vorausgesetzt, dass auch die Flucht gemeldet worden ist, in der in Artikel 122 vorgesehenen Weise der Macht, von der er abhängt, zu melden.

Art. 95

Kriegsgefangene, die eines Verstosses gegen die Disziplin angeschuldigt sind, sollen bis zur Fällung des Entscheides nicht in Untersuchungshaft behalten werden, es sei denn, dass diese Massnahme auch für Angehörige der bewaffneten Kräfte des Gewahrsamsstaates, die sich der gleichen strafbaren Handlung schuldig gemacht haben, angewandt werde oder dass das höhere Interesse der Aufrechterhaltung von Ordnung und Disziplin im Lager dies verlange.

Für alle Kriegsgefangenen soll die Untersuchungshaft in Disziplinarfällen auf das absolute Mindestmass beschränkt werden und vierzehn Tage nicht überschreiten.

Die Bestimmungen der Artikel 97 und 98 dieses Kapitels sollen auf Kriegsgefangene angewendet werden, die sich wegen eines Disziplinarvergehens in Untersuchungshaft befinden.

Art. 96

Handlungen, die einen Verstoss gegen die Disziplin darstellen, sind unverzüglich zu untersuchen.

Unter Vorbehalt der Zuständigkeit der Gerichte und der höhern militärischen Behörden können Disziplinarstrafen nur von einem Offizier, der in seiner Eigenschaft als Lagerkommandant mit der Disziplinarstrafgewalt ausgestattet ist, oder von einem verantwortlichen Offizier, der ihn vertritt oder dem er seine Disziplinarstrafgewalt übertragen hat, verhängt werden.

Auf keinen Fall darf diese Disziplinarstrafgewalt einem Kriegsgefangenen übertragen oder durch einen Kriegsgefangenen ausgeübt werden.

Bevor eine Disziplinarstrafe verhängt wird, soll der angeklagte Kriegsgefangene genau über die Tatsachen ins Bild gesetzt werden, die ihm vorgeworfen werden. Er soll sein Verhalten erklären und sich verteidigen können. Er ist berechtigt, Zeugen einvernehmen zu lassen und, falls notwendig, die Hilfe eines befähigten Dolmetschers zu beanspruchen. Die Entscheidung soll dem Kriegsgefangenen und dem Vertrauensmann bekanntgegeben werden.

Der Lagerkommandant hat ein Disziplinarstrafregister zu führen, das von den Vertretern der Schutzmacht eingesehen werden kann.

Art. 97

Auf keinen Fall dürfen Kriegsgefangene in Strafanstalten (Kerker, Zuchthäuser, Gefängnisse usw.) übergeführt werden, um dort Disziplinarstrafen zu verbüssen.

Alle Räume, in denen Disziplinarstrafen zu verbüssen sind, sollen den in Artikel 25 vorgesehenen hygienischen Anforderungen entsprechen. Den die Strafe verbüssenden Kriegsgefangenen muss gemäss den Bestimmungen von Artikel 29 ermöglicht werden, sich sauber zu halten.

Offiziere und ihnen Gleichgestellte verbüssen ihre Strafen nicht in den gleichen Räumlichkeiten wie die Unteroffiziere und Soldaten.

Weibliche Kriegsgefangene, die eine Disziplinarstrafe verbüssen, sollen in von den Männerabteilungen getrennten Räumen festgehalten und unter die unmittelbare Überwachung von Frauen gestellt werden.

Art. 98

Die ihre Disziplinarstrafe verbüssenden Kriegsgefangenen bleiben weiterhin im Genuss der Bestimmungen des vorliegenden Abkommens, soweit dessen Anwendung nicht durch die Tatsache ihrer Haft selbst verunmöglicht wird. In keinem Fall dürfen ihnen die Vergünstigungen der Artikel 78 und 126 entzogen werden.

Den disziplinarisch bestraften Kriegsgefangenen können die ihnen auf Grund ihres Dienstgrades zustehenden Vorrechte nicht entzogen werden.

Disziplinarisch bestrafte Kriegsgefangene sollen sich täglich während mindestens zwei Stunden in der frischen Luft bewegen und aufhalten können.

Sie sollen die Erlaubnis haben, sich auf Verlangen bei der täglichen Arztvisite zu melden; sie sollen die Pflege erhalten, die ihr Gesundheitszustand erfordert, und gegebenenfalls in die Krankenabteilung des Lagers oder in ein Spital verbracht werden.

Sie sollen die Erlaubnis haben, zu lesen und zu schreiben, Briefe abzusenden und zu erhalten. Pakete und Geldsendungen dagegen können ihnen bis nach Verbüssung der Strafe vorenthalten werden; in der Zwischenzeit sollen sie dem Vertrauensmann anvertraut werden, der die in den Paketen befindlichen verderblichen Lebensmittel der Krankenabteilung übergibt.

III. Gerichtliche Verfolgung

Art. 99

Kein Kriegsgefangener darf wegen einer Handlung verfolgt oder verurteilt werden, die zur Zeit ihrer Begehung durch die in Kraft stehenden Gesetze des Gewahrsamsstaates oder das Völkerrecht nicht ausdrücklich verboten war.

Es dürfen weder moralische noch physische Druckmittel angewandt werden, um einen Kriegsgefangenen dazu zu bringen, sich der Handlungen, deren er angeklagt ist, schuldig zu bekennen.

Kein Kriegsgefangener darf verurteilt werden, ohne die Möglichkeit zu seiner Verteidigung und den Beistand eines geeigneten Verteidigers gehabt zu haben.

Art. 100

Kriegsgefangenen und den Schutzmächten ist so früh wie möglich mitzuteilen, für welche strafbaren Handlungen die Gesetze des Gewahrsamsstaates die Todesstrafe vorsehen.

Nachträglich kann ohne Einwilligung der Macht, von der die Gefangenen abhängen, kein Vergehen mehr der Todesstrafe unterstellt werden.

Die Todesstrafe kann gegen einen Kriegsgefangenen nur ausgesprochen werden, wenn gemäss Artikel 87 Absatz 2 das Gericht ganz besonders auf die Tatsache aufmerksam gemacht wurde, dass der Angeklagte, da er nicht Angehöriger des Gewahrsamsstaates ist, durch keinerlei Treuepflicht ihm gegenüber gebunden ist und wegen Umständen, die nicht von seinem eigenen Willen abhängen, sich in seiner Gewalt befindet.

Art. 101

Ist gegen einen Kriegsgefangenen die Todesstrafe ausgesprochen worden, so darf das Urteil nicht vollstreckt werden vor Ablauf einer Frist von mindestens sechs Monaten, vom Zeitpunkt an gerechnet, in dem die Schutzmacht unter der angegebenen Adresse die in Artikel 107 vorgesehene ausführliche Mitteilung erhalten hat.

Art. 102

Ein Urteil gegen einen Kriegsgefangenen kann nur dann rechtsgültig gefällt werden, wenn es durch die gleichen Gerichte und nach dem gleichen Verfahren, wie sie für die Angehörigen der bewaffneten Kräfte des Gewahrsamsstaates vorgesehen sind, ausgesprochen worden ist, und im übrigen die Bestimmungen dieses Kapitels eingehalten wurden.

Art. 103

Gerichtliche Untersuchungen gegen Kriegsgefangene sind so rasch durchzuführen, als die Umstände es gestatten, und zwar so, dass die Gerichtsverhandlung möglichst frühzeitig stattfinden kann. Ein Kriegsgefangener darf nur dann in Untersuchungshaft gehalten werden, wenn diese Massnahme bei gleichen Vergehen auch für die Angehörigen der bewaffneten Kräfte des Gewahrsamsstaates vorgesehen ist, oder wenn es die nationale Sicherheit verlangt. Die Untersuchungshaft darf auf keinen Fall länger als drei Monate dauern.

Die Dauer der Untersuchungshaft ist auf die über den Kriegsgefangenen verhängte Freiheitsstrafe anzurechnen; dies ist bereits bei der Festsetzung der Strafe zu berücksichtigen.

Die Bestimmungen der Artikel 97 und 98 bleiben für die Kriegsgefangenen auch während der Untersuchungshaft in Geltung.

Art. 104

In allen Fällen, in denen sich der Gewahrsamsstaat für die Einleitung der gerichtlichen Verfolgung eines Kriegsgefangenen entschieden hat, hat er dies der Schutzmacht so schnell wie möglich, mindestens jedoch drei Wochen vor Verhandlungsbeginn, bekannt zu geben. Diese Frist von drei Wochen läuft erst vom Augenblick an, in dem die Schutzmacht unter der von ihr dem Gewahrsamsstaat vorher bekannt gegebenen Adresse die Mitteilung erhalten hat.

Diese Mitteilung soll folgende Angaben enthalten:

1. Name, Vornamen, Dienstgrad, Matrikelnummer, Geburtsdatum und allfälliger Beruf des Kriegsgefangenen;

2. Ort der Internierung oder der Haft;

3. genaue Bezeichnung des oder der Anklagepunkte unter Erwähnung der anwendbaren gesetzlichen Bestimmungen;

4. das den Fall behandelnde Gericht sowie Datum und Ort der Eröffnung der Verhandlung.

Die gleiche Mitteilung hat der Gewahrsamsstaat dem Vertrauensmann des Kriegsgefangenen zugehen zu lassen.

Kann bei der Eröffnung der Verhandlung der Beweis nicht erbracht werden, dass die Schutzmacht, der Kriegsgefangene selbst und sein Vertrauensmann die genannte Mitteilung mindestens drei Wochen vor Verhandlungsbeginn empfangen haben, so darf die Verhandlung nicht stattfinden und ist zu vertagen.

Art. 105

Dem Kriegsgefangenen steht das Recht zu, einen seiner kriegsgefangenen Kameraden zur Unterstützung beizuziehen, sich durch einen geeigneten Verteidiger seiner Wahl verteidigen zu lassen, Zeugen vorladen zu lassen und, wenn er es für nötig erachtet, die Dienste eines befähigten Dolmetschers zu beanspruchen. Der Gewahrsamsstaat hat ihn rechtzeitig vor Verhandlungsbeginn von diesen Rechten in Kenntnis zu setzen.

Hat der Kriegsgefangene keinen Verteidiger gewählt, so hat die Schutzmacht ihm einen zu bestellen; dafür steht ihr mindestens eine Woche Zeit zur Verfügung. Auf Verlangen der Schutzmacht hat ihr der Gewahrsamsstaat ein Verzeichnis der für die

Übernahme der Verteidigung geeigneten Personen zukommen zu lassen. Für den Fall, dass weder der Kriegsgefangene noch die Schutzmacht einen Verteidiger bestellt haben, hat der Gewahrsamsstaat einen für die Verteidigung des Angeklagten geeigneten Advokaten zu bezeichnen.

Dem Verteidiger sind zur Vorbereitung der Verteidigung des Angeklagten mindestens zwei Wochen Zeit bis zur Eröffnung der Verhandlung einzuräumen und die dazu nötigen Erleichterungen zu gewähren; namentlich soll er den Angeklagten unbehindert besuchen und ohne Zeugen mit ihm sprechen können. Er soll mit allen Entlastungszeugen, inbegriffen die Kriegsgefangenen, sprechen können. Diese Erleichterungen sind ihm bis zum Ablauf der Rechtsmittelfristen zu gewähren.

Dem angeklagten Kriegsgefangenen sind die Anklageschrift sowie diejenigen Dokumente, die im allgemeinen den Angeklagten gemäss den bei den bewaffneten Kräften des Gewahrsamsstaates geltenden Gesetzen bekanntgegeben werden, in einer ihm verständlichen Sprache und rechtzeitig vor Verhandlungseröffnung zuzustellen. Seinem Verteidiger sind dieselben Dokumente unter den gleichen Bedingungen zuzustellen.

Die Vertreter der Schutzmacht haben das Recht, den Verhandlungen beizuwohnen, sofern diese nicht ausnahmsweise im Interesse der Staatssicherheit unter Ausschluss der Öffentlichkeit stattfinden müssen; in diesem Falle hat der Gewahrsamsstaat die Schutzmacht davon zu verständigen.

Art. 106

Jeder Kriegsgefangene hat das Recht, unter den gleichen Bedingungen, die auch für die Angehörigen der bewaffneten Kräfte des Gewahrsamsstaates gelten, gegen das gegen ihn ergangene Urteil Berufung einzureichen, oder Kassation oder Revision zu verlangen. Über die ihm diesbezüglich zustehenden Rechte sowie über die zu deren Ausübung festgesetzten Fristen ist er voll und ganz aufzuklären.

Art. 107

Jedes gegen einen Kriegsgefangenen ergangene Urteil ist der Schutzmacht unverzüglich in Form einer gedrängten Mitteilung bekannt zu geben, die auch angibt, ob dem Gefangenen das Recht zur Berufung, zur Kassation oder zur Revision zusteht. Diese Mitteilung ist auch dem betreffenden Vertrauensmann zuzustellen. Ist das Urteil in Abwesenheit des Angeklagten gefällt worden, hat diese Mitteilung auch an den Kriegsgefangenen selbst zu ergehen, und zwar in einer ihm verständlichen Sprache. Im Übrigen hat der Gewahrsamsstaat der Schutzmacht unverzüglich mitzuteilen, ob der Kriegsgefangene von Rechtsmitteln Gebrauch machen will oder nicht.

Handelt es sich um ein endgültiges Urteil oder um ein durch die erste Instanz gefälltes Todesurteil, hat der Gewahrsamsstaat ferner an die Schutzmacht sobald wie möglich eine ausführliche Mitteilung zu richten, die folgende Angaben enthält:

1. den ganzen Wortlaut des Urteils;

2. einen zusammenfassenden Bericht über die Untersuchung und die Verhandlung, der besonders die Grundzüge der Anklage und der Verteidigung hervorhebt;

3. gegebenenfalls die Angabe der Anstalt, wo die Strafe zu verbüssen ist.

Die in den vorangehenden Absätzen genannten Mitteilungen sind vom Gewahrsamsstaat der Schutzmacht unter der ihm vorher bekannt gegebenen Adresse zuzustellen.

Art. 108

Die auf Grund eines ordnungsgemäss vollstreckbar gewordenen Urteils über einen Kriegsgefangenen gefällten Strafen sind in den gleichen Anstalten und unter den gleichen Bedingungen zu verbüssen, wie dies bei Angehörigen der bewaffneten Kräfte des Gewahrsamsstaates der Fall ist. Diese Bedingungen sollen auf alle Fälle den Erfordernissen der Hygiene und der Menschlichkeit entsprechen.

Weibliche Kriegsgefangene, über die eine derartige Strafe verhängt wird, sind in gesonderten Räumen unterzubringen und unter die Überwachung von Frauen zu stellen.

Auf jeden Fall gelten die Bestimmungen der Artikel 78 und 126 weiterhin für die zu einer Freiheitsstrafe verurteilten Kriegsgefangenen. Es soll ihnen im übrigen gestattet sein, Briefschaften zu empfangen und zu versenden, monatlich mindestens ein Hilfspaket zu empfangen und sich regelmässig in der frischen Luft zu bewegen; entsprechend ihrem Gesundheitszustand haben sie Anrecht auf die notwendige ärztliche Pflege, und auf Wunsch soll ihnen auch geistlicher Beistand gewährt werden. Ihnen auferlegte Strafen haben den Bestimmungen von Artikel 87 Absatz 3 zu entsprechen.

**Teil IV
Beendigung der Gefangenschaft**

**Abschnitt I
Direkte Heimschaffung und Hospitalisierung in einem neutralen Lande**

Art. 109

Die am Konflikt beteiligten Parteien sind unter Vorbehalt der Bestimmungen von Absatz 3 dieses Artikels gehalten, die schwerkranken und schwerverwundeten Kriegsgefangenen, ohne Rücksicht auf Anzahl und Dienstgrad, und nach Herbeiführung ihrer Transportfähigkeit, gemäss den Bestimmungen von Absatz 1 des nachfolgenden Artikels in ihre Heimat zurückzusenden.

Die am Konflikt beteiligten Parteien haben sich während der Dauer der Feindseligkeiten, in Zusammenarbeit mit den in Frage stehenden neutralen Mächten zu bemühen, die Hospitalisierung der in Absatz 2 des nachfolgenden Artikels erwähnten verwundeten oder kranken Kriegsgefangenen in neutralen Ländern in die Wege zu leiten; im übrigen können sie auch Vereinbarungen zur direkten Heimschaffung von gesunden, schon seit langer Zeit in Gefangenschaft befindlichen Kriegsgefangenen oder zu deren Internierung in neutralem Lande treffen.

Während der Feindseligkeiten kann kein in Absatz 1 dieses Artikels für die Heimschaffung vorgesehener kranker oder verwundeter Kriegsgefangener gegen seinen Willen heimgeschafft werden.

Art. 110

Es sind direkt heimzuschaffen:

1. die unheilbar Verwundeten und Kranken, deren geistige oder körperliche Fähigkeiten beträchtlich herabgemindert zu sein scheinen;

2. die Verwundeten und Kranken, die nach ärztlicher Meinung im Verlaufe eines Jahres nicht geheilt werden können, wenn ihr Zustand eine Behandlung erfordert und ihre geistigen oder körperlichen Fähigkeiten beträchtlich herabgemindert zu sein scheinen:

3. die geheilten Verwundeten und Kranken, deren geistige oder körperliche Fähigkeiten dauernd und beträchtlich herabgemindert zu sein scheinen.

Es können in neutralem Lande hospitalisiert werden:

1. die Verwundeten und Kranken, deren Heilung innerhalb eines Jahres seit der Verletzung oder Erkrankung angenommen werden kann, wenn die Behandlung in einem neutralen Lande eine sicherere und schnellere Heilung voraussehen lässt;

2. die Kriegsgefangenen, deren geistige oder körperliche Gesundheit nach ärztlicher Ansicht durch die Fortsetzung der Gefangenschaft ernstlich bedroht ist, bei denen jedoch durch die Hospitalisierung in neutralem Lande diese Bedrohung vermieden würde.

Die Bedingungen, welche die in einem neutralen Lande hospitalisierten Kriegsgefangenen erfüllen müssen, um heimgeschafft zu werden, wie auch ihre Rechtsstellung sind durch Vereinbarung unter den beteiligten Mächten zu regeln. Im allgemeinen sind diejenigen in einem neutralen Lande hospitalisierten Kriegsgefangenen heimzuschaffen, die folgenden Kategorien angehören:

1. diejenigen, deren Gesundheitszustand sich derart verschlimmert hat, dass die für die direkte Heimschaffung vorgesehenen Bedingungen erfüllt sind;

2. diejenigen, deren geistige oder körperliche Fähigkeiten auch nach erfolgter Behandlung beträchtlich herabgemindert bleiben.

In Ermangelung von besonderen, zwischen den betreffenden am Konflikt beteiligten Parteien getroffenen Vereinbarungen über die Bestimmung der Invaliditäts- oder Krankheitsfälle, die die direkte Heimschaffung oder die Hospitalisierung in neutralem Lande zur Folge haben, sind diese Fälle gemäss dem Musterabkommen über die direkte Heimschaffung und die Hospitalisierung in neutralem Lande und dem Reglement betreffend die gemischten ärztlichen Kommissionen zu bestimmen, die diesem Abkommen beiliegen.

Art. 111

Der Gewahrsamsstaat, die Macht, von der die Kriegsgefangenen abhängen, und eine von diesen beiden Mächten anerkannte neutrale Macht sollen sich um den Abschluss von Vereinbarungen bemühen, die die Internierung von Kriegsgefangenen auf dem Gebiete der genannten neutralen Macht bis zur Einstellung der Feindseligkeiten gestatten.

Art. 112

Bei Beginn der Feindseligkeiten sind gemischte ärztliche Kommissionen zu bestellen, die die kranken und verletzten Gefangenen zu untersuchen und alle nützlichen Entscheidungen über sie zu treffen haben. Für die Bestellung, die Pflichten und die Tätigkeit dieser Kommissionen sind die Bestimmungen des diesem Abkommen beiliegenden Reglements massgebend.

Indessen können Gefangene, die nach Ansicht der ärztlichen Behörden des Gewahrsamsstaates offenkundig als Schwerverletzte oder Schwerkranke zu betrachten sind, ohne Untersuchung durch eine gemischte ärztliche Kommission heimgeschafft werden.

Art. 113

Ausser den durch die ärztlichen Behörden der Gewahrsamsmacht bezeichneten Kriegsgefangenen haben die verwundeten oder kranken Gefangenen, die einer der nachstehend aufgeführten Kategorien angehören, das Recht, sich von den im vorhergehenden Artikel genannten gemischten ärztlichen Kommissionen untersuchen zu lassen:

1. die Verwundeten und Kranken, die von einem im Lager tätigen Arzt vorgeschlagen werden, der ihr Landsmann ist oder Staatsangehöriger einer am Konflikt beteiligten Partei ist, die mit der Macht, von der sie abhängen, verbündet ist;

2. die von ihrem Vertrauensmann vorgeschlagenen Verwundeten und Kranken;

3. die von der Macht, von der sie abhängen, oder von einer von dieser Macht anerkannten Hilfsorganisation für Kriegsgefangene vorgeschlagenen Verwundeten und Kranken.

Die Kriegsgefangenen, die keiner dieser drei Kategorien angehören, können sich diesen gemischten ärztlichen Kommissionen gleichwohl zur Untersuchung stellen, werden jedoch erst nach den Gefangenen der erwähnten Kategorien untersucht.

Dem Arzt, der ein Landsmann der von der gemischten ärztlichen Kommission untersuchten Kriegsgefangenen ist, sowie ihrem Vertrauensmann ist es erlaubt, dieser Untersuchung beizuwohnen.

Art. 114

Kriegsgefangene, die einen Unfall erlitten haben, geniessen, ausser wenn es sich um eine Selbstverstümmelung handelt, die Vergünstigungen der Bestimmungen des vorliegenden Abkommens betreffend die Heimschaffung oder die allfällige Hospitalisierung in einem neutralen Lande.

Art. 115

Kein disziplinarisch bestrafter Kriegsgefangener, der die für die Heimschaffung oder die Hospitalisierung in einem neutralen Lande vorgesehenen Bedingungen erfüllt, darf zurückgehalten werden, weil er seine Strafe noch nicht verbüsst hat.

Die gerichtlich verfolgten oder verurteilten Kriegsgefangenen, die für die Heimschaffung oder die Hospitalisierung in einem neutralen Lande vorgesehen sind, können vor Beendigung des Verfahrens oder der Verbüssung der Strafe in den Genuss dieser Massnahmen gelangen, wenn der Gewahrsamsstaat seine Einwilligung dazu gibt.

Die am Konflikt beteiligten Parteien haben sich gegenseitig die Namen derjenigen bekannt zu geben, die bis zur Beendigung des Verfahrens oder der Verbüssung der Strafe zurückgehalten werden.

Art. 116

Die Kosten der Heimschaffung oder der Überführung von Kriegsgefangenen in ein neutrales Land gehen von der Grenze des Gewahrsamsstaates an zu Lasten derjenigen Macht, von der diese Kriegsgefangenen abhängen.

Art. 117

Kein Heimgeschaffter darf zu aktivem Militärdienst verwendet werden.

Abschnitt II
Freilassung und Heimschaffung der Kriegsgefangenen nach Beendigung der Feindseligkeiten

Art. 118

Die Kriegsgefangenen sind nach Beendigung der aktiven Feindseligkeiten ohne Verzug freizulassen und heimzuschaffen.

Wenn das zwischen den am Konflikt beteiligten Parteien abgeschlossene Abkommen zur Beendigung der Feindseligkeiten keine diesbezüglichen Bestimmungen enthält oder kein solches Abkommen abgeschlossen wird, soll jeder Gewahrsamsstaat gemäss dem im vorhergehenden Absatz aufgestellten Grundsatz ohne Verzug selbst einen Heimschaffungsplan aufstellen und ausführen.

In beiden Fällen sind die getroffenen Massnahmen den Kriegsgefangenen zur Kenntnis zu bringen.

Die Kosten der Heimschaffung der Kriegsgefangenen sollen auf jeden Fall in billiger Weise zwischen der Gewahrsamsmacht und der Macht, von der die Kriegsgefangenen abhängen, geteilt werden. Für diese Verteilung sollen folgende Grundsätze beobachtet werden:

a. wenn es sich um Nachbarstaaten handelt, hat der Staat, von dem die Kriegsgefangenen abhängen, die Kosten der Heimschaffung von der Grenze des Gewahrsamsstaates an zu übernehmen;

b. wenn es sich nicht um Nachbarstaaten handelt, so hat der Gewahrsamsstaat die Kosten des Transportes der Kriegsgefangenen auf seinem Gebiet zu übernehmen, und zwar bis zu seiner Grenze oder bis zu seinem Einschiffungshafen, der dem Staat, von dem die Gefangenen abhängen, am nächsten liegt. Was den Rest der Heimschaffungskosten betrifft, so sollen sich die beteiligten Mächte über eine gerechte Aufteilung einigen. Auf keinen Fall darf wegen des Abschlusses einer solchen Übereinkunft die Heimschaffung der Kriegsgefangenen auch nur im Geringsten verzögert werden.

Art. 119

Die Heimschaffung soll unter ähnlichen Bedingungen erfolgen, wie sie in den Artikeln 46 bis und mit 48 für die Verlegung von Kriegsgefangenen vorgesehen sind, und unter Berücksichtigung der Bestimmungen von Artikel 118 sowie der nachfolgenden Bestimmungen.

Bei der Heimschaffung sind den Kriegsgefangenen die ihnen gemäss Artikel 18 abgenommenen Wertgegenstände und die Geldbeträge, die nicht in die Währung des Gewahrsamsstaates umgewechselt wurden, zurückzuerstatten. Die Wertgegenstände und die Geldbeträge in ausländischer Währung, die aus irgendeinem Grund den Kriegsgefangenen bei ihrer Heimschaffung nicht zurückerstattet wurden, sollen dem in Artikel 122 vorgesehenen Auskunftsbüro übergeben werden.

Die Kriegsgefangenen sind berechtigt, ihre persönlichen Effekten, ihre Briefschaften und die erhaltenen Pakete mitzunehmen; das Gewicht dieses Gepäcks kann, falls die Umstände der Heimschaffung es erfordern, auf das beschränkt werden, was der Gefangene vernünftigerweise tragen kann; auf jeden Fall ist jeder Kriegsgefangene berechtigt, mindestens 25 Kilogramm mitzunehmen.

Die andern persönlichen Effekten des heimgeschafften Kriegsgefangenen sind von der Gewahrsamsmacht aufzubewahren; diese hat sie dem Gefangenen zukommen zu lassen, sobald sie mit der Macht, von der er abhängt, ein Übereinkommen über die Art des Transportes und die Bezahlung der Transportkosten getroffen hat.

Die Kriegsgefangenen, gegen die wegen eines Verbrechens oder Vergehens eine Strafverfolgung anhängig ist, können bis zum Abschluss des Gerichtsverfahrens und gegebenenfalls bis zur Verbüssung der Strafe zurückgehalten werden. Das gleiche gilt für Kriegsgefangene, die wegen eines strafrechtlichen Verbrechens oder Vergehens verurteilt sind.

Die am Konflikt beteiligten Parteien haben sich gegenseitig die Namen der Kriegsgefangenen bekannt zu geben, die bis zum Abschluss des Gerichtsverfahrens oder bis zur Verbüssung der Strafe zurückgehalten werden.

Die am Konflikt beteiligten Parteien sollen die Einsetzung von Kommissionen vereinbaren, um verstreute Kriegsgefangene zu suchen und ihre möglichst rasche Heimschaffung zu gewährleisten.

Abschnitt III
Todesfälle von Kriegsgefangenen

Art. 120

Die Testamente der Kriegsgefangenen sollen so aufgesetzt sein, dass sie den von der Gesetzgebung ihres Heimatstaates aufgestellten Gültigkeitsvorschriften entsprechen; diese Vorschriften sollen vom Heimatstaat dem Gewahrsamsstaat zur Kenntnis gebracht werden. Auf Verlangen des Kriegsgefangenen und auf jeden Fall nach seinem Tod ist das Testament unverzüglich der Schutzmacht zu übergeben und eine beglaubigte Abschrift davon der Zentralstelle für Kriegsgefangene zuzustellen.

Die gemäss dem diesem Abkommen beiliegenden Muster erstellten Todesurkunden oder die von einem verantwortlichen Offizier beglaubigten Listen aller in der Gefangenschaft verstorbenen Kriegsgefangenen sind so rasch wie möglich dem in Artikel 122 vorgesehenen Auskunftsbüro für Kriegsgefangene zu übermitteln. Die in Absatz 3 von Artikel 17 aufgezählten Angaben über die Identität, den Ort und das Datum des Todes, die Todesursache, den Ort und das Datum der Beerdigung sowie alle zur Auffindung der Gräber notwendigen Angaben müssen in diesen Urkunden oder Listen enthalten sein.

Vor der Beerdigung oder Einäscherung muss eine ärztliche Untersuchung der Leiche stattfinden, die den Tod feststellen, die Abfassung eines Berichtes ermöglichen und, wenn nötig, die Identität des Verstorbenen feststellen soll.

Die Gewahrsamsbehörden haben dafür zu sorgen, dass in der Gefangenschaft verstorbene Kriegsgefangene mit allen Ehren, wenn möglich gemäss den Riten der Religion, der sie angehörten, bestattet und dass ihre Gräber geachtet, angemessen unterhalten und so gekennzeichnet werden, dass sie jederzeit wieder aufgefunden werden können. Wenn immer möglich sollen die verstorbenen Kriegsgefangenen, die von der gleichen Macht abhingen, am gleichen Ort bestattet werden.

Die verstorbenen Kriegsgefangenen sollen einzeln begraben werden, sofern nicht die Beisetzung in einem Gemeinschaftsgrab infolge höherer Gewalt unumgänglich ist. Die Leichen dürfen nur aus zwingenden hygienischen Gründen oder weil es die Religion des Verstorbenen verlangt oder auf seinen eigenen Wunsch hin eingeäschert werden. Im Falle einer Einäscherung soll dies unter Angabe der Gründe auf der Todesurkunde des Verstorbenen vermerkt werden.

Damit die Gräber stets wieder aufgefunden werden können, sollen alle Auskünfte über die Bestattungen und die Gräber durch einen vom Gewahrsamsstaat geschaffenen Gräberdienst aufgezeichnet werden. Die Verzeichnisse der Gräber und die Auskünfte über die auf den Friedhöfen oder anderswo bestatteten Kriegsgefangenen sollen der Macht, von der diese Kriegsgefangenen abhingen, übermittelt werden. Wenn die Macht, in deren Gewalt ein Gebiet steht, diesem Abkommen beigetreten ist, hat sie für die Pflege der darin befindlichen Gräber und für die Eintragung jeder nachträglichen Überführung einer Leiche besorgt zu sein. Diese Bestimmungen beziehen sich ebenfalls auf die Asche, die vom Gräberdienst aufzubewahren ist, bis ihm der Heimatstaat des Verstorbenen seine endgültigen Verfügungen in dieser Hinsicht bekannt gibt.

Art. 121

Nach jedem Todesfall oder jeder schweren Verletzung eines Kriegsgefangenen, die durch eine Wache, einen andern Kriegsgefangenen oder irgendeine Person verursacht wurden oder verursacht sein könnten, sowie nach jedem Todesfall, dessen Ursache unbekannt ist, soll vom Gewahrsamsstaat unverzüglich eine offizielle Untersuchung eingeleitet werden.

Der Schutzmacht soll darüber sofort Anzeige gemacht werden. Die Aussagen der Zeugen, besonders der Kriegsgefangenen, sollen aufgenommen werden. Ein diese Aussagen enthaltender Bericht soll der genannten Macht übermittelt werden.

Erweist die Untersuchung die Schuld einer oder mehrerer Personen, so soll der Gewahrsamsstaat alle Massnahmen zur gerichtlichen Verfolgung der verantwortlichen Person oder Personen ergreifen.

Teil V
Auskunftsstellen und Hilfsorganisationen für Kriegsgefangene

Art. 122

Bei Ausbruch eines Konflikts und in allen Fällen einer Besetzung soll jede der am Konflikt beteiligten Parteien ein offizielles Auskunftsbüro für die in ihrer Gewalt befindlichen Kriegsgefangenen einrichten; das gleiche gilt für die neutralen oder nicht kriegführenden Mächte hinsichtlich jener Personen, die sie in ihr Gebiet aufgenommen haben und die einer der in Artikel 4 aufgeführten Kategorien angehören. Die betreffende Macht hat dafür Sorge zu tragen, dass das Auskunftsbüro über die Räumlichkeiten, das Material und das nötige Personal verfügt, die notwendig sind, damit es wirksam arbeiten kann. Es steht ihr frei, unter Beachtung des im Abschnitt des vorliegenden Abkommens über die Arbeit der Kriegsgefangenen festgelegten Bedingungen Kriegsgefangene hiefür zu verwenden.

Jede der am Konflikt beteiligten Parteien hat ihrem Auskunftsbüro in kürzestmöglicher Frist die im vierten, fünften und sechsten Abschnitt dieses Artikels erwähnten Auskünfte über jede feindliche, zu einer der in Artikel 4 aufgeführten Kategorien gehörende und in ihre Gewalt geratene Person zu erteilen. Das gleiche gilt für die neutralen oder nicht kriegführenden Mächte hinsichtlich jener Personen, die diesen Kategorien angehören und die sie in ihr Gebiet aufgenommen haben.

Das Auskunftsbüro hat diese Auskünfte durch Vermittlung der Schutzmächte einerseits und der in Artikel 123 vorgesehenen Zentralstelle anderseits unverzüglich auf raschestem Wege den interessierten Mächten zukommen zu lassen.

Diese Angaben sollen eine rasche Benachrichtigung der betreffenden Familien erlauben. Vorbehaltlich der Bestimmungen des Artikels 17 sollen diese Auskünfte, soweit sie die Auskunftsstelle besitzt, für jeden Kriegsgefangenen Name, Vornamen, Dienstgrad, Matrikelnummer, Ort und vollständiges Datum der Geburt, die Macht, von der er abhängt, Vorname des Vaters und Mädchenname der Mutter, Name und Adresse der zu benachrichtigenden Person sowie die Adresse, unter der dem Gefangenen Briefschaften zugestellt werden können, enthalten.

Das Auskunftsbüro soll von den verschiedenen zuständigen Dienststellen die Angaben über Mutationen, Freilassung, Heimschaffung, Flucht, Hospitalisierung, Tod erhalten und sie auf die im dritten Absatz dieses Artikels vorgesehene Weise weiterleiten.

Gleicherweise sollen regelmässig, und zwar wenn möglich wöchentlich, Auskünfte über den Gesundheitszustand schwerkranker oder schwerverletzter Kriegsgefangener weitergeleitet werden.

Das Auskunftsbüro ist ebenfalls mit der Beantwortung aller Anfragen über die Kriegsgefangenen, einschliesslich der in der Gefangenschaft Verstorbenen, betraut; um sich die fehlenden Auskünfte zu beschaffen, nimmt es die nötigen Erhebungen vor.

Alle schriftlichen Mitteilungen des Auskunftsbüros sind durch Unterschrift oder Siegel zu beglaubigen.

Das Auskunftsbüro ist ferner beauftragt, alle persönlichen Wertgegenstände, einschliesslich der Geldbeträge in anderer Währung als der des Gewahrsamsstaates, sowie die für die nächsten Angehörigen wichtigen Dokumente zu sammeln, die die Kriegsgefangenen bei ihrer Heimschaffung, ihrer Freilassung, ihrer Flucht oder ihrem Tod zurückgelassen haben, und sie an die interessierten Mächte zu übermitteln. Diese Gegenstände sollen vom Auskunftsbüro in versiegelten Paketen versandt werden und von einer Erklärung, welche die Identität der Person, der die Gegenstände gehörten, genau feststellt, sowie von einem vollständigen Verzeichnis des Paketinhaltes begleitet sein. Die übrigen persönlichen Effekten der in Frage stehenden Kriegsgefangenen sind gemäss den zwischen den betreffenden am Konflikt beteiligten Parteien abgeschlossenen Vereinbarungen zurückzusenden.

Art. 123

Eine zentrale Auskunftsstelle für Kriegsgefangene soll in einem neutralen Land geschaffen werden. Das internationale Komitee vom Roten Kreuz soll den in Frage kommenden Mächten, sofern es ihm notwendig erscheint, die Organisation einer solchen Zentralstelle vorschlagen.

Diese Zentralstelle ist beauftragt, alle Auskünfte betreffend Kriegsgefangene, die sie auf offiziellem oder privatem Wege beschaffen kann, zu sammeln. Sie soll sie so rasch wie möglich an das Herkunftsland der Kriegsgefangenen oder an die Macht, von der sie abhängen, weiterleiten. Von Seiten der am Konflikt beteiligten Parteien soll diese Zentralstelle alle angemessenen Erleichterungen zur Durchführung dieser Weiterleitungen erhalten.

Die Hohen Vertragsparteien und im besondern jene, deren Angehörigen die Dienste der Zentralstelle zugute kommen, werden aufgefordert, ihr die finanzielle Hilfe angedeihen zu lassen, deren sie bedarf.

Diese Bestimmungen dürfen nicht als eine Beschränkung der humanitären Tätigkeit des Internationalen Komitees vom Roten Kreuz und der in Artikel 125 erwähnten Hilfsgesellschaften ausgelegt werden.

Art. 124

Die nationalen Auskunftsbüros und die Zentralstelle sollen für alle Postsendungen Portofreiheit geniessen; auch sollen ihnen alle in Artikel 74 vorgesehenen Befreiungen sowie im Rahmen des Möglichen Gebührenfreiheit oder zumindest bedeutende Gebührenermässigungen für telegrafische Mitteilungen zugute kommen.

Art. 125

Unter Vorbehalt der Massnahmen, die die Gewahrsamsstaaten für unerlässlich halten, um ihre Sicherheit zu gewährleisten oder jedem andern vernünftigen Erfordernis zu begegnen, sollen sie den religiösen Organisationen, Hilfsgesellschaften oder jeder andern, den Kriegsgefangenen Hilfe bringenden Körperschaft die beste Aufnahme gewähren. Sie sollen ihnen wie auch ihren gebührend akkreditierten Delegierten alle notwendigen Erleichterungen gewähren, damit sie die Kriegsgefangenen besuchen, Hilfssendungen und für Erziehungs-, Erholungs- oder Religionszwecke dienende Gegenstände irgendwelcher Herkunft an sie verteilen oder ihnen bei der Gestaltung der Freizeit innerhalb der Lager helfen können. Die genannten Gesellschaften oder Organisationen können auf dem Gebiet des Gewahrsamsstaates oder in einem andern Land gegründet werden oder aber internationalen Charakter haben.

Der Gewahrsamsstaat kann die Anzahl der Gesellschaften und Organisationen, deren Delegierte ermächtigt sind, ihre Tätigkeit auf seinem Gebiet und unter seiner Aufsicht auszuüben, begrenzen; durch eine solche Begrenzung darf jedoch die wirksame und ausreichende Hilfeleistung an alle Kriegsgefangenen nicht behindert werden.

Die besondere Stellung des Internationalen Komitees vom Roten Kreuz auf diesem Gebiete soll jederzeit anerkannt und respektiert werden.

Im Augenblick der Übergabe von Hilfssendungen oder von obgenannten Zwecken dienenden Gegenständen an die Kriegsgefangenen oder mindestens innert kurzer Frist ist den Hilfsgesellschaften oder Organisationen für jede von ihnen abgeschickte Sendung eine vom Vertrauensmann unterzeichnete Empfangsbestätigung zuzustellen. Gleichzeitig sind von den Verwaltungsbehörden, die die Kriegsgefangenen überwachen, Empfangsbestätigungen für diese Sendungen auszustellen.

Teil VI
Vollzug des Abkommens
Abschnitt I
Allgemeine Bestimmungen

Art. 126

Die Vertreter oder Delegierten der Schutzmächte sind ermächtigt, sich an alle Orte zu begeben, wo sich Kriegsgefangene befinden, namentlich an alle Internierungs-, Gefangenhaltungs- und Arbeitsorte; sie sollen zu allen von Kriegsgefangenen benützten Räumlichkeiten Zutritt haben. Sie sind ebenfalls ermächtigt, sich an alle Abfahrts-, Durchfahrts- und Ankunftsorte von versetzten Kriegsgefangenen zu begeben. Sie sollen sich ohne Zeugen mit den Gefangenen und besonders mit ihrem Vertrauensmann unterhalten können, wenn nötig durch Vermittlung eines Dolmetschers.

Den Vertretern und Delegierten der Schutzmächte ist betreffend die Wahl der Orte, die sie zu besuchen wünschen, jede Freiheit zu lassen; Dauer und Zahl dieser Besuche dürfen nicht eingeschränkt werden. Diese Besuche dürfen nur aus zwingenden militärischen Gründen und bloss ausnahmsweise und vorübergehend untersagt werden.

Der Gewahrsamsstaat und die Macht, von der die Kriegsgefangenen abhängen, können gegebenenfalls übereinkommen, Landsleute dieser Kriegsgefangenen zur Teilnahme an solchen Besuchen zuzulassen.

Die Delegierten des Internationalen Komitees vom Roten Kreuz sollen die gleichen Vorrechte geniessen. Die Bezeichnung dieser Delegierten bedarf der Genehmigung der Macht, in deren Gewalt sich die zu besuchenden Kriegsgefangenen befinden.

Art. 127

Die Hohen Vertragsparteien verpflichten sich, in Friedens- und in Kriegszeiten den Wortlaut des vorliegenden Abkommens in ihren Ländern im weitestmöglichen Ausmass zu verbreiten und insbesondere sein Studium in die militärischen und, wenn möglich, zivilen Ausbildungsprogramme aufzunehmen, damit die Gesamtheit ihrer bewaffneten Kräfte und der Bevölkerung seine Grundsätze kennen lernen kann.

Die militärischen oder andern Behörden, die in Kriegszeiten eine Verantwortung in Bezug auf Kriegsgefangene übernehmen, müssen den Wortlaut des Abkommens besitzen und über dessen Bestimmungen besonders unterrichtet werden.

Art. 128

Die Hohen Vertragsparteien sollen sich gegenseitig durch Vermittlung des Schweizerischen Bundesrates und während der Feindseligkeiten durch Vermittlung der Schutzmächte die amtlichen Übersetzungen des vorliegenden Abkommens sowie die Gesetze und Verordnungen zustellen, die sie zur Gewährleistung seiner Anwendung unter Umständen erlassen.

Art. 129

Die Hohen Vertragsparteien verpflichten sich, alle notwendigen gesetzgeberischen Massnahmen zur Festsetzung von angemessenen Strafbestimmungen für solche Personen zu treffen, die irgendeine der im folgenden Artikel umschriebenen schweren Verletzungen des vorliegenden Abkommens begehen oder zu einer solchen Verletzung den Befehl erteilen.

Jede Vertragspartei ist zur Ermittlung der Personen verpflichtet, die der Begehung oder der Erteilung eines Befehls zur Begehung der einen oder andern dieser schweren Verletzungen beschuldigt sind und hat sie ohne Rücksicht auf ihre Staatsangehörigkeit vor ihre eigenen Gerichte zu ziehen. Wenn sie es vorzieht, kann sie sie auch gemäss den in ihrer eigenen Gesetzgebung vorgesehenen Bedingungen zur Aburteilung einer andern an der Verfolgung interessierten Vertragspartei übergeben, sofern diese gegen die erwähnten Personen ausreichende Beschuldigungen nachgewiesen hat.

Jede Vertragspartei soll die notwendigen Massnahmen ergreifen, um auch diejenigen Zuwiderhandlungen gegen die Bestimmungen des vorliegenden Abkommens zu unterbinden, die nicht zu den im folgenden Artikel umschriebenen schweren Verletzungen zählen.

Unter allen Umständen müssen die Angeklagten nicht geringere Sicherheiten in Bezug auf Gerichtsverfahren und freie Verteidigung geniessen als die in Artikel 105 ff. des vorliegenden Abkommens vorgesehen.

Art. 130

Als schwere Verletzungen, wie sie im vorhergehenden Artikel erwähnt sind, gelten jene, die die eine oder andere der folgenden Handlungen umfassen, sofern sie gegen Personen oder Güter begangen werden, die durch das Abkommen geschützt sind: vorsätzlicher Mord, Folterung oder unmenschliche Behandlung, einschliesslich biologischer Experimente, vorsätzliche Verursachung grosser Leiden oder schwere Beeinträchtigung der körperlichen Integrität oder der Gesundheit, Nötigung eines Kriegsgefangenen zur Dienstleistung in den bewaffneten Kräften der feindlichen Macht oder Entzug ihres Anrechts auf ein ordentliches und unparteiisches, den Vorschriften des vorliegenden Abkommens entsprechendes Gerichtsverfahren.

Art. 131

Eine Hohe Vertragspartei kann weder sich selbst noch eine andere Vertragspartei von den Verantwortlichkeiten befreien, die ihr selbst oder einer andern Vertragspartei auf Grund der im vorhergehenden Artikel erwähnten Verletzungen zufallen.

Art. 132

Auf Begehren einer am Konflikt beteiligten Partei soll gemäss einem zwischen den beteiligten Parteien festzusetzenden Verfahren eine Untersuchung eingeleitet werden über jede behauptete Verletzung des Abkommens.

Kann über das Untersuchungsverfahren keine Übereinstimmung erzielt werden, so sollen sich die Parteien über die Wahl eines Schiedsrichters einigen, der über das zu befolgende Verfahren zu entscheiden hat.

Sobald die Verletzung festgestellt ist, sollen ihr die am Konflikt beteiligten Parteien ein Ende setzen und sie so rasch als möglich ahnden.

Abschnitt II
Schlussbestimmungen

Art. 133

Das vorliegende Abkommen ist in französischer und englischer Sprache abgefasst. Beide Texte sind gleicherweise authentisch.

Der Schweizerische Bundesrat wird offizielle Übersetzungen des Abkommens in russischer und spanischer Sprache herstellen lassen.

Art. 134

In den Beziehungen zwischen den Hohen Vertragsparteien ersetzt das vorliegende Abkommen das Abkommen vom 27. Juli 1929[6].

Art. 135

In den Beziehungen zwischen Mächten, die durch das Haager Abkommen betreffend die Gesetze und Gebräuche des Landkrieges gebunden sind, handle es sich um das vom 29. Juli 1899[7] oder das vom 18. Oktober 1907[8], und die am vorliegenden Abkommen teilnehmen, ergänzt dieses das Kapitel II des den erwähnten Haager Abkommen beigefügten Reglements.

Art. 136

Das vorliegende Abkommen, welches das Datum des heutigen Tages trägt, kann bis zum 12. Februar 1950 im Namen der Mächte unterzeichnet werden, die an der am 21. April 1949 in Genf eröffneten Konferenz vertreten waren, sowie im Namen der Mächte, die an dieser Konferenz nicht vertreten waren, aber am Abkommen vom 27. Juli 1929[9] beteiligt sind.

Art. 137

Das vorliegende Abkommen soll so bald als möglich ratifiziert werden. Die Ratifikationsurkunden sollen in Bern hinterlegt werden.

---

[6]   SR 0.518.41
[7]   SR 0.515.111
[8]   SR 0.515.112
[9]   SR 0.518.41

Über die Hinterlegung jeder Ratifikationsurkunde soll ein Protokoll aufgenommen werden. Von diesem soll eine beglaubigte Abschrift durch den Schweizerischen Bundesrat allen Mächten zugestellt werden, in deren Namen das Abkommen unterzeichnet oder der Beitritt erklärt worden ist.

Art. 138

Das vorliegende Abkommen tritt sechs Monate nach Hinterlegung von mindestens zwei Ratifikationsurkunden in Kraft.

Späterhin tritt es für jede Hohe Vertragspartei sechs Monate nach Hinterlegung ihrer Ratifikationsurkunde in Kraft.

Art. 139

Vom Zeitpunkt seines Inkrafttretens an steht das vorliegende Abkommen jeder Macht zum Beitritt offen, in deren Namen es nicht unterzeichnet worden ist.

Art. 140

Der Beitritt soll dem Schweizerischen Bundesrat schriftlich mitgeteilt werden und wird sechs Monate nach dem Zeitpunkt, an dem ihm die Mitteilung zugegangen ist, wirksam.

Der Schweizerische Bundesrat soll die Beitritte allen Mächten zur Kenntnis bringen, in deren Namen das Abkommen unterzeichnet oder der Beitritt erklärt worden ist.

Art. 141

Die in den Artikeln 2 und 3 vorgesehenen Situationen verleihen den vor oder nach Beginn der Feindseligkeiten oder der Besetzung hinterlegten Ratifikationsurkunden und abgegebenen Beitrittserklärungen von den am Konflikt beteiligten Parteien sofortige Wirkung. Der Schweizerische Bundesrat soll die Ratifikationen oder Beitritte der am Konflikt beteiligten Parteien auf dem schnellsten Wege bekanntgeben.

Art. 142

Jeder Hohen Vertragspartei steht es frei, das vorliegende Abkommen zu kündigen.

Die Kündigung ist dem Schweizerischen Bundesrat schriftlich anzuzeigen, der sie den Regierungen aller Hohen Vertragsparteien bekannt gibt.

Die Kündigung wird ein Jahr nach ihrer Anzeige an den Schweizerischen Bundesrat wirksam. Die angezeigte Kündigung bleibt jedoch, wenn die kündigende Macht in einen Konflikt verwickelt ist, so lange unwirksam, als der Friede nicht geschlossen wurde und auf alle Fälle solange, als die Aktionen nicht abgeschlossen sind, die mit der Freilassung und Heimschaffung der durch das vorliegende Abkommen geschützten Personen in Zusammenhang stehen.

Die Kündigung gilt nur in Bezug auf die kündigende Macht. Sie hat keinerlei Wirkung auf die Verpflichtungen, welche die am Konflikt beteiligten Parteien gemäss den Grundsätzen des Völkerrechts zu erfüllen gehalten sind, wie sie sich aus den unter zivilisierten Völkern feststehenden Gebräuchen, aus den Gesetzen der Menschlichkeit und aus den Forderungen des öffentlichen Gewissens ergeben.

Art. 143

Der Schweizerische Bundesrat wird das vorliegende Abkommen beim Sekretariat der Vereinten Nationen eintragen lassen. Er wird das Sekretariat der Vereinten Nationen ebenfalls von allen Ratifikationen, Beitritten und Kündigungen, die er in Bezug auf das vorliegende Abkommen erhält, in Kenntnis setzen.

Zu Urkund dessen haben die Unterzeichneten nach Hinterlegung ihrer entsprechenden Vollmachten das vorliegende Abkommen unterzeichnet.

Gegeben in Genf am 12. August 1949 in französischer und englischer Sprache. Das Original ist im Archiv der Schweizerischen Eidgenossenschaft zu hinterlegen. Der Schweizerische Bundesrat soll jedem der unterzeichnenden und beitretenden Staaten eine beglaubigte Abschrift dieses Abkommens übermitteln.

(Es folgen die Unterschriften)

Musterabkommen

über die direkte Heimschaffung und Hospitalisierung
in neutralem Land von verwundeten und kranken Kriegsgefangenen

(Siehe Art. 110)

I. Grundsätze der direkten Heimschaffung und Hospitalisierung in neutralem Lande

A. Direkte Heimschaffung

Es werden direkt heimgeschafft:

1. Alle Kriegsgefangenen mit nachfolgenden Gebrechen, die durch Gewalteinwirkung entstanden sind: Verlust einer Extremität, Lähmung, artikuläre und andere Schwächen, unter der Voraussetzung, dass das Gebrechen mindestens in dem Verlust einer Hand oder eines Fusses besteht oder dem Verlust einer Hand oder eines Fusses gleichkommt.

   Ohne einer weiteren Auslegung vorzugreifen, werden folgende Fälle dem Verlust einer Hand oder eines Fusses gleichgesetzt:

   a. Verlust der Hand, aller Finger oder Daumen und Zeigfinger einer Hand; Verlust des Fusses oder Verlust aller Zehen und Metatarsen eines Fusses;

   b. Ankylose, Knochendefekte, Narbenschrumpfungen, die die Bewegungsfähigkeit eines grossen Gelenkes oder aller Fingergelenke einer Hand aufheben;

   c. Pseudarthrose an langen Röhrenknochen;

   d. Deformitäten, die von Frakturen oder andern Traumen herrühren und die eine bedenkliche Verminderung der Funktionsfähigkeit und Fähigkeit des Lastentragens herbeiführen.

2. Alle verwundeten Kriegsgefangenen, deren Zustand derart chronisch geworden ist, dass trotz Behandlung eine Wiedereinstellung in die Armee innerhalb eines Jahres nach dem Datum der Verletzung voraussichtlich ausgeschlossen scheint, wie zum Beispiel in folgenden Fällen:

   a. Projektile im Herzen, auch wenn eine gemischte ärztliche Kommission bei ihrer Untersuchung keine schweren Störungen feststellen konnte;

   b. Metallsplitter in der Hirnsubstanz oder in den Lungen, auch wenn die gemischte ärztliche Kommission bei ihrer Untersuchung keine lokalen oder allgemeinen Erscheinungen feststellen kann;

   c. Osteomyelitis, deren Heilung im Verlauf des Jahres, das der Verletzung folgt, nicht vorhersehbar ist, und die anscheinend zu einer Ankylose eines Gelenkes oder zu andern Veränderungen führt, die dem Verlust einer Hand oder eines Fusses gleichkommen;

d. gelenkeröffnende und eitrige Verletzungen der grossen Gelenke;

e. Verletzungen des Schädels mit Verlust oder Verlagerung von Knochengewebe;

f. Verletzung oder Verbrennung des Gesichtes mit Defektbildung und funktionellen Störungen;

g. Verletzungen des Rückenmarkes;

h. Verletzung des peripheren Nervensystems, deren Folgen einem Verlust einer Hand oder eines Fusses gleichkommen und deren Heilung mehr als ein Jahr seit der Verletzung erfordert, zum Beispiel Verletzung des *Plexus brachialis* oder *lumbo-sakralis*, des *Nervus medianus* oder *ischiatikus*, auch bei kombinierten Verletzungen des *Nervus radialis* und *cubitalis* oder *Nervus peroneus* und *tibialis* usw. Die isolierte Verletzung des *Nervus radialis*, *cubitalis*, *peroneus* oder *tibialis* rechtfertigt die Heimschaffung nicht, ausgenommen bei Kontrakturen oder erheblichen neurotrophischen Störungen;

i. Verletzung des Urogenitalapparates, die dessen Funktion ernstlich gefährdet.

3. Alle kranken Kriegsgefangenen, deren Zustand derart chronisch geworden ist, dass trotz Behandlung eine Wiedereinstellung in die Armee innerhalb eines Jahres nach Krankheitsbeginn voraussichtlich ausgeschlossen scheint, wie zum Beispiel in folgenden Fällen:

a. jede aktive Organtuberkulose, die nach ärztlicher Beurteilung durch Behandlung in neutralem Lande nicht mehr geheilt oder wenigstens erheblich gebessert werden kann;

b. exsudative Pleuritis;

c. schwere Erkrankungen des Respirationstraktus, nicht tuberkulöser Aetiologie, die voraussichtlich unheilbar sind, z. B.: schweres Lungenemphysem mit oder ohne Bronchitis; Asthma bronchiale*), chronische Bronchitis*, die sich durch mehr als ein Jahr in der Gefangenschaft hinzieht; Bronchiectasen* usw.;

d. schwere chronische Zirkulationsstörungen, z. B. Erkrankungen der Herzklappen und des Herzmuskels*), die während der Gefangenschaft zu Dekompensationserscheinungen führen, auch wenn die gemischte ärztliche Kommission bei ihrer Untersuchung keine dieser Symptome mehr feststellen kann; Erkrankungen des Pericards oder der Gefässe usw. (Bürgersche Krankheit, Aneurismen der grossen Gefässe);

e. chronische schwere Erkrankungen des Magen-Darmtraktus, z. B.: Ulcus des Magens oder des Duodenums; Operationsfolgen nach chirurgischem Eingriff am Magen, der während der Gefangenschaft ausgeführt wurde; Gastritis, Enteritis oder chronische Colitis, die über ein

---

* Die Entscheidung der gemischten ärztlichen Kommission wird sich vorwiegend auf die Beobachtungen der Militärärzte und der Ärzte, die Landsleute der Kriegsgefangenen sind, oder auf Gutachten von Spezialärzten des Gewahrsamsstaates stützen.

Jahr andauern und den Allgemeinzustand schwer beeinträchtigen; Leberzirrhose; chronische Cholecystopathie* usw.;

f. chronische Erkrankungen des Urogenitaltraktus; z. B.: chronische Nephritis mit nachfolgenden Störungen; Nephrektomie wegen Nierentuberkulose; chronische Pyelitis oder chronische Zystitis; Hydronephrose oder Pyo-nephrose; schwere chronische Erkrankungen der weiblichen Genitalorgane; Schwangerschaft und geburtshilfliche Erkrankungen, wenn eine Hospitalisierung in einem neutralen Lande unmöglich ist, usw.;

g. schwere chronische Erkrankungen des zentralen und peripheren Nervensystems, z. B.: alle Psychosen und manifesten Psychoneurosen, sei es schwere Hysterie, schwere Gefangenen-Psychoneurose usw., die von einem Spezialisten gehörig festgestellt wurden*, jede Epilepsie, die durch einen Militärarzt gehörig festgestellt wird*; Hirngefässsklerose; chronische Neuritis, die länger als ein Jahr andauert usw.;

h. chronische schwere Erkrankungen des neuro-vegetativen Nervensystems mit beträchtlicher Verminderung der geistigen und körperlichen Kraft, bedeutendem Gewichtsverlust und allgemeiner Asthenie;

i. Blindheit beider Augen oder eines Auges, wenn der Visus des andern Auges trotz Korrektur durch Augengläser geringer ist als 1,0; Verminderung der Sehschärfe, die nicht auf 0,5 korrigiert werden kann bei mindestens einem Auge*, die andern schweren Augenerkrankungen, wie z. B.: Glaucoma; Iritis; Choroiditis; Trachoma usw.;

k. die Störungen der Hörfähigkeit wie vollständige einseitige Taubheit, wenn das andere Ohr das gesprochene Wort auf einen Meter Distanz nicht mehr wahrnimmt*, usw.;

l. schwere Stoffwechselstörungen, z. B. Diabetes mellitus, der eine Insulin-Therapie verlangt, usw.;

m. schwere innersekretorische Störungen, z. B.: Thyrestozikose, Hypo-Thyreoidose, Addisonsche Krankheit, Simmondssche Kachexie; Tetanie usw.;

n. schwere Erkrankungen der blutbildenden Organe;

o. schwere chronische Intoxikationen, z. B. Bleivergiftung, Quecksilbervergiftung, Morphinismus, Kokainismus, Alkoholismus; Gasvergiftung und Strahlenschädigung usw.;

p. chronische Erkrankungen des Bewegungsapparates mit manifesten funktionellen Störungen; z. B.: *Arthrosis deformans*; primäre und sekundäre chronische Polyarthritis mit akuten Schüben; Rheumatismus mit schweren klinischen Erscheinungen usw.;

q. chronische schwere Hauterkrankungen, die jeder Behandlung trotzen;

r. jeder maligne Tumor;

---

* Siehe Fussnote auf vorstehender Seite.

s.   schwere chronische Infektionskrankheiten, die über ein Jahr nach Beginn andauern, z. B.: Sumpffieber mit ausgesprochenen organischen Störungen; Amoeben- und Bazillen-Dysenterie mit beträchtlichen Störungen; tertiäre therapieresistente Syphilis; Lepra, usw.;

t.   schwere Avitaminosen oder schwere Inanition.

B. Hospitalisierung in neutralem Land

Es werden vorgesehen zur Hospitalisierung in neutralem Land:

1.   alle verwundeten Kriegsgefangenen, deren Heilung in der Gefangenschaft unwahrscheinlich ist, die aber geheilt werden könnten oder deren Zustand beträchtlich gebessert werden könnte, wenn sie in einem neutralen Lande hospitalisiert würden;

2.   die Kriegsgefangenen, die an irgendeiner Organtuberkulose erkrankt sind, deren Behandlung in einem neutralen Land wahrscheinlich eine Heilung oder wenigstens eine beträchtliche Besserung herbeiführen würde. Ausgenommen sind vor der Gefangenschaft geheilte Primärtuberkulosen;

3.   die Kriegsgefangenen, deren Krankheit eine Behandlung der Organe des Respirationstraktus, des Herz-Gefässystems, des Magen-Darmtraktus, des Nervensystems, des Sensoriums, des Urogenitalapparates, Haut- und Bewegungsapparates usw. verlangt und offenkundig mit besseren Resultaten in einem neutralen Lande zu behandeln sind als in der Gefangenschaft;

4.   Kriegsgefangene, die in der Gefangenschaft nach einer nichttuberkulösen Nierenerkrankung eine Nephrektomie durchgemacht haben oder an Osteomyelitis erkrankt sind, die auf dem Wege der Besserung oder latent ist, oder an Diabetes mellitus, der keine Insulintherapie verlangt, usw.;

5.   Kriegsgefangene, die an Neurosen erkrankt sind, die durch den Krieg oder die Gefangenschaft verursacht wurden. Kriegsgefangene mit Gefangenschafts-Neurosen, die nach dreimonatiger Spitalbehandlung in neutralem Lande nicht geheilt sind oder die sich nach dieser Frist noch nicht offenkundig auf dem Wege der Besserung befinden, sind heimzuschaffen;

6.   alle Kriegsgefangenen, die eine chronische Intoxikation erlitten haben (Gas, Metalle, Alkaloide usw.), bei welchen die Aussichten auf Heilung in neutralem Lande besonders günstig sind;

7.   alle weiblichen Kriegsgefangenen, die schwanger sind, oder Mütter mit ihren Säuglingen und Kleinkindern.

Die Hospitalisierung in neutralem Lande ist ausgeschlossen:

1.   in allen gehörig festgestellten Fällen von Psychosen;

2.   in allen Fällen von organischen und funktionellen als unheilbar erachteten Nervenerkrankungen;

3.   in allen Fällen ansteckender Krankheiten, während der Periode der Ansteckungsgefahr, wobei die Tuberkulose ausgenommen ist.

II. Allgemeine Bestimmungen

1. Die oben festgelegten Bedingungen müssen allgemein so grosszügig als möglich ausgelegt und angewendet werden.

Die neuropathischen und psychopathischen Zustände, die durch den Krieg oder die Gefangenschaft verursacht sind, wie auch die Fälle von Tuberkulose aller Grade sollen vor allem in grosszügiger Weise beurteilt werden. Die Kriegsgefangenen, die mehrere Verwundungen erlitten haben, von denen, einzeln betrachtet, keine die Heimschaffung rechtfertigt, sind in gleichem Sinne zu beurteilen; dabei ist dem durch die Zahl der Verletzungen bedingten psychischen Trauma Rechnung zu tragen.

2. Alle unbestreitbaren Fälle, die zu direkter Heimschaffung berechtigen (Amputationen, totale Blindheit oder Taubheit, offene Lungentuberkulose, Geisteskrankheit, maligne Tumore usw.) sind so rasch wie möglich durch die Truppenärzte oder durch eine von der Gewahrsamsmacht bestimmte Kommission von Militärärzten zu unternehmen und heimzuschaffen.

3. Vor dem Kriege eingetretene Verletzungen und Erkrankungen, die sich nicht verschlimmert haben, wie auch Kriegsverletzungen, die eine Wiederaufnahme des Militärdienstes nicht verhindert haben, geben kein Anrecht auf direkte Heimschaffung.

4. Die vorliegenden Bestimmungen sollen von allen am Konflikt beteiligten Parteien in gleicher Weise ausgelegt und angewendet werden. Die interessierten Mächte und Behörden sollen den gemischten ärztlichen Kommissionen alle zur Erfüllung ihrer Aufgabe nötigen Erleichterungen gewähren.

5. Die unter Ziffer I erwähnten Beispiele stellen nur typische Fälle dar. Jene, die nicht völlig mit diesen Bestimmungen übereinstimmen, sind im Geiste der Bestimmungen von Artikel 110 des vorliegenden Abkommens und der im vorliegenden Musterabkommen enthaltenen Grundsätze zu beurteilen.

Reglement betreffend die gemischten ärztlichen Kommissionen

(Siehe Artikel 112)

Art. 1

Die in Artikel 112 des Abkommens vorgesehenen gemischten ärztlichen Kommissionen setzen sich aus drei Mitgliedern zusammen, von denen zwei einem neutralen Staate anzugehören haben, während das dritte vom Gewahrsamsstaat bezeichnet wird. Eines der neutralen Mitglieder führt den Vorsitz.

Art. 2

Die beiden neutralen Mitglieder sind auf Verlangen des Gewahrsamsstaates im Einvernehmen mit der Schutzmacht durch das Internationale Komitee vom Roten Kreuz zu bestimmen. Sie können in ihrem Heimatlande, in einem andern neutralen Lande oder im Gebiete des Gewahrsamsstaates Wohnsitz haben.

Art. 3

Die neutralen Mitglieder bedürfen der Anerkennung durch die betreffenden am Konflikt beteiligten Parteien, die ihre Anerkennung dem Internationalen Komitee vom Roten Kreuz und der Schutzmacht zur Kenntnis bringen. Sobald diese Anzeige erfolgt ist, sind diese Mitglieder als tatsächlich ernannt zu betrachten.

Art. 4

Zur Vertretung der ordentlichen Mitglieder im Bedarfsfalle sind ebenfalls genügend Ersatzleute zu ernennen. Diese Ernennungen haben gleichzeitig mit denjenigen der ordentlichen Mitglieder zu erfolgen oder wenigstens so rasch als möglich.

Art. 5

Sollte das Internationale Komitee vom Roten Kreuz aus irgendeinem Grunde nicht in der Lage sein, die neutralen Mitglieder zu ernennen, so wird dies die Schutzmacht besorgen.

Art. 6

Wenn irgendwie möglich, sollte eines der beiden neutralen Mitglieder Chirurg, das andere praktischer Arzt sein.

Art. 7

Die neutralen Mitglieder sind von den am Konflikt beteiligten Parteien, die ihnen jede Erleichterung zur Erfüllung ihrer Aufgabe gewähren sollen, vollständig unabhängig.

Art. 8

Das Internationale Komitee vom Roten Kreuz soll zugleich mit den in den Artikeln 2 und 4 des vorliegenden Reglements vorgesehenen Ernennungen, im Einvernehmen mit dem Gewahrsamsstaat, die Dienstbedingungen der Mitglieder regeln.

Art. 9

Sobald die neutralen Mitglieder anerkannt worden sind, sollen die gemischten ärztlichen Kommissionen so rasch wie möglich mit ihrer Arbeit beginnen, auf jeden Fall innerhalb von drei Monaten nach dem Zeitpunkt der Anerkennung.

Art. 10

Die gemischten ärztlichen Kommissionen sollen alle in Artikel 113 des Abkommens erwähnten Gefangenen untersuchen. Sie schlagen die Heimschaffung, den Ausschluss von der Heimschaffung oder die Verschiebung auf eine spätere Untersuchung vor. Ihre Entscheidungen sind mit Stimmenmehrheit zu fällen.

Art. 11

Die von der Kommission in jedem einzelnen Fall getroffene Entscheidung ist in dem der Untersuchung folgenden Monat der Gewahrsamsmacht, der Schutzmacht und dem Internationalen Komitee vom Roten Kreuz mitzuteilen. Die gemischte ärztliche Kommission setzt auch jeden bereits untersuchten Gefangenen von der getroffenen Entscheidung in Kenntnis und händigt jedem für die Heimschaffung Vorgeschlagenen eine Bescheinigung entsprechend dem im Anhang des vorliegenden Abkommens enthaltenen Muster aus.

Art. 12

Der Gewahrsamsstaat hat dafür zu sorgen, dass die von der gemischten ärztlichen Kommission getroffenen Entscheidungen innerhalb einer Frist von drei Monaten, nachdem sie ihr zur Kenntnis gebracht wurden, zur Ausführung gelangen.

Art. 13

Ist in einem Lande, in welchem die Tätigkeit einer gemischten ärztlichen Kommission notwendig erscheint, kein neutraler Arzt vorhanden, und ist es aus irgendeinem Grunde unmöglich, neutrale, in einem andern Lande wohnende Ärzte zu ernennen, so soll der Gewahrsamsstaat im Einvernehmen mit der Schutzmacht eine ärztliche Kommission einsetzen, der, vorbehaltlich der Bestimmungen der Artikel 1, 2, 3, 4, 5 und 8 des vorliegenden Reglements, die gleichen Aufgaben zukommen wie einer gemischten ärztlichen Kommission.

Art. 14

Die gemischten ärztlichen Kommissionen haben ihre Tätigkeit ständig auszuüben und jedes Gefangenenlager in Zeitabschnitten, die sechs Monate nicht übersteigen sollen, zu besuchen.

Reglement betreffend kollektive Hilfe an Kriegsgefangene

(Siehe Artikel 73)

Art. 1

Die Vertrauensleute sind ermächtigt, Kollektivhilfssendungen, für welche sie verantwortlich sind, an alle administrativ ihrem Lager zugeteilten Kriegsgefangenen, einschliesslich der in Spitälern oder Gefängnissen oder andern Strafanstalten befindlichen, zu verteilen.

Art. 2

Die Verteilung der Kollektivhilfssendungen soll gemäss den Weisungen der Spender und einem von den Vertrauensleuten aufgestellten Plan erfolgen. Die Verteilung von medizinischen Hilfssendungen hingegen soll vorzugsweise im Einvernehmen mit den Chefärzten vorgenommen werden; letztere können in Spitälern und Lazaretten von den genannten Weisungen in dem Mass abgehen, in dem es die Bedürfnisse der Kranken erfordern. Innerhalb des so bezeichneten Rahmens soll die Verteilung stets auf gerechte Weise erfolgen.

Art. 3

Um die Qualität wie auch die Menge der erhaltenen Waren prüfen und darüber detaillierte Berichte zuhanden der Spender abfassen zu können, sollen die Vertrauensleute oder ihre Stellvertreter ermächtigt sein, sich an die Ankunftsorte von Kollektivsendungen zu begeben, die in der Nähe ihres Lagers liegen.

Art. 4

Den Vertrauensleuten sind die nötigen Erleichterungen zu gewähren, damit sie überprüfen können, ob die Verteilung der Kollektivhilfssendungen in allen Unterabteilungen und Zweigstellen ihres Lagers gemäss ihren Weisungen erfolgt.

Art. 5

Die Vertrauensleute sind ermächtigt, Formulare oder Fragebogen, die für die Spender bestimmt sind und auf die Kollektivhilfssendungen (ihre Verteilung, die Bedürfnisse und Menge usw.) Bezug haben, auszufüllen und durch die Vertrauensleute der Arbeitsgruppen oder durch die Chefärzte der Lazarette und Spitäler ausfüllen zu lassen. Diese Formulare und Fragebogen sollen den Spendern ohne Verzug ordnungsgemäss ausgefüllt übermittelt werden.

Art. 6

Um eine geordnete Verteilung von Kollektivhilfssendungen an die Kriegsgefangenen ihres Lagers zu gewährleisten und gegebenenfalls die durch die Ankunft neuer

Kriegsgefangenenkontingente hervorgerufenen Bedürfnisse zu befriedigen, sind die Vertrauensleute ermächtigt, ausreichende Bestände von Kollektivhilfssendungen anzulegen und zu unterhalten. Zu diesem Zwecke sollen sie über geeignete Lagerhäuser verfügen. Jedes Lagerhaus ist mit zwei Schlössern zu versehen, wobei sich die Schlüssel des einen im Besitze des Vertrauensmannes und jene des anderen im Besitze des Lagerkommandanten befinden.

Art. 7

Für den Fall, dass Sammelsendungen Kleidungsstücke enthalten, soll jeder Kriegsgefangene das Anrecht auf mindestens eine vollständige Garnitur von Kleidungsstücken behalten. Besitzt ein Kriegsgefangener mehr als eine vollständige Garnitur von Kleidungsstücken, so soll dem Vertrauensmann, um den Bedürfnissen der weniger gut mit Kleidungsstücken versehenen Gefangenen gerecht zu werden, das Recht zustehen, den am besten Versorgten die überschüssigen oder in mehr als einem Stück vorhandenen Bekleidungsstücke abzunehmen. Indessen darf er eine zweite Garnitur Unterwäsche, Socken oder Schuhe nicht abnehmen, es sei denn, es bestände keine andere Möglichkeit, um einen Kriegsgefangenen, der keines dieser Dinge besitzt, damit zu versehen.

Art. 8

Die Hohen Vertragsparteien und insbesondere die Gewahrsamsstaaten sollen im Rahmen des Möglichen und unter Vorbehalt der Bestimmungen betreffend die Versorgung der Bevölkerung mit Nahrungsmitteln alle Ankäufe erlauben, die auf ihrem Gebiete mit der Absicht getätigt werden, an die Kriegsgefangenen Kollektivhilfssendungen zu verteilen. Gleichfalls sollen sie die Überweisung von Guthaben und andere finanzielle, technische oder administrative Massnahmen erleichtern, die im Hinblick auf solche Ankäufe ergriffen werden.

Art. 9

Die vorstehenden Bestimmungen bilden kein Hindernis für das Recht der Kriegsgefangenen, vor ihrer Ankunft in einem Lager oder im Verlaufe der Verlegung kollektive Hilfe zu erhalten, noch beeinträchtigen sie für die Vertreter der Schutzmacht, des Internationalen Komitees vom Roten Kreuz oder jeder andern, den Kriegsgefangenen Hilfe bringenden und mit der Beförderung dieser Hilfssendungen beauftragten Organisation die Möglichkeit, deren Verteilung unter die Empfänger mit allen andern von ihnen als gegeben erachteten Mitteln sicherzustellen.

A. Identitätskarte
(siehe Artikel 4)

Vermerk

Vorliegende Identitätskarte wird Personen ausgestellt, die den Streitkräften von .... folgen, ohne ihnen unmittelbar anzugehören. Die Person, auf deren Namen sie ausgestellt ist, hat sie jederzeit auf sich zu tragen. Gerät der Träger in Kriegsgefangenschaft, übergibt er diese Karte unaufgefordert der Gewahrsamsbehörde zwecks seiner Identifizierung.

(Stempel der Ausstellungsbehörde)

Religion

Blutgruppe

Fingerabdrücke (fakultativ) — (linker Zeigefinger) — (rechter Zeigefinger)

Andere Kennzeichen

Haare | Augen | Gewicht | Körpergrösse

(Photographie des Trägers)

(Angaben über Land und militärische Behörde, welche die vorliegende Karte ausstellen)

Identitätskarte

für Personen, die zum Gefolge der bewaffneten Streitkräfte gehören

Name ....

Vornamen ....

Geburtsdatum und Geburtsort ....

Folgt den bewaffneten Streitkräften als ....

Datum der Ausstellung der Karte   Unterschrift des Trägers

Bemerkungen. – Diese Karte sollte vorzugsweise in zwei oder drei Sprachen, von denen eine international in Gebrauch steht, erstellt werden. Wirkliche Grösse der Karte, die sich längs der punktierten Linie falten lässt: 13 × 10 cm.

B. Gefangenschaftskarte
(siehe Artikel 70)

1. Vorderseite

Kriegsgefangenenpost

Kriegsgefangenschaftskarte

| Portofrei |

Wichtig

Diese Karte muss von jedem Gefangenen sofort nach erfolgter Gefangennahme und bei jeder Adressänderung infolge Versetzung in ein Spital oder in ein anderes Lager ausgefüllt werden.

Diese Karte steht in keinem Zusammenhang mit jener besondern Karte, die der Internierte seinen Angehörigen zu schreiben berechtig ist.

Zentralstelle für Kriegsgefangene

Internationales Komitee vom Roten Kreuz

Genf
Schweiz

---

2. Rückseite

Deutlich und in Blockbuchstaben schreiben

1. Macht, von der der Gefangene abhängt ....

2. Name   3. Vorname (auszuschreiben):   4. Vorname des Vaters:

....

5. Geburtsdatum: .... 6. Geburtsort: ....

7. Dienstgrad: ....

8. Matrikelnummer: ....

9. Adresse der Familie: ....

*10. In Gefangenschaft geraten am: (oder)
Kommend von (Lager Nr., Spital etc.): ....

*11. a) Guter Gesundheitszustand – b) Nicht verwundet – c) Geheilt – d) In Heilung begriffen – e) Krank – f) Leicht verwundet – g) Schwer verwundet.

12. Meine gegenwärtige Adresse: Gefangenennummer ....
Bezeichnung des Lagers ....

13. Datum .... 14. Unterschrift ....

* Nicht Zutreffendes streichen – Den Angaben nichts beifügen – Siehe Erklärungen auf der Rückseite

---

Bemerkungen. – Diese Karte sollte in zwei oder drei Sprachen, namentlich in der Muttersprache des Gefangenen und in der Sprache des Gewahrsamsstaates, erstellt werden. Tatsächliche Masse: 15 × 10,5 cm.

C. Karte und Brief für Korrespondenzen
(siehe Artikel 71)

1. Vorderseite

1. Karte

Kriegsgefangenenkorrespondenz

Portofrei

Postkarte

An ....

Absender

Name und Vornamen

....

Geb.-Datum und Geb.-Ort

....

Gefangenen-Nummer

....

Bezeichnung des Lagers

....

Absendeland

....

....

Bestimmungsort

....

Strasse ....

Land ....

Departement
oder Provinz ....

2. Rückseite

Datum

....

....

....

....

....

....

....

....

....

Nur auf den Zeilen und sehr deutlich schreiben

Bemerkungen. – Dieses Formular sollte in zwei oder drei Sprachen, namentlich in der Muttersprache des Gefangenen und in der Sprache des Gewahrsamsstaates erstellt werden. Tatsächliche Masse des Formulars: 15 × 10 cm.

C. Karte und Brief für Korrespondenz
(siehe Artikel 71)

2. Brief

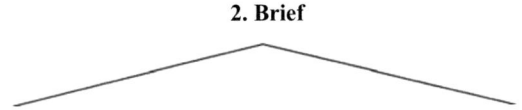

Departement oder Provinz...

.... Absendeland

.... Bezeichnung des Lagers

.... Gefangenen-Nummer

....

Bemerkungen. – Dieses Formular sollte in zwei oder drei Sprachen, namentlich in der Muttersprache des Gefangenen und in der Sprache des Gewahrsamstaates erstellt werden. Es ist längs der punktierten Line zu falten; der obere Teil wird in die mit *** bezeichnete Spalte geschoben, und es entsteht so ein Briefumschlag. Die Rückseite, gleich wie diejenige der Postkarte mit Linien versehen (siehe Anhang IV C 1), ist für die Korrespondenz der Gefangenen bestimmt und kann ungefähr 250 Worte enthalten. Tatsächliche Masse des entfalteten Formulars: 29 × 15 cm.

D. Todesurkunde

(siehe Artikel 120)

Bezeichnung **Todesurkunde**
der zuständigen Behörde
Macht, von der der
Kriegsgefangene abhing ....

Name und Vornamen ....

Vorname des Vaters ....

Geburtsort und Geburtsdatum ....

Ort und Datum des Ablebens ....

Dienstgrad und Matrikelnummer (gemäss den auf der Erkennungsmarke sich finden- ....
den Angaben) ....

Adresse der Familie ....

Wann und wo in Gefangenschaft geraten? ....

Ursachen und Umstände des Todes ....

Ort des Begräbnisses ....

Ist das Grab gezeichnet und kann es später durch die Familie aufgefunden werden? ....

Werden die persönlichen Effekten durch den ....
Gewahrsamsstaat aufbewahrt oder sind sie ....
gleichzeitig mit dieser Todesanzeige ver- ....
schickt worden? ....

Wenn verschickt, durch welche Stelle? ....

Kann jemand, der dem Verstorbenen wäh- ....
rend der Krankheit oder in seinen letzten ....
Momenten beistand (Arzt, Pfleger, Geistli- ....
cher, kriegsgefangener Kamerad) hier oder ....
auf einer Beilage einige Einzelheiten hin- ....
sichtlich der letzten Momente und des Be- ....
gräbnisses geben? ....

Datum, Stempel und Unterschrift der zustän-   Unterschrift und Adresse
digen Behörde: zweier Zeugen:

....

Bemerkungen. – Dieses Formular sollte in zwei oder drei Sprachen, namentlich in der Muttersprache des Gefangenen und in der Sprache des Gewahrsamsstaates erstellt werden. Tatsächliche Masse des Formulars: 21 × 30 cm.

E. Heimschaffungsbescheinigung
(siehe Anhang II, Artikel 11)

Heimschaffungsbescheinigung

Datum:

Lager:

Spital:

Name:

Vornamen:

Geburtsdatum:

Dienstgrad:

Matrikelnummer:

Gefangenennummer:

Verwundung – Krankheit:

Entscheidung der Kommission:

Der Vorsitzende der gemischten ärztlichen Kommission:

A = Direkte Heimschaffung

B = Hospitalisierung in neutralem Lande

NC = Neue Untersuchung durch die nächste Kommission

71

Muster-Reglement
betreffend die von den Kriegsgefangenen in ihr eigenes Land überwiesenen Geldbeträge

(siehe Artikel 63)

1. Die in Artikel 63 Absatz 3 erwähnte Anzeige soll folgende Angaben enthalten:

   a. die in Artikel 17 vorgesehene Matrikelnummer, Dienstgrad, Namen und Vornamen des die Zahlung leistenden Kriegsgefangenen;

   b. den Namen und die Adresse des Empfängers der Zahlung im Herkunftslande;

   c. der auszubezahlende, in der Währung des Gewahrsamsstaates ausgedrückte Betrag.

2. Diese Anzeige ist durch den Kriegsgefangenen zu unterzeichnen. Ist er des Schreibens nicht kundig, setzt er ein durch einen Zeugen bestätigtes Zeichen. Der Vertrauensmann gegenzeichnet diese Anzeige ebenfalls.

3. Der Lagerkommandant legt dieser Anzeige eine Bescheinigung bei, wonach der Guthabensaldo des betreffenden Kriegsgefangenen nicht kleiner ist als der zu zahlende Betrag.

4. Diese Anzeigen können auch in Form von Listen erstellt werden. Jedes Blatt dieser Listen ist durch den Vertrauensmann zu beglaubigen und vom Lagerkommandanten als mit den Angaben übereinstimmend zu bestätigen.

Geltungsbereich des Abkommens[10]

---

[10] Siehe Geltungsbereich des Genfer Abkommens zur Verbesserung des Loses der Verwundeten und Kranken der bewaffneten Kräfte im Felde (SR **0.518.12**)

Genfer Abkommen
über den Schutz von Zivilpersonen in Kriegszeiten[2]

Die unterzeichneten Bevollmächtigten der Regierungen, die an der vom 21. April bis 12. August 1949 in Genf zur Ausarbeitung eines Abkommens für den Schutz der Zivilpersonen in Kriegszeiten versammelten diplomatischen Konferenz vertreten waren, haben folgendes vereinbart:

Teil 1
Allgemeine Bestimmungen

Art. 1

Die Hohen Vertragsparteien verpflichten sich, das vorliegende Abkommen unter allen Umständen einzuhalten und seine Einhaltung durchzusetzen.

Art. 2

Ausser den Bestimmungen, die bereits in Friedenszeiten zu handhaben sind, ist das vorliegende Abkommen in allen Fällen eines erklärten Krieges oder jedes anderen bewaffneten Konflikts anzuwenden, der zwischen zwei oder mehreren der Hohen Vertragsparteien entsteht, und zwar auch dann, wenn der Kriegszustand von einer dieser Parteien nicht anerkannt wird.

Das Abkommen ist auch in allen Fällen vollständiger oder teilweiser Besetzung des Gebietes einer Hohen Vertragspartei anzuwenden, selbst wenn diese Besetzung auf keinen bewaffneten Widerstand stösst.

Wenn eine der im Konflikt befindlichen Mächte am vorliegenden Abkommen nicht beteiligt ist, bleiben die daran beteiligten Mächte in ihren gegenseitigen Beziehungen gleichwohl durch das Abkommen gebunden. Sie sind aber durch das Abkommen auch gegenüber dieser Macht gebunden, wenn diese dessen Bestimmungen annimmt und anwendet.

AS **1951** 300; BBl **1949** II 1181
1 Der französische Originaltext findet sich unter der gleichen Nummer in der französischen Ausgabe dieser Sammlung.
2 Siehe auch die Zusatzprot. I und II vom 8. Juni 1977 (SR **0.518.521/5 22**).
3 AS **1951** 175

1

Art. 3

Im Falle eines bewaffneten Konflikts, der keinen internationalen Charakter aufweist und der auf dem Gebiet einer der Hohen Vertragsparteien entsteht, ist jede der am Konflikt beteiligten Parteien gehalten, wenigstens die folgenden Bestimmungen anzuwenden:

1. Personen, die nicht direkt an den Feindseligkeiten teilnehmen, einschliesslich der Mitglieder der bewaffneten Streitkräfte, welche die Waffen gestreckt haben, und der Personen, die infolge Krankheit, Verwundung, Gefangennahme oder irgendeiner anderen Ursache ausser Kampf gesetzt wurden, sollen unter allen Umständen mit Menschlichkeit behandelt werden, ohne jede Benachteiligung aus Gründen der Rasse, der Farbe, der Religion oder des Glaubens, des Geschlechts, der Geburt oder des Vermögens oder aus irgendeinem ähnlichen Grunde.

   Zu diesem Zwecke sind und bleiben in bezug auf die oben erwähnten Personen jederzeit und jedenorts verboten:

   a. Angriffe auf Leib und Leben, namentlich Mord jeglicher Art, Verstümmelung, grausame Behandlung und Folterung;

   b. die Gefangennahme von Geiseln;

   c. Beeinträchtigung der persönlichen Würde, namentlich erniedrigende und entwürdigende Behandlung;

   d. Verurteilungen und Hinrichtungen ohne vorhergehendes Urteil eines ordnungsmässig bestellten Gerichtes, das die von den zivilisierten Völkern als unerlässlich anerkannten Rechtsgarantien bietet.

2. Die Verwundeten und Kranken sollen geborgen und gepflegt werden.

Eine unparteiische humanitäre Organisation, wie das Internationale Komitee vom Roten Kreuz, kann den am Konflikt beteiligten Parteien ihre Dienste anbieten.

Die am Konflikt beteiligten Parteien werden sich anderseits bemühen, durch besondere Vereinbarungen auch die andern Bestimmungen des vorliegenden Abkommens ganz oder teilweise in Kraft zu setzen.

Die Anwendung der vorstehenden Bestimmungen hat auf die Rechtsstellung der am Konflikt beteiligten Parteien keinen Einfluss.

Art. 4

Durch das Abkommen werden die Personen geschützt, die sich im Falle eines Konflikts oder einer Besetzung zu irgendeinem Zeitpunkt und gleichgültig auf welche Weise in der Gewalt einer am Konflikt beteiligten Partei oder einer Besetzungsmacht befinden, deren Staatsangehörige sie nicht sind.

Die Angehörigen eines Staates, der durch das Abkommen nicht gebunden ist, werden durch das Abkommen nicht geschützt. Die Angehörigen eines neutralen Staates, die sich auf dem Gebiete eines kriegführenden Staates befinden, und die Angehörigen eines mitkriegführenden Staates werden so lange nicht als geschützte Personen betrachtet, als der Staat, dessen Angehörige sie sind, eine normale diplomatische Vertretung bei dem Staate unterhält, in dessen Machtbereich sie sich befinden.

Die Bestimmungen des Teils II haben hingegen einen ausgedehnteren, im Artikel 13 umschriebenen Anwendungsbereich.

Personen, die durch das Genfer Abkommen vom 12. August 1949[4] zur Verbesserung des Loses der Verwundeten und Kranken der bewaffneten Kräfte im Felde oder durch das Genfer Abkommen vom 12. August 1949[5] zur Verbesserung des Loses der Verwundeten, Kranken und Schiffbrüchigen der bewaffneten Kräfte zur See oder durch das Genfer Abkommen vom 12. August 1949[6] über die Behandlung der Kriegsgefangenen geschützt sind, werden nicht als im Sinne des vorliegenden Abkommens geschützte Personen betrachtet.

Art. 5

Wenn eine am Konflikt beteiligte Partei wichtige Gründe hat, anzunehmen, dass eine durch das vorliegende Abkommen geschützte Einzelperson unter dem gerechtfertigten Verdacht steht, auf ihrem Staatsgebiet eine der Sicherheit des Staates abträgliche Tätigkeit zu entfalten, oder wenn festgestellt ist, dass sie tatsächlich eine derartige Tätigkeit ausübt, kann sich die betreffende Person nicht auf die durch das vorliegende Abkommen eingeräumten Rechte und Privilegien berufen, die, würden sie zugunsten dieser Person angewendet, der Sicherheit des Staates abträglich sein könnten.

Wenn in einem besetzten Gebiet eine durch das Abkommen geschützte Einzelperson als Spion oder Saboteur oder unter dem gerechtfertigten Verdacht festgenommen wird, eine der Sicherheit der Besetzungsmacht abträgliche Tätigkeit zu entfalten, können ihr, falls dies aus Gründen militärischer Sicherheit unbedingt erforderlich ist, die in diesem Abkommen vorgesehenen Mitteilungsrechte entzogen werden.

In jedem dieser Fälle sollen solche Personen dennoch mit Menschlichkeit behandelt werden und im Falle einer gerichtlichen Verfolgung darf ihnen ihr Recht auf ein gerechtes und ordentliches Verfahren, wie es das vorliegende Abkommen vorsieht, nicht entzogen werden. Ebenso sollen ihnen die vollen Rechte und Privilegien einer im Sinne des vorliegenden Abkommens geschützten Person wieder gewährt werden, sobald dies die Sicherheit des Staates oder der Besetzungsmacht gestattet.

Art. 6

Das vorliegende Abkommen findet mit Beginn jedes Konflikts oder jeder Besetzung, wie sie im Artikel 2 erwähnt sind, Anwendung.

Auf dem Gebiete der am Konflikt beteiligten Parteien hört die Anwendung des Abkommens mit der allgemeinen Einstellung der militärischen Operationen auf.

Im besetzten Gebiet hört die Anwendung des vorliegenden Abkommens ein Jahr nach der allgemeinen Einstellung der militärischen Operationen auf. Die Besetzungsmacht ist jedoch – soweit sie die Funktionen einer Regierung in dem in Frage stehenden Gebiet ausübt – während der Dauer der Besetzung durch die Bestimmun-

---

[4] SR **0.518.12**
[5] SR **0.518.23**
[6] SR **0.518.42**

gen der folgenden Artikel des vorliegenden Abkommens gebunden: 1–12, 27, 29–34, 47, 49, 51, 52, 53, 59, 61–77 und 143. Geschützte Personen, deren Freilassung, Heimschaffung oder Niederlassung nach diesen Fristen stattfindet, bleiben in der Zwischenzeit im Genusse des vorliegenden Abkommens.

Art. 7

Ausser den in den Artikeln 11, 14, 15, 17, 36, 108, 109, 132, 133 und 149 ausdrücklich vorgesehenen Vereinbarungen können die Hohen Vertragsparteien andere besondere Vereinbarungen über jede Frage treffen, deren besondere Regelung ihnen zweckmässig erscheint. Keine besondere Vereinbarung darf die Lage der geschützten Personen, wie sie durch das vorliegende Abkommen geregelt ist, beeinträchtigen oder die Rechte beschränken, die ihnen das Abkommen einräumt.

Die geschützten Personen geniessen die Vorteile dieser Vereinbarungen so lange, als das Abkommen auf sie anwendbar ist, vorbehaltlich ausdrücklicher gegenteiliger Bestimmungen, die in den oben genannten oder in späteren Vereinbarungen enthalten sind und vorbehaltlich günstigerer Massnahmen, die durch die eine oder andere der am Konflikt beteiligten Parteien hinsichtlich dieser Personen ergriffen worden sind.

Art. 8

Die geschützten Personen können in keinem Falle, weder teilweise noch vollständig, auf die Rechte verzichten, die ihnen das vorliegende Abkommen und gegebenenfalls die im vorhergehenden Artikel genannten besonderen Vereinbarungen einräumen.

Art. 9

Das vorliegende Abkommen ist unter der Mitwirkung und Aufsicht der Schutzmächte anzuwenden, die mit der Wahrnehmung der Interessen der am Konflikt beteiligten Parteien betraut sind. Zu diesem Zwecke können die Schutzmächte neben ihren diplomatischen oder konsularischen Vertretern Delegierte unter ihren eigenen Staatsangehörigen oder unter Staatsangehörigen anderer neutraler Mächte bezeichnen. Diese Delegierten müssen von der Macht genehmigt werden, bei der sie ihre Mission auszuführen haben.

Die am Konflikt beteiligten Parteien sollen die Aufgabe der Vertreter oder Delegierten der Schutzmächte in grösstmöglichem Masse erleichtern.

Die Vertreter oder Delegierten der Schutzmächte dürfen keinesfalls die Grenzen ihrer Aufgabe, wie sie aus dem vorliegenden Abkommen hervorgeht, überschreiten; insbesondere haben sie die zwingenden Sicherheitsbedürfnisse des Staates, in dem sie ihre Aufgabe durchführen, zu berücksichtigen.

Art. 10

Die Bestimmungen des vorliegenden Abkommens bilden kein Hindernis für die humanitäre Tätigkeit, die das Internationale Komitee vom Roten Kreuz oder irgendeine andere unparteiliche humanitäre Organisation mit Einwilligung der am Konflikt beteiligten Parteien ausübt, um die Zivilpersonen zu schützen und ihnen Hilfe zu bringen.

Art. 11

Die Hohen Vertragsparteien können jederzeit vereinbaren, die durch das vorliegende Abkommen den Schutzmächten übertragenen Aufgaben einer Organisation anzuvertrauen, die alle Garantien für Unparteilichkeit und erfolgreiche Arbeit bietet.

Wenn geschützte Personen aus irgendeinem Grunde nicht oder nicht von einer Schutzmacht oder einer in Absatz 1 vorgesehenen Organisation betreut werden, hat der Gewahrsamsstaat einen neutralen Staat oder eine solche Organisation zu ersuchen, die Funktionen zu übernehmen, die das vorliegende Abkommen den Schutzmächten überträgt, die von den am Konflikt beteiligten Parteien bezeichnet werden.

Sollte ein Schutz auf diese Weise nicht gewährleistet werden können, so hat der Gewahrsamsstaat entweder eine humanitäre Organisation, wie das Internationale Komitee vom Roten Kreuz, zu ersuchen, die durch das vorliegende Abkommen den Schutzmächten zufallenden humanitären Aufgaben zu übernehmen, oder aber unter Vorbehalt der Bestimmungen dieses Artikels die Dienste anzunehmen, die ihm eine solche Organisation anbietet.

Jede neutrale Macht oder jede Organisation, die von der betreffenden Macht eingeladen wird oder sich zu diesem Zweck zur Verfügung stellt, soll sich in ihrer Tätigkeit der Verantwortung gegenüber der am Konflikt beteiligten Partei, welcher die durch das vorliegende Abkommen geschützten Personen angehören, bewusst bleiben und ausreichende Garantien dafür bieten, dass sie in der Lage ist, die betreffenden Funktionen zu übernehmen und sie mit Unparteilichkeit zu erfüllen.

Von den vorstehenden Bestimmungen kann nicht durch eine besondere Vereinbarung zwischen Mächten abgewichen werden, von denen die eine, wenn auch nur vorübergehend, gegenüber der anderen oder deren Verbündeten infolge militärischer Ereignisse und besonders infolge einer Besetzung des gesamten oder eines wichtigen Teils ihres Gebietes, in ihrer Verhandlungsfreiheit beschränkt wäre.

Wo immer im vorliegenden Abkommen die Schutzmacht erwähnt wird, bezieht sich diese Erwähnung ebenfalls auf die Organisationen, die sie im Sinne dieses Artikels ersetzen.

Die Bestimmungen dieses Artikels sind auch auf Fälle von Angehörigen eines neutralen Staates, die sich in besetztem Gebiete oder im Gebiete eines kriegführenden Staates befinden, bei welchem der Staat, dessen Angehörige sie sind, keine normale diplomatische Vertretung unterhält, anzuwenden und ihnen anzupassen.

Art. 12

In allen Fällen, in denen die Schutzmächte es im Interesse der geschützten Personen als angezeigt erachten, insbesondere in Fällen von Meinungsverschiedenheiten zwischen den am Konflikt beteiligten Parteien über die Anwendung oder Auslegung der Bestimmungen des vorliegenden Abkommens, sollen sie zur Beilegung des Streitfalles ihre guten Dienste leihen.

Zu diesem Zwecke kann jede der Schutzmächte, entweder auf Einladung einer Partei oder von sich aus, den am Konflikt beteiligten Parteien eine Zusammenkunft ihrer Vertreter und im besondern der für das Schicksal der geschützten Personen verantwortlichen Behörden vorschlagen, gegebenenfalls auf einem passend gewählten neutralen Gebiet. Die am Konflikt beteiligten Parteien sind verpflichtet, den ihnen zu diesem Zwecke gemachten Vorschlägen Folge zu geben. Die Schutzmächte können, wenn nötig, unter Zustimmung der am Konflikt beteiligten Parteien eine einer neutralen Macht angehörende oder vom Internationalen Komitee vom Roten Kreuz delegierte Persönlichkeit vorschlagen, die zu ersuchen ist, an dieser Zusammenkunft teilzunehmen.

Teil II
Allgemeiner Schutz der Bevölkerung vor gewissen Kriegsfolgen

Art. 13

Die Bestimmungen dieses Teiles beziehen sich auf die Gesamtheit der Bevölkerung der in einen Konflikt verwickelten Länder, ohne jede, besonders auf Rasse, Nationalität, Religion oder politische Meinung beruhende Benachteiligung, und zielen darauf ab, die durch den Krieg verursachten Leiden zu mildern.

Art. 14

Schon in Friedenszeiten können die Hohen Vertragsparteien, und nach der Eröffnung der Feindseligkeiten die am Konflikt beteiligten Parteien in ihrem eigenen und, wenn nötig, in den besetzten Gebieten Sicherheits- und Sanitätszonen und -orte schaffen, die so organisiert sind, dass sie Verwundeten und Kranken, schwachen und betagten Personen, Kindern unter fünfzehn Jahren, schwangeren Frauen und Müttern von Kindern unter sieben Jahren Schutz vor den Folgen des Krieges bieten.

Vom Ausbruch eines Konflikts an und während seiner Dauer können die beteiligten Parteien unter sich Vereinbarungen über die gegenseitige Anerkennung der von ihnen gegebenenfalls errichteten Zonen und Orte treffen. Sie können zu diesem Zwecke die Bestimmungen des dem vorliegenden Abkommen beigefügten Vereinbarungsentwurfes in Kraft setzen, und zwar mit den Abänderungen, die sie gegebenenfalls für notwendig erachten.

Die Schutzmächte und das Internationale Komitee vom Roten Kreuz werden eingeladen, ihre guten Dienste zu leihen, um die Errichtung und Anerkennung dieser Sicherheits- und Sanitätszonen und -orte zu erleichtern.

Art. 15

Jede am Konflikt beteiligte Partei kann entweder direkt oder durch Vermittlung eines neutralen Staates oder einer humanitären Organisation der gegnerischen Partei vorschlagen, in den Kampfgebieten neutrale Zonen zu schaffen, die dazu bestimmt sind, die folgenden Personen ohne jeglichen Unterschied vor den Gefahren des Krieges zu schützen:

a. die verwundeten und kranken Kombattanten oder Nichtkombattanten;

b. die Zivilpersonen, die nicht an den Feindseligkeiten teilnehmen und die sich während ihres Aufenthaltes in diesen Zonen keiner Arbeit militärischer Art widmen.

Sobald sich die am Konflikt beteiligten Parteien über die geographische Lage, die Verwaltung, die Versorgung mit Nahrung und die Kontrolle der in Aussicht genommenen neutralen Zone verständigt haben, soll eine schriftliche Vereinbarung geschlossen und von den Vertretern der am Konflikt beteiligten Parteien unterzeichnet werden. Diese Abmachung soll den Anfang und die Dauer der Neutralisation der Zone festsetzen.

Art. 16

Die Verwundeten und Kranken wie auch die Gebrechlichen und die schwangeren Frauen sollen Gegenstand eines besondern Schutzes und besonderer Rücksichtnahme sein.

Soweit es die militärischen Erfordernisse erlauben, soll jede am Konflikt beteiligte Partei die Massnahmen fördern, die ergriffen werden, um die Toten und Verwundeten aufzufinden, den Schiffbrüchigen sowie andern einer ernsten Gefahr ausgesetzten Personen zu Hilfe zu eilen und sie vor Beraubung und Misshandlungen zu schützen.

Art. 17

Die am Konflikt beteiligten Parteien sollen sich bemühen, örtliche Abmachungen für die Evakuierung von Verwundeten, Kranken, Gebrechlichen, Greisen, Kindern und Wöchnerinnen aus einer belagerten oder eingekreisten Zone zu treffen, sowie für den Durchzug der Geistlichen aller Bekenntnisse sowie des Sanitätspersonals und -materials, die sich auf dem Wege nach dieser Zone befinden.

Art. 18

Zivilspitäler, die zur Pflege von Verwundeten, Kranken, Schwachen und Wöchnerinnen eingerichtet sind, dürfen unter keinen Umständen das Ziel von Angriffen bilden; sie sollen jederzeit von den am Konflikt beteiligten Parteien geschont und geschützt werden.

Die an einem Konflikt beteiligten Staaten haben allen Zivilspitälern eine Bestätigung auszustellen, die ihre Eigenschaft eines Zivilspitals bezeugt und feststellt, dass die von ihnen benützten Gebäude nicht zu Zwecken gebraucht werden, welche sie im Sinne von Artikel 19 des Schutzes berauben könnten.

Die Zivilspitäler sollen, sofern sie vom Staate dazu ermächtigt sind, mit dem Schutzzeichen, das in Artikel 38 des Genfer Abkommens vom 12. August 1949[7] zur Verbesserung des Loses der Verwundeten und Kranken der Heere im Felde vorgesehen ist, gekennzeichnet sein.

Die am Konflikt beteiligten Parteien sollen, soweit es die militärischen Erfordernisse gestatten, die notwendigen Massnahmen ergreifen, um die die Zivilspitäler kennzeichnenden Schutzzeichen den feindlichen Land-, Luft- und Seestreitkräften deutlich sichtbar zu machen, damit auf diese Weise die Möglichkeit jeder Angriffshandlung ausgeschlossen wird.

Im Hinblick auf die Gefahren, denen Spitäler durch in der Nähe liegende militärische Ziele ausgesetzt sein könnten, ist es angezeigt, darüber zu wachen, dass sie soweit als möglich von solchen Zielen entfernt sind.

Art. 19

Der den Zivilspitälern gebührende Schutz darf nur aufhören, wenn sie ausserhalb ihrer humanitären Aufgaben zur Begehung von Handlungen verwendet werden, die den Feind schädigen. Immerhin darf ihnen der Schutz erst entzogen werden, nachdem eine Warnung, die in allen Fällen, soweit angängig, eine angemessene Frist setzt, unbeachtet geblieben ist.

Die Pflege von verwundeten oder kranken Militärpersonen in diesen Spitälern oder das Vorhandensein von Handwaffen und von Munition, die diesen Personen abgenommen und der zuständigen Dienststelle noch nicht abgeliefert worden sind, gelten nicht als eine den Feind schädigende Handlung.

Art. 20

Das ordentliche und ausschliesslich für den Betrieb und die Verwaltung der Zivilspitäler bestimmte Personal, einschliesslich des mit dem Aufsuchen, der Bergung, dem Transport und der Behandlung von verwundeten und kranken Zivilpersonen, von Gebrechlichen und Wöchnerinnen beschäftigten Personals, soll geschont und geschützt werden.

In den besetzten Gebieten und in den militärischen Operationszonen soll sich das Personal mittels einer Identitätskarte ausweisen, die die Eigenschaft des Inhabers bescheinigt und mit seiner Photographie und dem Stempel der verantwortlichen Behörde versehen ist, sowie mittels einer während der Dauer der Dienstleistung am linken Arm zu tragenden gestempelten und feuchtigkeitsbeständigen Armbinde. Diese Armbinde soll vom Staat ausgegeben und mit dem in Artikel 38 des Genfer Abkommens vom 12. August 1949[8] zur Verbesserung des Loses der Verwundeten und Kranken der bewaffneten Kräfte im Felde vorgesehenen Schutzzeichen versehen sein.

---

[7]   SR **0.518.12**
[8]   SR **0.518.12**

Alles andere für den Betrieb oder die Verwaltung der Zivilspitäler bestimmte Personal soll geschont und geschützt werden und das Recht haben, unter den im vorliegenden Artikel umschriebenen Bedingungen während der Ausübung seines Dienstes die Armbinde zu tragen, wie sie oben vorgesehen ist. Seine Identitätskarte soll die Aufgaben angeben, die dem Inhaber übertragen sind.

Die Leitung jedes Zivilspitals hat jederzeit die auf den Tag nachgeführte Liste ihres Personals zur Verfügung der zuständigen nationalen Behörden oder Besetzungsbehörden zu halten.

Art. 21

Geleitete Fahrzeuge oder Lazarettzüge zu Lande oder besonders ausgerüstete Schiffe zur See mit verwundeten und kranken Zivilpersonen, Gebrechlichen und Wöchnerinnen sollen auf gleiche Weise geschont und geschützt werden wie die in Artikel 18 erwähnten Spitäler. Sie kennzeichnen sich, indem sie mit Ermächtigung des Staates das in Artikel 38 des Genfer Abkommens vom 12. August 1949[9] zur Verbesserung des Loses der Verwundeten und Kranken der bewaffneten Kräfte im Felde vorgesehene Schutzzeichen führen.

Art. 22

Die ausschliesslich für den Transport von verwundeten und kranken Zivilpersonen, von Schwachen und Wöchnerinnen oder für den Transport von Sanitätspersonal und -material verwendeten Luftfahrzeuge dürfen nicht angegriffen, sondern sollen geschont werden, wenn sie in Höhen, zu Stunden und auf Routen fliegen, die durch eine Vereinbarung unter allen in Betracht fallenden am Konflikt beteiligten Parteien besonders festgelegt wurden.

Sie können mit dem in Artikel 38 des Genfer Abkommens vom 12. August 1949[10] zur Verbesserung des Loses der Verwundeten und Kranken der bewaffneten Kräfte im Felde vorgesehenen Schutzzeichen versehen sein.

Wenn keine andere Abmachung besteht, ist das Überfliegen feindlichen oder vom Feinde besetzten Gebietes verboten.

Diese Luftfahrzeuge haben jedem Landebefehl Folge zu leisten. Im Falle einer so befohlenen Landung können das Luftfahrzeug und seine Insassen, gegebenenfalls nach einer Untersuchung, den Flug fortsetzen.

Art. 23

Jede Vertragspartei soll allen Sendungen von Medikamenten und Sanitätsmaterial freien Durchlass gewähren, wie auch allen für den Gottesdienst notwendigen Gegenständen, die ausschliesslich für die Zivilbevölkerung einer andern Vertragspartei, selbst einer feindlichen, bestimmt sind. Auch allen Sendungen von unentbehrlichen Lebensmitteln, von Kleidern und von Stärkungsmitteln, die Kindern unter fünfzehn

---

[9] SR **0.518.12**
[10] SR **0.518.12**

Jahren, schwangeren Frauen und Wöchnerinnen vorbehalten sind, ist freier Durchlass zu gewähren.

Eine Vertragspartei ist nur dann verpflichtet, die im vorhergehenden Absatz erwähnten Sendungen ungehindert durchzulassen, wenn sie die Gewissheit besitzt, keinen triftigen Grund zur Befürchtung haben zu müssen:

a. die Sendungen könnten ihrer Bestimmung entfremdet werden oder

b. die Kontrolle könnte nicht wirksam sein oder

c. der Feind könnte daraus einen offensichtlichen Vorteil für seine militärischen Anstrengungen und seine Wirtschaft ziehen, indem er diese Sendungen an die Stelle von Waren treten lässt, die er auf andere Weise hätte beschaffen oder herstellen müssen, oder indem er Material, Erzeugnisse und Dienste freimacht, die andernfalls zur Produktion von solchen Gütern benötigt würden.

Die Macht, die die Durchfuhr der in Absatz 1 dieses Artikels erwähnten Güter gewährt, kann ihre Zustimmung von der Bedingung abhängig machen, dass die Verteilung an die Nutzniesser an Ort und Stelle von den Schutzmächten überwacht werde.

Diese Sendungen müssen so rasch als möglich befördert werden, und der Staat, der ihre ungehinderte Durchfuhr erlaubt, besitzt das Recht, die technischen Bedingungen festzusetzen, unter welchen diese gewährt wird.

Art. 24

Die am Konflikt beteiligten Parteien haben die notwendigen Massnahmen zu ergreifen, damit die infolge des Krieges verwaisten oder von ihren Familien getrennten Kinder unter fünfzehn Jahren nicht sich selbst überlassen bleiben und unter allen Umständen ihr Unterhalt, die Ausübung ihres Glaubensbekenntnisses und ihre Erziehung erleichtert werden. Letztere soff wenn möglich Personen der gleichen kulturellen Überlieferung anvertraut werden.

Die am Konflikt beteiligten Parteien sollen die Aufnahme dieser Kinder in neutralen Ländern während der Dauer des Konflikts und mit Zustimmung der allfälligen Schutzmacht sowie unter der Gewähr, dass die in Absatz 1 erwähnten Grundsätze berücksichtigt werden, begünstigen.

Ausserdem sollen sie sich bemühen, die notwendigen Massnahmen zu ergreifen, damit alle Kinder unter zwölf Jahren durch das Tragen einer Erkennungsmarke oder auf irgendeine andere Weise identifiziert werden können.

Art. 25

Jede auf dem Gebiete einer am Konflikt beteiligten Partei oder auf einem von ihr besetzten Gebiete befindliche Person soll den Familienmitgliedern, wo immer sie sich befinden, Nachrichten streng persönlicher Natur geben und von ihnen erhalten können. Diese Briefschaften sind rasch und ohne ungerechtfertigte Verzögerung zu befördern.

Ist der Austausch der Familienkorrespondenz mit der normalen Post infolge der Verhältnisse schwierig oder unmöglich geworden, sollen sich die betreffenden am Konflikt beteiligten Parteien an einen neutralen Vermittler, wie die in Artikel 140 vorgesehene Zentralstelle, wenden, um mit ihm die Mittel zu finden, die Erfüllung ihrer Verpflichtungen unter den besten Bedingungen zu gewährleisten, namentlich unter Mitwirkung der nationalen Gesellschaften des Roten Kreuzes (des Roten Halbmondes, des Roten Löwen mit roter Sonne).

Wenn die am Konflikt beteiligten Parteien es für nötig erachten, diese Familienkorrespondenz einzuschränken, können sie höchstens die Anwendung von einheitlichen Formularen vorschreiben, die 25 frei gewählte Wörter enthalten, und den Gebrauch dieser Formulare auf eine einmalige Sendung im Monat begrenzen.

Art. 26

Jede am Konflikt beteiligte Partei soll die Nachforschungen erleichtern, die vom Kriege zerstreute Familien anstellen, um wieder Verbindung miteinander aufzunehmen und sich wenn möglich wieder zu vereinigen. Sie soll namentlich die Tätigkeit von Organisationen fördern, die sich dieser Aufgabe widmen, unter der Voraussetzung, dass sie von ihr anerkannt sind und sich den von ihr ergriffenen Sicherheitsmassnahmen fügen.

Teil III
Status und Behandlung der geschützten Personen

Abschnitt I
Gemeinsame Bestimmungen für die Gebiete der am Konflikt beteiligten Parteien und die besetzten Gebiete

Art. 27

Die geschützten Personen haben unter allen Umständen Anspruch auf Achtung ihrer Person, ihrer Ehre, ihrer Familienrechte, ihrer religiösen Überzeugungen und Gepflogenheiten, ihrer Gewohnheiten und Gebräuche. Sie sollen jederzeit mit Menschlichkeit behandelt und namentlich vor Gewalttätigkeit oder Einschüchterung, vor Beleidigungen und der öffentlichen Neugier geschützt werden.

Die Frauen sollen besonders vor jedem Angriff auf ihre Ehre und namentlich vor Vergewaltigung, Nötigung zur Prostitution und jeder unzüchtigen Handlung geschützt werden.

Abgesehen von den bezüglich des Gesundheitszustandes, des Alters und des Geschlechts getroffenen Vorkehrungen sollen die geschützten Personen von der am Konflikt beteiligten Partei, in deren Händen sie sich befinden, mit der gleichen Rücksicht und ohne jede besonders auf Rasse, Religion oder politische Meinung beruhende Benachteiligung behandelt werden.

Immerhin können die am Konflikt beteiligten Parteien in bezug auf die geschützten Personen solche Kontroll- und Sicherheitsmassnahmen ergreifen, die sich zufolge des Kriegszustandes als notwendig erweisen könnten.

Art. 28

Keine geschützte Person darf dazu benützt werden, um durch ihre Anwesenheit militärische Operationen von gewissen Punkten oder Gebieten fernzuhalten.

Art. 29

Die am Konflikt beteiligte Partei, in deren Gewalt sich geschützte Personen befinden, ist verantwortlich für die Behandlung, die diese durch ihre Beauftragten erfahren, unbeschadet der gegebenenfalls entstehenden persönlichen Verantwortlichkeiten.

Art. 30

Die geschützten Personen sollen jede Erleichterung geniessen, um sich an die Schutzmächte, an das Internationale Komitee vom Roten Kreuz, an die nationalen Gesellschaften des Roten Kreuzes (des Roten Halbmondes, des Roten Löwen mit roter Sonne) des Landes, in welchem sie sich befinden, zu wenden, wie auch an jede andere Organisation, die ihnen behilflich sein könnte.

Diesen verschiedenen Organisationen soll zu diesem Zwecke innerhalb der durch militärische Erfordernisse oder Sicherheitsgründe gezogenen Grenzen von den Behörden jede Erleichterung gewährt werden.

Ausser den Besuchen der Delegierten der Schutzmächte und des Internationalen Komitees vom Roten Kreuz, wie sie in Artikel 143 vorgesehen sind, sollen die Gewahrsamsstaaten oder Besetzungsmächte soweit als möglich die Besuche erleichtern, die Vertreter anderer Institutionen den geschützten Personen mit der Absicht zu machen wünschen, diesen Personen geistige oder materielle Hilfe zu bringen.

Art. 31

Auf die geschützten Personen darf keinerlei physischer oder moralischer Zwang ausgeübt werden, namentlich nicht, um von ihnen oder Drittpersonen Auskünfte zu erlangen.

Art. 32

Die Hohen Vertragsparteien verbieten sich ausdrücklich jede Massnahme, die körperliche Leiden oder die Ausrottung der in ihrer Gewalt befindlichen geschützten Personen versuchen könnte. Dieses Verbot betrifft nicht nur Mord, Folterung, körperliche Strafen, Verstümmelungen und medizinische oder wissenschaftliche, nicht durch ärztliche Behandlung einer Person gerechtfertigte Experimente, sondern auch alle andern Grausamkeiten, gleichgültig, ob sie durch zivile Beamte oder Militärpersonen begangen werden.

Art. 33

Keine geschützte Person darf für eine Übertretung bestraft werden, die sie nicht persönlich begangen hat. Kollektivstrafen wie auch jede Massnahme zur Einschüchterung oder Terrorisierung sind verboten.

Die Plünderung ist verboten.

Vergeltungsmassnahmen gegen geschützte Personen und ihr Eigentum sind verboten.

Art. 34

Das Nehmen von Geiseln ist verboten.

Abschnitt II
Ausländer auf dem Gebiet einer der am Konflikt beteiligten Parteien

Art. 35

Jede geschützte Person, die zu Beginn oder im Verlaufe eines Konflikts das Gebiet zu verlassen wünscht, soll das Recht dazu haben, soweit ihre Ausreise den nationalen Interessen des Staates nicht zuwiderläuft. Über Ausreisegesuche solcher Personen soll in einem ordentlichen Verfahren befunden und die Entscheidung so rasch als möglich getroffen werden. Zur Ausreise ermächtigte Personen dürfen sich mit dem notwendigen Reisegeld versehen und eine ausreichende Menge von Effekten und persönlichen Gebrauchsgegenständen mit sich nehmen.

Die Personen, welchen die Erlaubnis zum Verlassen des Gebietes versagt wurde, haben Anspruch auf raschestmögliche Überprüfung dieser Ablehnung durch ein Gericht oder einen zu diesem Zwecke vom Gewahrsamsstaat geschaffenen zuständigen Verwaltungsausschuss.

Auf Ersuchen sollen den Vertretern der Schutzmacht, sofern keine Sicherheitsgründe entgegenstehen oder die Betroffenen Einwände erheben, die Gründe mitgeteilt werden, aus denen den Personen, die darum ersucht hatten, die Ermächtigung zum Verlassen des Gebietes verweigert wurde, und ebenso so rasch als möglich die Namen aller jener, die sich in einer solchen Lage befinden.

Art. 36

Die gemäss dem vorhergehenden Artikel bewilligten Ausreisen sollen in bezug auf Sicherheit, Hygiene, Sauberkeit und Ernährung unter zufriedenstellenden Bedingungen vor sich gehen. Alle damit in Zusammenhang stehenden Kosten sollen vom Verlassen des Gebietes des Gewahrsamsstaates an zu Lasten des Bestimmungslandes oder, im Falle des Aufenthaltes in einem neutralen Land, zu Lasten der Macht fallen, deren Angehörige die Begünstigten sind. Die praktische Durchführung dieser Reisen soll, wenn nötig, durch besondere Vereinbarungen unter den beteiligten Mächten geregelt werden.

Vorbehalten sind die besonderen Vereinbarungen, die gegebenenfalls zwischen den am Konflikt beteiligten Parteien bezüglich Austausch und Heimschaffung ihrer in die Hände des Feindes gefallenen Staatsangehörigen getroffen werden.

Art. 37

Die geschützten Personen, die sich in Untersuchungshaft befinden oder eine Freiheitsstrafe verbüssen, sollen während ihrer Haft mit Menschlichkeit behandelt werden.

Sie können nach ihrer Freilassung gemäss den vorhergehenden Artikeln um Verlassen des Gebietes nachsuchen.

Art. 38

Mit Ausnahme der besondern Massnahmen, die auf Grund des vorliegenden Abkommens, vor allem der Artikel 27 und 41, getroffen werden können, sollen auf die Lage der geschützten Personen grundsätzlich die für die Behandlung von Ausländern in Friedenszeiten geltenden Bestimmungen Anwendung finden. Auf jeden Fall sollen ihnen folgende Rechte gewährt werden:

1. sie können die individuellen und kollektiven Unterstützungen empfangen, die ihnen zugehen;

2. wenn ihr Gesundheitszustand es erfordert, sollen sie ärztliche Behandlung und Spitalpflege im gleichen Ausmass erhalten wie die Angehörigen des betreffenden Staates;

3. sie können ihre Religion ausüben und den geistigen Beistand der Geistlichen ihres Glaubensbekenntnisses erhalten;

4. wenn sie in einem den Kriegsgefahren besonders ausgesetzten Gebiet wohnen, sollen sie im gleichen Ausmass wie die Angehörigen des betreffenden Staates ermächtigt sein, dieses Gebiet zu verlassen;

5. Kinder unter fünfzehn Jahren, schwangere Frauen und Mütter von Kindern unter sieben Jahren sollen im gleichen Ausmass wie die Angehörigen des betreffenden Staates jede Vorzugsbehandlung geniessen.

Art. 39

Den geschützten Personen, die infolge des Konflikts ihren Broterwerb verloren haben, soll die Möglichkeit geboten werden, eine bezahlte Arbeit zu finden. Sie sollen zu diesem Zwecke, unter Vorbehalt der Sicherheitserwägungen und der Bestimmungen des Artikels 40, dieselben Vorteile geniessen wie die Angehörigen der Macht, auf deren Gebiet sie sich befinden.

Wenn eine am Konflikt beteiligte Partei eine geschützte Person Kontrollmassnahmen unterwirft, die es dieser unmöglich machen, ihren Unterhalt zu verdienen, besonders wenn diese Person aus Gründen der Sicherheit keine bezahlte Arbeit zu angemessenen Bedingungen finden kann, soll die erwähnte am Konflikt beteiligte

Partei für ihren Unterhalt und denjenigen der von ihr abhängigen Personen aufkommen.

Die geschützten Personen sollen in allen Fällen Beiträge aus ihrem Heimatland, von der Schutzmacht oder den in Artikel 30 erwähnten Wohltätigkeitsgesellschaften empfangen können.

Art. 40

Die geschützten Personen dürfen nur im gleichen Ausmass wie die Angehörigen der am Konflikt beteiligten Partei, auf deren Gebiet sie sich befinden, zur Arbeit gezwungen werden.

Wenn die geschützten Personen feindlicher Staatsangehörigkeit sind, dürfen sie nur zu Arbeiten gezwungen werden, die normalerweise zur Sicherstellung der Ernährung, der Unterbringung, der Bekleidung, des Transports und der Gesundheit menschlicher Wesen nötig sind und die nicht in direkter Beziehung mit der Führung der militärischen Operationen stehen.

In allen in den vorhergehenden Absätzen erwähnten Fällen sollen die zur Arbeit gezwungenen geschützten Personen die gleichen Arbeitsbedingungen und dieselben Schutzmassnahmen geniessen wie die einheimischen Arbeiter, namentlich was die Entlöhnung, die Arbeitsdauer, die Ausrüstung, die Vorbildung und die Entschädigung für Arbeitsunfälle und Berufskrankheiten betrifft.

Im Falle der Verletzung der oben erwähnten Vorschriften sind die geschützten Personen ermächtigt, gemäss Artikel 30 ihr Beschwerderecht auszuüben.

Art. 41

Erachtet die Macht, in deren Händen die geschützten Personen sich befinden, die im vorliegenden Abkommen erwähnten Kontrollmassnahmen als ungenügend, so bilden Zuweisung eines Zwangsaufenthalts oder Internierung gemäss den Bestimmungen der Artikel 42 und 43 die strengsten Kontrollmassnahmen, zu welchen sie greifen darf.

Bei der Anwendung der Bestimmungen von Artikel 39 Absatz 2 auf Fälle von Personen, die zur Aufgabe ihres gewöhnlichen Wohnsitzes gezwungen sind auf Grund einer Entscheidung, die sie zu einem Zwangsaufenthalt an einem andern Orte nötigt, soll sich der Gewahrsamsstaat so peinlich als möglich an die Regeln für die Behandlung von Internierten (Teil III Abschnitt IV des vorliegenden Abkommens) halten.

Art. 42

Die Internierung der geschützten Personen oder die Zuweisung eines Zwangsaufenthalts an diese darf nur angeordnet werden, wenn es die Sicherheit der Macht, in deren Händen sich diese Personen befinden, unbedingt erfordert.

Wenn eine Person durch Vermittlung der Vertreter der Schutzmacht ihre freiwillige Internierung verlangt und wenn ihre Lage dies erfordert, soll die Internierung durch die Macht vorgenommen werden, in deren Händen sie sich befindet.

Art. 43

Jede geschützte Person, die interniert oder der ein Zwangsaufenthalt zugewiesen worden ist, hat ein Anrecht darauf, dass ein Gerichtshof oder ein zuständiger, zu diesem Zwecke vom Gewahrsamsstaat geschaffener Verwaltungsausschuss innert kürzester Frist die betreffende Entscheidung überprüft. Wird die Internierung oder die Zuweisung eines Zwangsaufenthalts aufrechterhalten, soll das Gericht oder der Verwaltungsausschuss periodisch, zumindest aber zweimal jährlich, den Fall dieser Person prüfen im Hinblick auf eine Änderung der ersten Entscheidung zu ihren Gunsten, falls es die Umstände erlauben.

Sofern sich die betreffenden geschützten Personen dem nicht widersetzen, soll der Gewahrsamsstaat die Namen der geschützten Personen, die interniert oder einem Zwangsaufenthalt unterworfen oder aus der Internierung oder dem Zwangsaufenthalt entlassen worden sind, so rasch als möglich zur Kenntnis der Schutzmacht bringen. Unter dem gleichen Vorbehalt sollen auch die Entscheidungen der in Absatz 1 des vorliegenden Artikels erwähnten Gerichte oder Verwaltungsausschüsse so rasch als möglich der Schutzmacht mitgeteilt werden.

Art. 44

Bei der Anwendung der durch das vorliegende Abkommen vorgesehenen Kontrollmassnahmen soll der Gewahrsamsstaat die Flüchtlinge, die in Wirklichkeit den Schutz keiner Regierung geniessen, nicht ausschliesslich auf Grund ihrer rechtlichen Zugehörigkeit zu einem feindlichen Staat als feindliche Ausländer behandeln.

Art. 45

Die geschützten Personen dürfen nicht einer Macht übergeben werden, die an diesem Abkommen nicht beteiligt ist.

Diese Bestimmung darf jedoch der Heimschaffung der geschützten Personen oder ihrer Rückkehr in den Staat, in dem sie ihren Wohnsitz haben, nach dem Ende der Feindseligkeiten nicht im Wege stehen.

Geschützte Personen dürfen vom Gewahrsamsstaat nur dann einer Macht übergeben werden, die an diesem Abkommen beteiligt ist, wenn er sich vergewissert hat, dass die fragliche Macht willens und in der Lage ist, das Abkommen anzuwenden. Wenn geschützte Personen unter diesen Umständen übergeben werden, übernimmt die sie aufnehmende Macht die Verantwortung für die Anwendung des Abkommens, solange sie ihr anvertraut sind. Sollte diese Macht indessen die Bestimmungen des Abkommens nicht in allen wichtigen Punkten einhalten, so hat die Macht, die die geschützten Personen übergeben hat, auf Anzeige der Schutzmacht hin wirksame Massnahmen zu ergreifen, um Abhilfe zu schaffen, oder die Rückgabe der geschützten Personen zu verlangen. Einem solchen Verlangen muss stattgegeben werden.

Eine geschützte Person darf auf keinen Fall in ein Land übergeführt werden, in dem sie Verfolgungen wegen ihrer politischen und religiösen Überzeugung befürchten muss.

Die Bestimmungen dieses Artikels bilden kein Hindernis für die Auslieferung von geschützten Personen, die eines Verbrechens des gemeinen Rechts angeklagt sind, auf Grund von Auslieferungsverträgen, die vor Ausbruch der Feindseligkeiten abgeschlossen wurden.

Art. 46

Sofern einschränkende Massnahmen in bezug auf geschützte Personen nicht bereits früher rückgängig gemacht worden sind, sollen sie nach Abschluss der Feindseligkeiten so rasch als möglich aufgehoben werden.

Einschränkende Massnahmen in bezug auf ihr Eigentum sollen nach Abschluss der Feindseligkeiten gemäss der Gesetzgebung des Gewahrsamsstaates sobald als möglich aufgehoben werden.

Abschnitt III
Besetzte Gebiete

Art. 47

Den geschützten Personen, die sich in besetztem Gebiet befinden, sollen in keinem Falle und auf keine Weise die Vorteile des vorliegenden Abkommens entzogen werden, weder irgendeiner Veränderung wegen, die sich als Folge der Besetzung in den Institutionen oder der Regierung des in Frage stehenden Gebietes ergeben könnte, noch auf Grund einer zwischen den Behörden des besetzten Gebietes und der Besetzungsmacht abgeschlossenen Vereinbarung, noch auf Grund der Einverleibung des ganzen oder eines Teils des besetzten Gebietes durch die Besetzungsmacht.

Art. 48

Geschützte Personen, die nicht Staatsangehörige der Macht sind, deren Gebiet besetzt ist, können unter den in Artikel 35 vorgesehenen Bedingungen das Recht zum Verlassen des Gebietes in Anspruch nehmen. Die Entscheidungen sollen auf Grund der Verfahrensvorschriften getroffen werden, die die Besetzungsmacht in Übereinstimmung mit dem erwähnten Artikel aufzustellen hat.

Art. 49

Zwangsweise Einzel- oder Massenumsiedlungen sowie Deportationen von geschützten Personen aus besetztem Gebiet nach dem Gebiet der Besetzungsmacht oder dem irgendeines anderen besetzten oder unbesetzten Staates sind ohne Rücksicht auf ihren Beweggrund verboten.

Immerhin kann die Besetzungsmacht eine vollständige oder teilweise Evakuierung eines bestimmten besetzten Gebietes durchführen, wenn die Sicherheit der Bevölkerung oder zwingende militärische Gründe dies erfordern. Solche Evakuierungen dürfen nicht die Umsiedlungen von geschützten Personen in Gebiete ausserhalb der Grenzen des besetzten Gebietes zur Folge haben, es sei denn, eine solche Umsiedlung liesse sich aus materiellen Gründen nicht vermeiden. Unmittelbar nach Beendigung der Feindseligkeiten in dem in Frage stehenden Gebiet soll die so evakuierte Bevölkerung in ihre Heimstätten zurückgeführt werden.

Die Besetzungsmacht hat bei der Durchführung derartiger Umsiedlungen oder Evakuierungen im Rahmen des Möglichen dafür zu sorgen, dass angemessene Unterkunft für die Aufnahme der geschützten Personen vorgesehen wird, dass die Umsiedlung in bezug auf Sauberkeit, Hygiene, Sicherheit und Verpflegung unter befriedigenden Bedingungen durchgeführt wird und Mitglieder derselben Familie nicht voneinander getrennt werden.

Die Schutzmacht soll von allen Umsiedlungen und Evakuierungen verständigt werden, sobald sie stattgefunden haben.

Die Besetzungsmacht darf geschützte Personen nicht einer in besonders den Kriegsgefahren ausgesetzten Gegend zurückhalten, sofern nicht die Sicherheit der Bevölkerung oder zwingende militärische Gründe dies erfordern.

Die Besetzungsmacht darf nicht Teile ihrer eigenen Zivilbevölkerung in das von ihr besetzte Gebiet deportieren oder umsiedeln.

Art. 50

Die Besetzungsmacht soll in Zusammenarbeit mit den Landes- und Ortsbehörden den geordneten Betrieb der Einrichtungen erleichtern, die zur Pflege und Erziehung der Kinder dienen.

Sie soll alle notwendigen Massnahmen ergreifen, um die Identifizierung der Kinder und die Eintragung ihrer Familienzugehörigkeit zu erleichtern. Keinesfalls darf sie ihren Personalstatus ändern noch sie in von ihr abhängige Formationen oder Organisationen einreihen.

Sollten die lokalen Einrichtungen unzulänglich sein, so hat die Besetzungsmacht die notwendigen Vorkehren zu treffen, um den Unterhalt und die Erziehung der Waisen und der infolge des Krieges von ihren Eltern getrennten Kinder sicherzustellen. Dies soll wenn möglich durch Personen ihrer Staatsangehörigkeit, Sprache und Religion erfolgen, sofern nicht ein naher Verwandter oder Freund für sie sorgen kann.

Eine besondere Abteilung des auf Grund der Bestimmungen von Artikel 136 geschaffenen Büros ist beauftragt, alle notwendigen Schritte zu unternehmen, um diejenigen Kinder zu identifizieren, deren Identität ungewiss ist. Angaben, die man über ihre Eltern oder andere nahe Verwandte gegebenenfalls besitzt, sollen immer aufgezeichnet werden.

Die Besetzungsmacht soll die Anwendung irgendwelcher Vorzugsmassnahmen in bezug auf die Ernährung, ärztliche Pflege und Schutz vor Kriegsfolgen nicht behindern, welche gegebenenfalls bereits vor der Besetzung zugunsten von Kindern unter fünfzehn Jahren, schwangeren Frauen und Müttern von Kindern unter sieben Jahren durchgeführt wurden.

Art. 51

Die Besetzungsmacht kann geschützte Personen nicht zwingen, in ihren bewaffneten Kräften oder Hilfskräften Dienst zu leisten. Jeder Druck oder jede Propaganda, die auf freiwilligen Eintritt in die bewaffneten Kräfte oder Hilfsdienste abzielt, ist verboten.

Sie darf geschützte Personen nur dann zur Arbeit zwingen, wenn sie über achtzehn Jahre alt sind und auch dann nur zu Arbeiten, die für die Bedürfnisse der Besetzungsarmee oder für die öffentlichen Dienste, für die Ernährung, Unterbringung, Bekleidung, für den Transport oder die Gesundheit der Bevölkerung des besetzten Landes notwendig sind. Die geschützten Personen dürfen nicht zu irgendeiner Arbeit gezwungen werden, die sie verpflichten würde, an militärischen Operationen teilzunehmen. Die Besetzungsmacht kann geschützte Personen nicht zwingen, Einrichtungen, in denen sie die ihnen auferlegte Arbeit verrichten, unter Anwendung von Gewalt zu schützen.

Die Arbeit darf nur innerhalb des besetzten Gebietes geleistet werden, in welchem die betreffenden Personen sich befinden. Jede solche Person soll soweit als möglich auf ihrem gewohnten Arbeitsplatz verwendet werden. Die Arbeit soll angemessen bezahlt und den körperlichen und geistigen Fähigkeiten der Arbeitenden angepasst sein. Die im besetzten Lande in Kraft stehende Gesetzgebung betreffend die Arbeitsbedingungen und Schutzmassnahmen, insbesondere in bezug auf Löhne, Arbeitsdauer, Ausrüstung, Vorbildung und Entschädigungen für Arbeitsunfälle und Berufskrankheiten, ist auf die geschützten Personen anzuwenden, die zu Arbeiten herangezogen werden, von denen im vorliegenden Artikel die Rede ist.

In keinem Falle darf die Rekrutierung von Arbeitskräften zu einer Mobilisierung von Arbeitern in Organisationen militärischen oder halbmilitärischen Charakters führen.

Art. 52

Kein Vertrag, kein Übereinkommen oder keine Vorschrift kann das Recht irgendeines freiwilligen oder unfreiwilligen Arbeiters beeinträchtigen, sich, wo immer er sich befindet, an die Vertreter der Schutzmacht zu wenden, um deren Intervention zu verlangen.

Alle Massnahmen, die darauf abzielen, Arbeitslosigkeit zu schaffen oder die Arbeitsmöglichkeiten der Arbeiter eines besetzten Gebietes zu beschränken, um sie auf diese Weise zur Arbeit für die Besetzungsmacht zu gewinnen, sind verboten.

Art. 53

Es ist der Besetzungsmacht verboten, bewegliche oder unbewegliche Güter zu zerstören, die persönliches oder gemeinschaftliches Eigentum von Privatpersonen, Eigentum des Staates oder öffentlicher Körperschaften, sozialer oder genossenschaftlicher Organisationen sind, ausser in Fällen, wo solche Zerstörungen wegen militärischer Operationen unerlässlich werden sollten.

Art. 54

Es ist der Besetzungsmacht verboten, den Status der Beamten, Behördemitglieder oder Richter des besetzten Gebietes zu ändern oder gegen sie Sanktionen oder irgendwelche Zwangsmassnahmen oder diskriminierende Massnahmen zu ergreifen, weil sie sich aus Gewissensgründen enthalten, ihre Funktionen zu erfüllen.

Dieses Verbot verhindert weder die Anwendung von Artikel 51 Absatz 2 noch berührt es das Recht der Besetzungsmacht, Inhaber öffentlicher Ämter von ihren Posten zu entheben.

Art. 55

Die Besetzungsmacht hat die Pflicht, die Versorgung der Bevölkerung mit Nahrungs- und Arzneimitteln mit allen ihr zur Verfügung stehenden Mitteln sicherzustellen; insbesondere hat sie Lebensmittel, medizinische Ausrüstungen und alle anderen notwendigen Artikel einzuführen, falls die Hilfsquellen des besetzten Gebietes nicht ausreichen.

Die Besetzungsmacht darf keine im besetzten Gebiete befindlichen Lebensmittel, Waren oder medizinischen Ausrüstungen requirieren, ausgenommen für die Besetzungskräfte und -verwaltung. und auch dann nur unter Berücksichtigung der Bedürfnisse der Zivilbevölkerung. Unter Vorbehalt der Bestimmungen anderer internationaler Abkommen hat die Besetzungsmacht die notwendigen Vorkehren zu treffen, damit eine gerechte Entschädigung für die requirierten Güter gezahlt wird.

Die Schutzmächte können jederzeit ohne weiteres den Stand der Versorgung mit Lebensmitteln und Medikamenten in den besetzten Gebieten untersuchen, unter Vorbehalt von zeitweiligen Beschränkungen, die aus zwingenden militärischen Erfordernissen auferlegt werden könnten.

Art. 56

Die Besetzungsmacht ist verpflichtet, mit allen ihr zur Verfügung stehenden Mitteln in Zusammenarbeit mit den Landes- und Ortsbehörden die Einrichtungen und Dienste für ärztliche Behandlung und Spitalpflege sowie das öffentliche Gesundheitswesen im besetzten Gebiet zu sichern und aufrechtzuerhalten, insbesondere durch Einführung und Anwendung der notwendigen Vorbeugungs- und Vorsichtsmassnahmen zur Bekämpfung der Ausbreitung von ansteckenden Krankheiten und Epidemien. Das ärztliche Personal aller Kategorien ist ermächtigt, seine Aufgaben zu erfüllen.

Wenn neue Spitäler im besetzten Gebiet geschaffen werden und wenn die zuständigen Organe des besetzten Staates dort ihre Funktionen nicht mehr ausüben, sollen die Besetzungsbehörden, falls es nötig sein sollte, die in Artikel 18 vorgesehene Anerkennung gewähren. Unter ähnlichen Umständen haben die Besetzungsbehörden ebenfalls dem Spitalpersonal und den Transportfahrzeugen gemäss den Bestimmungen der Artikel 20 und 21 die Anerkennung zu gewähren.

Bei der Ergreifung von Gesundheits- und Hygienemassnahmen sowie bei ihrer Durchführung soll die Besetzungsmacht das moralische und ethische Empfinden der Bevölkerung des besetzten Gebietes berücksichtigen.

Art. 57

Die Besetzungsmacht darf Zivilspitäler nur vorübergehend und nur im Falle dringender Notwenigkeit requirieren, um verwundete und kranke Militärpersonen zu pflegen, und dann nur unter der Bedingung, dass in nützlicher Frist geeignete Massnahmen getroffen werden, um die Pflege und Behandlung der hospitalisierten Personen sicherzustellen und die Bedürfnisse der Zivilbevölkerung zu befriedigen.

Das Material und die Vorräte der Zivilspitäler dürfen nicht requiriert werden, solange sie für die Bedürfnisse der Zivilbevölkerung notwendig sind.

Art. 58

Die Besetzungsmacht soll den Geistlichen gestatten, den Mitgliedern ihrer religiösen Gemeinschaften geistlichen Beistand zu leisten.

Die Besetzungsmacht soll ebenfalls die Sendungen von Büchern und Gegenständen, die zur Befriedigung religiöser Bedürfnisse notwendig sind, annehmen und ihre Verteilung im besetzten Gebiet erleichtern.

Art. 59

Wenn die Bevölkerung eines besetzten Gebietes oder ein Teil derselben ungenügend versorgt wird, soll die Besetzungsmacht Hilfsaktionen zugunsten dieser Bevölkerung gestatten und sie mit allen ihr zur Verfügung stehenden Mitteln erleichtern.

Solche Hilfsaktionen, die entweder durch Staaten oder durch eine unparteiische humanitäre Organisation, wie das Internationale Komitee vom Roten Kreuz, unternommen werden können, sollen insbesondere aus Lebensmittel-, Arznei- und Kleidungssendungen bestehen.

Alle Vertragsstaaten haben die freie Durchfuhr dieser Sendungen zu gestatten und ihren Schutz zu gewährleisten.

Eine Macht, die die freie Durchfuhr von Sendungen gewährt, die für ein von einer feindlichen Partei besetztes Gebiet bestimmt sind, hat jedoch das Recht, die Sendungen zu prüfen, ihre Durchfuhr nach vorgeschriebenen Zeiten und Wegen zu regeln und von der Schutzmacht ausreichende Zusicherungen zu verlangen, dass diese Sendungen zur Hilfeleistung an die notleidende Bevölkerung bestimmt sind und nicht zum Vorteil der Besetzungsmacht verwendet werden.

Art. 60

Die Hilfssendungen entbinden die Besetzungsmacht in keiner Weise von den ihr durch die Artikel 55, 56 und 59 auferlegten Verantwortlichkeiten. Sie darf die Hilfssendungen auf keine Weise für einen anderen als den vorbestimmten Zweck verwenden, ausgenommen in Fällen dringender Notwendigkeit, im Interesse der Bevölkerung des besetzten Gebietes und mit Zustimmung der Schutzmacht.

Art. 61

Die Verteilung der in den vorhergehenden Artikeln erwähnten Hilfssendungen soll unter der Mitwirkung und Aufsicht der Schutzmacht durchgeführt werden. Diese Aufgabe kann durch ein Übereinkommen zwischen Besetzungs- und Schutzmacht auch einem neutralen Staat, dem Internationalen Komitee vom Roten Kreuz oder irgendeiner unparteiischen humanitären Organisation übertragen werden.

Solche Hilfsmassnahmen sollen im besetzten Gebiete von allen Abgaben, Steuern oder Zöllen befreit sein, es sei denn, diese seien im Interesse der Wirtschaft des betreffenden Gebietes notwendig. Die Besetzungsmacht hat die rasche Verteilung dieser Sendungen zu erleichtern.

Alle Vertragsparteien sollen sich bemühen, die unentgeltliche Durchfuhr und Beförderung dieser für besetzte Gebiete bestimmten Hilfssendungen zu gestatten.

Art. 62

Unter Vorbehalt von zwingenden Sicherheitsgründen können die in besetztem Gebiet befindlichen geschützten Personen an sie gerichtete private Hilfssendungen empfangen.

Art. 63

Unter Vorbehalt von vorübergehenden von der Besetzungsmacht ausnahmsweise aus zwingenden Sicherheitsgründen auferlegten Massnahmen:

a. können die anerkannten nationalen Gesellschaften des Roten Kreuzes (des Roten Halbmondes, des Roten Löwen mit roter Sonne) ihre Tätigkeit gemäss den Grundsätzen des Roten Kreuzes fortsetzen, wie sie von den internationalen Rotkreuzkonferenzen festgelegt worden sind. Die andern Hilfsgesellschaften sollen ihre humanitäre Tätigkeit unter ähnlichen Bedingungen fortsetzen können;

b. kann die Besetzungsmacht nicht Veränderungen im Personal oder in der Zusammensetzung dieser Gesellschaften verlangen, die der oben erwähnten Tätigkeit zum Nachteil gereichen könnten.

Die gleichen Grundsätze sollen auf die Tätigkeit und das Personal von besonderen Organisationen nicht militärischen Charakters angewendet werden, welche bereits bestehen oder noch geschaffen werden könnten, um die Lebensbedingungen der Zivilbevölkerung durch Aufrechterhaltung der lebenswichtigen öffentlichen Dienste, durch Verteilung von Hilfsmitteln und durch Organisierung von Rettungsaktionen zu sichern.

Art. 64

Die Strafgesetze des besetzten Gebietes bleiben in Kraft, ausser wenn sie durch die Besetzungsmacht endgültig oder vorübergehend ausser Kraft gesetzt werden, weil sie eine Gefahr für die Sicherheit dieser Macht oder ein Hindernis bei der Anwendung des vorliegenden Abkommens darstellen. Unter Vorbehalt dieser letzteren Erwägung und der Notwendigkeit, eine wirksame Justizverwaltung zu gewährleisten, sollen die Gerichte des besetzten Gebietes fortfahren, alle durch die erwähnten Gesetze erfassten Vergehen zu behandeln.

Immerhin kann die Besetzungsmacht die Bevölkerung des besetzten Gebietes Bestimmungen unterwerfen, die unerlässlich sind zur Erfüllung der ihr durch das vorliegende Abkommen auferlegten Verpflichtungen, zur Aufrechterhaltung einer ordentlichen Verwaltung des Gebietes und zur Gewährleistung der Sicherheit sowohl der Besetzungsmacht als auch der Mitglieder und des Eigentums der Besetzungsstreitkräfte oder -verwaltung sowie der durch sie benützten Anlagen und Verbindungslinien.

Art. 65

Die durch die Besetzungsmacht erlassenen Strafbestimmungen treten erst dann in Kraft, wenn sie veröffentlicht und der Bevölkerung in ihrer Sprache zur Kenntnis gebracht worden sind. Sie können keine rückwirkende Kraft haben.

Art. 66

Die Besetzungsmacht kann die Angeklagten im Falle einer Verletzung der von ihr kraft Artikel 64 Absatz 2 erlassenen Strafbestimmungen vor ihre nichtpolitischen und ordnungsmässig gebildeten Militärgerichte stellen, unter der Bedingung, dass diese im besetzten Gebiet tagen. Die Rechtsmittelgerichte sollen vorzugsweise im besetzten Gebiet tagen.

Art. 67

Die Gerichte dürfen nur jene Gesetzesbestimmungen anwenden, die vor der Begehung der strafbaren Handlung gegolten haben und in Übereinstimmung mit den allgemeinen Rechtsgrundsätzen stehen, insbesondere mit dem Grundsatz, dass die Strafe der Schwere des Vergehens angemessen sein soll. Sie haben in Betracht zu ziehen, dass der Angeklagte kein Staatsangehöriger der Besetzungsmacht ist.

Art. 68

Begeht eine geschützte Person eine strafbare Handlung, die ausschliesslich den Zweck verfolgt, der Besetzungsmacht zu schaden, die aber keinen Angriff auf das Leben oder die körperliche Unversehrtheit der Angehörigen der Besetzungsstreitkräfte oder -verwaltung darstellt, noch eine ernste Gemeingefahr schafft, noch dem Eigentum der Besetzungsstreitkräfte oder -verwaltung, noch den durch sie benützten Einrichtungen wesentlichen Schaden zufügt, ist diese Person mit Internierung oder einfacher Haft zu bestrafen, wobei die Dauer dieser Internierung oder Haft der

Schwere der begangenen strafbaren Handlung zu entsprechen hat. Im weitern ist Internierung oder Haft für solche strafbaren Handlungen die einzige freiheitsentziehende Massnahme, die gegen geschützte Personen getroffen werden kann. Die in Artikel 66 des vorliegenden Abkommens vorgesehenen Gerichte können nach ihrem Ermessen die Haft in eine Internierung von gleicher Dauer umwandeln.

Die von der Besetzungsmacht gemäss den Artikeln 64 und 65 erlassenen Strafbestimmungen können die Todesstrafe für geschützte Personen nur dann vorsehen, wenn diese Personen der Spionage, schwerer Sabotageakte an militärischen Einrichtungen der Besetzungsmacht oder vorsätzlicher strafbarer Handlungen schuldig sind, die den Tod einer oder mehrerer Personen verursacht haben, und wenn die Gesetze des besetzten Gebietes, die vor dem Beginn der Besetzung in Kraft standen, für solche Fälle die Todesstrafe vorsehen.

Die Todesstrafe kann gegen eine geschützte Person nur ausgesprochen werden, wenn das Gericht ganz besonders auf die Tatsache aufmerksam gemacht wurde, dass der Angeklagte, da er nicht Angehöriger der Besetzungsmacht ist, durch keinerlei Treuepflicht ihr gegenüber gebunden ist.

Keinesfalls kann die Todesstrafe gegen eine geschützte Person ausgesprochen werden, die zur Zeit der Begehung der strafbaren Handlung noch nicht achtzehn Jahre alt war.

Art. 69

In allen Fällen ist die Dauer der Untersuchungshaft auf die über eine angeklagte geschützte Person verhängte Gefängnisstrafe anzurechnen.

Art. 70

Geschützte Personen dürfen von der Besetzungsmacht nicht verhaftet, verfolgt oder verurteilt werden wegen vor der Besetzung oder während einer vorübergehenden Unterbrechung derselben begangener Handlungen oder geäusserter Meinungen, Verstösse gegen die Gesetze und Gebräuche des Krieges vorbehalten.

Angehörige der Besetzungsmacht, die vor Ausbruch des Konflikts im besetzten Gebiete Zuflucht gesucht haben, dürfen nicht verhaftet, verfolgt, verurteilt oder aus dem besetzten Gebiete deportiert werden, es sei denn wegen nach Ausbruch der Feindseligkeiten begangener strafbarer Handlungen oder vor Ausbruch der Feindseligkeiten begangener gemeinrechtlicher Vergehen, die nach dem Recht des besetzten Staates die Auslieferung auch in Friedenszeiten gerechtfertigt hätten.

Art. 71

Die zuständigen Gerichte der Besetzungsmacht können ohne ein vorhergehendes ordentliches Verfahren niemanden verurteilen.

Jeder von der Besetzungsmacht gerichtlich verfolgte Beschuldigte soll ohne Verzug schriftlich, in einer ihm verständlichen Sprache, von den gegen ihn erhobenen Anschuldigungen eingehend in Kenntnis gesetzt und sein Fall soll so rasch als möglich zur Verhandlung gebracht werden. Die Schutzmacht soll von jedem durch die Besetzungsmacht gegen geschützte Personen eingeleiteten Verfahren in Kenntnis gesetzt werden, wenn die Anklage zu einem Todesurteil oder zur Verhängung einer Gefängnisstrafe von zwei oder mehr Jahren führen könnte; sie kann sich jederzeit über den Stand des Verfahrens unterrichten. Des weitern hat die Schutzmacht das Recht, auf Verlangen alle Auskünfte über solche und alle anderen von der Besetzungsmacht gegen geschützte Personen eingeleiteten Verfahren zu erhalten.

Die Anzeige an die Schutzmacht, wie sie in Absatz 2 dieses Artikels vorgesehen ist, soll unverzüglich erfolgen und in jedem Falle die Schutzmacht drei Wochen vor dem Zeitpunkt der ersten Verhandlung erreichen. Die Verhandlung darf nicht stattfinden, wenn nicht bei ihrer Eröffnung der Beweis erbracht wird, dass die Bestimmungen dieses Artikels restlos eingehalten wurden. Die Anzeige soll insbesondere folgende Punkte enthalten:

a. Angaben über Person des Angeklagten;

b. Wohnort oder Gewahrsamsort;

c. genaue Bezeichnung des oder der Anklagepunkte (mit Erwähnung der Strafbestimmungen, auf die sie sich stützen);

d. Bezeichnung des Gerichtes, welches den Fall behandeln wird;

e. Ort und Zeitpunkt der ersten Verhandlung.

Art. 72

Jeder Angeklagte hat das Recht, die zu seiner Verteidigung notwendigen Beweismittel geltend zu machen und kann insbesondere Zeugen vorladen lassen. Er hat das Recht auf Beistand durch einen geeigneten Verteidiger seiner Wahl, der ihn ungehindert besuchen kann und dem alle zur Vorbereitung der Verteidigung notwendigen Erleichterungen zu gewähren sind.

Hat der Angeklagte keinen Verteidiger gewählt, so hat die Schutzmacht ihm einen zu bestellen. Sollte der Angeklagte sich gegen eine schwere Anklage zu verantworten haben und einer Schutzmacht entbehren, hat ihm die Besetzungsmacht unter Vorbehalt seiner Zustimmung einen Verteidiger zu bestellen.

Jeder Angeklagte soll, sofern er nicht freiwillig darauf verzichtet, sowohl während der Untersuchung als auch bei der Gerichtsverhandlung von einem Dolmetscher unterstützt werden. Er kann den Dolmetscher jederzeit zurückweisen und seine Ersetzung verlangen.

Art. 73

Jeder Verurteilte hat das Recht, diejenigen Rechtsmittel zu ergreifen, die durch die vom Gericht angewendete Gesetzgebung vorgesehen sind. Er soll vollständig über die ihm zustehenden Rechtsmittel wie auch über die zu ihrer Einbringung gesetzten Fristen aufgeklärt werden.

Das in diesem Abschnitt vorgesehene Strafverfahren soll, soweit anwendbar, auch bei Rechtsmitteln angewendet werden. Sehen die durch das Gericht angewendeten Gesetze keine Möglichkeit für Einlegung eines Rechtsmittels vor, so hat der Verurteilte das Recht, gegen den Schuldspruch und die Verurteilung bei der zuständigen Behörde der Besetzungsmacht Rechtsmittel einzulegen.

Art. 74

Die Vertreter der Schutzmacht haben das Recht, den Verhandlungen jedes Gerichts beizuwohnen, das über eine geschützte Person befindet, sofern nicht die Verhandlungen ausnahmsweise im Interesse der Sicherheit der Besetzungsmacht unter Ausschluss der Öffentlichkeit stattfinden müssen, wovon die Besetzungsmacht die Schutzmacht zu verständigen hat. Ort und Zeitpunkt des Beginns der Verhandlungen sollen der Schutzmacht bekanntgegeben werden.

Alle Verurteilungen zum Tode oder zu einer Freiheitsstrafe von zwei oder mehr Jahren sollen unter Angabe der Gründe so rasch als möglich der Schutzmacht mitgeteilt werden. Die Bekanntgabe soll Bezug nehmen auf die gemäss Artikel 71 erfolgte Anzeige und im Falle der Verurteilung zu einer Freiheitsstrafe den Namen des Ortes enthalten, wo das Urteil vollzogen wird. Die übrigen Urteile sollen in den Gerichtsakten festgehalten und können durch Vertreter der Schutzmacht eingesehen werden. Im Falle einer Verurteilung zum Tode oder zu einer Freiheitsstrafe von zwei oder mehr Jahren beginnen die Rechtsmittelfristen erst in dem Augenblick zu laufen, in dem die Schutzmacht vom Urteil Kenntnis erhalten hat.

Art. 75

In keinem Fall sollen zum Tode Verurteilte des Rechtes beraubt sein, ein Gnadengesuch einzureichen.

Kein Todesurteil soll vor Ablauf einer Frist von wenigstens sechs Monaten vollstreckt werden, vom Zeitpunkt an gerechnet, in dem die Schutzmacht die Mitteilung über das endgültige Urteil, das die Todesstrafe bestätigt, oder über die Entscheidung, die das Gnadengesuch ablehnt, erhalten hat.

Diese Frist von sechs Monaten kann in bestimmten Einzelfällen gekürzt werden, wenn infolge ernster und kritischer Umstände die Sicherheit der Besetzungsmacht oder ihrer bewaffneten Kräfte einer organisierten Bedrohung ausgesetzt ist; die Schutzmacht soll jedoch von einer solchen Fristverkürzung stets unterrichtet werden und sie soll stets die Möglichkeit haben, innerhalb angemessener Zeit bei den zuständigen Besetzungsbehörden wegen dieser Todesurteile Vorstellungen zu erheben.

Art. 76

Die einer strafbaren Handlung beschuldigten geschützten Personen sollen im besetzten Gebiet gefangengehalten werden und, falls sie verurteilt werden, dort ihre Strafe verbüssen. Sie sollen wenn möglich von den anderen Gefangenen getrennt werden; die Bedingungen der Ernährung und Hygiene, denen sie unterworfen sind, sollen genügen, um sie in einem guten Gesundheitszustand zu erhalten, und sollen wenigstens den Bedingungen der Strafanstalten des besetzten Landes gleichkommen.

Sie sollen die ärztliche Betreuung erhalten, die ihr Gesundheitszustand erfordert.

Sie sollen ebenfalls das Recht haben, den geistlichen Beistand zu empfangen, um den sie gegebenenfalls ersuchen.

Frauen sollen in gesonderten Räumlichkeiten untergebracht und unter die unmittelbare Überwachung von Frauen gestellt werden.

Gebührende Aufmerksamkeit soll der den Minderjährigen zukommenden besonderen Behandlung geschenkt werden.

Gefangengehaltene geschützte Personen haben das Recht, den Besuch von Delegierten der Schutzmacht und des Internationalen Komitees vom Roten Kreuz gemäss den Bestimmungen von Artikel 143 zu empfangen.

Ferner sind sie berechtigt, monatlich wenigstens ein Lebensmittelpaket zu erhalten.

Art. 77

Die vor Gerichten im besetzten Gebiet angeklagten oder von diesen verurteilten geschützten Personen sollen bei Beendigung der Besetzung den Behörden des befreiten Gebietes mit den sie betreffenden Akten übergeben werden.

Art. 78

Wenn die Besetzungsmacht es aus zwingenden Sicherheitsgründen als notwendig erachtet, Sicherheitsmassnahmen in bezug auf geschützte Personen zu ergreifen, kann sie ihnen höchstens einen Zwangsaufenthalt auferlegen oder sie internieren.

Die Entscheidungen über den Zwangsaufenthalt oder die Internierung sollen in einem ordentlichen Verfahren getroffen werden, das von der Besetzungsmacht entsprechend den Bestimmungen des vorliegenden Abkommens festzulegen ist. Dieses Verfahren hat für die betroffenen Personen das Recht auf Einlegung von Rechtsmitteln vorzusehen. Über Rechtsmittel soll so rasch als möglich entschieden werden. Werden Entscheidungen aufrechterhalten, sollen sie einer periodischen, wenn möglich halbjährlichen Überprüfung durch eine zuständige, von der erwähnten Macht eingesetzte Behörde unterzogen werden.

Geschützte Personen, denen ein Zwangsaufenthalt zugewiesen wird und die infolgedessen zum Verlassen ihres Wohnsitzes gezwungen sind, sollen in den vollen Genuss der Bestimmungen von Artikel 39 des vorliegenden Abkommens gelangen.

Abschnitt IV
Vorschriften für die Behandlung von Internierten
Kapitel I
Allgemeine Bestimmungen

Art. 79

Die am Konflikt beteiligten Parteien dürfen geschützte Personen nur gemäss den Bestimmungen der Artikel 41,42,43,68 und 78 internieren.

Art. 80

Die Internierten behalten ihre volle bürgerliche Rechtsfähigkeit und können die daraus erwachsenden Rechte geltend machen, soweit sie mit ihrem Status als Internierte vereinbar sind.

Art. 81

Die am Konflikt beteiligten Parteien, die geschützte Personen internieren, sind gehalten, unentgeltlich für ihren Unterhalt aufzukommen und ihnen ebenfalls die ärztliche Pflege angedeihen zu lassen, die ihr Gesundheitszustand erfordert.

Von den Zulagen, Entlöhnungen und Guthaben der Internierten darf zur Begleichung dieser Kosten keinerlei Abzug gemacht werden.

Der Gewahrsamsstaat soll für den Unterhalt der von den Internierten abhängigen Personen aufkommen, wenn diese ohne ausreichende Existenzmittel oder unfähig sind, ihr Leben selbst zu verdienen.

Art. 82

Der Gewahrsamsstaat hat die Internierten soweit als möglich nach ihrer Nationalität, ihrer Sprache und ihren Gebräuchen gruppiert unterzubringen. Die dem gleichen Lande angehörenden Internierten dürfen nicht lediglich wegen der Verschiedenheit ihrer Sprache getrennt werden.

Während der ganzen Dauer ihrer Internierung sollen die Mitglieder derselben Familie und namentlich die Eltern und ihre Kinder am gleichen Internierungsort vereinigt werden, mit Ausnahme der Fälle, in denen die Erfordernisse der Arbeit, Gesundheitsgründe oder die Anwendung der in Kapitel IX dieses Abschnitts vorgesehenen Bestimmungen eine vorübergehende Trennung notwendig machen. Die Internierten können verlangen, dass ihre Kinder, die ohne elterliche Überwachung in Freiheit gelassen werden, mit ihnen interniert werden.

Wo immer möglich, sollen die internierten Mitglieder derselben Familie zusammen in den gleichen Räumen und von den andern Internierten getrennt untergebracht werden; es sollen ihnen ebenfalls die notwendigen Erleichterungen zur Führung eines Familienlebens gewährt werden.

Kapitel II
Internierungsorte

Art. 83

Der Gewahrsamsstaat darf die Internierungsorte nicht in Gebieten anlegen, die Kriegsgefahren besonders ausgesetzt sind.

Der Gewahrsamsstaat soll durch Vermittlung der Schutzmächte den feindlichen Mächten alle nützlichen Angaben über die geographische Lage der Internierungsorte zugehen lassen.

Wenn immer die militärischen Erwägungen es erlauben, sollen die Internierungslager so mit den Buchstaben IC gekennzeichnet sein, dass sie tagsüber aus der Luft deutlich erkannt werden können; die betreffenden Mächte können sich jedoch über ein anderes Mittel der Kennzeichnung einigen. Kein anderer Ort als ein Internierungslager darf auf diese Weise gekennzeichnet sein.

Art. 84

Internierte sollen getrennt von den Kriegsgefangenen und den aus irgendeinem anderen Grund der Freiheit beraubten Personen untergebracht und betreut werden.

Art. 85

Der Gewahrsamsstaat ist verpflichtet, alle notwendigen und möglichen Massnahmen zu ergreifen, damit die geschützten Personen von Beginn ihrer Internierung an in Gebäuden oder Quartieren untergebracht werden, die jegliche Gewähr in bezug auf Hygiene und Reinlichkeit sowie wirksamen Schutz vor den Unbilden der Witterung und den Folgen des Krieges bieten. Auf keinen Fall sollen ständige Internierungsorte in ungesunden Gegenden oder in Gebieten gelegen sein, deren Klima für die Internierten schädlich sein könnte. In allen Fällen, in denen sie vorübergehend in einer ungesunden Gegend oder in einem Gebiet interniert werden, dessen Klima ihrer Gesundheit schädlich ist, sollen die geschützten Personen so rasch, als es die Umstände erlauben, an einen zuträglicheren Internierungsort verbracht werden.

Die Räume sollen vollkommen vor Feuchtigkeit geschützt und, namentlich zwischen dem Einbruch der Dunkelheit und dem Beginn der Nachtruhe, genügend geheizt und beleuchtet sein. Die Schlafräume sollen ausreichend gross und gut gelüftet sein. Die Internierten sollen über passendes Bettzeug und Decken in genügender Zahl verfügen, wobei dem Klima und dem Alter, dem Geschlecht und dem Gesundheitszustand der Internierten Rechnung zu tragen ist.

Den Internierten sollen tags und nachts sanitäre Einrichtungen zur Verfügung stehen, die den Erfordernissen der Hygiene entsprechen und dauernd sauber zu halten sind. Sie sollen genügend Wasser und Seife für ihre tägliche Körperpflege und die Reinigung ihrer Wäsche erhalten; die hiefür nötigen Einrichtungen und Erleichterungen sind ihnen zu gewähren. Ausserdem sollen sie über Duschen und Badeeinrichtungen verfügen. Für ihre Körperpflege und die Reinigungsarbeiten ist ihnen die nötige Zeit einzuräumen.

Wenn immer es nötig wird, ausnahmsweise und vorübergehend internierte Frauen, die nicht einer Familiengruppe angehören, am gleichen Internierungsort wie Männer unterzubringen, müssen sie unbedingt über getrennte Schlafräume und sanitäre Einrichtungen verfügen.

Art. 86

Der Gewahrsamsstaat soll den Internierten jeglicher Konfession die passenden Räume zur Ausübung ihres Gottesdienstes zur Verfügung stellen.

Art. 87

Sofern die Internierten nicht über ähnliche andere Erleichterungen verfügen, sollen an allen Internierungsorten Kantinen eingerichtet werden, damit sie in der Lage sind, sich zu Preisen, die keinesfalls jene des lokalen Handels übersteigen dürfen, Lebensmittel und Gebrauchsgegenstände, einschliesslich Seife und Tabak, zu beschaffen, die dazu beitragen, ihr Wohlbefinden und ihren persönlichen Komfort zu steigern.

Die Überschüsse der Kantinen sollen einem besonderen Unterstützungsfonds gutgeschrieben werden, welcher in jedem Internierungsort geschaffen und zum Nutzen der Internierten des betreffenden Internierungsortes verwaltet werden soll. Der in Artikel 102 vorgesehene Interniertenausschuss hat das Recht, die Verwaltung der Kantine und dieses Fonds zu überprüfen.

Bei der Auflösung eines Internierungsortes ist der Überschuss des Unterstützungsfonds auf einen Unterstützungsfonds eines anderen Internierungsortes für Internierte der gleichen Staatsangehörigkeit oder, wenn ein solcher nicht besteht, auf einen zentralen Unterstützungsfonds zu übertragen, der zum Nutzen aller in der Gewalt des Gewahrsamsstaates verbliebenen Internierten verwaltet wird. Im Falle allgemeiner Freilassung sind diese Überschüsse vom Gewahrsamsstaat aufzubewahren, falls keine gegenteiligen Abmachungen zwischen den beteiligten Mächten getroffen worden sind.

Art. 88

In allen Internierungsorten, die Luftangriffen und andern Kriegsgefahren ausgesetzt sind, sollen geeignete Schutzräume in genügender Zahl errichtet werden, um den notwendigen Schutz zu gewährleisten. Im Falle eines Alarms sollen sich die Internierten so rasch als möglich dorthin begeben können, mit Ausnahme jener, die am Schutze ihrer Unterkunftsräume gegen diese Gefahren teilnehmen. Jede zugunsten der Bevölkerung ergriffene Schutzmassnahme soll auch ihnen zugute kommen.

In den Internierungsorten sind ausreichende Vorsichtsmassregeln gegen Feuersgefahr zu treffen.

Kapitel III
Ernährung und Bekleidung

Art. 89

Die tägliche Lebensmittelration der Internierten soll in Menge, Beschaffenheit und Abwechslung ausreichend sein, um ihnen einen normalen Gesundheitszustand zu gewährleisten und um Mangelerscheinungen zu verhindern. Den Ernährungsgewohnheiten der Internierten soll ebenfalls Rechnung getragen werden.

Ausserdem soll den Internierten die Möglichkeit zur Zubereitung der zusätzlichen Lebensmittel gegeben werden, über die sie unter Umständen verfügen.

Trinkwasser soll ihnen in genügender Menge geliefert werden. Tabakgenuss soll gestattet sein.

Arbeitende Internierte sollen eine der Natur ihrer Arbeit entsprechende Zusatzration erhalten.

Schwangere Frauen und Wöchnerinnen sowie Kinder unter 15 Jahren sollen eine ihren physiologischen Bedürfnissen entsprechende Zusatzration erhalten.

Art. 90

Den Internierten sind bei ihrer Festnahme alle Erleichterungen zu gewähren, um sich mit Kleidung, Schuhen und Leibwäsche auszustatten und sich auch späterhin nach Bedürfnis damit einzudecken. Wenn die Internierten keine für das Klima ausreichenden Kleider besitzen und sich solche auch nicht beschaffen können, soll sie der Gewahrsamsstaat unentgeltlich ausstatten.

Die den Internierten vom Gewahrsamsstaat gelieferten Kleider und die darauf angebrachten äusseren Kennzeichen dürfen weder entehrenden Charakter haben noch zur Lächerlichkeit Anlass geben.

Die Arbeiter sollen einen Arbeitsanzug erhalten, einschliesslich geeigneter Schutzkleidung, wenn immer die Art ihrer Arbeit dies erfordert.

Kapitel IV
Hygiene und ärztliche Betreuung

Art. 91

Jeder Internierungsort soll eine unter der Leitung eines qualifizierten Arztes stehende geeignete Krankenabteilung besitzen, wo die Internierten die erforderliche Pflege und die entsprechende Diät erhalten können. Für die von ansteckenden oder Geisteskrankheiten befallenen Kranken sollen Absonderungsräume bereitgestellt werden.

Wöchnerinnen und Internierte, die von einer schweren Krankheit befallen sind oder deren Zustand eine besondere Behandlung, einen chirurgischen Eingriff oder Spitalpflege nötig macht, müssen in jedem für ihre Behandlung geeigneten Krankenhaus zugelassen werden. Sie sollen dort keine schlechtere Pflege erhalten als die gesamte Bevölkerung.

Die Internierten sollen vorzugsweise durch ärztliches Personal ihrer eigenen Staatsangehörigkeit behandelt werden.

Die Internierten dürfen nicht gehindert werden, sich den ärztlichen Behörden zur Untersuchung zu stellen. Die ärztlichen Behörden des Gewahrsamsstaates haben jedem behandelten Internierten auf Verlangen eine amtliche Bescheinigung auszuhändigen, die die Art seiner Krankheit oder seiner Verletzungen, die Dauer der Behandlung und die erhaltene Pflege angibt. Ein Doppel dieser Bescheinigung ist der in Artikel 140 vorgesehenen Zentralstelle zu übermitteln.

Die Behandlung wie auch die Beschaffung aller für die Aufrechterhaltung eines guten Gesundheitszustandes der Internierten benötigten Behelfe, namentlich künstlicher Zähne und anderer Prothesen sowie von Brillen, soll für die Internierten unentgeltlich erfolgen.

Art. 92

Mindestens einmal monatlich sollen die Internierten einer ärztlichen Untersuchung unterworfen werden. Der Zweck ist insbesondere, den allgemeinen Gesundheits-, Ernährungs- und Sauberkeitszustand zu überwachen sowie die ansteckenden Krankheiten, namentlich Tuberkulose, Geschlechtskrankheiten und Malaria, festzustellen. Sie soll namentlich auch die Kontrolle des Gewichts jedes Internierten und mindestens einmal jährlich eine Röntgendurchleuchtung umfassen.

Kapitel V
Religion, körperliche und geistige Betätigung

Art. 93

Den Internierten soll in der Ausübung ihres Glaubens, einschliesslich der Teilnahme an Gottesdiensten, volle Freiheit gewährt werden, vorausgesetzt, dass sie die normalen Ordnungsvorschriften der Gewahrsamsbehörden befolgen.

Den internierten Geistlichen ist es gestattet, ihr Amt unter ihren Glaubensgenossen uneingeschränkt auszuüben. Zu diesem Zwecke hat der Gewahrsamsstaat darauf zu achten, dass sie in gerechter Weise auf die verschiedenen Internierungsorte verteilt werden, in denen sich die gleiche Sprache sprechende und dem gleichen Glauben angehörende Internierte befinden. Sind nicht genügend Geistliche vorhanden, so soll er ihnen die notwendigen Erleichterungen, unter anderem die Benützung von Transportmitteln, gewähren, um sich von einem Internierungsort zum andern zu begeben; sie sollen ermächtigt sein, die in Spitälern befindlichen Internierten zu besuchen. Die Geistlichen sollen zur Ausübung ihres Amtes volle Freiheit in der Korrespondenz mit den religiösen Behörden des Gewahrsamsstaates und, soweit möglich, mit den internationalen religiösen Organisationen ihres Glaubens geniessen. Diese Korrespondenz soll nicht als Teil des in Artikel 107 erwähnten Kontingentes gelten, jedoch den Bestimmungen des Artikels 112 unterstellt sein.

Wenn Internierte über keinen Beistand von Geistlichen ihres Glaubens verfügen oder deren Zahl nicht genügend ist, können die kirchlichen Ortsbehörden des gleichen Glaubens, im Einverständnis mit dem Gewahrsamsstaat, einen Geistlichen des Bekenntnisses der betreffenden Internierten oder, wenn dies vom konfessionellen Gesichtspunkt aus möglich ist, einen Geistlichen eines ähnlichen Bekenntnisses oder einen befähigten Laien bezeichnen. Letzterer soll die Vorteile geniessen, die mit dem übernommenen Amt verbunden sind. Die so ernannten Personen haben alle vom Gewahrsamsstaat im Interesse der Disziplin und der Sicherheit erlassenen Vorschriften zu befolgen.

Art. 94

Der Gewahrsamsstaat soll die geistige, erzieherische, sportliche sowie die der Erholung geltende Betätigung der Internierten fördern, wobei ihnen volle Freiheit zu lassen ist, daran teilzunehmen oder nicht. Er soll alle möglichen Massnahmen ergreifen, um deren Ausübung zu gewährleisten und den Internierten namentlich passende Räume zur Verfügung stellen.

Alle möglichen Erleichterungen sollen den Internierten gewährt werden, um ihnen zu gestatten, ihre Studien fortzuführen oder neue zu beginnen. Der Unterhalt für die Kinder und Jugendlichen soll gewährleistet sein; sie können Schulen entweder innerhalb oder ausserhalb des Internierungsortes besuchen.

Den Internierten soll die Möglichkeit geboten werden, sich körperlichen Übungen, dem Sport und Spielen im Freien zu widmen. Zu diesem Zwecke sind in allen Internierungsorten ausreichende offene Plätze zur Verfügung zu stellen. Kindern und Jugendlichen sollen besondere Spielplätze vorbehalten sein.

Art. 95

Der Gewahrsamsstaat darf Internierte nur auf ihren Wunsch hin als Arbeiter beschäftigen. Auf jeden Fall sind verboten: die Beschäftigung, welche, wenn sie einer nicht internierten geschützten Person auferlegt wird, eine Verletzung von Artikel 40 oder 51 des vorliegenden Abkommens bedeuten würde, sowie die Verwendung zu allen Arbeiten erniedrigender und entehrender Art.

Nach einer Arbeitsperiode von sechs Wochen können die Internierten die Arbeit jederzeit unter Beachtung einer achttägigen Kündigungsfrist aufgeben.

Diese Bestimmungen beschränken nicht das Recht des Gewahrsamsstaates, die internierten Ärzte, Zahnärzte und anderen Mitglieder des Sanitätspersonals zur Ausübung ihres Berufes zum Wohle ihrer Mitinternierten anzuhalten, oder Internierte zu Verwaltungs- und Unterhaltsarbeiten für den Internierungsort heranzuziehen und diese Personen mit Küchen- und anderen Haushaltarbeiten zu beauftragen; und schliesslich sie zu Arbeiten heranzuziehen, die dazu bestimmt sind, die Internierten gegen Luftangriffe und anderen aus dem Kriege erwachsende Gefahren zu schützen. Kein Internierter darf jedoch zur Ausübung von Arbeiten genötigt werden, für die ihn ein Arzt der Verwaltung körperlich untauglich erklärt hat.

Der Gewahrsamsstaat trägt die volle Verantwortung für alle Arbeitsbedingungen, für die ärztliche Pflege, für die Bezahlung der Löhne und für die Entschädigung für Arbeitsunfälle und Berufskrankheiten. Die Arbeitsbedingungen wie auch die Entschädigung für Arbeitsunfälle und Berufskrankheiten sollen der nationalen Gesetzgebung und der bestehenden Praxis entsprechen; sie dürfen auf keinen Fall schlechter sein als jene, die für eine Arbeit der gleichen Art in derselben Gegend Anwendung finden. Die Löhne sollen in gerechter Weise durch Vereinbarung zwischen dem Gewahrsamsstaat, den Internierten und gegebenenfalls den andern Arbeitgebern als dem Gewahrsamsstaat festgesetzt werden, wobei der Verpflichtung des Gewahrsamsstaates Rechnung zu tragen ist, unentgeltlich für den Unterhalt des Internierten zu sorgen und ihm gleichfalls die ärztliche Pflege, die sein Gesundheitszustand erfordert, angedeihen zu lassen. Die dauernd zu Arbeiten, wie sie in Absatz

3 umschrieben sind, herangezogenen Internierten sollen vom Gewahrsamsstaat eine gerechte Entlöhnung erhalten; die Arbeitsbedingungen und die Entschädigungen für Arbeitsunfälle und Berufskrankheiten sollen nicht schlechter sein als jene, die für eine Arbeit der gleichen Art in derselben Gegend Anwendung finden.

Art. 96

Jede Arbeitsgruppe soll einem Internierungsort unterstellt sein. Die zuständigen Behörden des Gewahrsamsstaates und der Kommandant dieses Internierungsortes sind dafür verantwortlich, dass die Bestimmungen des vorliegenden Abkommens in den Arbeitsgruppen beachtet werden. Der Kommandant hat ein stets nachgeführtes Verzeichnis der ihm unterstehenden Arbeitsgruppen zu führen und es den Delegierten der Schutzmacht, des Internationalen Komitees vom Roten Kreuz oder anderer humanitärer Organisationen, welche die Internierungsorte besuchen, vorzuweisen.

Kapitel VI
Persönliches Eigentum und Geldmittel

Art. 97

Die Internierten sollen ihre persönlichen Gebrauchsgegenstände und Effekten behalten können. Geldbeträge, Schecks, Wertpapiere usw. wie auch die Wertgegenstände, die sie besitzen, können ihnen nur gemäss dem feststehenden Verfahren abgenommen werden. Es soll ihnen hiefür eine detaillierte Empfangsbestätigung ausgestellt werden.

Die Geldbeträge sollen dem Konto jedes Internierten, wie es in Artikel 98 vorgesehen ist, gutgeschrieben werden; sie dürfen nicht in eine andere Währung umgewechselt werden, ausser wenn die Gesetzgebung des Gebietes, in dem der Eigentümer interniert ist, dies verlangt oder der Internierte seine Zustimmung gibt.

Gegenstände, die vor allem persönlichen oder gefühlsmässigen Wert besitzen, dürfen ihnen nicht abgenommen werden.

Eine internierte Frau darf nur von einer Frau durchsucht werden.

Bei ihrer Freilassung oder ihrer Heimschaffung sollen die Internierten das Guthaben ihres gemäss Artikel 98 geführten Kontos in Geld sowie alle Gegenstände, Geldbeträge, Schecks, Wertpapiere usw., die ihnen während ihrer Internierung abgenommen wurden, zurückerhalten, mit Ausnahme jener Gegenstände oder Werte, die der Gewahrsamsstaat auf Grund seiner in Kraft stehenden Gesetzgebung zurückbehält. Wenn das Eigentum eines Internierten auf Grund dieser Gesetzgebung zurückbehalten wird, soll der Betreffende eine detaillierte Bescheinigung erhalten.

Die im Besitze der Internierten befindlichen Familienurkunden und Identitätsausweise dürfen ihnen nur gegen Empfangsbestätigung abgenommen werden. Zu keinem Zeitpunkt dürfen die Internierten ohne Identitätsausweis belassen werden. Wenn sie keinen solchen besitzen, sollen sie besondere Ausweise erhalten, die von den Gewahrsamsbehörden auszustellen sind und ihnen bis zum Ende der Internierung die Identitätsausweise ersetzen.

Die Internierten sollen eine gewisse Summe Geld in bar oder in Form von Gutscheinen auf sich tragen dürfen, um Einkäufe besorgen zu können.

Art. 98

Allen Internierten sollen regelmässig Beträge ausbezahlt werden, damit sie Lebensmittel und Artikel wie Tabakwaren, Toilettenartikel usw. kaufen können. Diese Auszahlungen können in Form von Krediten oder Einkaufsgutscheinen erfolgen.

Überdies können die Internierten Unterstützungen der Macht, der sie angehören, der Schutzmächte, der Organisationen, die ihnen gegebenenfalls Hilfe gewähren, oder ihrer Familien wie auch, entsprechend der Gesetzgebung des Gewahrsamsstaates, die Einkünfte aus ihrem Eigentum entgegennehmen. Die Höhe der vom Heimatstaat ausgerichteten Unterstützungen soll für jede Interniertenkategorie (Schwache, Kranke, schwangere Frauen usw.) die gleiche sein. Für die Festsetzung dieser Beiträge durch den Heimatstaat und die Verteilung durch den Gewahrsamsstaat dürfen nicht die in Artikel 27 des vorliegenden Abkommens verbotenen Benachteiligungen die Grundlage bilden.

Für jeden Internierten hat der Gewahrsamsstaat ein ordentliches Konto zu unterhalten, welchem die in diesem Artikel erwähnten Beträge, die vom Internierten verdienten Löhne sowie die ihm gegebenenfalls zugehenden Geldsendungen gutgeschrieben werden. Auch die ihm abgenommenen Beträge, die auf Grund der in dem Gebiete, indem er sich befindet, in Kraft stehenden Gesetzgebung verfügbar sein können, sollen seinem Konto gutgeschrieben werden. Dem Internierten soll jede Erleichterung gewährt werden, die mit der im betreffenden Gebiet in Kraft stehenden Gesetzgebung vereinbar ist, um seiner Familie und den von ihm wirtschaftlich abhängigen Personen Unterstützungsgelder zuzusenden. Er soll von seinem Konto die für seine persönlichen Ausgaben notwendigen Beträge innerhalb der vom Gewahrsamsstaat festgelegten Grenzen abheben können. Ferner sollen ihm jederzeit angemessene Erleichterungen gewährt werden, um in sein Konto Einsicht zu nehmen oder Auszüge davon zu erhalten. Dieses Konto ist der Schutzmacht auf Ersuchen mitzuteilen und folgt dem Internierten im Falle seiner Versetzung.

Kapitel VII
Verwaltung und Disziplin

Art. 99

Jeder Internierungsort soll der Befehlsgewalt eines verantwortlichen Offiziers oder Beamten unterstellt werden, der aus den regulären Militärstreitkräften oder der regulären Zivilverwaltung des Gewahrsamsstaates ausgewählt wird. Der den Internierungsort befehligende Offizier oder Beamte soll den Text des vorliegenden Abkommens in der offiziellen oder einer der offiziellen Sprachen seines Landes besitzen und für dessen Anwendung verantwortlich sein. Das Überwachungspersonal soll über die Bestimmungen des vorliegenden Abkommens sowie über die zu seiner Anwendung erlassenen Vorschriften unterrichtet werden.

Der Text des vorliegenden Abkommens sowie die Texte der gemäss dem vorliegenden Abkommen getroffenen besondern Abmachungen sollen innerhalb des Internierungsortes in einer Sprache, welche die Internierten verstehen, angeschlagen werden oder aber sich im Besitze des Interniertenausschusses befinden.

Vorschriften, Befehle, Ankündigungen und Bekanntmachungen jeder Art sollen den Internierten mitgeteilt und innerhalb der Internierungsorte in einer Sprache, die sie verstehen, angeschlagen werden.

Alle an einzelne Internierte gerichteten Befehle und Anordnungen sind gleichfalls in einer ihnen verständlichen Sprache zu erteilen.

Art. 100

Die Disziplinarordnung in den Internierungsorten muss mit den Grundsätzen der Menschlichkeit vereinbar sein und darf auf keinen Fall Vorschriften enthalten, die den Internierten ihrer Gesundheit abträgliche körperliche Ermüdung oder Schikanen physischer oder moralischer Art auferlegen. Die Tätowierung oder Anbringung von Identifikationsmerkmalen oder -kennzeichen auf dem Körper ist verboten. Insbesondere sind verboten andauerndes Stehenlassen oder verlängerte Appelle, körperliche Strafübungen, militärischer Drill und militärische Übungen sowie Nahrungseinschränkungen.

Art. 101

Die Internierten haben das Recht, den Behörden, in deren Gewalt sie sich befinden, ihre Anliegen betreffend das Regime, dem sie unterstellt sind, vorzubringen.

Sie haben ferner das unbeschränkte Recht, sich entweder durch Vermittlung des Interniertenausschusses oder, wenn sie es für notwendig erachten, direkt an die Vertreter der Schutzmacht zu wenden, um ihnen die Punkte zur Kenntnis zu bringen, über welche sie Beschwerden hinsichtlich der Internierungsbedingungen vorzubringen haben.

Diese Anliegen und Beschwerden sollen unverändert und mit aller Beschleunigung weitergeleitet werden. Selbst wenn sie sich als unbegründet erweisen, dürfen sie nicht Anlass zu irgendeiner Bestrafung geben.

Die Interniertenausschüsse können den Vertretern der Schutzmacht regelmässige Berichte über die Lage in den Internierungsorten und über die Bedürfnisse der Internierten zustellen.

Art. 102

An jedem Internierungsort sollen die Internierten alle sechs Monate und in geheimer Wahl die Mitglieder eines Ausschusses frei wählen können, der beauftragt ist, sie bei den Behörden des Gewahrsamsstaates, bei den Schutzmächten, beim Internationalen Komitee vom Roten Kreuz und bei jeder andern Organisation, die ihnen hilft, zu vertreten. Die Mitglieder dieses Ausschusses sind wieder wählbar.

Die gewählten Internierten sollen ihre Funktionen übernehmen, sobald ihre Wahl die Zustimmung der Gewahrsamsbehörden erhalten hat. Die Gründe für eine etwaige Weigerung oder Absetzung sollen den betreffenden Schutzmächten mitgeteilt werden.

Art. 103

Die Interniertenausschüsse sollen zum körperlichen, moralischen und geistigen Wohlergehen der Internierten beitragen.

Namentlich wenn die Internierten beschliessen sollten, unter sich ein gegenseitiges Unterstützungssystem zu organisieren, soll diese Organisation zur Zuständigkeit der Ausschüsse gehören, ungeachtet der besonderen Aufgaben, die ihnen durch andere Bestimmungen des vorliegenden Abkommens auferlegt sind.

Art. 104

Die Mitglieder der Interniertenausschüsse sollen nicht zu einer andern Arbeit gezwungen werden, wenn dies die Erfüllung ihrer Funktionen erschweren könnte.

Die Ausschussmitglieder können unter den Internierten die von ihnen benötigten Hilfskräfte bezeichnen. Alle materiellen Erleichterungen, vor allem eine gewisse für die Erfüllung ihrer Aufgaben (Besuche der Arbeitsgruppen, Inempfangnahme von Versorgungsgütern usw.) notwendige Freizügigkeit, sollen ihnen gewährt werden.

Für ihre postalische und telegrafische Korrespondenz mit den Gewahrsamsbehörden, den Schutzmächten, dem Internationalen Komitee vom Roten Kreuz und ihren Delegierten sowie mit den Hilfsorganisationen für Internierte soll den Ausschussmitgliedern gleicherweise jegliche Erleichterung gewährt werden. Die gleichen Erleichterungen sollen Ausschussmitglieder in Arbeitsgruppen für ihre Korrespondenz mit ihrem Ausschuss am Hauptinterniertenort geniessen. Diese Korrespondenzen sollen weder beschränkt noch als Teil des in Artikel 107 erwähnten Kontingentes betrachtet werden.

Kein Ausschussmitglied darf versetzt werden, ohne dass ihm die vernünftigerweise notwendige Zeit eingeräumt wurde, um seinen Nachfolger mit den laufenden Geschäften vertraut zu machen.

Kapitel VIII
Beziehungen zur Aussenwelt

Art. 105

Unmittelbar nach der Internierung von geschützten Personen sollen die Gewahrsamsstaaten diesen Personen selbst, der Macht, der sie angehören, und ihrer Schutzmacht die zur Ausführung der Bestimmungen des vorliegenden Kapitels vorgesehenen Massnahmen zur Kenntnis bringen; in gleicher Weise sollen sie von jeder Änderung dieser Massnahmen Mitteilung machen.

Art. 106

Unmittelbar nach seiner Internierung oder spätestens eine Woche nach seiner Ankunft am Internierungsort und ebenso in Fällen von Krankheit oder Überführung an einen andern Internierungsort oder in ein Spital soll jedem Internierten die Gelegenheit eingeräumt werden, direkt an seine Familie und an die in Artikel 140 vorgesehene Zentralstelle eine Internierungskarte zu senden, die möglichst dem diesem Abkommen beigefügten Muster entspricht und die Empfänger von seiner Internierung, seiner Adresse und seinem Gesundheitszustand in Kenntnis setzt. Die Beförderung dieser Karten soll so rasch als möglich erfolgen und darf in keiner Weise verzögert werden.

Art. 107

Die Internierten sind ermächtigt, Briefe und Karten abzuschicken und zu empfangen. Falls der Gewahrsamsstaat es für notwendig erachtet, die Zahl der von jedem Internierten abgesandten Briefe und Karten zu beschränken, darf diese Anzahl nicht geringer sein als monatlich zwei Briefe und vier Karten, die soweit als möglich den dem vorliegenden Abkommen beigefügten Mustern entsprechen sollen. Wenn die an Internierte gerichtete Korrespondenz beschränkt werden muss, darf eine solche Beschränkung nur vom Heimatstaat, allenfalls auf Verlangen des Gewahrsamsstaates, angeordnet werden. Diese Briefe und Karten sind in angemessener Frist zu befördern und dürfen aus disziplinarischen Gründen weder auf- noch zurückgehalten werden.

Den Internierten, die seit längerer Zeit ohne Nachrichten von ihrer Familie sind oder denen es nicht möglich ist, von ihr solche zu erhalten oder ihr auf normalem Wege zugehen zu lassen, sowie jenen, die durch beträchtliche Entfernungen von den Ihren getrennt sind, soll gestattet werden, gegen Entrichtung der Telegrammgebühren in dem Geld, über das sie verfügen, Telegramme zu senden. Auch in Fällen anerkannter Dringlichkeit steht ihnen diese Vergünstigung zu.

In der Regel soll der Briefwechsel der Internierten in ihrer Muttersprache geführt werden. Die am Konflikt beteiligten Parteien können indessen Korrespondenzen auch in andern Sprachen zulassen.

Art. 108

Die Internierten sind berechtigt, durch die Post oder auf jede andere Weise Einzel- und Sammelsendungen zu empfangen, die namentlich Lebensmittel, Medikamente sowie Bücher und Gegenstände enthalten, die zur Befriedigung ihrer religiösen und Studienbedürfnisse und der Freizeitbeschäftigung dienen. Diese Sendungen können den Gewahrsamsstaat in keiner Weise von den Verpflichtungen befreien, die ihm das vorliegende Abkommen überträgt.

Sollten militärische Gründe eine Begrenzung der Anzahl dieser Sendungen erfordern, sind die Schutzmacht, das Internationale Komitee vom Roten Kreuz oder jede andere, den Internierten Hilfe bringende Organisation, die mit der Weiterleitung dieser Sendungen beauftragt sind, gebührend davon zu verständigen.

Wenn nötig sollen die Modalitäten der Beförderung von Einzel- oder Sammelsendungen Gegenstand von besondern Abmachungen zwischen den betreffenden Mächten sein, wodurch jedoch der Empfang solcher Hilfssendungen durch die Internierten auf keinen Fall verzögert werden darf. Lebensmittel- und Kleidersendungen sollen keine Bücher enthalten. Ärztliche Hilfslieferungen sollen in der Regel in Sammelpaketen versandt werden.

Art. 109

Bei Fehlen besonderer Abmachungen zwischen den am Konflikt beteiligten Parteien über das beim Empfang und bei der Verteilung von Kollektivhilfssendungen zu befolgende Vorgehen soll das dem vorliegenden Abkommen beigefügte Reglement betreffend kollektive Sendungen angewendet werden.

Die oben erwähnten besondern Abmachungen dürfen auf keinen Fall das Recht der Interniertenausschüsse beschränken, die für die Internierten bestimmten kollektiven Hilfssendungen in Empfang zu nehmen, sie zu verteilen und darüber im Interesse der Empfänger zu verfügen.

Ebensowenig dürfen diese Abmachungen das Recht der Vertreter der Schutzmacht, des Internationalen Komitees von Roten Kreuz und jeder andern mit der Weiterleitung dieser kollektiven Sendungen beauftragten Hilfsorganisation für Internierte beschränken, ihre Verteilung an die Empfänger zu überwachen.

Art. 110

Alle für die Internierten bestimmten Hilfssendungen sind von sämtlichen Einfuhr-, Zoll- und andern Gebühren befreit.

Alle Sendungen, einschliesslich der Hilfspostpakete und Geldsendungen aus andern Ländern, die an die Internierten gerichtet oder von ihnen auf dem Postweg entweder direkt oder durch Vermittlung der in Artikel 136 vorgesehenen Auskunftsbüros oder der in Artikel 140 vorgesehenen zentralen Auskunftsstelle abgeschickt werden, sollen sowohl im Ursprungs- und Bestimmungs- als auch im Durchgangsland von allen Postgebühren befreit sein. Zu diesem Zwecke sollen insbesondere die im Weltpostvertrag von 1947[11] und in den Vereinbarungen des Weltpostvereins zugunsten der in Lagern oder Zivilgefängnissen zurückgehaltenen Zivilpersonen feindlicher Staatsangehörigkeit vorgesehenen Befreiungen auf die anderen geschützten Personen ausgedehnt werden, die nach den Bestimmungen des vorliegenden Abkommens interniert wurden. Die Länder, die an diesen Vereinbarungen nicht teilnehmen, sind gehalten, die vorgesehenen Gebührenbefreiungen unter den gleichen Bedingungen zu gewähren.

Die Transportkosten der für die Internierten bestimmten Hilfssendungen, die wegen ihres Gewichtes oder aus irgendeinem andern Grunde nicht auf dem Postweg befördert werden können, fallen in allen im Herrschaftsbereich des Gewahrsamsstaates

---

11 [AS **1948** 599. AS **1953** 235]. Heute: im Weltpostvertrag von 1994 (SR **0.783.52**) und in den Abk. des Weltpostvereins (SR **0.783.522/.525**).

liegenden Gebieten zu dessen Lasten. Die andern am Abkommen beteiligten Mächte haben für die Transportkosten auf ihren Gebieten aufzukommen.

Die aus dem Transport dieser Sendungen erwachsenden Kosten, die nach den Bestimmungen der vorhergehenden Absätze nicht gedeckt sind, fallen zu Lasten des Absenders.

Die Hohen Vertragsparteien sollen sich bemühen, die Gebühren für die von den Internierten aufgegebenen oder ihnen zugestellten Telegramme im Rahmen des Möglichen zu ermässigen.

Art. 111

Sollten militärische Operationen die betreffenden Mächte verhindern, die ihnen zufallenden Verpflichtungen für den Transport der in den Artikeln 106, 107, 108 und 113 vorgesehenen Sendungen zu erfüllen, können die betreffenden Schutzmächte, das Internationale Komitee vom Roten Kreuz oder jede andere von den am Konflikt beteiligten Parteien anerkannte Organisation es übernehmen, den Transport dieser Sendungen mit passenden Mitteln (Eisenbahnen, Lastwagen, Schiffen oder Flugzeugen usw.) zu gewährleisten. Zu diesem Zwecke sollen sich die Hohen Vertragsparteien bemühen, ihnen diese Transportmittel zu verschaffen und sie zum Verkehr zuzulassen, insbesondere durch Ausstellung der notwendigen Geleitbriefe.

Diese Transportmittel können ebenfalls verwendet werden zur Beförderung von:

a. Briefschaften, Listen und Berichten, die zwischen der im Artikel 140 vorgesehenen zentralen Auskunftsstelle und den in Artikel 136 vorgesehenen nationalen Büros ausgetauscht werden;

b. Briefschaften und die Internierten betreffenden Berichten, die von den Schutzmächten, dem Internationalen Komitee vom Roten Kreuz und jeder andern den Internierten Hilfe bringenden Organisation entweder mit ihren eigenen Delegierten oder mit den am Konflikt beteiligten Parteien ausgetauscht werden.

Diese Bestimmungen beschränken keinesfalls das Recht jeder am Konflikt beteiligten Partei, wenn sie es vorzieht, andere Transporte zu organisieren und Geleitbriefe zu vereinbarten Bedingungen abzugeben.

Die aus der Verwendung dieser Transportmittel erwachsenden Kosten sollen proportional der Wichtigkeit der Sendungen von den am Konflikt beteiligten Parteien, deren Angehörigen diese Dienste zugute kommen, getragen werden.

Art. 112

Die Zensur der an die Internierten gerichteten und von ihnen abgeschickten Briefschaften soll so rasch als möglich vorgenommen werden.

Die Durchsicht der für die Internierten bestimmten Sendungen darf nicht unter Bedingungen erfolgen, welche die darin enthaltenen Lebensmittel dem Verderb aussetzen, und muss in Gegenwart des Empfängers oder eines von ihm beauftragten Kameraden vorgenommen werden. Die Abgabe der Einzel- oder Sammelsendungen an die Internierten darf nicht unter dem Vorwand von Zensurschwierigkeiten verzögert werden.

Ein aus militärischen oder politischen Gründen von einer am Konflikt beteiligten Partei erlassenes Korrespondenzverbot darf nur vorübergehender Natur sein und soll so kurz als möglich befristet sein.

Art. 113

Die Gewahrsamsstaaten sollen jede angemessene Erleichterung gewähren für die Weiterleitung – sei es durch Vermittlung der Schutzmacht oder der in Artikel 140 vorgesehenen Zentralstelle oder durch andere erforderliche Mittel – von Testamenten, Vollmachten oder allen andern für die Internierten bestimmten oder von ihnen ausgehenden Dokumenten.

In allen Fällen sollen die Gewahrsamsmächte den Internierten die Erstellung und die Beglaubigung dieser Dokumente in der vorgeschriebenen gesetzlichen Form erleichtern; sie sollen ihnen namentlich die Befragung eines Rechtsanwalts gestatten.

Art. 114

Der Gewahrsamsstaat soll den Internierten alle Erleichterungen für die Verwaltung ihres Eigentums gewähren, die mit den Internierungsbedingungen und der in Kraft befindlichen Gesetzgebung zu vereinbaren sind. Er kann ihnen zu diesem Zwecke gestatten, in dringenden Fällen und wenn es die Umstände erlauben, den Internierungsort zu verlassen.

Art. 115

In allen Fällen, in denen ein Internierter Partei in einem Verfahren vor irgendeinem Gericht ist, soll der Gewahrsamsstaat auf Ersuchen des Betreffenden das Gericht von seiner Internierung in Kenntnis setzen und innerhalb der gesetzlichen Grenzen darüber wachen, dass alle notwendigen Massnahmen ergriffen werden, damit er seiner Internierung wegen keinerlei Nachteile in bezug auf die Vorbereitung und die Durchführung seines Verfahrens oder die Vollziehung eines vom Gericht gefällten Urteils erleidet.

Art. 116

Jeder Internierte ist ermächtigt, in regelmässigen Abständen und so oft als möglich Besuche, vor allem seiner nächsten Angehörigen, zu empfangen.

In dringlichen Fällen, besonders im Falle des Todes oder schwerer Krankheit eines Verwandten, soll dem Internierten soweit möglich gestattet werden, sich zu seiner Familie zu begeben.

Kapitel IX
Straf- und Disziplinarmassnahmen

Art. 117

Unter Vorbehalt der Bestimmungen dieses Kapitels gilt für Internierte, die während der Internierung eine strafbare Handlung begehen, die in dem Gebiet, in dem sie sich befinden, in Kraft stehende Gesetzgebung weiter.

Erklären Gesetze, Vorschriften oder allgemeine Befehle von Internierten begangene Handlungen als strafbar, wenn die gleichen Handlungen nicht strafbar sind, sofern sie durch nicht internierte Personen begangen werden, dürfen diese Handlungen lediglich eine disziplinarische Bestrafung nach sich ziehen.

Ein Internierter darf nicht mehr als einmal wegen derselben Handlung oder auf Grund desselben Anklagepunktes bestraft werden.

Art. 118

Bei der Strafzumessung sollen die Gerichte oder Behörden soweit als möglich die Tatsache in Berücksichtigung ziehen, dass der Angeklagte kein Angehöriger der Gewahrsamsmacht ist. Es steht ihnen frei, das Strafmass, das für die dem Internierten vorgeworfene strafbare Handlung vorgesehen ist, zu verringern; sie sind daher nicht an die vorgeschriebene Mindeststrafe gebunden.

Jedes Einsperren in Räume ohne Tageslicht und ganz allgemein alle Arten von Grausamkeiten sind verboten.

Internierte, die eine disziplinarische oder gerichtliche Strafe verbüsst haben, sollen nicht anders als die übrigen Internierten behandelt werden.

Die Dauer der von einem Internierten erlittenen Untersuchungshaft ist auf jede Freiheitsstrafe anzurechnen, zu der er allenfalls disziplinarisch oder gerichtlich verurteilt wird.

Die Interniertenausschüsse sollen von allen gerichtlichen Verfahren, die gegen Internierte, die sie vertreten, eingeleitet werden, und von deren Ergebnis in Kenntnis gesetzt werden.

Art. 119

Den Internierten können folgende Disziplinarstrafen auferlegt werden:

1. Busse bis zu 50 Prozent des in Artikel 95 vorgesehenen Lohnes, für die Dauer von höchstens 30 Tagen;

2. Entzug von Vorteilen, welche über die im vorliegenden Abkommen vorgesehene Behandlung hinausgehend gewährt wurden;

3. befohlener Arbeitsdienst von höchstens zwei Stunden täglich, der für den Unterhalt des Internierungsortes geleistet wird;

4. Arrest.

Keinesfalls dürfen Disziplinarstrafen unmenschlich, brutal oder für die Gesundheit der Internierten gefährlich sein; Alter, Geschlecht und Gesundheitszustand des Internierten sind zu berücksichtigen.

Die Dauer einer einzigen Strafe darf niemals das Höchstmass von 30 aufeinanderfolgenden Tagen übersteigen, auch dann nicht, wenn ein Internierter im Zeitpunkt der Entscheidung über seinen Fall sich wegen verschiedener Disziplinarvergehen zu verantworten hätte, gleichgültig, ob diese Handlungen miteinander in Zusammenhang stehen oder nicht.

Art. 120

Die Internierten, die nach einer Flucht oder bei einem Fluchtversuch wieder ergriffen werden, dürfen wegen dieser Handlung, selbst im Wiederholungsfalle, lediglich disziplinarisch bestraft werden.

In Abweichung von Artikel 118 Absatz 3 können Internierte, die wegen Flucht oder Fluchtversuches bestraft wurden, einer besonderen Aufsicht unterstellt werden, jedoch nur unter der Bedingung, dass diese Überwachung ihren Gesundheitszustand nicht beeinträchtigt, an einem Internierungsort durchgeführt wird und keinen Entzug irgendeiner der ihnen durch das vorliegende Abkommen gewährten Vergünstigungen zur Folge hat.

Internierte, die an einer Flucht oder an einem Fluchtversuch mitgewirkt haben, dürfen deswegen nur disziplinarisch bestraft werden.

Art. 121

Flucht oder Fluchtversuch soll, selbst im Wiederholungsfall, nicht als erschwerender Umstand betrachtet werden, wenn der Internierte wegen eines während seiner Flucht begangenen Vergehens vor Gericht gestellt wird.

Die am Konflikt beteiligten Parteien sollen dafür sorgen, dass die zuständigen Behörden bei der Prüfung der Frage, ob eine von einem Internierten begangene strafbare Handlung disziplinarisch oder gerichtlich zu bestrafen ist, Nachsicht üben, besonders in bezug auf die Handlungen, die mit einer Flucht oder einem Fluchtversuch im Zusammenhang stehen.

Art. 122

Handlungen, die einen Verstoss gegen die Disziplin darstellen, sind unverzüglich zu untersuchen. Dies gilt besonders für die Flucht oder den Fluchtversuch. Wiederergriffene Internierte sollen so rasch als möglich den zuständigen Behörden übergeben werden.

Für alle Internierten soll die Untersuchungshaft in Disziplinarfällen auf das absolute Mindestmass beschränkt werden und vierzehn Tage nicht überschreiten; in allen Fällen soll ihre Dauer auf eine allenfalls verhängte Freiheitsstrafe angerechnet werden.

Die Bestimmungen der Artikel 124 und 125 sollen auf Internierte angewendet werden, die sich wegen eines Disziplinarvergehens in Untersuchungshaft befinden.

Art. 123

Unter Vorbehalt der Zuständigkeit der Gerichte und höheren Behörden können Disziplinarstrafen nur vom Kommandanten des Internierungsortes oder von einem verantwortlichen Offizier oder Beamten, dem er seine Disziplinarstrafgewalt übertragen hat, verhängt werden.

Bevor eine Disziplinarstrafe verhängt wird, soll der angeklagte Internierte genau über die Tatsachen ins Bild gesetzt werden, die ihm vorgeworfen werden. Es soll ihm gestattet werden, sein Verhalten zu rechtfertigen, sich zu verteidigen, Zeugen einvernehmen zu lassen und, falls notwendig, die Hilfe eines befähigten Dolmetschers zu beanspruchen. Die Entscheidung soll in Gegenwart des Angeklagten und eines Mitgliedes des Interniertenausschusses ausgesprochen werden.

Zwischen der Disziplinarentscheidung und ihrem Vollzug darf nicht mehr als ein Monat verstreichen.

Wird über einen Internierten eine weitere Disziplinarstrafe verhängt, so soll zwischen dem Vollzug jeder der Strafen ein Zeitraum von mindestens drei Tagen liegen, sobald die Dauer der einen zehn Tage oder mehr beträgt.

Der Kommandant des Interniertenortes hat ein Disziplinarstrafregister zu führen, das von den Vertretern der Schutzmacht eingesehen werden kann.

Art. 124

Auf keinen Fall dürfen Internierte in Strafanstalten (Kerker, Zuchthäuser, Gefängnisse) übergeführt werden, um dort Disziplinarstrafen zu verbüssen.

Alle Räume, in welchen Disziplinarstrafen zu verbüssen sind, sollen den sanitären Anforderungen genügen und namentlich mit einer genügenden Lagerstatt ausgestattet sein; den bestraften Internierten soll ermöglicht werden, sich sauber zu halten.

Internierte Frauen, die eine Disziplinarstrafe verbüssen, sollen in von den Männerabteilungen getrennten Räumen festgehalten und unter die unmittelbare Überwachung von Frauen gestellt werden.

Art. 125

Disziplinarisch bestrafte Internierte sollen sich täglich während mindestens zwei Stunden in der frischen Luft bewegen und aufhalten können.

Sie sollen die Erlaubnis haben, sich auf Verlangen bei der täglichen Arztvisite zu melden; sie sollen die Pflege erhalten, die ihr Gesundheitszustand erfordert, und gegebenenfalls in die Krankenabteilung des Internierungsortes oder in ein Spital verbracht werden.

Sie sollen die Erlaubnis haben, zu lesen und zu schreiben, Briefe abzusenden und zu erhalten. Pakete und Geldsendungen dagegen können ihnen bis nach Verbüssung der Strafe vorenthalten werden; in der Zwischenzeit sollen sie dem Interniertenausschuss anvertraut werden, der die in den Paketen befindlichen verderblichen Lebensmittel der Krankenabteilung übergibt.

Kein disziplinarisch bestrafter Internierter darf der Vorteile der Bestimmungen der Artikel 107 und 143 beraubt werden.

Art. 126

Die Artikel 71–76 sollen einschliesslich in analoger Weise auf Verfahren Anwendung finden, welche gegen Internierte durchgeführt werden, die sich auf dem Staatsgebiete des Gewahrsamsstaates befinden.

Kapitel X
Überführung von Internierten

Art. 127

Die Überführung von Internierten soll immer mit Menschlichkeit durchgeführt werden. Im allgemeinen soll sie mit der Eisenbahn oder andern Transportmitteln und mindestens unter den gleichen Bedingungen erfolgen wie die Verlegung der Truppen der Gewahrsamsmacht. Müssen Überführungen ausnahmsweise zu Fuss durchgeführt werden, können sie erst stattfinden, wenn der Gesundheitszustand der Internierten es erlaubt; auf keinen Fall dürfen sie ihnen übermässige Anstrengungen auferlegen.

Der Gewahrsamsstaat soll die Internierten während der Überführung mit Trinkwasser und Nahrung in genügender Menge, Güte und Abwechslung zur Erhaltung eines guten Gesundheitszustandes sowie mit Bekleidung, angemessenem Obdach und der notwendigen ärztlichen Pflege versehen. Er soll alle nützlichen Vorsichtsmassnahmen treffen, um die Sicherheit der Internierten während der Überführung zu gewährleisten, und vor der Abreise eine vollständige Liste der übergeführten Internierten aufstellen.

Kranke, verwundete oder gebrechliche Internierte sowie Wöchnerinnen sollen nicht übergeführt werden, wenn die Reise ihre Genesung beeinträchtigen könnte, es sei denn, ihre Sicherheit verlange es gebieterisch.

Nähert sich die Front einem Internierungsort, dürfen die dort befindlichen Internierten nur dann weggebracht werden, wenn dies unter ausreichenden Sicherheitsbedingungen geschehen kann oder wenn die Internierten durch den Verbleib an Ort und Stelle grösseren Gefahren ausgesetzt sind als bei einer Überführung.

Bei der Entscheidung über eine Überführung von Internierten soll der Gewahrsamsstaat die Interessen derselben berücksichtigen und namentlich ein Anwachsen der Schwierigkeiten für ihre Heimschaffung oder ihre Rückkehr in ihren Wohnort vermeiden.

Art. 128

Im Falle der Überführung sollen die Internierten offiziell von ihrer Abreise und ihrer neuen Postadresse in Kenntnis gesetzt werden. Diese Anzeige soll ihnen so frühzeitig gemacht werden, dass sie ihr Gepäck vorbereiten und ihre Familien benachrichtigen können.

Sie sind berechtigt, ihre persönlichen Effekten, ihre Briefschaften und die erhaltenen Pakete mitzunehmen; das Gewicht dieses Gepäcks kann, falls die Umstände der Überführung es erfordern, beschränkt werden, doch keinesfalls auf weniger als 25 kg für jeden Internierten.

Die Briefschaften und Pakete, die an ihren ehemaligen Internierungsort adressiert sind, sollen ihnen ohne Verzug nachgeschickt werden.

Der Kommandant des Internierungsortes hat gemeinsam mit dem Interniertenausschuss die notwendigen Massnahmen zu ergreifen, um die Überführung des Gemeinschaftseigentums der Internierten und des Gepäcks, das die Internierten infolge einer auf Grund von Absatz 2 dieses Artikels verordneten Beschränkung nicht mit sich nehmen dürfen, durchzuführen.

Kapitel XI
Todesfälle

Art. 129

Die Internierten sollen ihre Testamente den verantwortlichen Behörden zur sichern Aufbewahrung übergeben können. Im Falle des Ablebens von Internierten sollen diese Testamente ohne Verzug den durch die Internierten bezeichneten Personen übermittelt werden.

Der Tod jedes Internierten soll durch einen Arzt festgestellt werden, und es ist ein Totenschein auszufertigen, der die Todesursachen und die Umstände, unter welchen der Tod eintrat, angibt.

Gemäss den auf dem Staatsgebiet, in dem der betreffende Internierungsort liegt, geltenden Vorschriften soll eine ordnungsgemäss registrierte offizielle Todesurkunde ausgefertigt und eine beglaubigte Abschrift davon ohne Verzug der Schutzmacht sowie der in Artikel 140 vorgesehenen Zentralstelle übermittelt werden.

Art. 130

Die Gewahrsamsbehörden sollen dafür sorgen, dass die in der Gefangenschaft verstorbenen Internierten mit allen Ehren, wenn möglich gemäss den Riten der Religion, der sie angehörten, bestattet und dass ihre Gräber geachtet, angemessen unterhalten und so gekennzeichnet werden, dass sie jederzeit wieder gefunden werden können.

Die verstorbenen Internierten sollen einzeln begraben werden, sofern nicht die Beisetzung in einem Gemeinschaftsgrab infolge höherer Gewalt unumgänglich ist. Die Leichen dürfen nur aus zwingenden hygienischen Gründen oder auf Grund der Religion des Verstorbenen oder auf seinen eigenen Wunsch hin eingeäschert werden. Im Falle einer Einäscherung soll dies unter Angabe der Gründe auf der Todesurkunde des Verstorbenen vermerkt werden. Die Asche soll von den Gewahrsamsbehörden sorgfältig aufbewahrt und den nahen Verwandten auf ihr Verlangen hin so rasch als möglich übergeben werden.

Sobald die Umstände es gestatten, spätestens aber bei der Beendigung der Feindseligkeiten, soll der Gewahrsamsstaat durch Vermittlung der in Artikel 136 vorgesehenen Auskunftsbüros den Mächten, denen die verstorbenen Internierten angehörten, Listen der früher verstorbenen Internierten übermitteln. Diese Listen soffen alle Einzelheiten enthalten, die zur Identifizierung der verstorbenen Internierten und zur genauen Lokalisierung ihrer Gräber notwendig sind.

Art. 131

Nach jedem Todesfall oder jeder schweren Verletzung eines Internierten, die durch eine Wache, einen andern Internierten oder irgendeine andere Person verursacht wurden oder verursacht sein könnten, sowie nach jedem Todesfall, dessen Ursache unbekannt ist, soll vom Gewahrsamsstaat unverzüglich eine offizielle Untersuchung eingeleitet werden.

Der Schutzmacht soll darüber sofort Anzeige gemacht werden. Die Aussagen aller Zeugen sollen aufgenommen werden. Ein diese Aussagen enthaltender Bericht soll abgefasst und der genannten Macht übermittelt werden.

Erweist die Untersuchung die Schuld einer oder mehrerer Personen, soll der Gewahrsamsstaat alle Massnahmen zur gerichtlichen Verfolgung der verantwortlichen Person oder Personen ergreifen.

Kapitel XII
Freilassung, Heimschaffung und Hospitalisierung in neutralen Ländern

Art. 132

Jede internierte Person soll vom Gewahrsamsstaat freigelassen werden, sobald die Gründe, welche ihre Internierung verursacht haben, nicht mehr bestehen.

Ausserdem sollen sich die am Konflikt beteiligten Parteien bemühen, während der Dauer der Feindseligkeiten Vereinbarungen über die Freilassung, die Heimschaffung, die Rückkehr an den Wohnort oder die Hospitalisierung gewisser Kategorien von Internierten in neutralen Ländern, insbesondere von Kindern, schwangeren Frauen und Müttern mit Säuglingen und kleinen Kindern, Verwundeten und Kranken oder seit langer Zeit festgehaltenen Internierten zu treffen.

Art. 133

Die Internierung soll nach Beendigung der Feindseligkeiten so rasch als möglich aufhören.

Die auf dem Gebiete einer am Konflikt beteiligten Partei befindlichen Internierten, gegen die eine Strafverfolgung wegen Rechtsverletzungen anhängig ist, die nicht ausschliesslich disziplinarischer Massregelung unterliegen, können jedoch bis zum Abschluss des Verfahrens und gegebenenfalls bis zur Verbüssung der Strafe zurückgehalten werden. Das gleiche gilt für Internierte, die vorher zu einer Freiheitsstrafe verurteilt wurden.

Nach Beendigung der Feindseligkeiten oder der Besetzung eines Gebietes sollen durch Übereinkunft zwischen dem Gewahrsamsstaat und den interessierten Mächten Kommissionen eingesetzt werden, um verstreute Internierte zu suchen.

Art. 134

Die Hohen Vertragsparteien sollen sich bemühen, bei Beendigung der Feindseligkeiten oder der Besetzung die Rückkehr aller Internierten an ihren letzten Wohnsitz zu gewährleisten oder ihre Heimschaffung zu erleichtern.

Art. 135

Der Gewahrsamsstaat soll die Kosten für die Rückkehr der freigelassenen Internierten an die Orte, wo sie im Augenblick ihrer Internierung wohnten, oder, falls er sie im Verlaufe einer Reise oder auf hoher See festgehalten hat, für die Fortsetzung ihrer Reise oder für ihre Rückkehr an den Ausgangsort die Kosten übernehmen.

Wenn der Gewahrsamsstaat einem freigelassenen Internierten, der bereits vorher auf seinem Gebiet seinen ordentlichen Wohnsitz hatte, die Bewilligung verweigert, dort zu wohnen, so hat er die Kosten für seine Heimschaffung zu übernehmen. Wenn hingegen der Internierte es vorzieht, in sein Land zurückzukehren, und zwar auf eigene Verantwortung oder um einer Weisung der Regierung, welcher er Gehorsam schuldet, Folge zu leisten, so ist der Gewahrsamsstaat nicht verpflichtet, diese Kosten ausserhalb seines Gebietes zu übernehmen. Er ist auch nicht verpflichtet, die Kosten für die Heimschaffung eines Internierten, der auf eigenen Wunsch interniert wurde, zu zahlen.

Werden Internierte gemäss Artikel 45 überführt, so sollen sich die Macht, die sie übergibt, und jene, die sie übernimmt, über den Anteil der Kosten einigen, welche jede von ihnen zu tragen hat.

Diese Bestimmungen sollen besondere Abmachungen nicht beeinträchtigen, die zwischen den am Konflikt beteiligten Parteien in bezug auf den Austausch und die Heimschaffung ihrer in feindlicher Gewalt befindlichen Staatsangehörigen getroffen werden.

Abschnitt V
Auskunftsbüros und zentrale Auskunftsstelle

Art. 136

Bei Ausbruch eines Konflikts und in allen Fällen einer Besetzung soll jede der am Konflikt beteiligten Parteien ein offizielles Auskunftsbüro einrichten, das beauftragt ist, Auskünfte über die geschützten Personen, die sich in ihrer Gewalt befinden, zu empfangen und weiterzugeben.

Jede der am Konflikt beteiligten Parteien soll dem genannten Büro in der kürzestmöglichen Frist Mitteilungen über die Massnahmen übermitteln, die sie gegen jede seit mehr als zwei Wochen festgenommene, einem Zwangsaufenthalt unterworfene oder internierte geschützte Person ergriffen hat. Ausserdem soll sie ihre verschiedenen zuständigen Dienststellen beauftragen, dem genannten Büro umgehend Mitteilung über die im Stande dieser Personen eingetretenen Änderungen, wie Überführungen, Freilassungen, Heimschaffungen, Entweichungen, Hospitalisierungen, Geburten und Todesfälle, zu machen.

Art. 137

Das nationale Auskunftsbüro soll unverzüglich auf raschestem Wege und durch Vermittlung der Schutzmächte einerseits und der in Artikel 140 vorgesehenen Zentralstelle anderseits der Macht, welcher die oben erwähnten Personen angehören, oder der Macht, auf deren Gebiet sie ihren Wohnsitz hatten, Auskünfte über die geschützten Personen zugehen lassen. Die Büros sollen ebenfalls alle Anfragen beantworten, die in bezug auf geschützte Personen an sie gerichtet werden.

Die Auskunftsbüros sollen die eine geschützte Person betreffenden Auskünfte weiterleiten, ausser wenn ihre Weiterleitung der betreffenden Person oder ihrer Familie nachteilig sein könnte. Der Zentralstelle dürfen selbst in einem solchen Falle die Auskünfte nicht verweigert werden; sie wird, von den Umständen verständigt, die in Artikel 140 bezeichneten notwendigen Vorsichtsmassregeln treffen.

Alle schriftlichen Mitteilungen eines Büros sind durch Unterschrift oder Siegel zu beglaubigen.

Art. 138

Die vom nationalen Auskunftsbüro erhaltenen und weitergegebenen Mitteilungen soffen so gehalten sein, dass sie die genaue Identifikation der geschützten Person und die umgehende Benachrichtigung ihrer Familie erlauben. Für jede Person sollen sie mindestens den Familiennamen, die Vornamen, den Geburtsort und das vollständige Geburtsdatum, die Staatsangehörigkeit, den letzten Wohnsitz, die besondern Merkmale, den Vornamen des Vaters, den Mädchennamen der Mutter, Zeitpunkt und Art der in bezug auf die Person getroffene Massnahme, wie auch den Ort, wo diese durchgeführt wurden, die Adresse, unter welcher ihre Briefschaften zugestellt werden können, sowie den Namen und die Adresse der Person, welche benachrichtigt werden soll, enthalten.

Gleicherweise sollen regelmässig und, wenn möglich, wöchentlich Auskünfte über den Gesundheitszustand der schwerkranken oder schwer verletzten Internierten weitergeleitet werden.

Art. 139

Das nationale Auskunftsbüro ist ferner beauftragt, alle von den in Artikel 136 erwähnten geschützten Personen, besonders bei ihrer Heimschaffung, Freilassung, Entweichung oder ihrem Tod, zurückgelassenen persönlichen Wertgegenstände zu sammeln und sie den in Frage kommenden Personen direkt oder, wenn nötig, durch

Vermittlung der Zentralstelle zu übermitteln. Diese Gegenstände sollen vom Büro in versiegelten Paketen versandt werden und von einer Erklärung, welche die Identität der Person, der die Gegenstände gehörten, genau festgestellt, sowie von einem vollständigen Verzeichnis des Paketinhalts begleitet sein. Der Empfang und Versand aller Wertgegenstände dieser Art sollen detailliert im Register eingetragen werden.

Art. 140

Für geschützte Personen, insbesondere für Internierte, soll eine zentrale Auskunftsstelle in einem neutralen Land geschaffen werden. Das Internationale Komitee vom Roten Kreuz soll den in Frage kommenden Mächten, sofern es ihm notwendig erscheint, die Organisation dieser Zentralstelle vorschlagen, die dieselbe wie die in Artikel 123 des Genfer Abkommens vom 12. August 1949[12] über die Behandlung der Kriegsgefangenen vorgesehene Zentralstelle sein kann.

Diese Zentralstelle ist beauftragt, alle Auskünfte der in Artikel 136 vorgesehenen Art, die sie auf offiziellem oder privatem Wege beschaffen kann, zu sammeln. Sie soll sie so rasch wie möglich an das Herkunfts- oder Niederlassungsland der betreffenden Person weiterleiten, ausgenommen in Fällen, wo diese Weiterleitung den Personen, die diese Auskünfte betreffen, oder ihrer Familie schaden könnte. Von seiten der am Konflikt beteiligten Parteien soll diese Zentralstelle alle angemessenen Erleichterungen zur Durchführung dieser Weiterleitungen erhalten.

Die Hohen Vertragsparteien und im besondern jene, deren Angehörigen die Dienste der Zentralstelle zugute kommen, werden aufgefordert, ihr die finanzielle Hilfe angedeihen zu lassen, deren sie bedarf.

Die vorstehenden Bestimmungen dürfen nicht als eine Beschränkung der humanitären Tätigkeit des Internationalen Komitees vom Roten Kreuz und der in Artikel 142 erwähnten Hilfsgesellschaften ausgelegt werden.

Art. 141

Die nationalen Auskunftsbüros und die zentrale Auskunftsstelle sollen für alle Postsendungen Portofreiheit geniessen; auch sollen ihnen die in Artikel 110 vorgesehenen Befreiungen sowie im Rahmen des Möglichen Gebührenfreiheit oder zumindest bedeutende Gebührenermässigungen für telegrafische Mitteilungen zugute kommen.

---

[12] SR **0.518.42**

Teil IV
Vollzug des Abkommens
Abschnitt I
Allgemeine Bedingungen

Art. 142

Unter Vorbehalt der Massnahmen, die die Gewahrsamstaaten für unerlässlich erachten, um ihre Sicherheit zu gewährleisten oder jedem andern vernünftigen Erfordernis zu begegnen, sollen sie den religiösen Organisationen, Hilfsgesellschaften oder jeder andern, den geschützten Personen Hilfe bringenden Körperschaften die beste Aufnahme gewähren. Sie sollen ihnen wie auch ihren gebührend akkreditierten Delegierten alle notwendigen Erleichterungen gewähren, damit sie die geschützten Personen besuchen, Hilfssendungen und für Erziehungs-, Erholungs- oder Religionszwecke dienende Gegenstände irgendwelcher Herkunft an sie verteilen oder ihnen bei der Gestaltung der Freizeit innerhalb der Internierungsorte helfen können. Die genannten Gesellschaften oder Organisationen können auf dem Gebiete des Gewahrsamsstaates oder in einem andern Land gegründet werden oder aber internationalen Charakter haben.

Der Gewahrsamsstaat kann die Anzahl der Gesellschaften und Organisationen, deren Delegierte ermächtigt sind, ihre Tätigkeit auf seinem Gebiet und unter seiner Aufsicht auszuüben, begrenzen; durch eine solche Begrenzung darf jedoch die wirksame und ausreichende Hilfeleistung an alle geschützten Personen nicht behindert werden.

Die besondere Stellung des Internationalen Komitees vom Roten Kreuz auf diesem Gebiete soll jederzeit anerkannt und respektiert werden.

Art. 143

Die Vertreter oder Delegierten der Schutzmächte sind ermächtigt, sich an alle Orte zu begeben, wo sich geschützte Personen befinden, namentlich an alle Internierungs-, Gefangenhaltungs- und Arbeitsorte.

Sie sollen zu allen von geschützten Personen benützten Räumlichkeiten Zutritt haben und sich mit ihnen ohne Zeugen, wenn nötig durch Vermittlung eines Dolmetschers, unterhalten können.

Diese Besuche dürfen nur aus zwingenden militärischen Gründen und bloss ausnahmsweise und vorübergehend untersagt werden. Ihre Häufigkeit und Dauer dürfen nicht begrenzt werden.

Den Vertretern und Delegierten der Schutzmächte ist betreffend die Wahl der Orte, die sie zu besuchen wünschen, jede Freiheit zu lassen. Der Gewahrsams- oder Besetzungsstaat, die Schutzmacht und gegebenenfalls der Heimatstaat der zu besuchenden Personen können übereinkommen, Landsleute von Internierten zur Teilnahme an diesen Besuchen zuzulassen.

Die Delegierten des Internationalen Komitees vom Roten Kreuz sollen die gleichen Vorrechte geniessen. Die Bezeichnung dieser Delegierten bedarf der Genehmigung der Macht, in deren Gewalt sich die Gebiete befinden, wo sie ihre Tätigkeit auszuüben haben.

Art. 144

Die Hohen Vertragsparteien verpflichten sich, in Friedens- und in Kriegszeiten den Wortlaut des vorliegenden Abkommens in ihren Ländern im weitestmöglichen Ausmass zu verbreiten und insbesondere sein Studium in die militärischen und wenn möglich zivilen Ausbildungsprogramme aufzunehmen, damit die Gesamtheit der Bevölkerung seine Grundsätze kennen lernen kann.

Die zivilen, militärischen, polizeilichen oder andern Behörden, die in Kriegszeiten eine Verantwortung in bezug auf geschützte Personen übernehmen, müssen den Wortlaut des Abkommens besitzen und über dessen Bestimmungen besonders unterrichtet werden.

Art. 145

Die Hohen Vertragsparteien sollen sich gegenseitig durch Vermittlung des Schweizerischen Bundesrates und während der Feindseligkeiten durch Vermittlung der Schutzmächte die amtlichen Übersetzungen des vorliegenden Abkommens sowie die Gesetze und Verordnungen zustellen, die sie zur Gewährleistung seiner Anwendung unter Umständen erlassen.

Art. 146

Die Hohen Vertragsparteien verpflichten sich, alle notwendigen gesetzgeberischen Massnahmen zur Festsetzung von angemessenen Strafbestimmungen für solche Personen zu treffen, die irgendeine der im folgenden Artikel umschriebenen schweren Verletzungen des vorliegenden Abkommens begehen oder zu einer solchen Verletzung den Befehl erteilen.

Jede Vertragspartei ist zur Ermittlung der Person verpflichtet, die der Begehung oder der Erteilung eines Befehles zur Begehung der einen oder andern dieser schweren Verletzungen beschuldigt sind und hat sie ohne Rücksicht auf ihre Staatsangehörigkeit vor ihre eigenen Gerichte zu ziehen. Wenn sie es vorzieht, kann sie sie auch gemäss den ihrer eigenen Gesetzgebung vorgesehenen Bedingungen zur Aburteilung einer andern an der Verfolgung interessierten Vertragspartei übergeben, sofern diese gegen die erwähnten Personen ausreichende Beschuldigungen nachgewiesen hat.

Jede Vertragspartei soll die notwendigen Massnahmen ergreifen, um auch diejenigen Zuwiderhandlungen gegen die Bestimmungen des vorliegenden Abkommens zu unterbinden, die nicht zu den im folgenden Artikel umschriebenen schweren Verletzungen zählen.

Unter allen Umständen müssen die Angeklagten nicht geringere Sicherheiten in bezug auf Gerichtsverfahren und freie Verteidigung geniessen als die in Artikel 105 ff. des Genfer Abkommens vom 12. August 1949[13] über die Behandlung der Kriegsgefangenen vorgesehenen.

Art. 147

Als schwere Verletzungen, wie sie im vorhergehenden Artikel erwähnt sind, gelten jene, die die eine oder andere der folgenden Handlungen umfassen, sofern sie gegen Personen oder Güter begangen werden, die durch das vorliegende Abkommen geschützt sind: vorsätzlicher Mord, Folterung oder unmenschliche Behandlung, einschliesslich biologischer Experimente, vorsätzliche Verursachung grosser Leiden oder schwere Beeinträchtigung der körperlichen Integrität der Gesundheit, ungesetzliche Deportation oder Versetzung, ungesetzliche Gefangenhaltung, Nötigung einer geschützten Person zur Dienstleistung in den bewaffneten Kräften der feindlichen Macht oder Entzug ihres Anrechts auf ein ordentliches und unparteiisches, den Vorschriften des vorliegenden Abkommens entsprechendes Gerichtsverfahren, das Nehmen von Geiseln sowie Zerstörung und Aneignung von Gut, die nicht durch militärische Erfordernisse gerechtfertigt sind und in grossem Ausmass auf unerlaubte und willkürliche Weise vorgenommen werden.

Art. 148

Eine Hohe Vertragspartei kann weder sich selbst noch eine andere Vertragspartei von den Verantwortlichkeiten befreien, die ihr selbst oder einer andern Vertragspartei auf Grund der im vorhergehenden Artikel erwähnten Verletzungen zufallen.

Art. 149

Auf Begehren einer am Konflikt beteiligten Partei soll gemäss einem zwischen den beteiligten Parteien festzusetzenden Verfahren eine Untersuchung eingeleitet werden über jede behauptete Verletzung des Abkommens.

Kann über das Untersuchungsverfahren keine Übereinstimmung erzielt werden, so sollen sich die Parteien über die Wahl eines Schiedsrichters einigen, der über das zu befolgende Verfahren zu entscheiden hat.

Sobald die Verletzung festgestellt ist, sollen ihr die am Konflikt beteiligten Parteien ein Ende setzen und sie so rasch als möglich ahnden.

[13] SR **0.518.42**

Abschnitt II
Schlussbestimmungen

Art. 150

Das vorliegende Abkommen ist in französischer und englischer Sprache abgefasst. Beide Texte sind gleicherweise authentisch.

Der Schweizerische Bundesrat wird offizielle Übersetzungen des Abkommens in russischer und spanischer Sprache herstellen lassen.

Art. 151

Das vorliegende Abkommen, welches das Datum des heutigen Tages trägt, kann bis zum 12. Februar 1950 im Namen der Mächte unterzeichnet werden, die an der am 21. April 1949 in Genf eröffneten Konferenz vertreten waren.

Art. 152

Das vorliegende Abkommen soll sobald als möglich ratifiziert werden. Die Ratifikationsurkunden sollen in Bern hinterlegt werden.

Über die Hinterlegung jeder Ratifikationsurkunde soll ein Protokoll aufgenommen werden. Von diesem soll eine beglaubigte Abschrift durch den Schweizerischen Bundesrat allen Mächten zugestellt werden, in deren Namen das Abkommen unterzeichnet oder der Beitritt erklärt worden ist.

Art. 153

Das vorliegende Abkommen tritt sechs Monate nach Hinterlegung von mindestens zwei Ratifikationsurkunden in Kraft.

Späterhin tritt es für jede Hohe Vertragspartei sechs Monate nach Hinterlegung ihrer Ratifikationsurkunde in Kraft.

Art. 154

In den Beziehungen zwischen Mächten, die durch das Haager Abkommen betreffend die Gesetze und Gebräuche des Landkrieges gebunden sind, handle es sich um das vom 29. Juli 1899[14] oder das vom 18. Oktober 1907[15], und die am vorliegenden Abkommen teilnehmen, ergänzt dieses die Abschnitte II und III des den erwähnten Haager Abkommen beigefügten Reglements.

Art. 155

Vom Zeitpunkt seines Inkrafttretens an steht das vorliegende Abkommen auch jeder Macht zum Beitritt offen, in deren Namen es nicht unterzeichnet worden ist.

---

[14] SR **0.515.111**
[15] SR **0.515.112**

Art. 156

Der Beitritt soll dem Schweizerischen Bundesrat schriftlich mitgeteilt werden und wird sechs Monate nach dem Zeitpunkt, an dem ihm die Mitteilung zugegangen ist, wirksam.

Der Schweizerische Bundesrat soll die Beitritte allen Mächten zur Kenntnis bringen, in deren Namen das Abkommen unterzeichnet oder der Beitritt erklärt worden ist.

Art. 157

Die in den Artikeln 2 und 3 vorgesehenen Situationen verleihen den vor oder nach Beginn der Feindseligkeiten oder der Besetzung hinterlegten Ratifikationsurkunden und abgegebenen Beitrittserklärungen von den am Konflikt beteiligten Parteien sofortige Wirkung. Der Schweizerische Bundesrat soll Ratifikationen oder Beitritte der am Konflikt beteiligten Parteien auf dem schnellsten Wege bekanntgeben.

Art. 158

Jeder Hohen Vertragspartei steht es frei, das vorliegende Abkommen zu kündigen.

Die Kündigung ist dem Schweizerischen Bundesrat schriftlich anzuzeigen, der sie den Regierungen aller Hohen Vertragsparteien bekanntgibt.

Die Kündigung wird ein Jahr nach ihrer Anzeige an den Schweizerischen Bundesrat wirksam. Die angezeigte Kündigung bleibt jedoch, wenn die kündigende Macht in einen Konflikt verwickelt ist, solange unwirksam, als der Friede nicht geschlossen wurde und auf alle Fälle solange, als die Aktionen nicht abgeschlossen sind, die mit der Freilassung, Heimschaffung und Wiederansiedlung der durch das vorliegende Abkommen geschützten Personen in Zusammenhang stehen.

Die Kündigung gilt nur in bezug auf die kündigende Macht. Sie hat keinerlei Wirkung auf die Verpflichtungen, welche die am Konflikt beteiligten Parteien gemäss den Grundsätzen des Völkerrechts zu erfüllen gehalten sind, wie sie sich aus den unter zivilisierten Völkern feststehenden Gebräuchen, aus den Gesetzen der Menschlichkeit und aus den Forderungen des öffentlichen Gewissens ergeben.

Art. 159

Der Schweizerische Bundesrat wird das vorliegende Abkommen beim Sekretariat der Vereinten Nationen eintragen lassen. Er wird das Sekretariat der Vereinten Nationen ebenfalls von allen Ratifikationen, Beitritten und Kündigungen, die er in bezug auf das vorliegende Abkommen erhält, in Kenntnis setzen.

Zu Urkund dessen haben die Unterzeichneten nach Hinterlegung ihrer entsprechenden Vollmachten das vorliegende Abkommen unterzeichnet.

Gegeben in Genf am 12. August 1949 in französischer und englischer Sprache. Das Original ist im Archiv der Schweizerischen Eidgenossenschaft zu hinterlegen. Der Schweizerische Bundesrat soll jedem der unterzeichnenden und beitretenden Staaten eine beglaubigte Abschrift dieses Abkommens übermitteln.

Entwurf einer Vereinbarung über Sanitäts- und Sicherheitszonen und -orte

Art. 1

Die Sanitäts- und Sicherheitszonen sind ausschliesslich den in Artikel 23 des Genfer Abkommens vom 12. August 1949[16] zur Verbesserung des Loses der Verwundeten und Kranken der bewaffneten Kräfte im Felde und in Artikel 14 des Genfer Abkommens vom 12. August 1949 über den Schutz von Zivilpersonen in Kriegszeiten erwähnten Personen sowie dem Personal vorbehalten, das mit der Organisation und der Verwaltung dieser Zonen und Orte und mit der Pflege der dort befindlichen Personen beauftragt ist.

Personen, die innerhalb dieser Zonen ihren ständigen Wohnsitz haben, sind jedoch berechtigt, dort zu bleiben.

Art. 2

Personen, die sich, in welcher Eigenschaft es auch sei, in einer Sanitäts- und Sicherheitszone befinden, dürfen weder innerhalb noch ausserhalb derselben eine Tätigkeit ausüben, die mit den militärischen Operationen oder mit der Herstellung von Kriegsmaterial in direkter Beziehung steht.

Art. 3

Die Macht, die eine Sanitäts- und Sicherheitszone schafft, soll alle geeigneten Massnahmen ergreifen, um allen Personen, die nicht berechtigt sind, sich dorthin zu begeben oder sich dort aufzuhalten, den Zutritt zu verwehren.

Art. 4

Die Sanitäts- und Sicherheitszonen sollen folgenden Bedingungen entsprechen:

- a. sie dürfen nur einen geringen Teil des von der Macht, die sie geschaffen hat, kontrollierten Gebietes ausmachen;

- b. sie dürfen im Verhältnis zu ihrem Aufnahmevermögen nur schwach bevölkert sein;

- c. sie müssen von jedem militärischen Objekt und von jeder wichtigen Industrieanlage oder Verwaltungseinrichtung entfernt und frei sein;

- d. sie sollen sich nicht in Gebieten befinden, die aller Wahrscheinlichkeit nach von Bedeutung für die Kriegsführung sein können.

[16] SR 0.518.12

Art. 5

Die Sanitäts- und Sicherheitszonen sind folgenden Verpflichtungen unterworfen:

    a. dort befindliche Verbindungswege und Transportmittel sollen nicht, auch nicht im Durchgangsverkehr, für die Beförderung von Militärpersonen und -material benützt werden:

    b sie sollen unter keinen Umständen militärisch verteidigt werden.

Art. 6

Die Sanitäts- und Sicherheitszonen sollen durch rote Schrägbänder auf weissem Grund, die an den Umgrenzungen und auf den Gebäuden anzubringen sind, gekennzeichnet sein.

Die ausschliesslich den Verwundeten und Kranken vorbehaltenen Zonen können mit roten Kreuzen (roten Halbmonden, roten Löwen mit roten Sonnen) auf weissem Grund gekennzeichnet werden.

Nachts können sie ausserdem durch angemessene Beleuchtung gekennzeichnet werden.

Art. 7

Schon zu Friedenszeiten oder bei Ausbruch der Feindseligkeiten soll jede Macht allen Hohen Vertragsparteien die Liste der Sanitäts- und Sicherheitszonen zustellen, die auf dem ihrer Aufsicht unterstellten Gebiet errichtet sind. Sie soll sie über jede im Verlaufe des Konflikts neu errichtete Zone benachrichtigen.

Sobald die Gegenpartei die oben erwähnte Anzeige erhalten hat, gilt die Zone als ordnungsgemäss errichtet.

Wenn jedoch die Gegenpartei eine durch die vorliegende Vereinbarung gestellte Bedingung als offensichtlich nicht erfüllt betrachtet, kann sie die Anerkennung der Zone unter sofortiger Mitteilung ihrer Weigerung an die Partei, von der die Zone abhängt, verweigern oder ihre Anerkennung von der Einrichtung der in Artikel 8 vorgesehenen Kontrolle abhängig machen.

Art. 8

Jede Macht, die eine oder mehrere von der Gegenpartei errichtete Sanitäts- und Sicherheitszonen anerkannt hat, ist berechtigt, eine Prüfung durch eine oder mehrere Spezialkommissionen darüber zu verlangen, ob die Zonen die in dieser Vereinbarung festgesetzten Bedingungen und Verpflichtungen erfüllen.

Zu diesem Zwecke haben die Mitglieder der Spezialkommissionen jederzeit freien Zutritt zu den verschiedenen Zonen und können dort sogar ständig wohnen. Für die Ausübung ihrer Kontrolltätigkeit ist ihnen jede Erleichterung zu gewähren.

Art. 9

Sollten die Spezialkommissionen irgendwelche Tatsachen feststellen, die sie als den Bestimmungen dieser Vereinbarung widersprechend betrachten, so sollen sie hiervon sofort die Macht, von der die Zone abhängt, benachrichtigen, und ihr eine Frist von höchstens fünf Tagen setzen, um Abhilfe zu schaffen; sie sollen auch die Macht, welche die Zone anerkannt hat, hiervon in Kenntnis setzen.

Wenn bei Ablauf dieser Frist die Macht, von der die Zone abhängt, der an sie gerichteten Mahnung keine Folge geleistet hat, kann die Gegenpartei erklären, dass sie hinsichtlich dieser Zone nicht mehr durch diese Vereinbarung gebunden ist.

Art. 10

Die Macht, die eine oder mehrere Sanitäts- und Sicherheitszonen geschaffen hat, sowie die Gegenparteien, welchen deren Bestehen mitgeteilt wurde, sollen die Personen bezeichnen, die den in den Artikeln 8 und 9 erwähnten Spezialkommissionen angehören können, oder sie durch die Schutzmächte oder andere neutrale Mächte bezeichnen lassen.

Art. 11

Die Sanitäts- und Sicherheitszonen dürfen unter keinen Umständen angegriffen werden, sondern sollen jederzeit von den am Konflikt beteiligten Parteien geschützt und geschont werden.

Art. 12

Wird ein Gebiet besetzt, so müssen die dort befindlichen Sanitäts- und Sicherheitszonen weiterhin geschont und als solche benützt werden.

Die Besetzungsmacht kann sie indessen anderweitig verwenden, sofern sie das Los der dort befindlichen Personen sichergestellt hat.

Art. 13

Diese Vereinbarung ist auch auf jene Orte anzuwenden, welche die Mächte zum gleichen Zweck wie die Sanitäts- und Sicherheitszonen verwenden.

Reglementsentwurf betreffend kollektive Hilfe an Zivilinternierte

Art. 1

Die Interniertenausschüsse sind ermächtigt, Kollektivsendungen, für welche sie verantwortlich sind, an alle administrativ ihrem Internierungsort zugeteilten Internierten, einschliesslich der in Spitälern oder Gefängnissen oder andern Strafanstalten befindlichen, zu verteilen.

Art. 2

Die Verteilung der Kollektivhilfssendungen soll gemäss den Weisungen der Spender und einem von den Interniertenausschüssen aufgestellten Plan erfolgen. Die Verteilung von medizinischen Hilfssendungen hingegen soll vorzugsweise im Einvernehmen mit den Chefärzten vorgenommen werden; letztere können in Spitälern und Lazaretten von den genannten Weisungen in dem Mass abgehen, in dem es die Bedürfnisse der Kranken erfordern. Innerhalb des so bezeichneten Rahmens soll die Verteilung stets auf gerechte Weise erfolgen.

Art. 3

Um die Qualität wie auch die Menge der erhaltenen Waren prüfen und darüber detaillierte Berichte zuhanden der Spender abfassen zu können, sollen die Mitglieder der Interniertenausschüsse ermächtigt sein, sich an die Bahnhöfe und anderen Ankunftsorte von Kollektivhilfssendungen zu begeben, die in der Nähe ihres Internierungsortes liegen.

Art. 4

Den Interniertenausschüssen sind die nötigen Erleichterungen zu gewähren, damit sie überprüfen können, ob die Verteilung der Kollektivhilfssendungen in allen Unterabteilungen und Zweigstellen ihres Internierungsortes gemäss ihren Weisungen erfolgt.

Art. 5

Die Interniertenausschüsse sind ermächtigt, Formulare oder Fragebögen, die für die Spender bestimmt sind und auf die Kollektivhilfssendungen (ihre Verteilung, die Bedürfnisse und Mengen usw.) Bezug haben, auszufüllen und durch Mitglieder der Interniertenausschüsse in den Arbeitsgruppen oder durch die Chefärzte der Lazarette und Spitäler ausfüllen zu lassen. Diese Formulare und Fragebogen sollen den Spendern ohne Verzug gebührend ausgefüllt übermittelt werden.

Art. 6

Um eine geordnete Verteilung von Kollektivhilfssendungen an die Internierten ihres Internierungsortes zu gewährleisten und gegebenenfalls die durch die Ankunft neuer Interniertenkontingente hervorgerufenen Bedürfnisse zu befriedigen, sind die Interniertenausschüsse ermächtigt, ausreichende Lager von Kollektivhilfssendungen anzulegen und zu unterhalten. Zu diesem Zwecke sollen sie über geeignete Lagerhäuser verfügen. Jedes Lagerhaus ist mit zwei Schlössern zu versehen, wobei sich die Schlüssel des einen im Besitze des Interniertenausschusses und jene des anderen im Besitze des Kommandanten des Internierungsortes befindet.

Art. 7

Die Hohen Vertragsparteien und insbesondere die Gewahrsamsstaaten sollen im Rahmen des Möglichen und unter Vorbehalt der Bestimmungen betreffend die Versorgung der Bevölkerung mit Nahrungsmitteln alle Ankäufe erlauben, die auf ihrem Gebiete mit der Absicht getätigt werden, an die Internierten Kollektivhilfssendungen zu verteilen. Gleichfalls sollen sie die Überweisung von Guthaben und andere finanzielle, technische oder administrative Massnahmen erleichtern, die im Hinblick auf solche Ankäufe ergriffen werden.

Art. 8

Die vorstehenden Bestimmungen bilden kein Hindernis für das Recht der Internierten, vor ihrer Ankunft an einem Internierungsort oder im Verlaufe der Verlegung kollektive Hilfe zu erhalten, noch beeinträchtigen sie für die Vertreter der Schutzmacht, des Internationalen Komitees vom Roten Kreuz oder jeder andern, den Internierten Hilfe bringenden und mit der Beförderung dieser Hilfssendungen beauftragten humanitären Organisation die Möglichkeit, deren Verteilung unter die Empfänger mit allen andern von ihnen als gegeben erachteten Mitteln sicherzustellen.

Internierungskarte

1. Vorderseite

Zivilinterniertenpost

| Portofrei |

Postkarte

Wichtig

Diese Karte muss von jedem Internierten sofort nach seiner Internierung und jedesmal nach einer Adressänderung infolge Versetzung an einen andern Internierungsort oder in ein Spital ausgefüllt werden.

Diese Karte steht in keinem Zusammenhang mit jener besonderen Karte, die der Internierte seinen Angehörigen zu schreiben berechtigt ist.

Zentralauskunftsstelle
für geschützte Personen

Internationales Komitee
vom Roten Kreuz

---

2. Rückseiten

Deutlich und in Blockbuchstaben schreiben!   1. Staatsangehörigkeit ....

2. Name: 3. Vornamen (ausschreiben):   4. Vorname des Vaters:
....

5. Geburtsdatum: .... 6. Geburtsort: ....

7. Beruf: ....

8. Adresse vor der Internierung: ....

9. Adresse der Angehörigen: ....

*10. Interniert am: ....
    (oder)
    Kommend von (Spital usw.) ....

*11. Gesundheitszustand: ....

12. Gegenwärtige Adresse: ....

13. Datum: .... 14. Unterschrift: ....

---

* Nichtzutreffendes streichen – Keine weiteren Bemerkungen hinzufügen –
Siehe Erklärungen auf der Rückseite.

(Ausmass der Internierungskarte: 10 × 15 cm)

Brief

Zivilinterniertenpost

A

Strasse und Hausnummer

Bestimmungsort (in Blockschrift)

Provinz oder Departement

Land (in Blockschrift)

Internierungsadresse

Geburtsdatum und -ort

Name und Vornamen

Absender:

(Ausmasse des Briefes: 29 × 15 cm)

Korrespondenzkarte

1. Vorderseite

Zivilinterniertenpost

Portofrei

Postkarte

Absender: Name und Vornamen Geburtsdatum und -ort Internierungsadresse

An

Strasse und Hausnummer

Bestimmungsort (in Blockschrift)

Provinz oder Departement

Land (in Blockschrift)

Rückseite

Datum

Nur auf die vorgezeichneten Linien und gut lesbar schreiben.

(Ausmasse der Korrespondenzkarte: 10 × 15 cm)

64

Zusatzprotokoll
zu den Genfer Abkommen vom 12. August 1949
über den Schutz der Opfer
internationaler bewaffneter Konflikte
(Protokoll I)

Präambel

Die Hohen Vertragsparteien,

den ernsthaften Wunsch bekundend, dass unter den Völkern Friede herrschen möge,

eingedenk dessen, dass jeder Staat im Einklang mit der Charta der Vereinten Nationen[3] die Pflicht hat, in seinen internationalen Beziehungen jede gegen die Souveränität, die territoriale Unversehrtheit oder die politische Unabhängigkeit eines Staates gerichtete oder sonst mit den Zielen der Vereinten Nationen, unvereinbare Androhung oder Anwendung von Gewalt zu unterlassen,

jedoch im Bewusstsein der Notwendigkeit, die Bestimmungen zum Schutz der Opfer bewaffneter Konflikte neu zu bestätigen und weiterzuentwickeln und die Massnahmen zu ergänzen, die ihre Anwendung stärken sollen,

ihrer Überzeugung Ausdruck verleihend, dass weder dieses Protokoll noch die Genfer Abkommen vom 12. August 1949[4] so auszulegen sind, als rechtfertigten oder erlaubten sie eine Angriffshandlung oder sonstige mit der Charta der Vereinten Nationen unvereinbare Anwendung von Gewalt,

und erneut bekräftigend, dass die Bestimmungen der Genfer Abkommen vom 12. August 1949 und dieses Protokolls unter allen Umständen uneingeschränkt auf alle durch diese Übereinkünfte geschützten Personen anzuwenden sind, und zwar ohne jede nachteilige Unterscheidung, die auf Art oder Ursprung des bewaffneten Konflikts oder auf Beweggründen beruht, die von den am Konflikt beteiligten Parteien vertreten oder ihnen zugeschrieben werden,

sind wie folgt übereingekommen:

AS **1982** 1362; BBl **1981** I 953
1 Der französische Originaltext findet sich unter der gleichen Nummer in der französischen
   Ausgabe dieser Sammlung.
2 Art. 1 Abs. 1 Bst. a des BB vom 9. Okt. 1981 (SR **518.52**)
3 SR **0.120**
4 SR **0.518.12**, **0.518.23**, **0.518.42**, **0.518.51**

1

Teil I
Allgemeine Bestimmungen

Art. 1   Allgemeine Grundsätze und Anwendungsbereich

1. Die Hohen Vertragsparteien verpflichten sich, dieses Protokoll unter allen Umständen einzuhalten und seine Einhaltung durchzusetzen.

2. In Fällen, die von diesem Protokoll oder anderen internationalen Übereinkünften nicht erfasst sind, verbleiben Zivilpersonen und Kombattanten unter dem Schutz und der Herrschaft der Grundsätze des Völkerrechts, wie sie sich aus feststehenden Gebräuchen, aus den Grundsätzen der Menschlichkeit und aus den Forderungen des öffentlichen Gewissens ergeben.

3. Dieses Protokoll, das die Genfer Abkommen vom 12. August 1949 zum Schutz der Kriegsopfer ergänzt, findet in den Situationen Anwendung, die in dem diesen Abkommen gemeinsamen Artikel 2 bezeichnet sind.

4. Zu den in Absatz 3 genannten Situationen gehören auch bewaffnete Konflikte, in denen Völker gegen Kolonialherrschaft und fremde Besetzung sowie gegen rassistische Regimes in Ausübung ihres Rechts auf Selbstbestimmung kämpfen, wie es in der Charta der Vereinten Nationen und in der Erklärung über Grundsätze des Völkerrechts betreffend freundschaftliche Beziehungen und Zusammenarbeit zwischen den Staaten im Einklang mit der Charta der Vereinten Nationen niedergelegt ist.

Art. 2   Begriffsbestimmungen

Im Sinne dieses Protokolls

a) bedeutet «I. Abkommen», «II. Abkommen», III. Abkommen» und «IV. Abkommen» jeweils das Genfer Abkommen vom 12. August 1949[5] zur Verbesserung des Loses der Verwundeten und Kranken der bewaffneten Kräfte im Felde, das Genfer Abkommen vom 12. August 1949[6] zur Verbesserung des Loses der Verwundeten, Kranken und Schiffbrüchigen der bewaffneten Kräfte zur See, das Genfer Abkommen vom 12. August 1949[7] über die Behandlung der Kriegsgefangenen und das Genfer Abkommen vom 12. August 1949[8] über den Schutz der Zivilpersonen in Kriegszeiten; «die Abkommen» bedeutet die vier Genfer Abkommen vom 12. August 1949 zum Schutz der Kriegsopfer;

b) bedeutet «Regeln des in bewaffneten Konflikten anwendbaren Völkerrechts» die in bewaffneten Konflikten anwendbaren Regeln, die in internationalen Übereinkünften verankert sind, denen die am Konflikt beteiligten Parteien als Vertragsparteien angehören, sowie die allgemein anerkannten Grundsätze und Regeln des Völkerrechts, die auf bewaffnete Konflikte anwendbar sind;

---

[5]   SR **0.518.12**
[6]   SR **0.518.23**
[7]   SR **0.518.42**
[8]   SR **0.518.51**

c) bedeutet «Schutzmacht» einen neutralen oder anderen nicht am Konflikt beteiligten Staat, der von einer am Konflikt beteiligten Partei benannt, von der gegnerischen Partei anerkannt und bereit ist, die in den Abkommen und diesem Protokoll einer Schutzmacht übertragenen Aufgaben wahrzunehmen;

d) bedeutet «Ersatzschutzmacht» eine Organisation, die anstelle einer Schutzmacht nach Artikel 5 tätig wird.

Art. 3   Beginn und Ende der Anwendung

Unbeschadet der Bestimmungen, die jederzeit anwendbar sind,

a) werden die Abkommen und dieses Protokoll angewendet, sobald eine in Artikel 1 dieses Protokolls genannte Situation eintritt;

b) endet die Anwendung der Abkommen und dieses Protokolls im Hoheitsgebiet der am Konflikt beteiligten Parteien mit der allgemeinen Beendigung der Kriegshandlungen und im Fall besetzter Gebiete mit der Beendigung der Besetzung; in beiden Fällen gilt dies jedoch nicht für Personen, deren endgültige Freilassung, deren Heimschaffung oder Niederlassung zu einem späteren Zeitpunkt erfolgt. Diese Personen geniessen bis zu ihrer endgültigen Freilassung, ihrer Heimschaffung oder Niederlassung weiterhin den Schutz der einschlägigen Bestimmungen der Abkommen und dieses Protokolls.

Art. 4   Rechtsstellung der am Konflikt beteiligten Parteien

Die Anwendung der Abkommen und dieses Protokolls sowie der Abschluss der darin vorgesehenen Übereinkünfte berühren nicht die Rechtsstellung der am Konflikt beteiligten Parteien. Die Besetzung eines Gebiets und die Anwendung der Abkommen und dieses Protokolls berühren nicht die Rechtsstellung des betreffenden Gebiets.

Art. 5   Benennung von Schutzmächten und von Ersatzschutzmächten

1. Die an einem Konflikt beteiligten Parteien sind verpflichtet, vom Beginn des Konflikts an die Einhaltung der Abkommen und dieses Protokolls und deren Überwachung durch Anwendung des Schutzmächtesystems sicherzustellen; dazu gehören insbesondere die Benennung und Anerkennung dieser Mächte nach Massgabe der folgenden Absätze. Die Schutzmächte haben die Aufgabe, die Interessen der am Konflikt beteiligten Parteien wahrzunehmen.

2. Tritt eine in Artikel 1 genannte Situation ein, so benennt jede am Konflikt beteiligte Partei unverzüglich eine Schutzmacht zu dem Zweck, die Abkommen und dieses Protokoll anzuwenden; sie lässt ebenfalls unverzüglich und zu demselben Zweck die Tätigkeit einer Schutzmacht zu, die sie selbst nach Benennung durch die gegnerische Partei als solche anerkannt hat.

3. Ist beim Eintritt einer Situation nach Artikel 1 keine Schutzmacht benannt oder anerkannt worden, so bietet das Internationale Komitee vom Roten Kreuz, unbeschadet des Rechts jeder anderen unparteiischen humanitären Organisation, das gleiche zu tun, den am Konflikt beteiligten Parteien seine guten Dienste mit dem

Ziel an, unverzüglich eine Schutzmacht zu benennen, mit der die am Konflikt beteiligten Parteien einverstanden sind. Zu diesem Zweck kann das Komitee insbesondere jede Partei auffordern, ihm eine Liste von mindestens fünf Staaten vorzulegen, die sie für annehmbar hält, um für sie als Schutzmacht gegenüber einer gegnerischen Partei tätig zu werden, und jede gegnerische Partei auffordern, eine Liste von mindestens fünf Staaten vorzulegen, die sie als Schutzmacht der anderen Partei anerkennen würde; diese Listen sind dem Komitee binnen zwei Wochen nach Eingang der Aufforderung zu übermitteln; das Komitee vergleicht sie und ersucht einen auf beiden Listen aufgeführten Staat um Zustimmung.

4. Ist trotz der vorstehenden Bestimmungen keine Schutzmacht vorhanden, so haben die am Konflikt beteiligten Parteien unverzüglich ein gegebenenfalls vom Internationalen Komitee vom Roten Kreuz oder von einer anderen alle Garantien für Unparteilichkeit und Wirksamkeit bietenden Organisation nach angemessener Konsultierung der betroffenen Parteien und unter Berücksichtigung der Konsultationsergebnisse unterbreitetes Angebot anzunehmen, als Ersatzschutzmacht tätig zu werden. Zur Durchführung ihrer Aufgaben bedarf die Ersatzschutzmacht der Zustimmung der am Konflikt beteiligten Parteien; diese sind in jeder Weise bemüht, der Ersatzschutzmacht die Wahrnehmung ihrer Aufgaben im Rahmen der Abkommen und dieses Protokolls zu erleichtern.

5. In Übereinstimmung mit Artikel 4 berühren die Benennung und die Anerkennung von Schutzmächten zum Zweck der Anwendung der Abkommen und dieses Protokolls nicht die Rechtsstellung der am Konflikt beteiligten Parteien oder irgendeines Hoheitsgebiets, einschliesslich eines besetzten Gebiets.

6. Die Aufrechterhaltung diplomatischer Beziehungen zwischen den am Konflikt beteiligten Parteien oder die Übertragung des Schutzes der Interessen einer Partei oder ihrer Staatsangehörigen auf einen dritten Staat im Einklang mit den Regeln des Völkerrechts über diplomatische Beziehungen steht der Benennung von Schutzmächten zum Zweck der Anwendung der Abkommen und dieses Protokolls nicht entgegen.

7. Jede spätere Erwähnung einer Schutzmacht in diesem Protokoll bezieht sich auch auf eine Ersatzschutzmacht.

Art. 6   Fachpersonal

1. Die Hohen Vertragsparteien bemühen sich bereits in Friedenszeiten mit Unterstützung der nationalen Gesellschaften des Roten Kreuzes (Roten Halbmonds, Roten Löwen mit Roter Sonne), Fachpersonal auszubilden, um die Anwendung der Abkommen und dieses Protokolls und insbesondere die Tätigkeit der Schutzmächte zu erleichtern.

2. Für die Einstellung und Ausbildung dieses Personals sind die einzelnen Staaten zuständig.

3. Das Internationale Komitee vom Roten Kreuz hält für die Hohen Vertragsparteien Listen der so ausgebildeten Personen bereit, soweit sie von den Hohen Vertragsparteien aufgestellt und ihm zu diesem Zweck übermittelt worden sind.

4. Die Bedingungen für den Einsatz dieses Personals ausserhalb des eigenen Hoheitsgebiets sind in jedem Fall Gegenstand besonderer Vereinbarungen zwischen den betroffenen Parteien.

Art. 7   Tagungen

Der Depositar dieses Protokolls beruft eine Tagung der Hohen Vertragsparteien zur Erörterung allgemeiner die Anwendung der Abkommen und des Protokolls betreffender Fragen ein, wenn eine oder mehrere Hohe Vertragsparteien darum ersuchen und die Mehrheit dieser Parteien damit einverstanden ist.

Teil II
Verwundete, Kranke und Schiffbrüchige
Abschnitt I
Allgemeiner Schutz

Art. 8   Terminologie

Im Sinne dieses Protokolls

a) bedeutet «Verwundete» und «Kranke» Militär- oder Zivilpersonen, die wegen Verwundung, Erkrankung oder anderer körperlicher oder geistiger Störungen oder Gebrechen medizinischer Hilfe oder Pflege bedürfen und die jede feindselige Handlung unterlassen. Als solche gelten auch Wöchnerinnen, Neugeborene und andere Personen, die sofortiger medizinischer Hilfe oder Pflege bedürfen, wie beispielsweise Gebrechliche und Schwangere, und die jede feindselige Handlung unterlassen;

b) bedeutet «Schiffbrüchige» Militär- oder Zivilpersonen, die sich auf See oder in einem anderen Gewässer infolge eines Unglücks, das sie selbst oder das sie befördernde Wasser- oder Luftfahrzeug betroffen hat, in Gefahr befinden und die jede feindselige Handlung unterlassen. Diese Personen gelten während ihrer Rettung, falls sie auch weiterhin jede feindselige Handlung unterlassen, so lange als Schiffbrüchige, bis sie auf Grund der Abkommen oder dieses Protokolls einen anderen Status erlangen;

c) bedeutet «Sanitätspersonal» Personen, die von einer am Konflikt beteiligten Partei ausschliesslich den unter Buchstabe e genannten sanitätsdienstlichen Zwecken, der Verwaltung von Sanitätseinheiten oder dem Betrieb oder der Verwaltung von Sanitätstransportmitteln zugewiesen sind. Ihre Zuweisung kann ständig oder nichtständig sein. Der Begriff umfasst

   i)   das militärische oder zivile Sanitätspersonal einer am Konflikt beteiligten Partei, darunter das im I. und II. Abkommen erwähnte sowie das den Zivilschutzorganisationen zugewiesene Sanitätspersonal;

   ii) das Sanitätspersonal der nationalen Gesellschaften des Roten Kreuzes (Roten Halbmonds, Roten Löwen mit Roter Sonne) und anderer freiwilliger nationaler Hilfsgesellschaften, die von einer am Konflikt beteiligten Partei ordnungsgemäss anerkannt und ermächtigt sind;

5

iii) das Sanitätspersonal der in Artikel 9 Absatz 2 genannten Sanitätseinheiten oder Sanitätstransportmittel;

d) bedeutet «Seelsorgepersonal» Militär- oder Zivilpersonen, wie beispielsweise Feldgeistliche, die ausschliesslich ihr geistliches Amt ausüben und

    i) den Streitkräften einer am Konflikt beteiligten Partei,

    ii) Sanitätseinheiten oder Sanitätstransportmitteln einer am Konflikt beteiligten Partei,

    iii) Sanitätseinheiten oder Sanitätstransportmitteln nach Artikel 9 Absatz 2 oder

    iv) Zivilschutzorganisationen einer am Konflikt beteiligten Partei zugeteilt sind.

Die Zuweisung des Seelsorgepersonals kann ständig oder nichtständig sein; die einschlägigen Bestimmungen des Buchstabens k finden auf dieses Personal Anwendung;

e) bedeutet «Sanitätseinheiten» militärische oder zivile Einrichtungen und sonstige Einheiten, die zu sanitätsdienstlichen Zwecken gebildet worden sind, nämlich zum Aufsuchen, zur Bergung, Beförderung, Untersuchung oder Behandlung – einschliesslich erster Hilfe – der Verwundeten, Kranken und Schiffbrüchigen sowie zur Verhütung von Krankheiten. Der Begriff umfasst unter anderem Lazarette und ähnliche Einheiten, Blutspendedienste, medizinische Vorsorgezentren und -institute, medizinische Depots sowie medizinische und pharmazeutische Vorratslager dieser Einheiten. Die Sanitätseinheiten können ortsfest oder beweglich, ständig oder nichtständig sein;

f) bedeutet «Sanitätstransport» die Beförderung zu Land, zu Wasser oder in der Luft von Verwundeten, Kranken und Schiffbrüchigen, von Sanitäts- und Seelsorgepersonal sowie von Sanitätsmaterial, welche durch die Abkommen und dieses Protokoll geschützt sind;

g) bedeutet «Sanitätstransportmittel» jedes militärische oder zivile, ständige oder nichtständige Transportmittel, das ausschliesslich dem Sanitätstransport zugewiesen ist und einer zuständigen Dienststelle einer am Konflikt beteiligten Partei untersteht;

h) bedeutet «Sanitätsfahrzeug» ein Sanitätstransportmittel zu Land;

i) bedeutet «Sanitätsschiffe und sonstige Sanitätswasserfahrzeuge» Sanitätstransportmittel zu Wasser;

j) bedeutet «Sanitätsluftfahrzeug» ein Sanitätstransportmittel in der Luft;

k) gelten Sanitätspersonal, Sanitätseinheiten und Sanitätstransportmittel als «ständig», wenn sie auf unbestimmte Zeit ausschliesslich sanitätsdienstlichen Zwecken zugewiesen sind. Sanitätspersonal, Sanitätseinheiten und Sanitätstransportmittel gelten als «nichtständig», wenn sie für begrenzte Zeit während der gesamten Dauer derselben ausschliesslich zu sanitätsdienstlichen Zwecken eingesetzt werden. Sofern nichts anderes bestimmt ist, umfassen die Begriffe «Sanitätspersonal», «Sanitätseinheiten» und «Sanitätstransportmittel» sowohl die ständigen als auch die nichtständigen;

l) bedeutet «Schutzzeichen» das Schutzzeichen des roten Kreuzes, des roten Halbmonds oder des roten Löwen mit roter Sonne auf weissem Grund, das zum Schutz von Sanitätseinheiten und -transportmitteln oder von Sanitäts- und Seelsorgepersonal oder Sanitätsmaterial verwendet wird;

m) bedeutet «Erkennungssignal» jedes Mittel, das in Kapitel III des Anhangs I dieses Protokolls ausschliesslich zur Kennzeichnung von Sanitätseinheiten oder -transportmitteln bestimmt ist.

Art. 9   Anwendungsbereich

1. Dieser Teil, dessen Bestimmungen das Los der Verwundeten, Kranken und Schiffbrüchigen verbessern sollen, findet auf alle von einer in Artikel 1 genannten Situation Betroffenen Anwendung, ohne jede auf Rasse, Hautfarbe, Geschlecht, Sprache, Religion oder Glauben, politischen oder sonstigen Anschauungen, nationaler oder sozialer Herkunft, Vermögen, Geburt oder sonstiger Stellung oder auf irgendeinem anderen ähnlichen Unterscheidungsmerkmal beruhende nachteilige Unterscheidung.

2. Die einschlägigen Bestimmungen der Artikel 27 und 32 des I. Abkommens finden auf ständige Sanitätseinheiten und -transportmittel (ausgenommen Lazarett-schiffe, für die Artikel 25 des II. Abkommens gilt) und ihr Personal Anwendung, die einer am Konflikt beteiligten Partei zu humanitären Zwecken

a) von einem neutralen oder einem anderen nicht am Konflikt beteiligten Staat,

b) von einer anerkannten und ermächtigten Hilfsgesellschaft eines solchen Staates,

c) von einer unparteiischen internationalen humanitären Organisation zur Ver-fügung gestellt wurden.

Art. 10   Schutz und Pflege

1. Alle Verwundeten, Kranken und Schiffbrüchigen, gleichviel welcher Partei sie angehören, werden geschont und geschützt.

2. Sie werden unter allen Umständen mit Menschlichkeit behandelt und erhalten so umfassend und so schnell wie möglich die für ihren Zustand erforderliche medizini-sche Pflege und Betreuung. Aus anderen als medizinischen Gründen darf kein Unterschied zwischen ihnen gemacht werden.

Art. 11   Schutz von Personen

1. Die körperliche oder geistige Gesundheit und Unversehrtheit von Personen, die sich in der Gewalt der gegnerischen Partei befinden, die infolge einer in Artikel 1 genannten Situation interniert oder in Haft gehalten sind oder denen anderweitig die Freiheit entzogen ist, dürfen nicht durch ungerechtfertigte Handlungen oder Unter-lassungen gefährdet werden. Es ist daher verboten, die in diesem Artikel genannten Personen einem medizinischen Verfahren zu unterziehen, das nicht durch ihren Gesundheitszustand geboten ist und das nicht mit den allgemein anerkannten medi-zinischen Grundsätzen im Einklang steht, die unter entsprechenden medizinischen

Umständen auf Staatsangehörige der das Verfahren durchführenden Partei angewandt würden, denen die Freiheit nicht entzogen ist.

2. Es ist insbesondere verboten, an diesen Personen, selbst mit ihrer Zustimmung,

    a)   körperliche Verstümmelungen vorzunehmen,

    b)   medizinische oder wissenschaftliche Versuche vorzunehmen,

    c)   Gewebe oder Organe für Übertragungen zu entfernen, soweit diese Massnahmen nicht gemäss den Voraussetzungen nach Absatz 1 gerechtfertigt sind.

3. Ausnahmen von dem in Absatz 2 Buchstabe c bezeichneten Verbot sind nur bei der Entnahme von Blut oder Haut für Übertragungen zulässig, sofern die Einwilligung freiwillig und ohne Zwang oder Überredung und der Eingriff nur zu therapeutischen Zwecken und unter Bedingungen erfolgt, die mit den allgemein anerkannten medizinischen Grundsätzen im Einklang stehen und Kontrollen unterliegen, die dem Wohl sowohl des Spenders als auch des Empfängers dienen.

4. Eine vorsätzliche Handlung oder Unterlassung, welche die körperliche oder geistige Gesundheit oder Unversehrtheit einer Person erheblich gefährdet, die sich in der Gewalt einer anderen Partei als derjenigen befindet, zu der sie gehört, und die entweder gegen eines der Verbote der Absätze 1 und 2 verstösst oder nicht den Bedingungen des Absatzes 3 entspricht, stellt eine schwere Verletzung dieses Protokolls dar.

5. Die in Absatz 1 bezeichneten Personen haben das Recht, jeden chirurgischen Eingriff abzulehnen. Im Fall einer Ablehnung hat sich das Sanitätspersonal um eine entsprechende schriftliche, vom Patienten unterzeichnete oder anerkannte Erklärung zu bemühen.

6. Jede am Konflikt beteiligte Partei führt medizinische Unterlagen über die einzelnen Entnahmen von Blut und Haut für Übertragungen, die von den in Absatz 1 genannten Personen stammen, sofern die Entnahmen unter der Verantwortung dieser Partei erfolgen. Ferner ist jede am Konflikt beteiligte Partei bemüht, Unterlagen über alle medizinischen Verfahren betreffend Personen zu führen, die infolge einer in Artikel 1 genannten Situation interniert oder in Haft gehalten sind oder denen anderweitig die Freiheit entzogen ist. Diese Unterlagen müssen der Schutzmacht jederzeit zur Einsicht zur Verfügung stehen.

Art. 12   Schutz von Sanitätseinheiten

1. Sanitätseinheiten werden jederzeit geschont und geschützt und dürfen nicht angegriffen werden.

2. Absatz 1 findet auf zivile Sanitätseinheiten Anwendung, sofern sie

    a)   zu einer am Konflikt beteiligten Partei gehören,

    b)   von der zuständigen Behörde einer am Konflikt beteiligten Partei anerkannt und ermächtigt sind oder

    c)   nach Massgabe des Artikels 9 Absatz 2 dieses Protokolls oder des Artikels 27 des 1. Abkommens ermächtigt sind.

3. Die am Konflikt beteiligten Parteien sind aufgefordert, einander mitzuteilen, wo sich ihre ortsfesten Sanitätseinheiten befinden. Unterbleibt eine solche Mitteilung, so enthebt dies keine der Parteien der Verpflichtung, die Bestimmungen des Absatzes 1 zu beachten.

4. Sanitätseinheiten dürfen unter keinen Umständen für den Versuch benutzt werden, militärische Ziele vor Angriffen abzuschirmen. Die am Konflikt beteiligten Parteien sorgen wann immer möglich dafür, dass die Sanitätseinheiten so gelegt werden, dass sie durch Angriffe auf militärische Ziele nicht gefährdet werden können.

Art. 13   Ende des Schutzes ziviler Sanitätseinheiten

1. Der den zivilen Sanitätseinheiten gebührende Schutz darf nur dann enden, wenn diese ausserhalb ihrer humanitären Bestimmung zu Handlungen verwendet werden, die den Feind schädigen. Jedoch endet der Schutz erst, nachdem eine Warnung, die möglichst eine angemessene Frist setzt, unbeachtet geblieben ist.

2. Als Handlung, die den Feind schädigt, gilt nicht

a)   die Tatsache, dass das Personal der Einheit zu seiner eigenen Verteidigung oder zur Verteidigung der ihm anvertrauten Verwundeten und Kranken mit leichten Handfeuerwaffen ausgerüstet ist;

b)   die Tatsache, dass die Einheit von einer Wache, durch Posten oder von einem Geleittrupp geschützt wird;

c)   die Tatsache, dass in der Einheit Handwaffen und Munition vorgefunden werden, die den Verwundeten und Kranken abgenommen, der zuständigen Dienststelle aber noch nicht abgeliefert worden sind;

d)   die Tatsache, dass sich Mitglieder der Streitkräfte oder andere Kombattanten aus medizinischen Gründen bei der Einheit befinden.

Art. 14   Beschränkung der Requisition ziviler Sanitätseinheiten

1. Die Besetzungsmacht hat dafür zu sorgen, dass die medizinische Versorgung der Zivilbevölkerung in den besetzten Gebieten gesichert bleibt.

2. Die Besetzungsmacht darf deshalb zivile Sanitätseinheiten, ihre Ausrüstung, ihr Material oder ihr Personal so lange nicht requirieren, wie diese Mittel zur angemessenen medizinischen Versorgung der Zivilbevölkerung und zur weiteren Pflege der bereits betreuten Verwundeten und Kranken benötigt werden.

3. Sofern die allgemeine Vorschrift des Absatzes 2 weiterhin beachtet wird, kann die Besetzungsmacht die genannten Mittel unter den folgenden besonderen Bedingungen requirieren:

a)   dass die Mittel zur sofortigen angemessenen medizinischen Behandlung der verwundeten und kranken Angehörigen der Streitkräfte der Besetzungsmacht oder von Kriegsgefangenen benötigt werden;

b)   dass die Mittel nur so lange requiriert werden, wie dies notwendig ist;

c) dass sofortige Vorkehrungen getroffen werden, um die medizinische Versorgung der Zivilbevölkerung sowie der bereits betreuten Verwundeten und Kranken, die von der Requisition betroffen sind, weiterhin gesichert bleibt.

Art. 15   Schutz des zivilen Sanitäts- und Seelsorgepersonals

1. Das zivile Sanitätspersonal wird geschont und geschützt.

2. Soweit erforderlich, wird dem zivilen Sanitätspersonal in einem Gebiet, in dem die zivilen Sanitätsdienste infolge der Kampftätigkeit erheblich eingeschränkt sind, jede mögliche Hilfe gewährt.

3. Die Besetzungsmacht gewährt dem zivilen Sanitätspersonal in besetzten Gebieten jede Hilfe, um es ihm zu ermöglichen, seine humanitären Aufgaben nach besten Kräften wahrzunehmen. Die Besetzungsmacht darf nicht verlangen, dass das Personal in Wahrnehmung seiner Aufgaben bestimmte Personen bevorzugt behandelt, es sei denn aus medizinischen Gründen. Das Personal darf nicht gezwungen werden, Aufgaben zu übernehmen, die mit seinem humanitären Auftrag unvereinbar sind.

4. Das zivile Sanitätspersonal hat Zugang zu allen Orten, an denen seine Dienste unerlässlich sind, vorbehaltlich der Kontroll- und Sicherheitsmassnahmen, welche die betreffende am Konflikt beteiligte Partei für notwendig hält.

5. Das zivile Seelsorgepersonal wird geschont und geschützt. Die Bestimmungen der Abkommen und dieses Protokolls über den Schutz und die Kennzeichnung des Sanitätspersonals finden auch auf diese Personen Anwendung.

Art. 16   Allgemeiner Schutz der ärztlichen Aufgabe

1. Niemand darf bestraft werden, weil er eine ärztliche Tätigkeit ausgeübt hat, die mit dem ärztlichen Ehrenkodex im Einklang steht, gleichviel unter welchen Umständen und zu wessen Nutzen sie ausgeübt worden ist.

2. Wer eine ärztliche Tätigkeit ausübt, darf nicht gezwungen werden, Handlungen vorzunehmen oder Arbeiten zu verrichten, die mit den Regeln des ärztlichen Ehrenkodexes, mit sonstigen dem Wohl der Verwundeten und Kranken dienenden medizinischen Regeln oder mit den Bestimmungen der Abkommen oder dieses Protokolls unvereinbar sind, oder Handlungen oder Arbeiten zu unterlassen, die auf Grund dieser Regeln und Bestimmungen geboten sind.

3. Wer eine ärztliche Tätigkeit ausübt, darf nicht gezwungen werden, Angehörigen einer gegnerischen Partei oder der eigenen Partei – es sei denn in den nach dem Recht der letztgenannten Partei vorgesehenen Fällen – Auskünfte über die jetzt oder früher von ihm betreuten Verwundeten und Kranken zu erteilen, sofern diese Auskünfte nach seiner Auffassung den betreffenden Patienten oder ihren Familien schaden würden. Die Vorschriften über die Meldepflicht bei ansteckenden Krankheiten sind jedoch einzuhalten.

Art. 17   Rolle der Zivilbevölkerung und der Hilfsgesellschaften

1. Die Zivilbevölkerung hat die Verwundeten, Kranken und Schiffbrüchigen, auch wenn sie der gegnerischen Partei angehören, zu schonen und darf keine Gewalttaten gegen sie verüben. Der Zivilbevölkerung und den Hilfsgesellschaften, wie beispielsweise den nationalen Gesellschaften des Roten Kreuzes (Roten Halbmonds, Roten Löwen mit Roter Sonne) ist es gestattet, auch von sich aus und auch in Invasions- oder besetzten Gebieten die Verwundeten, Kranken und Schiffbrüchigen zu bergen und zu pflegen. Niemand darf wegen solcher humanitärer Handlungen behelligt, verfolgt, verurteilt oder bestraft werden.

2. Die am Konflikt beteiligten Parteien können die Zivilbevölkerung und die in Absatz 1 bezeichneten Hilfsgesellschaften auffordern, die Verwundeten, Kranken und Schiffbrüchigen zu bergen und zu pflegen sowie nach Toten zu suchen und den Ort zu melden, an dem sie gefunden wurden; sie gewähren denjenigen, die diesem Aufruf Folge leisten, sowohl Schutz als auch die erforderlichen Erleichterungen. Bringt die gegnerische Partei das Gebiet erstmalig oder erneut unter ihre Kontrolle, so gewährt sie den gleichen Schutz und die gleichen Erleichterungen, solange dies erforderlich ist.

Art. 18   Kennzeichnung

1. Jede am Konflikt beteiligte Partei ist bemüht sicherzustellen, dass das Sanitäts- und Seelsorgepersonal sowie die Sanitätseinheiten und -transportmittel als solche erkennbar sind.

2. Jede am Konflikt beteiligte Partei ist ferner bemüht, Methoden und Verfahren einzuführen und anzuwenden, die es ermöglichen, Sanitätseinheiten und -transportmittel zu erkennen, welche das Schutzzeichen führen und die Erkennungssignale verwenden.

3. In besetzten Gebieten und in Gebieten, in denen tatsächlich oder voraussichtlich Kampfhandlungen stattfinden, sollen das zivile Sanitätspersonal und das zivile Seelsorgepersonal durch das Schutzzeichen und einen Ausweis, der ihren Status bescheinigt, erkennbar sein.

4. Mit Zustimmung der zuständigen Dienststelle werden Sanitätseinheiten und -transportmittel mit dem Schutzzeichen gekennzeichnet. Die in Artikel 22 dieses Protokolls bezeichneten Schiffe und sonstigen Wasserfahrzeuge werden nach Massgabe des II. Abkommens gekennzeichnet.

5. Eine am Konflikt beteiligte Partei kann im Einklang mit Kapitel III des Anhangs I dieses Protokolls gestatten, dass neben dem Schutzzeichen auch Erkennungssignale zur Kennzeichnung von Sanitätseinheiten und -transportmitteln verwendet werden. In den in jenem Kapitel vorgesehenen besonderen Fällen können Sanitätstransportmittel ausnahmsweise Erkennungssignale verwenden, ohne das Schutzzeichen zu führen.

6. Die Anwendung der Absätze 1 bis 5 wird durch die Kapitel I bis III des Anhangs I dieses Protokolls geregelt. Soweit in Kapitel III dieses Anhangs nichts anderes bestimmt ist, dürfen die dort zur ausschliesslichen Verwendung durch Sanitätseinheiten und -transportmittel bestimmten Signale nur zur Kennzeichnung

der in jenem Kapitel genannten Sanitätseinheiten und -transportmittel verwendet werden.

7. Dieser Artikel ermächtigt nicht zu einer weiteren Verwendung des Schutzzeichens in Friedenszeiten als in Artikel 44 des I. Abkommens vorgesehen.

8. Die Bestimmungen der Abkommen und dieses Protokolls betreffend die Überwachung der Verwendung des Schutzzeichens sowie die Verhinderung und Ahndung seines Missbrauchs finden auch auf die Erkennungssignale Anwendung.

Art. 19   Neutrale und andere nicht am Konflikt beteiligte Staaten

Neutrale und andere nicht am Konflikt beteiligte Staaten wenden die einschlägigen Bestimmungen dieses Protokolls auf die durch diesen Teil geschützten Personen an, die in ihr Hoheitsgebiet aufgenommen oder dort interniert werden, sowie auf die von ihnen geborgenen Toten der am Konflikt beteiligten Parteien.

Art. 20   Verbot von Repressalien

Repressalien gegen die durch diesen Teil geschützten Personen und Objekte sind verboten.

**Abschnitt II
Sanitätstransporte**

Art. 21   Sanitätsfahrzeuge

Sanitätsfahrzeuge werden in gleicher Weise wie bewegliche Sanitätseinheiten nach Massgabe der Abkommen und dieses Protokolls geschont und geschützt.

Art. 22   Lazarettschiffe und Küstenrettungsfahrzeuge

1. Die Bestimmungen der Abkommen über

   a)   die in den Artikeln 22, 24, 25 und 27 des II. Abkommens beschriebenen Schiffe,

   b)   ihre Rettungsboote und kleinen Wasserfahrzeuge,

   c)   ihr Personal und ihre Besatzung sowie

   d)   die an Bord befindlichen Verwundeten, Kranken und Schiffbrüchigen

finden auch dann Anwendung, wenn diese Wasserfahrzeuge verwundete, kranke und schiffbrüchige Zivilpersonen befördern, die zu keiner der in Artikel 13 des II. Abkommens genannten Kategorien gehören. Diese Zivilpersonen dürfen jedoch nicht dem Gewahrsam einer anderen Partei als ihrer eigenen übergeben oder auf See gefangen genommen werden. Befinden sie sich in der Gewalt einer am Konflikt beteiligten Partei, die nicht ihre eigene ist, so finden das IV. Abkommen und dieses Protokoll auf sie Anwendung.

2. Der Schutz, der den in Artikel 25 des II. Abkommens beschriebenen Schiffen gewährt wird, erstreckt sich auch auf Lazarettschiffe, die einer am Konflikt beteiligten Partei zu humanitären Zwecken

a) von einem neutralen oder einem anderen nicht am Konflikt beteiligten Staat oder

b) von einer unparteiischen internationalen humanitären Organisation

zur Verfügung gestellt werden, sofern in beiden Fällen die in jenem Artikel genannten Voraussetzungen erfüllt sind.

3. Die in Artikel 27 des II. Abkommens beschriebenen kleinen Wasserfahrzeuge werden auch dann geschützt, wenn die in jenem Artikel vorgesehene Mitteilung nicht erfolgt ist. Die am Konflikt beteiligten Parteien sind jedoch aufgefordert, einander Einzelheiten über diese Fahrzeuge mitzuteilen, die deren Kennzeichnung und Erkennung erleichtern.

Art. 23   Andere Sanitätsschiffe und sonstige Sanitätswasserfahrzeuge

1. Andere als die in Artikel 22 dieses Protokolls und in Artikel 38 des II. Abkommens genannten Sanitätsschiffe und sonstigen Sanitätswasserfahrzeuge werden auf See oder in anderen Gewässern ebenso geschont und geschützt wie bewegliche Sanitätseinheiten nach den Abkommen und diesem Protokoll. Da dieser Schutz nur wirksam sein kann, wenn die Sanitätsschiffe oder sonstigen Sanitätswasserfahrzeuge als solche gekennzeichnet und erkennbar sind, sollen sie mit dem Schutzzeichen kenntlich gemacht werden und nach Möglichkeit die Bestimmungen des Artikels 43 Absatz 2 des II. Abkommens befolgen.

2. Die in Absatz 1 bezeichneten Schiffe und sonstige Wasserfahrzeuge unterliegen weiterhin dem Kriegsrecht. Ein über Wasser fahrendes Kriegsschiff, das in der Lage ist, seine Weisungen sofort durchzusetzen, kann sie anweisen, anzuhalten, abzudrehen oder einen bestimmten Kurs einzuhalten; einer solchen Weisung muss Folge geleistet werden. Im übrigen dürfen sie ihrem sanitätsdienstlichen Auftrag nicht entzogen werden, solange sie für die an Bord befindlichen Verwundeten, Kranken und Schiffbrüchigen benötigt werden.

3. Der in Absatz 1 vorgesehene Schutz endet nur unter den in den Artikeln 34 und 35 des II. Abkommens genannten Voraussetzungen. Eine eindeutige Weigerung, einer Weisung nach Absatz 2 Folge zu leisten, stellt eine den Feind schädigende Handlung im Sinne des Artikels 34 des II. Abkommens dar.

4. Eine am Konflikt beteiligte Partei kann einer gegnerischen Partei so früh wie möglich vor dem Auslaufen den Namen, die Merkmale, die voraussichtliche Abfahrtszeit, den Kurs und die geschätzte Geschwindigkeit der Sanitätsschiffe oder sonstigen Sanitätswasserfahrzeuge mitteilen, insbesondere bei Schiffen mit einem Bruttoraumgehalt von mehr als 2000 Registertonnen; sie kann auch weitere Angaben machen, welche die Kennzeichnung und Erkennung erleichtern würden. Die gegnerische Partei bestätigt den Empfang dieser Angaben.

5. Artikel 37 des II. Abkommens findet auf das Sanitäts- und Seelsorgepersonal an Bord solcher Schiffe und sonstigen Wasserfahrzeuge Anwendung.

13

6. Das II. Abkommen findet auf die Verwundeten, Kranken und Schiffbrüchigen Anwendung, die zu den in Artikel 13 des II. Abkommens und in Artikel 44 dieses Protokolls genannten Kategorien gehören und sich an Bord solcher Sanitätsschiffe und sonstigen Sanitätswasserfahrzeuge befinden. Verwundete, Kranke und schiffbrüchige Zivilpersonen, die nicht zu einer der in Artikel 13 des II. Abkommens genannten Kategorien gehören, dürfen auf See weder einer Partei, der sie nicht angehören, übergeben noch zum Verlassen des Schiffes oder sonstigen Wasserfahrzeugs gezwungen werden; befinden sie sich jedoch in der Gewalt einer anderen am Konflikt beteiligten Partei als ihrer eigenen, so finden das IV. Abkommen und dieses Protokoll auf sie Anwendung.

Art. 24   Schutz von Sanitätsluftfahrzeugen

Sanitätsluftfahrzeuge werden nach Massgabe dieses Teiles geschont und geschützt.

Art. 25   Sanitätsluftfahrzeuge in Gebieten, die nicht von einer gegnerischen Partei beherrscht werden

In oder über Landgebieten, die von eigenen oder befreundeten Streitkräften tatsächlich beherrscht werden, oder in oder über Seegebieten, die nicht tatsächlich von einer gegnerischen Partei beherrscht werden, bedarf es zur Schonung und zum Schutz von Sanitätsluftfahrzeugen einer am Konflikt beteiligten Partei keiner Vereinbarung mit einer gegnerischen Partei. Eine am Konflikt beteiligte Partei, die ihre Sanitätsluftfahrzeuge in diesen Gebieten einsetzt, kann jedoch zwecks grösserer Sicherheit der gegnerischen Partei entsprechend Artikel 29 Mitteilung machen, insbesondere, wenn diese Luftfahrzeuge Flüge durchführen, die sie in die Reichweite von Boden-Luft-Waffensystemen der gegnerischen Partei bringen.

Art. 26   Sanitätsluftfahrzeuge in Kontakt- oder ähnlichen Zonen

1. In oder über den tatsächlich von eigenen oder befreundeten Streitkräften beherrschten Teilen der Kontaktzone und in oder über Gebieten, bei denen nicht eindeutig feststeht, wer sie tatsächlich beherrscht, kann der Schutz der Sanitätsluftfahrzeuge nur dann voll wirksam sein, wenn vorher zwischen den zuständigen militärischen Dienststellen der am Konflikt beteiligten Parteien eine Vereinbarung entsprechend Artikel 29 getroffen worden ist. In Ermangelung einer solchen Vereinbarung operieren die Sanitätsluftfahrzeuge auf eigene Gefahr; sie werden aber dennoch geschont, sobald sie als solche erkannt worden sind.

2. Der Ausdruck «Kontaktzone» bezeichnet jedes Landgebiet, in dem die vorderen Teile gegnerischer Kräfte miteinander in Berührung kommen; dies ist insbesondere dort der Fall, wo sie einem direkten Beschuss vom Boden aus ausgesetzt sind.

Art. 27   Sanitätsluftfahrzeuge in Gebieten, die von einer gegnerischen Partei beherrscht werden

1. Die Sanitätsluftfahrzeuge einer am Konflikt beteiligten Partei bleiben auch dann geschützt, wenn sie von einer gegnerischen Partei tatsächlich beherrschte Land- oder Seegebiete überfliegen, sofern die zuständige Dienststelle der gegnerischen Partei zuvor ihr Einverständnis zu diesen Flügen erteilt hat.

2. Überfliegt ein Sanitätsluftfahrzeug infolge eines Navigationsfehlers oder infolge einer Notlage, welche die Sicherheit des Fluges beeinträchtigt, ohne das in Absatz 1 vorgesehene Einverständnis oder in Abweichung von den dabei festgelegten Bedingungen ein von einer gegnerischen Partei tatsächlich beherrschtes Gebiet, so unternimmt es alle Anstrengungen, um sich zu erkennen zu geben und die gegnerische Partei von den Umständen in Kenntnis zu setzen. Sobald die gegnerische Partei das Sanitätsluftfahrzeug erkannt hat, unternimmt sie alle zumutbaren Anstrengungen, um die Weisung zum Landen oder Wassern nach Artikel 30 Absatz 1 zu erteilen oder um andere Massnahmen zur Wahrung ihrer eigenen Interessen zu treffen und um in beiden Fällen dem Luftfahrzeug Zeit zur Befolgung der Weisung zu lassen, bevor es angegriffen werden kann.

Art. 28   Beschränkungen für den Einsatz von Sanitätsluftfahrzeugen

1. Den am Konflikt beteiligten Parteien ist es verboten, ihre Sanitätsluftfahrzeuge zu dem Versuch zu benutzen, militärische Vorteile gegenüber der gegnerischen Partei zu erlangen. Die Anwesenheit von Sanitätsluftfahrzeugen darf nicht zu dem Versuch benutzt werden, Angriffe von militärischen Zielen fernzuhalten.

2. Sanitätsluftfahrzeuge dürfen nicht zur Gewinnung oder Übermittlung nachrichtendienstlicher militärischer Erkenntnisse benutzt werden, und sie dürfen keine Ausrüstung mitführen, die solchen Zwecken dient. Es ist ihnen verboten, Personen oder Ladung zu befördern, die nicht unter die Begriffsbestimmung des Artikels 8 Buchstabe f fallen. Das Mitführen persönlicher Habe der Insassen oder von Ausrüstung, die allein dazu dient, die Navigation, den Nachrichtenverkehr oder die Kennzeichnung zu erleichtern, gilt nicht als verboten.

3. Sanitätsluftfahrzeuge dürfen keine Waffen befördern mit Ausnahme von Handwaffen und Munition, die den an Bord befindlichen Verwundeten, Kranken und Schiffbrüchigen abgenommen und der zuständigen Stelle noch nicht abgeliefert worden sind, sowie von leichten Handfeuerwaffen, die das an Bord befindliche Sanitätspersonal zur eigenen Verteidigung oder zur Verteidigung der ihm anvertrauten Verwundeten, Kranken und Schiffbrüchigen benötigt.

4. Auf den in den Artikeln 26 und 27 bezeichneten Flügen dürfen Sanitätsluftfahrzeuge nur nach vorherigem Einverständnis der gegnerischen Partei zur Suche nach Verwundeten, Kranken und Schiffbrüchigen verwendet werden.

Art. 29   Mitteilungen und Vereinbarungen betreffend Sanitätsluftfahrzeuge

1. Mitteilungen nach Artikel 25 oder Ersuchen um vorheriges Einverständnis nach den Artikeln 26, 27, 28 Absatz 4 oder Artikel 31 müssen die voraussichtliche Anzahl der Sanitätsluftfahrzeuge, ihre Flugpläne und ihre Kennzeichnung angeben; sie sind dahin zu verstehen, dass jeder Flug im Einklang mit Artikel 28 durchgeführt wird.

2. Die Partei, die eine Mitteilung nach Artikel 25 erhält, bestätigt sofort deren Eingang.

3. Die Partei, die ein Ersuchen um vorheriges Einverständnis nach den Artikeln 26, 27, 28 Absatz 4 oder Artikel 31 erhält, wird der ersuchenden Partei so bald wie möglich

a)   mitteilen, dass dem Ersuchen zugestimmt wird,

b)   mitteilen, dass das Ersuchen abgelehnt wird, oder

c)   angemessene Gegenvorschläge übermitteln. Sie kann auch vorschlagen, während der betreffenden Zeit andere Flüge in dem Gebiet zu verbieten oder einzuschränken. Nimmt die Partei, die das Ersuchen gestellt hat, die Gegenvorschläge an, so teilt sie dies der anderen Partei mit.

4. Die Parteien treffen die notwendigen Massnahmen, damit die Mitteilungen schnell erfolgen und die Vereinbarungen schnell getroffen werden können.

5. Die Parteien treffen ferner die notwendigen Massnahmen, damit der Inhalt der Mitteilungen und Vereinbarungen den betreffenden militärischen Einheiten schnell bekannt gegeben wird und damit diesen Einheiten schnell mitgeteilt wird, welche Mittel der Kenntlichmachung von den in Betracht kommenden Sanitätsluftfahrzeugen verwendet werden.

Art. 30   Landung und Untersuchung von Sanitätsluftfahrzeugen

1. Beim Überfliegen von Gebieten, die von der gegnerischen Partei tatsächlich beherrscht werden, oder von Gebieten, bei denen nicht eindeutig feststeht, wer sie tatsächlich beherrscht, können Sanitätsluftfahrzeuge angewiesen werden, zu landen beziehungsweise zu wassern, damit sie nach Massgabe der folgenden Absätze untersucht werden können. Die Sanitätsluftfahrzeuge haben eine solche Anweisung zu befolgen.

2. Landet oder wassert ein solches Luftfahrzeug auf Grund einer derartigen Anweisung oder aus anderen Gründen, so darf es nur zur Klärung der in den Absätzen 3 und 4 aufgeführten Fragen untersucht werden. Die Untersuchung hat unverzüglich zu beginnen und ist zügig durchzuführen. Die untersuchende Partei darf nicht verlangen, dass die Verwundeten und Kranken von Bord gebracht werden, sofern dies nicht für die Untersuchung unerlässlich ist. Die Partei trägt auf jeden Fall dafür Sorge, dass sich der Zustand der Verwundeten und Kranken durch die Untersuchung oder dadurch, dass sie von Bord gebracht werden, nicht verschlechtert.

3. Ergibt die Untersuchung, dass das Luftfahrzeug

a)   ein Sanitätsluftfahrzeug im Sinne des Artikels 8 Buchstabe j ist,

b)   nicht gegen die in Artikel 28 vorgeschriebenen Bedingungen verstösst und

16

c) den Flug nicht ohne eine etwa erforderliche vorherige Vereinbarung oder unter Verletzung einer solchen Vereinbarung durchgeführt hat,

so wird dem Luftfahrzeug und denjenigen seiner Insassen, die einer gegnerischen Partei, einem neutralen oder einem anderen nicht am Konflikt beteiligten Staat angehören, gestattet, den Flug unverzüglich fortzusetzen.

4. Ergibt die Untersuchung, dass das Luftfahrzeug

a) kein Sanitätsluftfahrzeug im Sinne des Artikels 8 Buchstabe i ist,

b) gegen die in Artikel 28 vorgeschriebenen Bedingungen verstösst oder

c) den Flug ohne eine etwa erforderliche vorherige Vereinbarung oder unter Verletzung einer solchen Vereinbarung durchgeführt hat,

so kann das Luftfahrzeug beschlagnahmt werden. Seine Insassen werden nach den einschlägigen Bestimmungen der Abkommen und dieses Protokolls behandelt. Ein Luftfahrzeug, das zum ständigen Sanitätsluftfahrzeug bestimmt war, darf nach seiner Beschlagnahme nur als Sanitätsluftfahrzeug verwendet werden.

Art. 31   Neutrale oder andere nicht am Konflikt beteiligte Staaten

1. Sanitätsluftfahrzeuge dürfen das Hoheitsgebiet eines neutralen oder eines anderen nicht am Konflikt beteiligten Staates nur auf Grund einer vorherigen Vereinbarung überfliegen oder dort landen oder wassern. Besteht eine solche Vereinbarung, so werden sie während des gesamten Fluges sowie für die Dauer einer etwaigen Zwischenlandung oder -wasserung geschont. Sie haben indessen jeder Weisung, zu landen beziehungsweise zu wassern, Folge zu leisten.

2. Überfliegt ein Sanitätsluftfahrzeug infolge eines Navigationsfehlers oder infolge einer Notlage, welche die Sicherheit des Fluges beeinträchtigt, ohne Einverständnis oder in Abweichung von den dabei festgelegten Bedingungen das Hoheitsgebiet eines neutralen oder eines anderen nicht am Konflikt beteiligten Staates, so unternimmt er alle Anstrengungen, um seinen Flug bekannt zu geben und um sich zu erkennen zu geben. Sobald dieser Staat das Sanitätsluftfahrzeug erkannt hat, unternimmt er alle zumutbaren Anstrengungen, um die Weisung zum Landen oder Wassern nach Artikel 30 Absatz 1 zu erteilen oder um andere Massnahmen zur Wahrung seiner eigenen Interessen zu treffen und um in beiden Fällen dem Luftfahrzeug Zeit zur Befolgung der Weisung zu lassen, bevor es angegriffen werden kann.

3. Landet oder wassert ein Sanitätsluftfahrzeug nach Vereinbarung oder unter den in Absatz 2 genannten Umständen auf Grund einer Weisung oder aus anderen Gründen im Hoheitsgebiet eines neutralen oder eines anderen nicht am Konflikt beteiligten Staates, so darf es untersucht werden, damit festgestellt wird, ob es sich tatsächlich um ein Sanitätsluftfahrzeug handelt. Die Untersuchung hat unverzüglich zu beginnen und ist zügig durchzuführen. Die untersuchende Partei darf nicht verlangen, dass die Verwundeten und Kranken der das Luftfahrzeug betreibenden Partei von Bord gebracht werden, sofern dies nicht für die Untersuchung unerlässlich ist. Die untersuchende Partei trägt auf jeden Fall dafür Sorge, dass sich der Zustand der Verwundeten und Kranken durch die Untersuchung oder dadurch, dass sie von Bord gebracht werden, nicht verschlechtert. Ergibt die Untersuchung, dass es sich tatsäch-

lich um ein Sanitätsluftfahrzeug handelt, so wird dem Luftfahrzeug und seinen Insassen mit Ausnahme derjenigen, die nach den Regeln des in bewaffneten Konflikten anwendbaren Völkerrechts in Gewahrsam gehalten werden müssen, gestattet, seinen Flug fortzusetzen, wobei ihm angemessene Erleichterungen gewährt werden. Ergibt die Untersuchung, dass es sich nicht um ein Sanitätsluftfahrzeug handelt, so wird es beschlagnahmt, und seine Insassen werden entsprechend Absatz 4 behandelt.

4. Die mit Zustimmung der örtlichen Behörden im Hoheitsgebiet eines neutralen oder eines anderen nicht am Konflikt beteiligten Staates nicht nur vorübergehend von einem Sanitätsluftfahrzeug abgesetzten Verwundeten, Kranken und Schiffbrüchigen werden in Ermangelung einer anders lautenden Abmachung zwischen diesem Staat und den am Konflikt beteiligten Parteien, wenn die Regeln des in bewaffneten Konflikten anwendbaren Völkerrechts es erfordern, so in Gewahrsam gehalten, dass sie nicht mehr an Feindseligkeiten teilnehmen können. Die Krankenhaus- und Internierungskosten gehen zu Lasten des Staates, dem diese Personen angehören.

5. Neutrale oder andere nicht am Konflikt beteiligte Staaten wenden etwaige Bedingungen und Beschränkungen für das Überfliegen ihres Hoheitsgebiets durch Sanitätsluftfahrzeuge oder für deren Landung oder Wasserung in ihrem Hoheitsgebiet auf alle am Konflikt beteiligten Parteien in gleicher Weise an.

Abschnitt III
Vermisste und Tote

Art. 32   Allgemeiner Grundsatz

Bei der Anwendung dieses Abschnitts wird die Tätigkeit der Hohen Vertragsparteien, der am Konflikt beteiligten Parteien und der in den Abkommen und in diesem Protokoll erwähnten internationalen humanitären Organisationen in erster Linie durch das Recht der Familien bestimmt, das Schicksal ihrer Angehörigen zu erfahren.

Art. 33   Vermisste

1. Sobald die Umstände es zulassen, spätestens jedoch nach Beendigung der aktiven Feindseligkeiten, forscht jede am Konflikt beteiligte Partei nach dem Verbleib der Personen, die von einer gegnerischen Partei als vermisst gemeldet worden sind. Die gegnerische Partei erteilt alle zweckdienlichen Auskünfte über diese Personen, um die Suche zu erleichtern.

2. Um die Beschaffung der Auskünfte nach Absatz 1 zu erleichtern, hat jede am Konflikt beteiligte Partei für Personen, die nicht auf Grund der Abkommen und dieses Protokolls eine günstigere Behandlung erfahren würden,

    a) die in Artikel 138 des IV. Abkommens genannten Auskünfte über Personen zu registrieren, die infolge von Feindseligkeiten oder Besetzung festgenommen, in Haft gehalten oder anderweitig mehr als zwei Wochen gefangen gehalten worden sind oder die während eines Freiheitsentzugs verstorben sind;

b) soweit irgend möglich die Beschaffung und Registrierung von Auskünften über solche Personen zu erleichtern und erforderlichenfalls selbst durchzuführen, wenn sie unter anderen Umständen infolge von Feindseligkeiten oder Besetzung verstorben sind.

3. Auskünfte über die nach Absatz 1 als vermisst gemeldeten Personen sowie Ersuchen um Erteilung solcher Auskünfte werden entweder unmittelbar oder über die Schutzmacht oder den Zentralen Suchdienst des Internationalen Komitees vom Roten Kreuz oder die nationalen Gesellschaften des Roten Kreuzes (Roten Halbmonds, Roten Löwen mit Roter Sonne) geleitet. Werden die Auskünfte nicht über das Internationale Komitee vom Roten Kreuz und seinen Zentralen Suchdienst geleitet, so trägt jede am Konflikt beteiligte Partei dafür Sorge, dass die Auskünfte auch dem Zentralen Suchdienst übermittelt werden.

4. Die am Konflikt beteiligten Parteien bemühen sich, Regelungen zu vereinbaren, die es Gruppen ermöglichen, im Kampfgebiet nach Toten zu suchen, sie zu identifizieren und zu bergen; diese Regelungen können vorsehen, dass diese Gruppen von Personal der gegnerischen Partei begleitet werden, wenn sie ihren Auftrag in den von dieser Partei kontrollierten Gebieten ausführen. Die Mitglieder dieser Gruppen werden geschont und geschützt, solange sie sich ausschliesslich diesem Auftrag widmen.

Art. 34   Sterbliche Überreste

1. Sterbliche Überreste von Personen, die im Zusammenhang mit einer Besetzung oder während eines durch Besetzung oder Feindseligkeiten verursachten Freiheitsentzugs verstorben sind, und von Personen, die keine Angehörigen des Staates waren, in dem sie infolge von Feindseligkeiten verstorben sind, werden geachtet; auch die Grabstätten aller dieser Personen werden nach Artikel 130 des IV. Abkommens geachtet, instand gehalten und gekennzeichnet, soweit die Überreste oder Grabstätten nicht auf Grund der Abkommen und dieses Protokolls eine günstigere Behandlung erfahren würden.

2. Sobald die Umstände und die Beziehungen zwischen den gegnerischen Parteien es gestatten, treffen die Hohen Vertragsparteien, in deren Hoheitsgebiet Gräber beziehungsweise andere Stätten gelegen sind, in denen sich die sterblichen Überreste der infolge von Feindseligkeiten oder während einer Besetzung oder eines Freiheitsentzugs Verstorbenen befinden, Vereinbarungen,

a) um den Hinterbliebenen und den Vertretern amtlicher Gräberregistrierungsdienste den Zugang zu den Grabstätten zu erleichtern und Vorschriften über die praktische Durchführung betreffend diesen Zugang zu erlassen;

b) um die dauernde Achtung und Instandhaltung der Grabstätten sicherzustellen;

c) um die Überführung der sterblichen Überreste und der persönlichen Habe des Verstorbenen in sein Heimatland auf dessen Antrag oder, sofern dieses Land keinen Einwand erhebt, auf Antrag der Hinterbliebenen zu erleichtern.

3. Sind keine Vereinbarungen nach Absatz 2 Buchstabe b oder c getroffen und ist das Heimatland des Verstorbenen nicht bereit, auf eigene Kosten für die Instandhaltung der Grabstätten zu sorgen, so kann die Hohe Vertragspartei, in deren Hoheitsgebiet die Grabstätten gelegen sind, anbieten, die Überführung der sterblichen Überreste in das Heimatland zu erleichtern. Wird ein solches Angebot innerhalb von fünf Jahren nicht angenommen, so kann die Hohe Vertragspartei nach gebührender Unterrichtung des Heimatlands ihre eigenen Rechtsvorschriften betreffend Friedhöfe und Grabstätten anwenden.

4. Die Hohe Vertragspartei, in deren Hoheitsgebiet die in diesem Artikel bezeichneten Grabstätten gelegen sind, ist zur Exhumierung der sterblichen Überreste nur berechtigt,

a)   wenn die Exhumierung nach Massgabe der Absätze 2 Buchstabe c und 3 erfolgt oder

b)   wenn die Exhumierung im zwingenden öffentlichen Interesse geboten ist, unter anderem aus Gründen der Gesundheitsvorsorge und zum Zweck der Nachforschung; in diesem Fall behandelt die Hohe Vertragspartei die Überreste jederzeit mit Achtung; sie setzt das Heimatland von der beabsichtigten Exhumierung in Kenntnis und teilt ihm Einzelheiten über den für die Wiederbestattung vorgesehenen Ort mit.

Teil III
Methoden und Mittel der Kriegführung
Kombattanten- und Kriegsgefangenenstatus
Abschnitt I
Methoden und Mittel der Kriegführung

Art. 35   Grundregeln

1. In einem bewaffneten Konflikt haben die am Konflikt beteiligten Parteien kein unbeschränktes Recht in der Wahl der Methoden und Mittel der Kriegführung.

2. Es ist verboten, Waffen, Geschosse und Material sowie Methoden der Kriegführung zu verwenden, die geeignet sind, überflüssige Verletzungen oder unnötige Leiden zu verursachen.

3. Es ist verboten Methoden oder Mittel der Kriegführung zu verwenden, die dazu bestimmt sind oder von denen erwartet werden kann, dass sie ausgedehnte, lang anhaltende und schwere Schäden der natürlichen Umwelt verursachen.

Art. 36   Neue Waffen

Jede Hohe Vertragspartei ist verpflichtet, bei der Prüfung, Entwicklung, Beschaffung oder Einführung neuer Waffen oder neuer Mittel oder Methoden der Kriegführung festzustellen, ob ihre Verwendung stets oder unter bestimmten Umständen durch dieses Protokoll oder durch eine andere auf die Hohe Vertragspartei anwendbare Regel des Völkerrechts verboten wäre.

Art. 37   Verbot der Heimtücke

1. Es ist verboten, einen Gegner unter Anwendung von Heimtücke zu töten, zu verwunden oder gefangen zu nehmen. Als Heimtücke gelten Handlungen, durch die ein Gegner in der Absicht, sein Vertrauen zu missbrauchen, verleitet wird, darauf zu vertrauen, dass er nach den Regeln des in bewaffneten Konflikten anwendbaren Völkerrechts Anspruch auf Schutz hat oder verpflichtet ist, Schutz zu gewähren. Folgende Handlungen sind Beispiele für Heimtücke:

a)   das Vortäuschen der Absicht, unter einer Parlamentärflagge zu verhandeln oder sich zu ergeben;

b)   das Vortäuschen von Kampfunfähigkeit infolge Verwundung oder Krankheit;

c)   das Vortäuschen eines zivilen oder Nichtkombattantenstatus;

d)   das Vortäuschen eines geschützten Status durch Benutzung von Abzeichen, Emblemen oder Uniformen der Vereinten Nationen oder neutraler oder anderer nicht am Konflikt beteiligter Staaten.

2. Kriegslisten sind nicht verboten. Kriegslisten sind Handlungen, die einen Gegner irreführen oder ihn zu unvorsichtigem Handeln veranlassen sollen, die aber keine Regel des in bewaffneten Konflikten anwendbaren Völkerrechts verletzen und nicht heimtückisch sind, weil sie den Gegner nicht verleiten sollen, auf den sich aus diesem Recht ergebenden Schutz zu vertrauen. Folgende Handlungen sind Beispiele für Kriegslisten: Tarnung, Scheinstellungen, Scheinoperationen und irreführende Informationen.

Art. 38   Anerkannte Kennzeichen

1. Es ist verboten, das Schutzzeichen des roten Kreuzes, des roten Halbmonds oder des roten Löwen mit roter Sonne oder andere in den Abkommen oder in diesem Protokoll vorgesehene Zeichen, Kennzeichen oder Signale zu missbrauchen. Es ist ferner verboten, in einem bewaffneten Konflikt andere Schutz verleihende international anerkannte Kennzeichen, Abzeichen oder Signale, einschliesslich der Parlamentärflagge und des Schutzzeichens für Kulturgut, absichtlich zu missbrauchen.

2. Es ist verboten, das Emblem der Vereinten Nationen zu verwenden, sofern die Organisation dies nicht gestattet hat.

Art. 39   Nationalitätszeichen

1. Es ist verboten, in einem bewaffneten Konflikt Flaggen oder militärische Kennzeichen, Abzeichen oder Uniformen neutraler oder anderer nicht am Konflikt beteiligter Staaten zu verwenden.

2. Es ist verboten, Flaggen oder militärische Kennzeichen, Abzeichen oder Uniformen gegnerischer Parteien während eines Angriffs oder zu dem Zweck zu verwenden, Kriegshandlungen zu decken, zu erleichtern, zu schützen oder zu behindern.

3. Dieser Artikel oder Artikel 37 Absatz 1 Buchstabe d berührt nicht die bestehenden allgemein anerkannten Regeln des Völkerrechts, die auf Spionage oder auf den Gebrauch von Flaggen in der Seekriegsführung anzuwenden sind.

Art. 40 Pardon

Es ist verboten, den Befehl zu erteilen, niemanden am Leben zu lassen, dies dem Gegner anzudrohen oder die Feindseligkeiten in diesem Sinne zu führen.

Art. 41 Schutz eines ausser Gefecht befindlichen Gegners

1. Wer als ausser Gefecht befindlich erkannt wird oder unter den gegebenen Umständen als solcher erkannt werden sollte, darf nicht angegriffen werden.

2. Ausser Gefecht befindlich ist,

a) wer sich in der Gewalt einer gegnerischen Partei befindet,

b) wer unmissverständlich seine Absicht bekundet, sich zu ergeben, oder

c) wer bewusstlos oder anderweitig durch Verwundung oder Krankheit kampf-unfähig und daher nicht in der Lage ist, sich zu verteidigen,

sofern er in allen diesen Fällen jede feindselige Handlung unterlässt und nicht zu entkommen versucht.

3. Sind Personen, die Anspruch auf Schutz als Kriegsgefangene haben, unter ungewöhnlichen Kampfbedingungen, die ihre Wegschaffung nach Teil III Abschnitt I des III. Abkommens nicht zulassen, in die Gewalt einer gegnerischen Partei geraten, so werden sie freigelassen, und es werden alle praktisch möglichen Vorkehrungen für ihre Sicherheit getroffen.

Art. 42 Insassen von Luftfahrzeugen

1. Wer mit dem Fallschirm aus einem Luftfahrzeug abspringt, das sich in Not befindet, darf während des Absprungs nicht angegriffen werden.

2. Wer mit dem Fallschirm aus einem Luftfahrzeug abgesprungen ist, das sich in Not befand, erhält, sobald er den Boden eines von einer gegnerischen Partei kontrollierten Gebiets berührt, Gelegenheit, sich zu ergeben, bevor er angegriffen wird, es sei denn, er begeht offensichtlich eine feindselige Handlung.

3. Luftlandetruppen werden durch diesen Artikel nicht geschützt.

Abschnitt II
Kombattanten- und Kriegsgefangenenstatus

Art. 43 Streitkräfte

1. Die Streitkräfte einer am Konflikt beteiligten Partei bestehen aus der Gesamtheit der organisierten bewaffneten Verbände, Gruppen und Einheiten, die einer Führung unterstehen, welche dieser Partei für das Verhalten ihrer Untergebenen verantwort-

lich ist; dies gilt auch dann, wenn diese Partei durch eine Regierung oder ein Organ vertreten ist, die von einer gegnerischen Partei nicht anerkannt werden. Diese Streitkräfte unterliegen einem internen Disziplinarsystem, das unter anderem die Einhaltung der Regeln des in bewaffneten Konflikten anwendbaren Völkerrechts gewährleistet.

2. Die Angehörigen der Streitkräfte einer am Konflikt beteiligten Partei (mit Ausnahme des in Artikel 33 des III. Abkommens bezeichneten Sanitäts- und Seelsorgepersonals) sind Kombattanten, das heisst, sie sind berechtigt, unmittelbar an Feindseligkeiten teilzunehmen.

3. Nimmt eine am Konflikt beteiligte Partei paramilitärische oder bewaffnete Vollzugsorgane in ihre Streitkräfte auf, so teilt sie dies den anderen am Konflikt beteiligten Parteien mit.

Art. 44   Kombattanten und Kriegsgefangene

1. Ein Kombattant im Sinne des Artikels 43, der in die Gewalt einer gegnerischen Partei gerät, ist Kriegsgefangener.

2. Obwohl alle Kombattanten verpflichtet sind, die Regeln des in bewaffneten Konflikten anwendbaren Völkerrechts einzuhalten, verwirkt ein Kombattant bei Verletzung dieser Regeln nicht das Recht, als Kombattant oder, wenn er in die Gewalt einer gegnerischen Partei gerät, als Kriegsgefangener zu gelten, ausgenommen in den in den Absätzen 3 und 4 bezeichneten Fällen.

3. Um den Schutz der Zivilbevölkerung vor den Auswirkungen von Feindseligkeiten zu verstärken, sind die Kombattanten verpflichtet, sich von der Zivilbevölkerung zu unterscheiden, solange sie an einem Angriff oder an einer Kriegshandlung zur Vorbereitung eines Angriffs beteiligt sind. Da es jedoch in bewaffneten Konflikten Situationen gibt, in denen sich ein bewaffneter Kombattant wegen der Art der Feindseligkeiten nicht von der Zivilbevölkerung unterscheiden kann, behält er den Kombattantenstatus, vorausgesetzt, dass er in solchen Fällen

    a)   während jedes militärischen Einsatzes seine Waffen offen trägt und

    b)   während eines militärischen Aufmarsches vor Beginn eines Angriffs, an dem er teilnehmen soll, seine Waffen so lange offen trägt, wie er für den Gegner sichtbar ist.

Handlungen, die den in diesem Absatz genannten Voraussetzungen entsprechen, gelten nicht als heimtückisch im Sinne des Artikels 37 Absatz 1 Buchstabe c.

4. Ein Kombattant, der in die Gewalt einer gegnerischen Partei gerät und die in Absatz 3 Satz 2 genannten Voraussetzungen nicht erfüllt, verwirkt sein Recht, als Kriegsgefangener zu gelten; er geniesst jedoch in jeder Hinsicht den Schutz, der dem den Kriegsgefangenen durch das III. Abkommen und dieses Protokoll gewährten Schutz entspricht. Hierzu gehört auch der Schutz, der dem den Kriegsgefangenen durch das III. Abkommen gewährten Schutz entspricht, wenn eine solche Person wegen einer von ihr begangenen Straftat vor Gericht gestellt und bestraft wird.

5. Ein Kombattant, der in die Gewalt einer gegnerischen Partei gerät, während er nicht an einem Angriff oder an einer Kriegshandlung zur Vorbereitung eines Angriffs beteiligt ist, verwirkt wegen seiner früheren Tätigkeit nicht sein Recht, als Kombattant und Kriegsgefangener zu gelten.

6. Dieser Artikel berührt nicht das Recht einer Person, nach Artikel 4 des III. Abkommens als Kriegsgefangener zu gelten.

7. Dieser Artikel bezweckt nicht, die allgemein anerkannte Staatenpraxis in Bezug auf das Tragen von Uniformen durch Kombattanten zu ändern, die den regulären, uniformierten bewaffneten Einheiten einer am Konflikt beteiligten Partei angehören.

8. Ausser den in Artikel 13 des I. und II. Abkommens genannten Kategorien von Personen haben alle in Artikel 43 dieses Protokolls bezeichneten Mitglieder der Streitkräfte einer am Konflikt beteiligten Partei Anspruch auf Schutz nach den genannten Abkommen, wenn sie verwundet oder krank oder – im Fall des II. Abkommens – auf See oder in anderen Gewässern schiffbrüchig sind.

Art. 45 Schutz von Personen, die an Feindseligkeiten teilgenommen haben

1. Es wird vermutet, dass derjenige, der an Feindseligkeiten teilnimmt und in die Gewalt einer gegnerischen Partei gerät, Kriegsgefangener und daher durch das III. Abkommen geschützt ist, wenn er den Kriegsgefangenenstatus beansprucht, wenn er Anspruch darauf zu haben scheint oder wenn die Partei, der er angehört, in einer Mitteilung an die Gewahrsamsmacht oder die Schutzmacht diesen Status für ihn beansprucht. Bestehen Zweifel, ob eine solche Person Anspruch auf den Kriegsgefangenenstatus hat, so geniesst sie weiterhin so lange diesen Status und damit den Schutz des III. Abkommens und dieses Protokolls, bis ein zuständiges Gericht über ihren Status entschieden hat.

2. Wer in die Gewalt einer gegnerischen Partei geraten ist, nicht als Kriegsgefangener in Gewahrsam gehalten wird und von dieser Partei wegen einer im Zusammenhang mit den Feindseligkeiten begangenen Straftat gerichtlich verfolgt werden soll, ist berechtigt, sich vor einem Gericht auf seinen Status als Kriegsgefangener zu berufen und eine diesbezügliche Entscheidung des Gerichts herbeizuführen. Sofern das anwendbare Verfahren es zulässt, ist diese Entscheidung zu fällen, bevor über die Straftat verhandelt wird. Die Vertreter der Schutzmacht sind berechtigt, den Verhandlungen über die Entscheidung dieser Frage beizuwohnen, sofern nicht im Interesse der Staatssicherheit ausnahmsweise unter Ausschluss der Öffentlichkeit verhandelt wird. In diesem Fall hat die Gewahrsamsmacht die Schutzmacht entsprechend zu benachrichtigen.

3. Wer an Feindseligkeiten teilgenommen hat, keinen Anspruch auf den Status eines Kriegsgefangenen hat und keine günstigere Behandlung nach dem IV. Abkommen geniesst, hat jederzeit Anspruch auf den Schutz nach Artikel 75 dieses Protokolls. In besetztem Gebiet hat eine solche Person, sofern sie nicht als Spion in Gewahrsam gehalten wird, ungeachtet des Artikels 5 des IV. Abkommens ausserdem die in dem Abkommen vorgesehenen Rechte auf Verbindung mit der Aussenwelt.

Art. 46   Spione

1. Ungeachtet anders lautender Bestimmungen der Abkommen oder dieses Protokolls hat ein Angehöriger der Streitkräfte einer am Konflikt beteiligten Partei, der bei Ausübung von Spionage in die Gewalt einer gegnerischen Partei gerät, keinen Anspruch auf den Status eines Kriegsgefangenen und kann als Spion behandelt werden.

2. Wenn sich ein Angehöriger der Streitkräfte einer am Konflikt beteiligten Partei für diese Partei in einem von einer gegnerischen Partei kontrollierten Gebiet Informationen beschafft oder zu beschaffen versucht, so gilt dies nicht als Spionage, wenn er dabei die Uniform seiner Streitkräfte trägt.

3. Wenn sich ein Angehöriger der Streitkräfte einer am Konflikt beteiligten Partei, der in einem von einer gegnerischen Partei besetzten Gebiet ansässig ist und für die Partei, der er angehört, in diesem Gebiet Informationen von militärischem Wert beschafft oder zu beschaffen versucht, so gilt dies nicht als Spionage, sofern er nicht unter Vorspiegelung falscher Tatsachen oder bewusst heimlich tätig wird. Ferner verliert eine solche Person nur dann ihren Anspruch auf den Status eines Kriegsgefangenen und darf nur dann als Spion behandelt werden, wenn sie bei einer Spionagetätigkeit gefangen genommen wird.

4. Ein Angehöriger der Streitkräfte einer am Konflikt beteiligten Partei, der in einem von einer gegnerischen Partei besetzten Gebiet nicht ansässig ist und dort Spionage betrieben hat, verliert nur dann seinen Anspruch auf den Status eines Kriegsgefangenen und darf nur dann als Spion behandelt werden, wenn er gefangen genommen wird, bevor er zu den Streitkräften, zu denen er gehört, zurückgekehrt ist.

Art. 47   Söldner

1. Ein Söldner hat keinen Anspruch auf den Status eines Kombattanten oder eines Kriegsgefangenen.

2. Als Söldner gilt,

a)   wer im Inland oder Ausland zu dem besonderen Zweck angeworben ist, in einem bewaffneten Konflikt zu kämpfen,

b)   wer tatsächlich unmittelbar an Feindseligkeiten teilnimmt,

c)   wer an Feindseligkeiten vor allem aus Streben nach persönlichem Gewinn teilnimmt und wer von oder im Namen einer am Konflikt beteiligten Partei tatsächlich die Zusage einer materiellen Vergütung erhalten hat, die wesentlich höher ist als die den Kombattanten der Streitkräfte dieser Partei in vergleichbarem Rang und mit ähnlichen Aufgaben zugesagte oder gezahlte Vergütung,

d)   wer weder Staatsangehöriger einer am Konflikt beteiligten Partei ist noch in einem von einer am Konflikt beteiligten Partei kontrollierten Gebiet ansässig ist,

e)   wer nicht Angehöriger der Streitkräfte einer am Konflikt beteiligten Partei ist und

f) wer nicht von einem nicht am Konflikt beteiligten Staat in amtlichem Auftrag als Angehöriger seiner Streitkräfte entsandt worden ist.

Teil IV
Zivilbevölkerung
Abschnitt I
Allgemeiner Schutz vor den Auswirkungen von Feindseligkeiten
Kapitel I
Grundregel und Anwendungsbereich

Art. 48   Grundregel

Um Schonung und Schutz der Zivilbevölkerung und ziviler Objekte zu gewährleisten, unterscheiden die am Konflikt beteiligten Parteien jederzeit zwischen der Zivilbevölkerung und Kombattanten sowie zwischen zivilen Objekten und militärischen Zielen; sie dürfen daher ihre Kriegshandlungen nur gegen militärische Ziele richten.

Art. 49   Bestimmung des Begriffs «Angriffe» und Anwendungsbereich

1. Der Begriff «Angriffe» bezeichnet sowohl eine offensive als auch eine defensive Gewaltanwendung gegen den Gegner.

2. Die Bestimmungen dieses Protokolls, die Angriffe betreffen, finden auf jeden Angriff Anwendung, gleichviel in welchem Gebiet er stattfindet, einschliesslich des Hoheitsgebiets einer am Konflikt beteiligten Partei, das der Kontrolle einer gegnerischen Partei unterliegt.

3. Dieser Abschnitt findet auf jede Kriegführung zu Land, in der Luft oder auf See Anwendung, welche die Zivilbevölkerung, Zivilpersonen oder zivile Objekte auf dem Land in Mitleidenschaft ziehen kann. Er findet ferner auf jeden von See oder aus der Luft gegen Ziele auf dem Land geführten Angriff Anwendung, lässt aber im übrigen die Regeln des in bewaffneten Konflikten auf See oder in der Luft anwendbaren Völkerrechts unberührt.

4. Dieser Abschnitt ergänzt die im IV. Abkommen, insbesondere in dessen Teil II, und in anderen die Hohen Vertragsparteien bindenden internationalen Übereinkünften enthaltenen Vorschriften über humanitären Schutz sowie sonstige Regeln des Völkerrechts, die den Schutz von Zivilpersonen und zivilen Objekten zu Land, auf See oder in der Luft vor den Auswirkungen von Feindseligkeiten betreffen.

Kapitel II
Zivilpersonen und Zivilbevölkerung

Art. 50   Bestimmung der Begriffe Zivilpersonen und Zivilbevölkerung

1. Zivilperson ist jede Person, die keiner der in Artikel 4 Buchstabe A Absätze 1, 2, 3 und 6 des III. Abkommens und in Artikel 43 dieses Protokolls bezeichneten Kategorien angehört. Im Zweifelsfall gilt die betreffende Person als Zivilperson.

2. Die Zivilbevölkerung umfasst alle Zivilpersonen.

3. Die Zivilbevölkerung bleibt auch dann Zivilbevölkerung, wenn sich unter ihr einzelne Personen befinden, die nicht Zivilpersonen im Sinne dieser Begriffsbestimmung sind.

Art. 51   Schutz der Zivilbevölkerung

1. Die Zivilbevölkerung und einzelne Zivilpersonen geniessen allgemeinen Schutz vor den von Kriegshandlungen ausgehenden Gefahren. Um diesem Schutz Wirksamkeit zu verleihen, sind neben den sonstigen Regeln des anwendbaren Völkerrechts folgende Vorschriften unter allen Umständen zu beachten.

2. Weder die Zivilbevölkerung als solche noch einzelne Zivilpersonen dürfen das Ziel von Angriffen sein. Die Anwendung oder Androhung von Gewalt mit dem hauptsächlichen Ziel, Schrecken unter der Zivilbevölkerung zu verbreiten, ist verboten.

3. Zivilpersonen geniessen den durch diesen Abschnitt gewährten Schutz, sofern und solange sie nicht unmittelbar an Feindseligkeiten teilnehmen.

4. Unterschiedslose Angriffe sind verboten. Unterschiedslose Angriffe sind

a)   Angriffe, die nicht gegen ein bestimmtes militärisches Ziel gerichtet werden,

b)   Angriffe, bei denen Kampfmethoden oder -mittel angewendet werden, die nicht gegen ein bestimmtes militärisches Ziel gerichtet werden können, oder

c)   Angriffe, bei denen Kampfmethoden oder -mittel angewendet werden, deren Wirkungen nicht entsprechend den Vorschriften dieses Protokolls begrenzt werden können

und die daher in jedem dieser Fälle militärische Ziele und Zivilpersonen oder zivile Objekte unterschiedslos treffen können.

5. Unter anderem sind folgende Angriffsarten als unterschiedslos anzusehen:

a)   ein Angriff durch Bombardierung – gleichviel mit welchen Methoden oder Mitteln – bei dem mehrere deutlich voneinander getrennte militärische Einzelziele in einer Stadt, einem Dorf oder einem sonstigen Gebiet, in dem Zivilpersonen oder zivile Objekte ähnlich stark konzentriert sind, wie ein einziges militärisches Ziel behandelt werden, und

b)   ein Angriff, bei dem damit zu rechnen ist, dass er auch Verluste an Menschenleben unter der Zivilbevölkerung, die Verwundung von Zivilpersonen, die Beschädigung ziviler Objekte oder mehrere derartige Folgen zusammen verursacht, die in keinem Verhältnis zum erwarteten konkreten und unmittelbaren militärischen Vorteil stehen.

6. Angriffe gegen die Zivilbevölkerung oder gegen Zivilpersonen als Repressalie sind verboten.

7. Die Anwesenheit oder Bewegungen der Zivilbevölkerung oder einzelner Zivilpersonen dürfen nicht dazu benutzt werden, Kriegshandlungen von bestimmten Punkten oder Gebieten fernzuhalten, insbesondere durch Versuche, militärische Ziele vor Angriffen abzuschirmen oder Kriegshandlungen zu decken, zu begünstigen oder zu behindern. Die am Konflikt beteiligten Parteien dürfen Bewegungen der Zivilbevölkerung oder einzelner Zivilpersonen nicht zu dem Zweck lenken, militärische Ziele vor Angriffen abzuschirmen oder Kriegshandlungen zu decken.

8. Eine Verletzung dieser Verbote enthebt die am Konflikt beteiligten Parteien nicht ihrer rechtlichen Verpflichtungen gegenüber der Zivilbevölkerung und Zivilpersonen, einschliesslich der Verpflichtung, die in Artikel 57 vorgesehenen vorsorglichen Massnahmen zu treffen.

Kapitel III
Zivile Objekte

Art. 52   Allgemeiner Schutz ziviler Objekte

1. zivile Objekte dürfen weder angegriffen noch zum Gegenstand von Repressalien gemacht werden. Zivile Objekte sind alle Objekte, die nicht militärische Ziele im Sinne des Absatzes 2 sind.

2. Angriffe sind streng auf militärische Ziele zu beschränken. Soweit es sich um Objekte handelt, gelten als militärische Ziele nur solche Objekte, die auf Grund ihrer Beschaffenheit, ihres Standorts, ihrer Zweckbestimmung oder ihrer Verwendung wirksam zu militärischen Handlungen beitragen und deren gänzliche oder teilweise Zerstörung, deren Inbesitznahme oder Neutralisierung unter den in dem betreffenden Zeitpunkt gegebenen Umständen einen eindeutigen militärischen Vorteil darstellt.

3. Im Zweifelsfall wird vermutet, dass ein in der Regel für zivile Zwecke bestimmtes Objekt, wie beispielsweise eine Kultstätte, ein Haus, eine sonstige Wohnstätte oder eine Schule, nicht dazu verwendet wird, wirksam zu militärischen Handlungen beizutragen.

Art. 53   Schutz von Kulturgut und Kultstätten

Unbeschadet der Bestimmungen des Haager Abkommens vom 14. Mai 1954[9] für den Schutz von Kulturgut bei bewaffneten Konflikten und anderer einschlägiger internationaler Übereinkünfte ist es verboten,

---

[9]   SR **0.520.3**

a) feindselige Handlungen gegen geschichtliche Denkmäler, Kunstwerke oder Kultstätten zu begehen, die zum kulturellen oder geistigen Erbe der Völker gehören,

b) solche Objekte zur Unterstützung des militärischen Einsatzes zu verwenden oder

c) solche Objekte zum Gegenstand von Repressalien zu machen.

Art. 54   Schutz der für die Zivilbevölkerung lebensnotwendigen Objekte

1. Das Aushungern von Zivilpersonen als Mittel der Kriegführung ist verboten.

2. Es ist verboten, für die Zivilbevölkerung lebensnotwendige Objekte wie Nahrungsmittel, zur Erzeugung von Nahrungsmitteln genutzte landwirtschaftliche Gebiete, Ernte- und Viehbestände, Trinkwasserversorgungsanlagen und -vorräte sowie Bewässerungsanlagen anzugreifen, zu zerstören, zu entfernen oder unbrauchbar zu machen, um sie wegen ihrer Bedeutung für den Lebensunterhalt der Zivilbevölkerung oder der gegnerischen Partei vorzuenthalten, gleichviel ob Zivilpersonen ausgehungert oder zum Fortziehen veranlasst werden sollen oder ob andere Gründe massgebend sind.

3. Die in Absatz 2 vorgesehenen Verbote finden keine Anwendung, wenn die aufgeführten Objekte von einer gegnerischen Partei

a) ausschliesslich zur Versorgung der Angehörigen ihrer Streitkräfte benutzt werden,

b) zwar nicht zur Versorgung, aber zur unmittelbaren Unterstützung einer militärischen Handlung benutzt werden; jedoch darf gegen diese Objekte keinesfalls so vorgegangen werden, dass eine unzureichende Versorgung der Zivilbevölkerung mit Lebensmitteln oder Wasser zu erwarten wäre, durch die sie einer Hungersnot ausgesetzt oder zum Weggang gezwungen würde.

4. Diese Objekte dürfen nicht zum Gegenstand von Repressalien gemacht werden.

5. In Anbetracht der lebenswichtigen Erfordernisse jeder am Konflikt beteiligten Partei bei der Verteidigung ihres Hoheitsgebiets gegen eine Invasion sind einer am Konflikt beteiligten Partei in diesem Gebiet, soweit es ihrer Kontrolle unterliegt, Abweichungen von den Verboten des Absatzes 2 gestattet, wenn eine zwingende militärische Notwendigkeit dies erfordert.

Art. 55   Schutz der natürlichen Umwelt

1. Bei der Kriegführung ist darauf zu achten, dass die natürliche Umwelt vor ausgedehnten, lang anhaltenden und schweren Schäden geschützt wird. Dieser Schutz schliesst das Verbot der Anwendung von Methoden oder Mitteln der Kriegführung ein, die dazu bestimmt sind oder von denen erwartet werden kann, dass sie derartige Schäden der natürlichen Umwelt verursachen und dadurch Gesundheit oder Überleben der Bevölkerung gefährden.

2. Angriffe gegen die natürliche Umwelt als Repressalie sind verboten.

Art. 56 Schutz von Anlagen und Einrichtungen, die gefährliche Kräfte enthalten

1. Anlagen oder Einrichtungen, die gefährliche Kräfte enthalten, nämlich Staudämme, Deiche und Kernkraftwerke, dürfen auch dann nicht angegriffen werden, wenn sie militärische Ziele darstellen, sofern ein solcher Angriff gefährliche Kräfte freisetzen und dadurch schwere Verluste unter der Zivilbevölkerung verursachen kann. Andere militärische Ziele, die sich an diesen Anlagen oder Einrichtungen oder in deren Nähe befinden, dürfen nicht angegriffen werden, wenn ein solcher Angriff gefährliche Kräfte freisetzen und dadurch schwere Verluste unter der Zivilbevölkerung verursachen kann.

2. Der in Absatz 1 vorgesehene besondere Schutz vor Angriffen endet

   a) bei Staudämmen oder Deichen nur dann, wenn sie zu anderen als ihren gewöhnlichen Zwecken und zur regelmässigen, bedeutenden und unmittelbaren Unterstützung von Kriegshandlungen benutzt werden und wenn ein solcher Angriff das einzige praktisch mögliche Mittel ist, um diese Unterstützung zu beenden;

   b) bei Kernkraftwerken nur dann, wenn sie elektrischen Strom zur regelmässigen, bedeutenden und unmittelbaren Unterstützung von Kriegshandlungen liefern und wenn ein solcher Angriff das einzige praktisch mögliche Mittel ist, um diese Unterstützung zu beenden;

   c) bei anderen militärischen Zielen, die sich an Anlagen oder Einrichtungen oder in deren Nähe befinden, nur dann, wenn sie zur regelmässigen, bedeutenden und unmittelbaren Unterstützung von Kriegshandlungen benutzt werden und wenn ein solcher Angriff das einzige praktisch mögliche Mittel ist, um diese Unterstützung zu beenden.

3. In allen Fällen haben die Zivilbevölkerung und die einzelnen Zivilpersonen weiterhin Anspruch auf jeden ihnen durch das Völkerrecht gewährten Schutz, einschliesslich der in Artikel 57 vorgesehenen vorsorglichen Massnahmen. Endet der Schutz und werden Anlagen, Einrichtungen oder militärische Ziele der in Absatz 1 genannten Art angegriffen, so sind alle praktisch möglichen Vorsichtsmassnahmen zu treffen, um das Freisetzen gefährlicher Kräfte zu verhindern.

4. Es ist verboten, Anlagen, Einrichtungen oder militärische Ziele der in Absatz 1 genannten Art zum Gegenstand von Repressalien zu machen.

5. Die am Konflikt beteiligten Parteien bemühen sich, in der Nähe der in Absatz 1 genannten Anlagen oder Einrichtungen keine militärischen Ziele anzulegen. Einrichtungen, die nur zu dem Zweck erstellt wurden, geschützte Anlagen oder Einrichtungen gegen Angriffe zu verteidigen, sind jedoch erlaubt und dürfen selbst nicht angegriffen werden, sofern sie bei Feindseligkeiten nur für Verteidigungsmassnahmen benutzt werden, die zur Erwiderung von Angriffen auf die geschützten Anlagen und Einrichtungen erforderlich sind, und sofern die Waffen, mit denen sie ausgerüstet sind, lediglich zur Abwehr einer feindlichen Handlung gegen die geschützten Anlagen oder Einrichtungen dienen können.

6. Die Hohen Vertragsparteien und die am Konflikt beteiligten Parteien werden dringend aufgefordert, untereinander weitere Übereinkünfte für den zusätzlichen Schutz von Objekten zu schliessen, die gefährliche Kräfte enthalten.

7. Um das Erkennen der durch diesen Artikel geschützten Objekte zu erleichtern, können die am Konflikt beteiligten Parteien sie mit einem besonderen Kennzeichen versehen, das entsprechend Artikel 16 des Anhangs I dieses Protokolls aus einer Gruppe von drei in einer Linie angeordneten, leuchtend orangefarbenen Kreisen besteht. Das Fehlen einer solchen Kennzeichnung enthebt die am Konflikt beteiligten Parteien in keiner Weise ihrer Verpflichtungen aus dem vorliegenden Artikel.

Kapitel IV
Vorsorgliche Massnahmen

Art. 57   Vorsichtsmassnahmen beim Angriff

1. Bei Kriegshandlungen ist stets darauf zu achten, dass die Zivilbevölkerung, Zivilpersonen und zivile Objekte verschont bleiben.

2. Im Zusammenhang mit Angriffen sind folgende Vorsichtsmassnahmen zu treffen:

a)   Wer einen Angriff plant oder beschliesst,

   i)   hat alles praktisch Mögliche zu tun, um sicherzugehen, dass die Angriffsziele weder Zivilpersonen noch zivile Objekte sind und nicht unter besonderem Schutz stehen, sondern militärische Ziele im Sinne des Artikels 52 Absatz 2 sind und dass der Angriff nicht nach diesem Protokoll verboten ist;

   ii) hat bei der Wahl der Angriffsmittel und -methoden alle praktisch möglichen Vorsichtsmassnahmen zu treffen, um Verluste unter der Zivilbevölkerung, die Verwundung von Zivilpersonen und die Beschädigung ziviler Objekte, die dadurch mit verursacht werden könnten, zu vermeiden und in jedem Fall auf ein Mindestmass zu beschränken;

   iii) hat von jedem Angriff Abstand zu nehmen, bei dem damit zu rechnen ist, dass er auch Verluste unter der Zivilbevölkerung, die Verwundung von Zivilpersonen, die Beschädigung ziviler Objekte oder mehrere derartige Folgen zusammen verursacht, die in keinem Verhältnis zum erwarteten konkreten und unmittelbaren militärischen Vorteil stehen;

b)   ein Angriff ist endgültig oder vorläufig einzustellen, wenn sich erweist, dass sein Ziel nicht militärischer Art ist, dass es unter besonderem Schutz steht oder dass damit zu rechnen ist, dass der Angriff auch Verluste unter der Zivilbevölkerung, die Verwundung von Zivilpersonen, die Beschädigung ziviler Objekte oder mehrere derartige Folgen zusammen verursacht, die in keinem Verhältnis zum erwarteten konkreten und unmittelbaren militärischen Vorteil stehen;

c) Angriffen, durch welche die Zivilbevölkerung in Mitleidenschaft gezogen werden kann, muss eine wirksame Warnung vorausgehen, es sei denn, die gegebenen Umstände erlaubten dies nicht.

3. Ist eine Wahl zwischen mehreren militärischen Zielen möglich, um einen vergleichbaren militärischen Vorteil zu erringen, so ist dasjenige Ziel zu wählen, dessen Bekämpfung Zivilpersonen und zivile Objekte voraussichtlich am wenigsten gefährden wird.

4. Bei Kriegshandlungen auf See oder in der Luft hat jede am Konflikt beteiligte Partei im Einklang mit den Rechten und Pflichten, die sich aus den Regeln des in bewaffneten Konflikten anwendbaren Völkerrechts für sie ergeben, alle angemessenen Vorsichtsmassnahmen zu treffen, um Verluste unter der Zivilbevölkerung und die Beschädigung ziviler Objekte zu vermeiden.

5. Die Bestimmungen dieses Artikels sind nicht so auszulegen, als erlaubten sie Angriffe auf die Zivilbevölkerung, Zivilpersonen oder zivile Objekte.

Art. 58   Vorsichtsmassnahmen gegen die Wirkungen von Angriffen

Soweit dies praktisch irgend möglich ist, werden die am Konflikt beteiligten Parteien

a) sich unbeschadet des Artikels 49 des IV. Abkommens bemühen, die Zivilbevölkerung, einzelne Zivilpersonen und zivile Objekte, die ihrer Herrschaft unterstehen, aus der Umgebung militärischer Ziele zu entfernen;

b) es vermeiden, innerhalb oder in der Nähe dicht bevölkerter Gebiete militärische Ziele anzulegen;

c) weitere notwendige Vorsichtsmassnahmen treffen, um die Zivilbevölkerung, einzelne Zivilpersonen und zivile Objekte, die ihrer Herrschaft unterstehen, vor den mit Kriegshandlungen verbundenen Gefahren zu schützen.

Kapitel V
Orte und Zonen unter besonderem Schutz

Art. 59   Unverteidigte Orte

1. Unverteidigte Orte dürfen – gleichviel mit welchen Mitteln – von den am Konflikt beteiligten Parteien nicht angegriffen werden.

2. Die zuständigen Behörden einer am Konflikt beteiligten Partei können jeden der gegnerischen Partei zur Besetzung offen stehenden bewohnten Ort in der Nähe oder innerhalb einer Zone, in der Streitkräfte miteinander in Berührung gekommen sind, zum unverteidigten Ort erklären. Ein solcher Ort muss folgende Voraussetzungen erfüllen:

a) Alle Kombattanten sowie die beweglichen Waffen und die bewegliche militärische Ausrüstung müssen verlegt worden sein,

b) ortsfeste militärische Anlagen oder Einrichtungen dürfen nicht zu feindseligen Handlungen benutzt werden,

c) Behörden und Bevölkerung dürfen keine feindseligen Handlungen begehen und

d) es darf nichts zur Unterstützung von Kriegshandlungen unternommen werden.

3. Die Voraussetzungen des Absatzes 2 sind auch dann erfüllt, wenn sich an diesem Ort Personen befinden, die durch die Abkommen und dieses Protokoll besonders geschützt sind, oder wenn dort Polizeikräfte zu dem alleinigen Zweck verblieben sind, die öffentliche Ordnung aufrechtzuerhalten.

4. Die Erklärung nach Absatz 2 wird an die gegnerische Partei gerichtet; darin sind die Grenzen des unverteidigten Ortes so genau wie möglich festzulegen und zu beschreiben. Die am Konflikt beteiligte Partei, an welche die Erklärung gerichtet ist, bestätigt den Empfang und behandelt den Ort als unverteidigten Ort, es sei denn, dass die Voraussetzungen des Absatzes 2 nicht tatsächlich erfüllt sind; in diesem Fall hat sie die Partei, welche die Erklärung abgegeben hat, unverzüglich davon zu unterrichten. Selbst wenn die Voraussetzungen des Absatzes 2 nicht erfüllt sind, steht der Ort weiterhin unter dem Schutz der anderen Bestimmungen dieses Protokolls und der sonstigen Regeln des in bewaffneten Konflikten anwendbaren Völkerrechts.

5. Die am Konflikt beteiligten Parteien können die Schaffung unverteidigter Orte vereinbaren, selbst wenn diese Orte nicht die Voraussetzungen des Absatzes 2 erfüllen. In der Vereinbarung sollen die Grenzen des unverteidigten Ortes so genau wie möglich festgelegt und beschrieben werden; falls erforderlich, können darin Überwachungsmethoden vorgesehen werden.

6. Die Partei, in deren Gewalt sich ein von einer solchen Vereinbarung erfasster Ort befindet, macht diesen nach Möglichkeit durch mit der anderen Partei zu vereinbarende Zeichen kenntlich; sie sind an Stellen anzubringen, wo sie deutlich sichtbar sind, insbesondere an den Ortsenden und Aussengrenzen und an den Hauptstrassen.

7. Ein Ort verliert seinen Status als unverteidigter Ort, wenn er die Voraussetzungen des Absatzes 2 oder der Vereinbarung nach Absatz 5 nicht mehr erfüllt. In einem solchen Fall steht der Ort weiterhin unter dem Schutz der anderen Bestimmungen dieses Protokolls und der sonstigen Regeln des in bewaffneten Konflikten anwendbaren Völkerrechts.

Art. 60   Entmilitarisierte Zonen

1. Den am Konflikt beteiligten Parteien ist es verboten, ihre Kriegshandlungen auf Zonen auszudehnen, denen sie durch eine Vereinbarung den Status einer entmilitarisierten Zone zuerkannt haben, wenn diese Ausdehnung den Bestimmungen der betreffenden Vereinbarung zuwiderläuft.

2. Es bedarf einer ausdrücklichen Vereinbarung; sie kann mündlich oder schriftlich, unmittelbar oder durch Vermittlung einer Schutzmacht oder einer unparteiischen humanitären Organisation getroffen werden und aus gegenseitigen übereinstimmen-

den Erklärungen bestehen. Die Vereinbarung kann sowohl in Friedenszeiten als auch nach Beginn der Feindseligkeiten getroffen werden; darin sollen die Grenzen der entmilitarisierten Zone so genau wie möglich festgelegt und beschrieben werden; falls erforderlich, werden darin Überwachungsmethoden vorgesehen.

3. Gegenstand einer solchen Vereinbarung ist in der Regel eine Zone, die folgende Voraussetzungen erfüllt:

a) Alle Kombattanten sowie die beweglichen Waffen und die bewegliche militärische Ausrüstung müssen verlegt worden sein,

b) ortsfeste militärische Anlagen oder Einrichtungen dürfen nicht zu feindseligen Handlungen benutzt werden,

c) Behörden und Bevölkerung dürfen keine feindseligen Handlungen begehen und

d) jede mit militärischen Anstrengungen im Zusammenhang stehende Tätigkeit muss eingestellt worden sein.

Die am Konflikt beteiligten Parteien verständigen sich darüber, wie Buchstabe d auszulegen ist und welche Personen sich ausser den in Absatz 4 genannten in der entmilitarisierten Zone aufhalten dürfen.

4. Die Voraussetzungen des Absatzes 3 sind auch dann erfüllt, wenn sich in dieser Zone Personen befinden, die durch die Abkommen und dieses Protokoll besonders geschützt sind, oder wenn dort Polizeikräfte zu dem alleinigen Zweck verblieben sind, die öffentliche Ordnung aufrechtzuerhalten.

5. Die Partei, in deren Gewalt sich eine solche Zone befindet, macht diese nach Möglichkeit durch mit der anderen Partei zu vereinbarende Zeichen kenntlich; sie sind an Stellen anzubringen, wo sie deutlich sichtbar sind, insbesondere an den Ortsenden, den Grenzen der Zone und an den Hauptstrassen.

6. Nähern sich die Kämpfe einer entmilitarisierten Zone und haben die am Konflikt beteiligten Parteien eine entsprechende Vereinbarung getroffen, so darf keine von ihnen diese Zone für Zwecke benutzen, die mit Kriegshandlungen im Zusammenhang stehen, oder den Status der Zone einseitig aufheben.

7. Verletzt eine am Konflikt beteiligte Partei erheblich die Bestimmungen des Absatzes 3 oder 6, so ist die andere Partei ihrer Verpflichtungen aus der Vereinbarung enthoben, die der Zone den Status einer entmilitarisierten Zone zuerkennt. In einem solchen Fall verliert die Zone zwar ihren Status, steht aber weiterhin unter dem Schutz der anderen Bestimmungen dieses Protokolls und der sonstigen Regeln des in bewaffneten Konflikten anwendbaren Völkerrechts.

Kapitel VI
Zivilschutz

Art. 61   Begriffsbestimmungen und Anwendungsbereich

Im Sinne dieses Protokolls

a) bedeutet «Zivilschutz» die Erfüllung aller oder einzelner der nachstehend genannten humanitären Aufgaben zum Schutz der Zivilbevölkerung vor den Gefahren und zur Überwindung der unmittelbaren Auswirkungen von Feindseligkeiten oder Katastrophen sowie zur Schaffung der für ihr Überleben notwendigen Voraussetzungen. Diese Aufgaben sind

    i) Warndienst;

    ii) Evakuierung;

    iii) Bereitstellung und Verwaltung von Schutzräumen;

    iv) Durchführung von Verdunkelungsmassnahmen;

    v) Bergung;

    vi) medizinische Versorgung einschliesslich erster Hilfe und geistlichen Beistands;

    vii) Brandbekämpfung;

    viii) Aufspüren und Kennzeichnung von Gefahrenzonen;

    ix) Dekontaminierung und ähnliche Schutzmassnahmen;

    x) Bereitstellung von Notunterkünften und -verpflegungsgütern;

    xi) Notdienst zur Wiederherstellung und Aufrechterhaltung der Ordnung in Not leidenden Gebieten;

    xii) Notinstandsetzung unentbehrlicher öffentlicher Versorgungseinrichtungen;

    xiii) Bestattungsnotdienst;

    xiv) Hilfsdienste bei der Erhaltung lebensnotwendiger Objekte;

    xv) zur Wahrnehmung jeder dieser Aufgaben erforderliche zusätzliche Tätigkeiten, zu denen auch Planung und Organisation gehören;

b) bedeutet «Zivilschutzorganisationen» die von den zuständigen Behörden einer am Konflikt beteiligten Partei zur Wahrnehmung einer der unter Buchstabe a genannten Aufgaben geschaffenen oder zugelassenen Einrichtungen und anderen Einheiten, die ausschliesslich diesen Aufgaben zugewiesen und ausschliesslich dafür eingesetzt werden;

c) bedeutet «Personal» der Zivilschutzorganisationen die Personen, die eine am Konflikt beteiligte Partei ausschliesslich der Wahrnehmung der unter Buchstabe a genannten Aufgaben zuweist, darunter das Personal, das von der zuständigen Behörde dieser Partei ausschliesslich der Verwaltung dieser Organisationen zugewiesen wird;

d) bedeutet «Material» der Zivilschutzorganisationen die Ausrüstung, Vorräte und Transportmittel, welche diese Organisationen zur Wahrnehmung der unter Buchstabe a genannten Aufgaben verwenden.

Art. 62   Allgemeiner Schutz

1. Die zivilen Zivilschutzorganisationen und ihr Personal werden nach Massgabe der Bestimmungen dieses Protokolls und insbesondere dieses Abschnitts geschont und geschützt. Ausser im Fall zwingender militärischer Notwendigkeit sind sie berechtigt, ihre Zivilschutzaufgaben wahrzunehmen.

2. Absatz 1 findet auch auf Zivilpersonen Anwendung, die den zivilen Zivilschutzorganisationen nicht angehören, aber einem Aufruf der zuständigen Behörden Folge leisten und unter deren Leitung Zivilschutzaufgaben wahrnehmen.

3. Gebäude und Material, die zu Zivilschutzzwecken benutzt werden, sowie Schutzbauten für die Zivilbevölkerung fallen unter Artikel 52. Zu Zivilschutzzwecken benutzte Objekte dürfen nur von der Partei, der sie gehören, zerstört oder zweckentfremdet werden.

Art. 63   Zivilschutz in besetzten Gebieten

1. In besetzten Gebieten werden den zivilen Zivilschutzorganisationen von den Behörden die zur Wahrnehmung ihrer Aufgaben erforderlichen Erleichterungen gewährt. Ihr Personal darf unter keinen Umständen zu Tätigkeiten gezwungen werden, welche die ordnungsgemässe Wahrnehmung dieser Aufgaben behindern würden. Die Besetzungsmacht darf die Struktur oder die personelle Besetzung dieser Organisationen nicht in einer Weise ändern, welche die wirksame Erfüllung ihres Auftrags beeinträchtigen könnte. Von diesen Organisationen darf nicht verlangt werden, den Staatsangehörigen oder Interessen dieser Macht Vorrang einzuräumen.

2. Die Besetzungsmacht darf die zivilen Zivilschutzorganisationen nicht verpflichten, zwingen oder anhalten, ihre Aufgaben in irgendeiner für die Zivilbevölkerung abträglichen Weise wahrzunehmen.

3. Die Besetzungsmacht kann aus Sicherheitsgründen das Zivilschutzpersonal entwaffnen.

4. Die Besetzungsmacht darf Gebäude oder Material, die Zivilschutzorganisationen gehören oder von diesen benutzt werden, nicht zweckentfremden oder requirieren, wenn diese Zweckentfremdung oder Requisition der Zivilbevölkerung zum Nachteil gereicht.

5. Sofern die allgemeine Vorschrift des Absatzes 4 weiterhin beachtet wird, kann die Besetzungsmacht diese Mittel unter folgenden besonderen Bedingungen requirieren oder zweckentfremden:

    a)   Die Gebäude oder das Material werden für andere Bedürfnisse der Zivilbevölkerung benötigt und

    b)   die Requisition oder Zweckentfremdung dauert nur so lange, wie diese Notwendigkeit besteht.

6. Die Besetzungsmacht darf Schutzbauten, die der Zivilbevölkerung zur Verfügung stehen oder von ihr benötigt werden, nicht zweckentfremden oder requirieren.

Art. 64   Zivile Zivilschutzorganisationen neutraler oder anderer
nicht am Konflikt beteiligter Staaten und internationale
Koordinierungsorganisationen

1. Die Artikel 62, 63, 65 und 66 finden auch auf Personal und Material ziviler
Zivilschutzorganisationen neutraler oder anderer nicht am Konflikt beteiligter Staaten Anwendung, die im Hoheitsgebiet einer am Konflikt beteiligten Partei mit
Zustimmung und unter der Leitung dieser Partei Zivilschutzaufgaben nach Artikel 61 wahrnehmen. Einer betroffenen gegnerischen Partei wird so bald wie möglich
von dieser Hilfe Mitteilung gemacht. Diese Tätigkeit darf unter keinen Umständen
als Einmischung in den Konflikt angesehen werden. Sie soll jedoch unter gebührender Berücksichtigung der Sicherheitsinteressen der betroffenen am Konflikt beteiligten Parteien ausgeübt werden.

2. Am Konflikt beteiligte Parteien, welche die in Absatz 1 genannte Hilfe erhalten,
und die Hohen Vertragsparteien, die sie gewähren, sollen gegebenenfalls die internationale Koordinierung dieser Zivilschutzmassnahmen erleichtern. In diesem Fall
findet dieses Kapitel auf die zuständigen internationalen Organisationen Anwendung.

3. In besetzten Gebieten darf die Besetzungsmacht die Tätigkeit ziviler Zivilschutzorganisationen neutraler oder anderer nicht am Konflikt beteiligter Staaten sowie
internationaler Koordinierungsorganisationen nur dann ausschliessen oder einschränken, wenn sie die angemessene Wahrnehmung der Zivilschutzaufgaben mit
eigenen Mitteln oder den Mitteln des besetzten Gebiets sicherstellen kann.

Art. 65   Ende des Schutzes

1. Der Schutz, auf den zivile Zivilschutzorganisationen, ihr Personal, ihre Gebäude,
ihre Schutzbauten und ihr Material Anspruch haben, darf nur dann enden, wenn sie
ausser ihren eigentlichen Aufgaben den Feind schädigende Handlungen begehen
oder dazu verwendet werden. Jedoch endet der Schutz erst, nachdem eine Warnung,
die möglichst eine angemessene Frist setzt, unbeachtet geblieben ist.

2. Es gilt nicht als eine den Feind schädigende Handlung,

a)   wenn Zivilschutzaufgaben unter der Weisung oder Aufsicht militärischer
Dienststellen durchgeführt werden;

b)   wenn ziviles Zivilschutzpersonal mit Militärpersonal bei der Wahrnehmung
von Zivilschutzaufgaben zusammenarbeitet oder wenn einige Militärpersonen zivilen Zivilschutzorganisationen zugeteilt sind,

c)   wenn die Wahrnehmung von Zivilschutzaufgaben auch militärischen Konfliktsopfern, insbesondere den ausser Gefecht befindlichen, zugute kommt.

3. Es gilt auch nicht als eine den Feind schädigende Handlung, wenn das zivile
Zivilschutzpersonal leichte Handfeuerwaffen trägt, um die Ordnung aufrechtzuerhalten oder sich selbst zu verteidigen. In Gebieten, in denen Kämpfe zu Land stattfinden oder wahrscheinlich stattfinden werden, treffen die am Konflikt beteiligten
Parteien jedoch geeignete Vorkehrungen, um diese Waffen auf Faustfeuerwaffen
wie Pistolen oder Revolver zu beschränken, damit zwischen Zivilschutzpersonal und

Kombattanten leichter unterschieden werden kann. Auch wenn das Zivilschutzpersonal in diesen Gebieten andere leichte Handfeuerwaffen trägt, wird es geschont und geschützt, sobald es als solches erkannt ist.

4. Sind zivile Zivilschutzorganisationen in militärischer Weise organisiert oder ist ihr Personal dienstverpflichtet, so verlieren sie auch dadurch nicht den in diesem Kapitel gewährten Schutz.

Art. 66   Kennzeichnung

1. Jede am Konflikt beteiligte Partei ist bemüht, sicherzustellen, dass ihre Zivilschutzorganisationen, deren Personal, Gebäude und Material erkennbar sind, solange sie ausschliesslich zur Wahrnehmung von Zivilschutzaufgaben eingesetzt sind. Schutzbauten, die der Zivilbevölkerung zur Verfügung stehen, sollen in ähnlicher Weise erkennbar sein.

2. Jede am Konflikt beteiligte Partei ist ferner bemüht, Methoden und Verfahren einzuführen und anzuwenden, die das Erkennen ziviler Schutzbauten sowie des Personals, der Gebäude und des Materials des Zivilschutzes ermöglichen, welche das internationale Schutzzeichen des Zivilschutzes tragen.

3. In besetzten Gebieten und in Gebieten, in denen tatsächlich oder voraussichtlich Kampfhandlungen stattfinden, soll das Zivilpersonal des Zivilschutzes durch das internationale Schutzzeichen des Zivilschutzes und durch einen Ausweis, der seinen Status bescheinigt, erkennbar sein.

4. Das internationale Schutzzeichen des Zivilschutzes besteht aus einem gleichseitigen blauen Dreieck auf orangefarbenem Grund, das zum Schutz von Zivilschutzorganisationen, ihres Personals, ihrer Gebäude und ihres Materials oder zum Schutz ziviler Schutzbauten verwendet wird.

5. Neben dem Schutzzeichen können die am Konflikt beteiligten Parteien Erkennungssignale zur Kennzeichnung der Zivilschutzdienste vereinbaren.

6. Die Anwendung der Absätze 1 bis 4 wird in Kapitel V des Anhangs I dieses Protokolls geregelt.

7. In Friedenszeiten kann das in Absatz 4 beschriebene Zeichen mit Zustimmung der zuständigen nationalen Behörden zur Kennzeichnung der Zivilschutzdienste verwendet werden.

8. Die Hohen Vertragsparteien und die am Konflikt beteiligten Parteien treffen die erforderlichen Massnahmen, um die Verwendung des internationalen Schutzzeichens des Zivilschutzes zu überwachen und um seinen Missbrauch zu verhüten und zu ahnden.

9. Für die Kennzeichnung des Sanitäts- und Seelsorgepersonals sowie der Sanitätseinheiten und -transportmittel des Zivilschutzes gilt Artikel 18 ebenfalls.

Art. 67 Den Zivilschutzorganisationen zugeteilte Angehörige der Streitkräfte und militärische Einheiten

1. Angehörige der Streitkräfte und militärische Einheiten, die den Zivilschutzorganisationen zugeteilt sind, werden geschont und geschützt,

   a) wenn dieses Personal und diese Einheiten ständig für die Wahrnehmung einer der in Artikel 61 bezeichneten Aufgaben zugewiesen und ausschliesslich dafür eingesetzt sind;

   b) wenn das diesen Aufgaben zugewiesene Personal für die Dauer des Konflikts keine anderen militärischen Aufgaben wahrnimmt;

   c) wenn dieses Personal sich deutlich von anderen Angehörigen der Streitkräfte durch auffälliges Tragen des ausreichend grossen internationalen Schutzzeichens des Zivilschutzes unterscheidet und wenn es den in Kapitel V des Anhangs 1 dieses Protokolls bezeichneten Ausweis besitzt, der seinen Status bescheinigt;

   d) wenn dieses Personal und diese Einheiten nur mit leichten Handfeuerwaffen ausgerüstet sind, um die Ordnung aufrechtzuerhalten oder sich selbst zu verteidigen. Artikel 65 Absatz 3 findet auch auf diesen Fall Anwendung;

   e) wenn dieses Personal nicht unmittelbar an den Feindseligkeiten teilnimmt und neben seinen Zivilschutzaufgaben keine die gegnerische Partei schädigenden Handlungen begeht oder nicht für solche eingesetzt wird;

   f) wenn dieses Personal und diese Einheiten ihre Zivilschutzaufgaben nur im Hoheitsgebiet ihrer Partei wahrnehmen.

Die Nichtbeachtung der Vorschriften des Buchstabens e durch einen Angehörigen der Streitkräfte, der durch die Vorschriften der Buchstaben a und b gebunden ist, ist verboten.

2. Angehörige des in Zivilschutzorganisationen Dienst tuenden Militärpersonals, die in die Gewalt einer gegnerischen Partei geraten, werden Kriegsgefangene. In besetztem Gebiet können sie, jedoch nur im Interesse der Zivilbevölkerung dieses Gebiets, zu Zivilschutzaufgaben herangezogen werden, soweit dies erforderlich ist; wenn diese Arbeit gefährlich ist, müssen sie sich jedoch freiwillig gemeldet haben.

3. Die Gebäude und grösseren Ausrüstungsgegenstände und Transportmittel der militärischen Einheiten, die Zivilschutzorganisationen zugeteilt sind, müssen deutlich mit dem internationalen Schutzzeichen des Zivilschutzes gekennzeichnet sein. Dieses Zeichen muss eine angemessene Grösse besitzen.

4. Die Gebäude und das Material der militärischen Einheiten, die Zivilschutzorganisationen ständig zugeteilt sind und ausschliesslich für die Wahrnehmung von Zivilschutzaufgaben eingesetzt werden, unterliegen, wenn sie in die Gewalt einer gegnerischen Partei geraten, weiterhin dem Kriegsrecht. Ausser im Fall zwingender militärischer Notwendigkeit dürfen sie jedoch ihrer Bestimmung nicht entzogen werden, solange sie zur Wahrnehmung von Zivilschutzaufgaben benötigt werden, sofern nicht vorher Massnahmen getroffen wurden, um den Bedürfnissen der Zivilbevölkerung in angemessener Weise zu genügen.

Abschnitt II
Hilfsmassnahmen zugunsten der Zivilbevölkerung

Art. 68 Anwendungsbereich

Dieser Abschnitt findet auf die Zivilbevölkerung im Sinne dieses Protokolls Anwendung und ergänzt die Artikel 23, 55, 59, 60, 61 und 62 sowie die anderen einschlägigen Bestimmungen des IV. Abkommens.

Art. 69 Wesentliche Bedürfnisse in besetzten Gebieten

1. Über die in Artikel 55 des IV. Abkommens bezeichneten Verpflichtungen betreffend die Versorgung mit Lebens- und Arzneimitteln hinaus sorgt die Besetzungsmacht im Rahmen aller ihr zur Verfügung stehenden Mittel und ohne jede nachteilige Unterscheidung auch für die Bereitstellung von Kleidung, Material für die Übernachtung, Notunterkünften, anderen für das Überleben der Zivilbevölkerung des besetzten Gebiets wesentlichen Versorgungsgütern und Kultgegenständen.

2. Hilfsaktionen zugunsten der Zivilbevölkerung besetzter Gebiete werden durch die Artikel 59, 60, 61, 62, 108, 109, 110 und 111 des IV. Abkommens sowie durch Artikel 71 dieses Protokolls geregelt; sie werden unverzüglich durchgeführt.

Art. 70 Hilfsaktionen

1. Ist die Zivilbevölkerung eines der Kontrolle einer am Konflikt beteiligten Partei unterliegenden Gebiets, das kein besetztes Gebiet ist, nicht ausreichend mit den in Artikel 69 genannten Versorgungsgütern versehen, so sind ohne jede nachteilige Unterscheidung unparteiische humanitäre Hilfsaktionen durchzuführen, sofern die davon betroffenen Parteien zustimmen. Hilfsangebote, welche die genannten Bedingungen erfüllen, gelten weder als Einmischung in den bewaffneten Konflikt noch als unfreundlicher Akt. Bei der Verteilung der Hilfssendungen werden zuerst Personen berücksichtigt, denen nach dem IV. Abkommen oder nach diesem Protokoll Vorzugsbehandlung oder besonderer Schutz zu gewähren ist, wie beispielsweise Kinder, schwangere Frauen, Wöchnerinnen und stillende Mütter.

2. Die am Konflikt beteiligten Parteien und jede Hohe Vertragspartei genehmigen und erleichtern den schnellen und ungehinderten Durchlass von Hilfssendungen, -ausrüstungen und -personal, die nach diesem Abschnitt bereitgestellt werden, auch wenn die Hilfe für die Zivilbevölkerung der gegnerischen Partei bestimmt ist.

3. Die am Konflikt beteiligten Parteien und jede Hohe Vertragspartei, die den Durchlass von Hilfssendungen, -ausrüstung und -personal nach Absatz 2 genehmigen,

    a)   haben das Recht, die technischen Einzelheiten für einen solchen Durchlass, einschliesslich einer Durchsuchung, festzulegen;

    b)   können ihre Genehmigung davon abhängig machen, dass die Verteilung der Hilfsgüter unter der örtlichen Aufsicht einer Schutzmacht erfolgt;

c) dürfen Hilfssendungen keiner anderen als ihrer ursprünglichen Bestimmung zuführen noch ihre Beförderung verzögern, ausgenommen in Fällen dringender Notwendigkeit im Interesse der betroffenen Zivilbevölkerung.

4. Die am Konflikt beteiligten Parteien gewährleisten den Schutz der Hilfssendungen und erleichtern ihre schnelle Verteilung.

5. Die am Konflikt beteiligten Parteien und jede betroffene Hohe Vertragspartei fördern und erleichtern eine wirksame internationale Koordinierung der in Absatz 1 genannten Hilfsaktionen.

Art. 71   An Hilfsaktionen beteiligtes Personal

1. Im Bedarfsfall kann die bei einer Hilfsaktion geleistete Hilfe auch Hilfspersonal umfassen, namentlich für die Beförderung und Verteilung von Hilfssendungen; die Beteiligung dieses Personals bedarf der Zustimmung der Partei, in deren Hoheitsgebiet es seine Tätigkeit ausüben soll.

2. Dieses Personal wird geschont und geschützt.

3. Jede Partei, die Hilfssendungen empfängt, unterstützt soweit irgend möglich das in Absatz 1 genannte Personal bei der Erfüllung seines Hilfsauftrags. Nur im Fall zwingender militärischer Notwendigkeit darf die Tätigkeit des Hilfspersonals begrenzt oder seine Bewegungsfreiheit vorübergehend eingeschränkt werden.

4. Das Hilfspersonal darf seinen Auftrag im Sinne dieses Protokolls unter keinen Umständen überschreiten. Es hat insbesondere die Sicherheitsbedürfnisse der Partei zu berücksichtigen, in deren Hoheitsgebiet es seine Aufgaben durchführt. Der Auftrag jedes Mitglieds des Hilfspersonals, das diese Bedingungen nicht beachtet, kann beendet werden.

Abschnitt III
Behandlung von Personen, die sich in der Gewalt einer am Konflikt beteiligten Partei befinden
Kapitel I
Anwendungsbereich und Schutz von Personen und Objekten

Art. 72   Anwendungsbereich

Die Bestimmungen dieses Abschnitts ergänzen die im IV. Abkommen, insbesondere in dessen Teilen I und III, enthaltenen Vorschriften über den humanitären Schutz von Zivilpersonen und zivilen Objekten, die sich in der Gewalt einer am Konflikt beteiligten Partei befinden, sowie die sonstigen anwendbaren Regeln des Völkerrechts über den Schutz grundlegender Menschenrechte in einem internationalen bewaffneten Konflikt.

Art. 73   Flüchtlinge und Staatenlose

Personen, die vor Beginn der Feindseligkeiten als Staatenlose oder Flüchtlinge im Sinne der einschlägigen, von den beteiligten Parteien angenommenen internationalen Übereinkünfte oder der innerstaatlichen Rechtsvorschriften des Aufnahme- oder Aufenthaltsstaats angesehen werden, sind unter allen Umständen und ohne jede nachteilige Unterscheidung geschützte Personen im Sinne der Teile I und III des IV. Abkommens.

Art. 74   Familienzusammenführung

Die Hohen Vertragsparteien und die am Konflikt beteiligten Parteien erleichtern in jeder möglichen Weise die Zusammenführung von Familien, die infolge bewaffneter Konflikte getrennt worden sind; sie fördern insbesondere im Einklang mit den Abkommen und diesem Protokoll und in Übereinstimmung mit ihren jeweiligen Sicherheitsbestimmungen die Tätigkeit humanitärer Organisationen, die sich dieser Aufgabe widmen.

Art. 75   Grundlegende Garantien

1. Soweit Personen von einer in Artikel 1 genannten Situation betroffen sind, werden sie, wenn sie sich in der Gewalt einer am Konflikt beteiligten Partei befinden und nicht auf Grund der Abkommen oder dieses Protokolls eine günstigere Behandlung geniessen, unter allen Umständen mit Menschlichkeit behandelt und geniessen zumindest den in diesem Artikel vorgesehenen Schutz, ohne jede nachteilige Unterscheidung auf Grund von Rasse, Hautfarbe, Geschlecht, Sprache, Religion oder Glauben, politischer oder sonstiger Anschauung, nationaler oder sozialer Herkunft, Vermögen, Geburt oder einer sonstigen Stellung oder anderer ähnlicher Unterscheidungsmerkmale. Jede Partei achtet die Person, die Ehre, die Überzeugungen und die religiösen Gepflogenheiten aller dieser Personen.

2. Folgende Handlungen sind und bleiben jederzeit und überall verboten, gleichviel ob sie durch zivile Bedienstete oder durch Militärpersonen begangen werden:

a)   Angriffe auf das Leben, die Gesundheit oder das körperliche oder geistige Wohlbefinden von Personen, insbesondere

   i)   vorsätzliche Tötung,

   ii)   Folter jeder Art, gleichviel ob körperlich oder seelisch,

   iii)   körperliche Züchtigung und

   iv)   Verstümmelung;

b)   Beeinträchtigung der persönlichen Würde, insbesondere entwürdigende und erniedrigende Behandlung, Nötigung zur Prostitution und unzüchtige Handlungen jeder Art,

c)   Geiselnahme,

d)   Kollektivstrafen und

e)   die Androhung einer dieser Handlungen.

3. Jede wegen Handlungen im Zusammenhang mit dem bewaffneten Konflikt festgenommene, in Haft gehaltene oder internierte Person wird unverzüglich in einer ihr verständlichen Sprache über die Gründe dieser Massnahmen unterrichtet. Ausser bei Festnahme oder Haft wegen einer Straftat wird eine solche Person so schnell wie irgend möglich, auf jeden Fall aber dann freigelassen, sobald die Umstände, welche die Festnahme, Haft oder Internierung rechtfertigen, nicht mehr gegeben sind.

4. Gegen eine Person, die für schuldig befunden wurde, im Zusammenhang mit dem bewaffneten Konflikt eine Straftat begangen zu haben, darf eine Verurteilung nur in einem Urteil ausgesprochen und nur auf Grund eines Urteils eine Strafe vollstreckt werden; dieses Urteil muss von einem unparteiischen, ordnungsgemäss zusammengesetzten Gericht gefällt werden, welches die allgemein anerkannten Grundsätze eines ordentlichen Gerichtsverfahrens beachtet; dazu gehören folgende Garantien:

a) Das Verfahren sieht vor, dass der Beschuldigte unverzüglich über die Einzelheiten der ihm zur Last gelegten Straftat unterrichtet werden muss, und gewährt ihm während der Hauptverhandlung und davor alle zu seiner Verteidigung erforderlichen Rechte und Mittel;

b) niemand darf wegen einer Straftat verurteilt werden, für die er nicht selbst strafrechtlich verantwortlich ist;

c) niemand darf wegen einer Handlung oder Unterlassung angeklagt oder verurteilt werden, die nach dem zur Zeit ihrer Begehung für ihn geltenden innerstaatlichen oder internationalen Recht nicht strafbar war; ebenso darf keine schwerere Strafe als die im Zeitpunkt der Begehung der Straftat angedrohte verhängt werden; wird nach Begehung der Straftat durch Gesetz eine mildere Strafe eingeführt, so kommt dies dem Täter zugute;

d) bis zum gesetzlichen Nachweis seiner Schuld wird vermutet, dass der wegen einer Straftat Angeklagte unschuldig ist;

e) jeder wegen einer Straftat Angeklagte hat das Recht, bei der Hauptverhandlung anwesend zu sein;

f) niemand darf gezwungen werden, gegen sich selbst als Zeuge auszusagen oder sich schuldig zu bekennen;

g) jeder wegen einer Straftat Angeklagte hat das Recht, Fragen an die Belastungszeugen zu stellen oder stellen zu lassen und das Erscheinen und die Vernehmung von Entlastungszeugen unter den für die Belastungszeugen geltenden Bedingungen zu erwirken;

h) niemand darf wegen einer Straftat, derentwegen er bereits nach demselben Recht und demselben Verfahren rechtskräftig freigesprochen oder verurteilt worden ist, erneut von derselben Partei verfolgt oder bestraft werden;

i) jeder wegen einer Straftat Angeklagte hat das Recht auf öffentliche Urteilsverkündung;

j) jeder Verurteilte wird bei seiner Verurteilung über sein Recht, gerichtliche und andere Rechtsmittel oder Rechtsbehelfe einzulegen, sowie über die hierfür festgesetzten Fristen unterrichtet.

5. Frauen, denen aus Gründen im Zusammenhang mit dem bewaffneten Konflikt die Freiheit entzogen ist, werden in Räumlichkeiten untergebracht, die von denen der Männer getrennt sind. Sie unterstehen der unmittelbaren Überwachung durch Frauen. Werden jedoch Familien festgenommen, in Haft gehalten oder interniert, so bleibt die Einheit der Familien bei ihrer Unterbringung nach Möglichkeit erhalten.

6. Personen, die aus Gründen im Zusammenhang mit dem bewaffneten Konflikt festgenommen, in Haft gehalten oder interniert werden, wird auch nach Beendigung des Konflikts bis zu ihrer endgültigen Freilassung, ihrer Heimschaffung oder Niederlassung der in diesem Artikel vorgesehene Schutz gewährt.

7. Zur Ausschaltung jedes Zweifels hinsichtlich der Verfolgung und des Gerichtsverfahrens in Bezug auf Personen, die der Begehung von Kriegsverbrechen oder von Verbrechen gegen die Menschlichkeit beschuldigt werden, sind folgende Grundsätze anzuwenden:

a) Personen, die solcher Verbrechen beschuldigt werden, sollen in Übereinstimmung mit den anwendbaren Regeln des Völkerrechts verfolgt und vor Gericht gestellt werden, und

b) allen Personen, die nicht auf Grund der Abkommen oder dieses Protokolls eine günstigere Behandlung geniessen, wird die in diesem Artikel vorgesehene Behandlung zuteil, gleichviel ob die Verbrechen, deren sie beschuldigt werden, schwere Verletzungen der Abkommen oder dieses Protokolls darstellen oder nicht.

8. Die Bestimmungen dieses Artikels sind nicht so auszulegen, als beschränkten oder beeinträchtigten sie eine andere günstigere Bestimmung, die auf Grund der Regeln des anwendbaren Völkerrechts den unter Absatz 1 fallenden Personen grösseren Schutz gewährt.

Kapitel II
Massnahmen zugunsten von Frauen und Kindern

Art. 76 Schutz von Frauen

1. Frauen werden besonders geschont; sie werden namentlich vor Vergewaltigung, Nötigung zur Prostitution und jeder anderen unzüchtigen Handlung geschützt.

2. Fälle von schwangeren Frauen und Müttern kleiner von ihnen abhängiger Kinder, die aus Gründen im Zusammenhang mit dem bewaffneten Konflikt festgenommen, in Haft gehalten oder interniert sind, werden vor allen anderen Fällen behandelt.

3. Die am Konflikt beteiligten Parteien bemühen sich soweit irgend möglich, zu vermeiden, dass gegen schwangere Frauen oder Mütter kleiner von ihnen abhängiger Kinder für eine im Zusammenhang mit dem bewaffneten Konflikt begangene Straftat die Todesstrafe verhängt wird. Ein wegen einer solchen Straftat gegen diese Frauen verhängtes Todesurteil darf nicht vollstreckt werden.

Art. 77   Schutz von Kindern

1. Kinder werden besonders geschont; sie werden vor jeder unzüchtigen Handlung geschützt. Die am Konflikt beteiligten Parteien lassen ihnen jede Pflege und Hilfe zuteil werden, deren sie wegen ihres Alters oder aus einem anderen Grund bedürfen.

2. Die am Konflikt beteiligten Parteien treffen alle praktisch durchführbaren Massnahmen, damit Kinder unter fünfzehn Jahren nicht unmittelbar an Feindseligkeiten teilnehmen; sie sehen insbesondere davon ab, sie in ihre Streitkräfte einzugliedern. Wenn die am Konflikt beteiligten Parteien Personen einziehen, die bereits das fünfzehnte, aber noch nicht das achtzehnte Lebensjahr vollendet haben, bemühen sie sich, zuerst die Ältesten heranzuziehen.

3. Wenn in Ausnahmefällen trotz der Bestimmungen des Absatzes 2 Kinder, die noch nicht das fünfzehnte Lebensjahr vollendet haben, unmittelbar an Feindseligkeiten teilnehmen und in die Gewalt einer gegnerischen Partei geraten, wird ihnen weiterhin der besondere in diesem Artikel vorgesehene Schutz gewährt, gleichviel ob sie Kriegsgefangene sind oder nicht.

4. Werden Kinder aus Gründen im Zusammenhang mit dem bewaffneten Konflikt festgenommen, in Haft gehalten oder interniert, so werden sie in Räumlichkeiten untergebracht, die von denen der Erwachsenen getrennt sind, ausgenommen Fälle, in denen nach Artikel 75 Absatz 5 Familien so untergebracht werden, dass ihre Einheit erhalten bleibt.

5. Ein Todesurteil, das wegen einer im Zusammenhang mit dem bewaffneten Konflikt begangenen Straftat verhängt wurde, darf an Personen, die zum Zeitpunkt der Straftat noch nicht das achtzehnte Lebensjahr vollendet hatten, nicht vollstreckt werden.

Art. 78   Evakuierung von Kindern

1. Eine am Konflikt beteiligte Partei darf Kinder, die nicht ihre eigenen Staatsangehörigen sind, nicht in ein fremdes Land evakuieren, es sei denn, es handle sich um eine vorübergehende Evakuierung, die durch zwingende Gründe der Gesundheit, der medizinischen Behandlung oder – ausser in besetztem Gebiet – der Sicherheit der Kinder erforderlich wird. Sind Eltern oder andere Sorgeberechtigte erreichbar, so ist deren schriftliches Einverständnis mit der Evakuierung erforderlich. Sind sie nicht erreichbar, so darf die Evakuierung nur mit schriftlicher Zustimmung der Personen vorgenommen werden, die nach Gesetz oder Brauch in erster Linie für die Kinder zu sorgen haben. Die Schutzmacht überwacht jede derartige Evakuierung im Einvernehmen mit den betreffenden Parteien, das heisst der die Evakuierung vornehmenden Partei, der die Kinder aufnehmenden Partei und jeder Partei, deren Staatsangehörige evakuiert werden. In jedem Fall treffen alle am Konflikt beteiligten Parteien alle praktisch durchführbaren Vorsichtsmassnahmen, um eine Gefährdung der Evakuierung zu vermeiden.

2. Wird eine Evakuierung nach Absatz 1 vorgenommen, so wird für die Erziehung jedes evakuierten Kindes, einschliesslich seiner dem Wunsch der Eltern entsprechenden religiösen und sittlichen Erziehung unter Wahrung grösstmöglicher Kontinuität gesorgt.

3. Um die Rückkehr der nach diesem Artikel evakuierten Kinder zu ihren Familien und in ihr Land zu erleichtern, stellen die Behörden der Partei, welche die Evakuierung vornimmt, und gegebenenfalls die Behörden des Aufnahmelands für jedes Kind eine mit Lichtbildern versehene Karte aus und übermitteln sie dem Zentralen Suchdienst des Internationalen Komitees vom Roten Kreuz. Jede Karte enthält, soweit möglich und soweit dem Kind dadurch kein Schaden entstehen kann, folgende Angaben:

a) Name(n) des Kindes;

b) Vorname(n) des Kindes;

c) Geschlecht des Kindes;

d) Geburtsort und -datum (oder ungefähres Alter, wenn das Datum nicht bekannt ist);

e) Name und Vorname des Vaters;

f) Name, Vorname und gegebenenfalls Mädchenname der Mutter;

g) nächste Angehörige des Kindes;

h) Staatsangehörigkeit des Kindes;

i) Muttersprache des Kindes sowie alle weiteren Sprachen, die es spricht;

j) Anschrift der Familie des Kindes;

k) eine etwaige Kennummer des Kindes;

l) Gesundheitszustand des Kindes;

m) Blutgruppe des Kindes;

n) etwaige besondere Kennzeichen;

o) Datum und Ort der Auffindung des Kindes;

p) das Datum, an dem, und der Ort, von dem aus das Kind sein Land verlassen hat;

q) gegebenenfalls Religion des Kindes;

r) gegenwärtige Anschrift des Kindes im Aufnahmeland;

s) falls das Kind vor seiner Rückkehr stirbt, Datum, Ort und Umstände des Todes sowie Bestattungsort.

Kapitel III
Journalisten

Art. 79   Massnahmen zum Schutz von Journalisten

1. Journalisten, die in Gebieten eines bewaffneten Konflikts gefährliche berufliche Aufträge ausführen, gelten als Zivilpersonen im Sinne des Artikels 50 Absatz 1.

2. Sie sind als solche nach den Abkommen und diesem Protokoll geschützt, sofern sie nichts unternehmen, was ihren Status als Zivilpersonen beeinträchtigt; sind sie aber bei den Streitkräften als Kriegsberichterstatter akkreditiert, so bleibt der Anspruch auf den nach Artikel 4 Buchstabe A Absatz 4 des III. Abkommens vorgesehenen Status unberührt.

3. Sie können einen dem Muster in Anhang II dieses Protokolls entsprechenden Ausweis erhalten. Dieser Ausweis, der von der Regierung des Staates ausgestellt wird, dessen Angehörige sie sind, in dem sie ansässig sind oder in dem sich das Nachrichtenorgan befindet, bei dem sie beschäftigt sind, bestätigt den Status des Inhabers als Journalist.

Teil V
Durchführung der Abkommen und dieses Protokolls
Abschnitt I
Allgemeine Bestimmungen

Art. 80   Durchführungsmassnahmen

1. Die Hohen Vertragsparteien und die am Konflikt beteiligten Parteien treffen unverzüglich alle notwendigen Massnahmen, um ihre Verpflichtungen aus den Abkommen und diesem Protokoll zu erfüllen.

2. Die Hohen Vertragsparteien und die am Konflikt beteiligten Parteien erteilen Weisungen und Anordnungen, um die Einhaltung der Abkommen und dieses Protokolls zu gewährleisten, und überwachen deren Durchführung.

Art. 81   Tätigkeit des Roten Kreuzes und anderer humanitärer
              Organisationen

1. Die am Konflikt beteiligten Parteien gewähren dem Internationalen Komitee vom Roten Kreuz alle ihnen zu Gebote stehenden Erleichterungen, damit es die humanitären Aufgaben wahrnehmen kann, die ihm durch die Abkommen und dieses Protokoll übertragen sind, um für den Schutz und die Unterstützung der Opfer von Konflikten zu sorgen; das Internationale Komitee vom Roten Kreuz kann auch vorbehaltlich der Zustimmung der betroffenen am Konflikt beteiligten Parteien alle anderen humanitären Tätigkeiten zugunsten dieser Opfer ausüben.

2. Die am Konflikt beteiligten Parteien gewähren ihren jeweiligen Organisationen des Roten Kreuzes (Roten Halbmonds, Roten Löwen mit Roter Sonne) die Erleichterungen, die sie benötigen, um ihre humanitäre Tätigkeit zugunsten der Opfer des Konflikts im Einklang mit den Abkommen und diesem Protokoll und mit den von den Internationalen Rotkreuzkonferenzen formulierten Grundprinzipien des Roten Kreuzes auszuüben.

3. Die Hohen Vertragsparteien und die am Konflikt beteiligten Parteien erleichtern in jeder möglichen Weise die Hilfe, die Organisationen des Roten Kreuzes (Roten Halbmonds, Roten Löwen mit Roter Sonne) und die Liga der Rotkreuzgesellschaften den Opfern von Konflikten im Einklang mit den Abkommen und diesem Proto-

koll und den von den Internationalen Rotkreuzkonferenzen formulierten Grundprinzipien des Roten Kreuzes zuteil werden lassen.

4. Die Hohen Vertragsparteien und die am Konflikt beteiligten Parteien räumen soweit möglich ähnliche Erleichterungen wie die in den Absätzen 2 und 3 genannten auch den anderen in den Abkommen und diesem Protokoll bezeichneten humanitären Organisationen ein, die von den jeweiligen am Konflikt beteiligten Parteien ordnungsgemäss ermächtigt sind und ihre humanitäre Tätigkeit im Einklang mit den Abkommen und diesem Protokoll ausüben.

Art. 82   Rechtsberater in den Streitkräften

Die Hohen Vertragsparteien werden jederzeit und die am Konflikt beteiligten Parteien werden in Zeiten eines bewaffneten Konflikts dafür Sorge tragen, dass Rechtsberater bei Bedarf verfügbar sind, um die militärischen Kommandanten der zuständigen Befehlsebenen hinsichtlich der Anwendung der Abkommen und dieses Protokolls sowie der geeigneten Unterweisungen zu beraten, die den Streitkräften auf diesem Gebiet zu erteilen sind.

Art. 83   Verbreitung

1. Die Hohen Vertragsparteien verpflichten sich, in Friedenszeiten wie in Zeiten eines bewaffneten Konflikts die Abkommen und dieses Protokoll in ihren Ländern so weit wie möglich zu verbreiten, insbesondere ihr Studium in die militärischen Ausbildungsprogramme aufzunehmen und die Zivilbevölkerung zu ihrem Studium anzuregen, so dass diese Übereinkünfte den Streitkräften und der Zivilbevölkerung bekannt werden.

2. Die militärischen oder zivilen Dienststellen, die in Zeiten eines bewaffneten Konflikts Verantwortlichkeiten bei der Anwendung der Abkommen und dieses Protokolls zu übernehmen haben, müssen mit ihrem Wortlaut voll und ganz vertraut sein.

Art. 84   Anwendungsvorschriften

Die Hohen Vertragsparteien übermitteln einander so bald wie möglich durch den Depositar und gegebenenfalls durch die Schutzmächte ihre amtlichen Übersetzungen dieses Protokolls sowie die Gesetze und sonstigen Vorschriften, die sie erlassen, um seine Anwendung zu gewährleisten.

Abschnitt II
Ahndung von Verletzungen der Abkommen und dieses Protokolls

Art. 85   Ahndung von Verletzungen dieses Protokolls

1. Die Bestimmungen der Abkommen über die Ahndung von Verletzungen und schweren Verletzungen, ergänzt durch die Bestimmungen dieses Abschnitts, finden

auch auf die Ahndung von Verletzungen und schweren Verletzungen dieses Protokolls Anwendung.

2. Die in den Abkommen als schwere Verletzungen bezeichneten Handlungen stellen schwere Verletzungen dieses Protokolls dar, wenn sie gegen Personen, die sich in der Gewalt einer gegnerischen Partei befinden und durch die Artikel 44, 45 und 73 des Protokolls geschützt sind, oder gegen Verwundete, Kranke und Schiffbrüchige der gegnerischen Partei, die durch dieses Protokoll geschützt sind, oder gegen dasjenige Sanitäts- oder Seelsorgepersonal oder die Sanitätseinheiten oder Sanitätstransportmittel begangen werden, die der gegnerischen Partei unterstehen und durch dieses Protokoll geschützt sind.

3. Als schwere Verletzungen dieses Protokolls gelten ausser den in Artikel 11 bezeichneten schweren Verletzungen folgende Handlungen, wenn sie vorsätzlich unter Verletzung der einschlägigen Bestimmungen des Protokolls begangen werden und den Tod oder eine schwere Beeinträchtigung der körperlichen Unversehrtheit oder der Gesundheit zur Folge haben:

a) gegen die Zivilbevölkerung oder einzelne Zivilpersonen gerichtete Angriffe;

b) Führen eines unterschiedslos wirkenden, die Zivilbevölkerung oder zivile Objekte in Mitleidenschaft ziehenden Angriffs in Kenntnis davon, dass der Angriff Verluste an Menschenleben, die Verwundung von Zivilpersonen oder die Beschädigung ziviler Objekte zur Folge haben wird, die im Sinne des Artikels 57 Absatz 2 Buchstabe a Ziffer iii unverhältnismässig sind;

c) Führen eines Angriffs gegen gefährliche Kräfte enthaltende Anlagen oder Einrichtungen in Kenntnis davon, dass der Angriff Verluste an Menschenleben, die Verwundung von Zivilpersonen oder die Beschädigung ziviler Objekte zur Folge haben wird, die im Sinne des Artikels 57 Absatz 2 Buchstabe a Ziffer iii unverhältnismässig sind;

d) gegen unverteidigte Orte und, entmilitarisierte Zonen gerichtete Angriffe;

e) gegen eine Person gerichtete Angriffe in Kenntnis davon, dass die Person ausser Gefecht befindlich ist;

f) heimtückische gegen Artikel 37 verstossende Benutzung des Schutzzeichens des roten Kreuzes, des roten Halbmonds oder des roten Löwen mit roter Sonne oder anderer durch die Abkommen oder dieses Protokoll anerkannter Schutzzeichen.

4. Als schwere Verletzungen dieses Protokolls gelten ausser den in den vorstehenden Absätzen und in den Abkommen bezeichneten schweren Verletzungen folgende Handlungen, wenn sie vorsätzlich und unter Verletzung der Abkommen oder des Protokolls begangen werden:

a) die von der Besatzungsmacht durchgeführte Überführung eines Teiles ihrer eigenen Zivilbevölkerung in das von ihr besetzte Gebiet oder die Verschleppung oder Überführung der Gesamtheit oder eines Teiles der Bevölkerung des besetzten Gebiets innerhalb desselben oder aus demselben unter Verletzung des Artikels 49 des IV. Abkommens;

b) ungerechtfertigte Verzögerung bei der Heimschaffung von Kriegsgefangenen oder Zivilpersonen;

c) Praktiken der Apartheid und andere auf Rassendiskriminierung beruhende unmenschliche und erniedrigende Praktiken, die eine grobe Verletzung der persönlichen Würde einschliessen;

d) weitgehende Zerstörungen verursachende Angriffe, die gegen eindeutig erkannte geschichtliche Denkmäler, Kunstwerke oder Kultstätten gerichtet sind, welche zum kulturellen oder geistigen Erbe der Völker gehören und denen auf Grund einer besonderen Vereinbarung, zum Beispiel im Rahmen einer zuständigen internationalen Organisation, besonderer Schutz gewährt wurde, wenn keine Anzeichen dafür vorliegen, dass die gegnerische Partei Artikel 53 Buchstabe b verletzt hat und wenn die betreffenden geschichtlichen Denkmäler, Kunstwerke und Kultstätten nicht in unmittelbarer Nähe militärischer Ziele gelegen sind;

e) Massnahmen, durch die einer durch die Abkommen geschützten oder in Absatz 2 genannten Person ihr Recht auf ein unparteiisches ordentliches Gerichtsverfahren entzogen wird.

5. Unbeschadet der Anwendung der Abkommen und dieses Protokolls gelten schwere Verletzungen dieser Übereinkünfte als Kriegsverbrechen.

Art. 86   Unterlassungen

1. Die Hohen Vertragsparteien und die am Konflikt beteiligten Parteien ahnden schwere Verletzungen und treffen die erforderlichen Massnahmen, um alle sonstigen Verletzungen der Abkommen oder dieses Protokolls zu unterbinden, die sich aus einer Unterlassung ergeben, wenn eine Rechtspflicht zum Handeln besteht.

2. Wurde eine Verletzung der Abkommen oder dieses Protokolls von einem Untergebenen begangen, so enthebt dies seine Vorgesetzten nicht ihrer strafrechtlichen beziehungsweise disziplinarrechtlichen Verantwortlichkeit, wenn sie wussten oder unter den gegebenen Umständen auf Grund der ihnen vorliegenden Informationen darauf schliessen konnten, dass der Untergebene eine solche Verletzung beging oder begehen würde, und wenn sie nicht alle in ihrer Macht stehenden, praktisch möglichen Massnahmen getroffen haben, um die Verletzung zu verhindern oder zu ahnden.

Art. 87   Pflichten der militärischen Kommandanten

1. Die Hohen Vertragsparteien und die am Konflikt beteiligten Parteien verlangen von den militärischen Kommandanten im Hinblick auf die ihrem Befehl unterstellten Angehörigen der Streitkräfte und die übrigen Personen in ihrem Befehlsbereich, Verletzungen der Abkommen und dieses Protokolls zu verhindern, sie erforderlichenfalls zu unterbinden und den zuständigen Behörden anzuzeigen.

2. Um Verletzungen zu verhindern und zu unterbinden, verlangen die Hohen Vertragsparteien und die am Konflikt beteiligten Parteien von den militärischen Kommandanten, in ihrem jeweiligen Verantwortungsbereich sicherzustellen, dass die

ihrem Befehl unterstellten Angehörigen der Streitkräfte ihre Verpflichtungen aus den Abkommen und diesem Protokoll kennen.

3. Die Hohen Vertragsparteien und die am Konflikt beteiligten Parteien verlangen von jedem militärischen Kommandanten, der erfahren hat, dass Untergebene oder andere ihm unterstellte Personen eine Verletzung der Abkommen oder dieses Protokolls begehen werden oder begangen haben, dass er die erforderlichen Massnahmen zur Verhinderung derartiger Verletzungen anordnet und gegebenenfalls ein Disziplinar- oder Strafverfahren gegen die Täter einleitet.

Art. 88   Rechtshilfe in Strafsachen

1. Die Hohen Vertragsparteien gewähren einander die weitestgehende Hilfe im Zusammenhang mit Verfahren, die in Bezug auf schwere Verletzungen der Abkommen oder dieses Protokolls eingeleitet werden.

2. Vorbehaltlich der durch die Abkommen und durch Artikel 85 Absatz 1 dieses Protokolls festgelegten Rechte und Pflichten arbeiten die Hohen Vertragsparteien, sofern die Umstände dies erlauben, auf dem Gebiet der Auslieferung zusammen. Das Ersuchen des Staates, in dessen Hoheitsgebiet die behauptete Verletzung stattgefunden hat, wird von ihnen gebührend geprüft.

3. In allen Fällen findet das Recht der ersuchten Hohen Vertragspartei Anwendung. Die vorstehenden Absätze berühren jedoch nicht die Verpflichtungen aus anderen zwei- oder mehrseitigen Verträgen, die das Gebiet der Rechtshilfe in Strafsachen ganz oder teilweise regeln oder regeln werden.

Art. 89   Zusammenarbeit

Bei erheblichen Verstössen gegen die Abkommen oder dieses Protokoll verpflichten sich die Hohen Vertragsparteien, sowohl gemeinsam als auch einzeln in Zusammenarbeit mit den Vereinten Nationen und im Einklang mit der Charta der Vereinten Nationen tätig zu werden.

Art. 90   Internationale Ermittlungskommission

1. a)   Es wird eine internationale Ermittlungskommission (im folgenden als «Kommission» bezeichnet) gebildet; sie besteht aus fünfzehn Mitgliedern von hohem sittlichem Ansehen und anerkannter Unparteilichkeit.

   b)   Sind mindestens zwanzig Hohe Vertragsparteien übereingekommen, die Zuständigkeit der Kommission nach Absatz 2 anzuerkennen, so beruft der Depositar zu diesem Zeitpunkt und danach in Abständen von fünf Jahren eine Sitzung von Vertretern dieser Hohen Vertragsparteien ein, um die Mitglieder der Kommission zu wählen. Auf der Sitzung werden die Mitglieder der Kommission in geheimer Wahl aus einer Liste von Personen gewählt, für die jede Hohe Vertragspartei einen Namen vorschlagen kann.

   c)   Die Mitglieder der Kommission sind in persönlicher Eigenschaft tätig und üben ihr Amt bis zur Wahl der neuen Mitglieder auf der darauf folgenden Sitzung aus.

d) Bei der Wahl vergewissern sich die Hohen Vertragsparteien, dass jede der in die Kommission zu wählenden Personen die erforderliche Eignung besitzt, und tragen dafür Sorge, dass eine gerechte geographische Vertretung in der Kommission insgesamt sichergestellt ist.

e) Wird ein Sitz vorzeitig frei, so wird er von der Kommission unter gebührender Berücksichtigung der Buchstaben a bis d besetzt.

f) Der Depositar stellt der Kommission die zur Wahrnehmung ihrer Aufgaben erforderlichen Verwaltungsdienste zur Verfügung.

2. a) Die Hohen Vertragsparteien können bei der Unterzeichnung oder der Ratifikation des Protokolls oder bei ihrem Beitritt oder jederzeit danach erklären, dass sie gegenüber jeder anderen Hohen Vertragspartei, welche dieselbe Verpflichtung übernimmt, die Zuständigkeit der Kommission zur Untersuchung der Behauptungen einer solchen anderen Partei, wie in diesem Artikel vorgesehen, von Rechts wegen und ohne besondere Übereinkunft anerkennen.

b) Die oben genannten Erklärungen werden beim Depositar hinterlegt; dieser leitet Abschriften an die Hohen Vertragsparteien weiter.

c) Die Kommission ist zuständig,

   i) alle Tatsachen zu untersuchen, von denen behauptet wird, dass sie eine schwere Verletzung im Sinne der Abkommen und dieses Protokolls oder einen anderen erheblichen Verstoss gegen die Abkommen oder das Protokoll darstellen;

   ii) dazu beizutragen, dass die Abkommen und dieses Protokoll wieder eingehalten werden, indem sie ihre guten Dienste zur Verfügung stellt.

d) In anderen Fällen nimmt die Kommission Ermittlungen auf Antrag einer am Konflikt beteiligten Partei nur mit Zustimmung der anderen beteiligten Partei oder Parteien auf.

e) Vorbehaltlich der obigen Bestimmungen werden Artikel 52 des I. Abkommens, Artikel 53 des II. Abkommens, Artikel 132 des III. Abkommens und Artikel 149 des IV. Abkommens weiterhin auf jeden behaupteten Verstoss gegen die Abkommen angewandt und finden auch auf jeden behaupteten Verstoss gegen dieses Protokoll Anwendung.

3. a) Sofern die beteiligten Parteien nichts anderes vereinbaren, werden alle Ermittlungen von einer Kammer durchgeführt, die aus sieben wie folgt ernannten Mitgliedern besteht

   i) fünf Mitglieder der Kommission, die nicht Staatsangehörige einer am Konflikt beteiligten Partei sein dürfen, werden nach Konsultierung der am Konflikt beteiligten Parteien vom Vorsitzenden der Kommission auf der Grundlage einer gerechten Vertretung der geographischen Gebiete ernannt;

   ii) zwei Ad-hoc-Mitglieder, die nicht Staatsangehörige einer am Konflikt beteiligten Partei sein dürfen, werden jeweils von einer von ihnen ernannt.

b) Bei Eingang eines Ermittlungsantrags setzt der Vorsitzende der Kommission eine angemessene Frist zur Bildung einer Kammer fest. Wird ein Adhoc-Mitglied nicht innerhalb der festgesetzten Frist ernannt, so nimmt der Vorsitzende alsbald jede weitere Ernennung vor, die zur Vervollständigung der Mitgliederzahl der Kammer erforderlich ist.

4. a) Die nach Absatz 3 zur Durchführung von Ermittlungen gebildete Kammer fordert die am Konflikt beteiligten Parteien auf, sie zu unterstützen und Beweise vorzulegen. Sie kann auch andere Beweise einholen, die sie für zweckdienlich hält, und eine Untersuchung an Ort und Stelle durchführen.

b) Alle Beweismittel werden den beteiligten Parteien vollständig zur Kenntnis gebracht; diese sind berechtigt, sich gegenüber der Kommission dazu zu äussern.

c) Jede Partei ist berechtigt, diese Beweise in Zweifel zu ziehen.

5. a) Die Kommission legt den Parteien einen Bericht über die Ergebnisse der Ermittlungen der Kammer mit den Empfehlungen vor, die sie für angebracht hält.

b) Ist es der Kammer nicht möglich, ausreichende Beweise für eine sachliche und unparteiische Tatsachenfeststellung zu beschaffen, so gibt die Kommission die Gründe für dieses Unvermögen bekannt.

c) Die Kommission teilt ihre Tatsachenfeststellung nicht öffentlich mit, es sei denn, alle am Konflikt beteiligten Parteien hätten sie dazu aufgefordert.

6. Die Kommission gibt sich eine Geschäftsordnung einschliesslich der Vorschriften über den Vorsitz der Kommission und der Kammer. Diese Geschäftsordnung sieht vor, dass das Amt des Vorsitzenden der Kommission jederzeit ausgeübt wird und dass es im Fall von Ermittlungen von einer Person ausgeübt wird, die nicht Staatsangehörige einer am Konflikt beteiligten Partei ist.

7. Die Verwaltungsausgaben der Kommission werden durch Beiträge der Hohen Vertragsparteien, die Erklärungen nach Absatz 2 abgegeben haben, und durch freiwillige Beiträge gedeckt. Am Konflikt beteiligte Parteien, die Ermittlungen beantragen, strecken die nötigen Mittel zur Deckung der einer Kammer entstehenden Kosten vor und erhalten von der Partei oder den Parteien, gegen die sich die Behauptungen richten, einen Betrag in Höhe von 50 vom Hundert der Kosten der Kammer zurück. Werden der Kammer Gegendarstellungen vorgetragen, so streckt jede Partei 50 vom Hundert der erforderlichen Mittel vor.

Art. 91 Haftung

Eine am Konflikt beteiligte Partei, welche die Abkommen oder dieses Protokoll verletzt, ist gegebenenfalls zum Schadenersatz verpflichtet. Sie ist für alle Handlungen verantwortlich, die von den zu ihren Streitkräften gehörenden Personen begangen werden.

Teil VI
Schlussbestimmungen

Art. 92   Unterzeichnung

Dieses Protokoll wird für die Vertragsparteien der Abkommen sechs Monate nach Unterzeichnung der Schlussakte zur Unterzeichnung aufgelegt; es liegt für einen Zeitabschnitt von zwölf Monaten zur Unterzeichnung auf.

Art. 93   Ratifikation

Dieses Protokoll wird so bald wie möglich ratifiziert. Die Ratifikationsurkunden werden beim Schweizerischen Bundesrat, dem Depositar der Abkommen, hinterlegt.

Art. 94   Beitritt

Dieses Protokoll steht für jede Vertragspartei der Abkommen, die es nicht unterzeichnet hat, zum Beitritt offen. Die Beitrittsurkunden werden beim Depositar hinterlegt.

Art. 95   Inkrafttreten

1. Dieses Protokoll tritt sechs Monate nach der Hinterlegung von zwei Ratifikations- oder Beitrittsurkunden in Kraft.

2. Für jede Vertragspartei der Abkommen, die zu einem späteren Zeitpunkt dieses Protokoll ratifiziert oder ihm beitritt, tritt es sechs Monate nach Hinterlegung ihrer eigenen Ratifikations- oder Beitrittsurkunde in Kraft.

Art. 96   Vertragsbeziehungen beim Inkrafttreten dieses Protokolls

1. Sind die Vertragsparteien der Abkommen auch Vertragsparteien dieses Protokolls, so finden die Abkommen so Anwendung, wie sie durch das Protokoll ergänzt sind.

2. Ist eine der am Konflikt beteiligten Parteien nicht durch dieses Protokoll gebunden, so bleiben dessen Vertragsparteien in ihren gegenseitigen Beziehungen durch das Protokoll gebunden. Sie sind durch das Protokoll auch gegenüber jeder nicht durch das Protokoll gebundenen Partei gebunden, wenn diese dessen Bestimmungen annimmt und anwendet.

3. Das Organ, das ein Volk vertritt, welches in einen gegen eine Hohe Vertragspartei gerichteten bewaffneten Konflikt der in Artikel 1 Absatz 4 erwähnten Art verwickelt ist, kann sich verpflichten, die Abkommen und dieses Protokoll in Bezug auf diesen Konflikt anzuwenden, indem es eine einseitige Erklärung an den Depositar richtet. Nach Eingang beim Depositar hat diese Erklärung im Zusammenhang mit dem Konflikt folgende Wirkungen:

   a)   Die Abkommen und dieses Protokoll werden für das genannte Organ in seiner Eigenschaft als am Konflikt beteiligte Partei unmittelbar wirksam,

54

b) das genannte Organ übernimmt die gleichen Rechte und Pflichten wie eine Hohe Vertragspartei der Abkommen und dieses Protokolls und

c) die Abkommen und dieses Protokoll binden alle am Konflikt beteiligten Parteien in gleicher Weise.

Art. 97   Änderung

1. Jede Hohe Vertragspartei kann Änderungen dieses Protokolls vorschlagen. Der Wortlaut jedes Änderungsvorschlags wird dem Depositar mitgeteilt; dieser beschliesst nach Konsultierung aller Hohen Vertragsparteien und des Internationalen Komitees vom Roten Kreuz, ob eine Konferenz zur Prüfung des Änderungsvorschlags einberufen werden soll.

2. Der Depositar lädt zu dieser Konferenz alle Hohen Vertragsparteien sowie die Vertragsparteien der Abkommen ein, gleichviel ob sie dieses Protokoll unterzeichnet haben oder nicht.

Art. 98   Revision des Anhangs 1

1. Spätestens vier Jahre nach Inkrafttreten dieses Protokolls und danach in Abständen von mindestens vier Jahren konsultiert das Internationale Komitee vom Roten Kreuz die Hohen Vertragsparteien in Bezug auf den Anhang I des Protokolls und kann, wenn es dies für erforderlich hält, eine Tagung von Sachverständigen zur Überprüfung des Anhangs I und zur Unterbreitung der wünschenswert erscheinenden Änderungen vorschlagen. Sofern nicht innerhalb von sechs Monaten nach Übermittlung eines diesbezüglichen Vorschlags an die Hohen Vertragsparteien ein Drittel derselben dagegen Einspruch erhebt, beruft das Internationale Komitee vom Roten Kreuz die Tagung ein, zu der es auch Beobachter der in Betracht kommenden internationalen Organisationen einlädt. Eine solche Tagung wird vom Internationalen Komitee vom Roten Kreuz auch jederzeit auf Antrag eines Drittels der Hohen Vertragsparteien einberufen.

2. Der Depositar beruft eine Konferenz der Hohen Vertragsparteien und der Vertragsparteien der Abkommen ein, um die von der Tagung der Sachverständigen vorgeschlagenen Änderungen zu prüfen, sofern nach dieser Tagung das Internationale Komitee vom Roten Kreuz oder ein Drittel der Hohen Vertragsparteien darum ersucht.

3. Änderungen des Anhangs I können von dieser Konferenz mit einer Mehrheit von zwei Dritteln der anwesenden und abstimmenden Hohen Vertragsparteien beschlossen werden.

4. Der Depositar teilt den Hohen Vertragsparteien und den Vertragsparteien der Abkommen jede auf diese Weise beschlossene Änderung mit. Die Änderung gilt nach Ablauf eines Jahres nach dem Zeitpunkt der Mitteilung als angenommen, sofern nicht mindestens ein Drittel der Hohen Vertragsparteien dem Depositar innerhalb dieses Zeitabschnitts eine Erklärung über die Nichtannahme der Änderung übermittelt.

5. Eine nach Absatz 4 als angenommen geltende Änderung tritt drei Monate nach ihrer Annahme für alle Hohen Vertragsparteien mit Ausnahme derjenigen in Kraft, die nach jenem Absatz eine Erklärung über die Nichtannahme abgegeben haben. Jede Vertragspartei, die eine solche Erklärung abgibt, kann sie jederzeit zurücknehmen; in diesem Fall tritt die Änderung für diese Vertragspartei drei Monate nach der Rücknahme in Kraft.

6. Der Depositar notifiziert den Hohen Vertragsparteien und den Vertragsparteien der Abkommen das Inkrafttreten jeder Änderung sowie die durch die Änderung gebundenen Vertragsparteien, den Zeitpunkt ihres Inkrafttretens für jede Vertragspartei und die nach Absatz 4 abgegebenen Erklärungen über die Nichtannahme und die Rücknahme solcher Erklärungen.

Art. 99   Kündigung

1. Kündigt eine Hohe Vertragspartei dieses Protokoll, so wird die Kündigung erst ein Jahr nach Eingang der Kündigungsurkunde wirksam. Ist jedoch bei Ablauf dieses Jahres für die kündigende Partei eine in Artikel 1 genannte Situation eingetreten, so bleibt die Kündigung bis zum Ende des bewaffneten Konflikts oder der Besetzung, in jedem Fall aber so lange unwirksam, bis die mit der endgültigen Freilassung, der Heimschaffung oder der Niederlassung der durch die Abkommen oder dieses Protokoll geschützten Personen im Zusammenhang stehenden Massnahmen abgeschlossen sind.

2. Die Kündigung wird dem Depositar schriftlich notifiziert; dieser übermittelt sie allen Hohen Vertragsparteien.

3. Die Kündigung wird nur in bezug auf die kündigende Vertragspartei wirksam.

4. Eine Kündigung nach Absatz 1 berührt nicht die wegen des bewaffneten Konflikts von der kündigenden Vertragspartei nach diesem Protokoll bereits eingegangenen Verpflichtungen in bezug auf eine vor dem Wirksamwerden der Kündigung begangene Handlung.

Art. 100   Notifikationen

Der Depositar unterrichtet die Hohen Vertragsparteien sowie die Vertragsparteien der Abkommen, gleichviel ob sie dieses Protokoll unterzeichnet haben oder nicht,

a)   von den Unterzeichnungen dieses Protokolls und der Hinterlegung von Ratifikations- und Beitrittsurkunden nach den Artikeln 93 und 94,

b)   vom Zeitpunkt des Inkrafttretens dieses Protokolls nach Artikel 95,

c)   von den nach den Artikeln 84, 90 und 97 eingegangenen Mitteilungen und Erklärungen,

d)   von den nach Artikel 96 Absatz 3 eingegangenen Erklärungen, die auf schnellstem Weg übermittelt werden, und

e)   von den Kündigungen nach. Artikel 99.

Art. 101   Registrierung

1. Nach seinem Inkrafttreten wird dieses Protokoll vom Depositar dem Sekretariat der Vereinten Nationen zur Registrierung und Veröffentlichung gemäss Artikel 102 der Charta der Vereinten Nationen übermittelt.

2. Der Depositar setzt das Sekretariat der Vereinten Nationen auch von allen Ratifikationen, Beitritten und Kündigungen in Kenntnis, die er in bezug auf dieses Protokoll erhält.

Art. 102   Authentische Texte

Die Urschrift dieses Protokolls, dessen arabischer, chinesischer, englischer, französischer, russischer und spanischer Wortlaut gleichermassen verbindlich ist, wird beim Depositar hinterlegt; dieser übermittelt allen Vertragsparteien der Abkommen beglaubigte Abschriften.

Geltungsbereich am 24. Juni 2009

Vertragsstaaten	Ratifikation Beitritt (B) Nachfolgeerklärung (N)		Inkrafttreten	
Ägypten*	9. Oktober	1992	9. April	1993
Albanien	16. Juli	1993 B	16. Januar	1994
Algerien* ª	16. August	1989 B	16. Februar	1990
Angola*	20. September	1984 B	20. März	1985
Antigua und Barbuda	6. Oktober	1986 B	6. April	1987
Äquatorialguinea	24. Juli	1986 B	24. Januar	1987
Argentinien* ª	26. November	1986 B	26. Mai	1987
Armenien	7. Juni	1993 B	7. Dezember	1993
Äthiopien	8. April	1994 B	8. Oktober	1994
Australien* ª	21. Juni	1991	21. Dezember	1991
Bahamas	10. April	1980 B	10. Oktober	1980
Bahrain	30. Oktober	1986 B	30. April	1987
Bangladesch	8. September	1980 B	8. März	1981
Barbados	19. Februar	1990 B	19. August	1990
Belarus* ª	23. Oktober	1989	23. April	1990
Belgien* ª	20. Mai	1986	20. November	1986
Belize	29. Juni	1984 B	29. Dezember	1984
Benin	28. Mai	1986 B	28. November	1986
Bolivienª	8. Dezember	1983 B	8. Juni	1984
Bosnien und Herzegowinaª	31. Dezember	1992 N	6. März	1992
Botsuana	23. Mai	1979 B	23. November	1979
Brasilienª	5. Mai	1992 B	5. November	1992
Brunei	14. Oktober	1991 B	14. April	1992
Bulgarienª	26. September	1989	26. März	1990
Burkina Fasoª	20. Oktober	1987	20. April	1988
Burundi	10. Juni	1993 B	10. Dezember	1993
Chileª	24. April	1991	24. Oktober	1991
China*	14. September	1983 B	14. März	1984
Hongkong	14. April	1999	1. Juli	1997
Macaub	31. Mai	1999	20. Dezember	1999
Cook-Inselnª	7. Mai	2002 B	7. November	2002
Costa Ricaª	15. Dezember	1983 B	15. Juni	1984
Côte d'Ivoire	20. September	1989	20. März	1990
Dänemark* ª	17. Juni	1982	17. Dezember	1982
Deutschland* ª	14. Februar	1991	14. August	1991
Dominica	25. April	1996 B	25. Oktober	1996
Dominikanische Republik	26. Mai	1994 B	26. November	1994
Dschibuti	8. April	1991 B	8. Oktober	1991
Ecuador	10. April	1979	10. Oktober	1979

Vertragsstaaten	Ratifikation Beitritt (B) Nachfolgeerklärung (N)		Inkrafttreten	
El Salvador	23. November	1978	23. Mai	1979
Estland* ª	18. Januar	1993 B	18. Juli	1993
Fidschi	30. Juli	2008 B	30. Januar	2009
Finnland* ª	7. August	1980	7. Februar	1981
Frankreich*	11. April	2001 B	11. Oktober	2001
Gabun	8. April	1980 B	8. Oktober	1980
Gambia	12. Januar	1989 B	12. Juli	1989
Georgien	14. September	1993 B	14. März	1994
Ghana	28. Februar	1978	7. Dezember	1978
Grenada	23. September	1998 B	23. März	1999
Griechenlandª	31. März	1989	30. September	1989
Guatemala	19. Oktober	1987	19. April	1988
Guineaª	11. Juli	1984 B	11. Januar	1985
Guinea-Bissau	21. Oktober	1986 B	21. April	1987
Guyana	18. Januar	1988 B	18. Juli	1988
Haiti	20. Dezember	2006 B	20. Juni	2007
Heiliger Stuhl	21. November	1985	21. Mai	1986
Honduras	16. Februar	1995	16. August	1995
Irland* ª	19. Mai	1999	19. November	1999
Island* ª	10. April	1987	10. Oktober	1987
Italien* ª	27. Februar	1986	27. August	1986
Jamaika	29. Juli	1986 B	29. Januar	1987
Japan* ª	31. August	2004 B	28. Februar	2005
Jemen	17. April	1990	17. Oktober	1990
Jordanien	1. Mai	1979	1. November	1979
Kambodscha	14. Januar	1998 B	14. Juli	1998
Kamerun	16. März	1984 B	16. September	1984
Kanada* ª	20. November	1990	20. Mai	1991
Kap Verdeª	16. März	1995 B	16. September	1995
Kasachstan	5. Mai	1992 N	21. Dezember	1991
Katarª	5. April	1988 B	5. Oktober	1988
Kenia	23. Februar	1999 B	23. August	1999
Kirgisistan	18. September	1992 N	21. Dezember	1991
Kolumbienª	1. September	1993 B	1. März	1994
Komoren	21. November	1985 B	21. Mai	1986
Kongo (Brazzaville)	10. November	1983 B	10. Mai	1984
Kongo (Kinshasa) ª	3. Juni	1982 B	3. Dezember	1982
Korea (Nord-)	9. März	1988 B	9. September	1988
Korea (Süd-)* ª	15. Januar	1982	15. Juli	1982
Kroatienª	11. Mai	1992 N	8. Oktober	1991
Kuba	25. November	1982 B	25. Mai	1983
Kuwait	17. Januar	1985 B	17. Juli	1985
Laosª	18. November	1980	18. Mai	1981
Lesotho	20. Mai	1994 B	20. November	1994

Vertragsstaaten	Ratifikation Beitritt (B) Nachfolgeerklärung (N)		Inkrafttreten	
Lettland	24. Dezember	1991 B	24. Juni	1992
Libanon	23. Juli	1997 B	23. Januar	1998
Liberia	30. Juni	1988 B	30. Dezember	1988
Libyen	7. Juni	1978 B	7. Dezember	1978
Liechtenstein* a	10. August	1989	10. Februar	1990
Litauena	13. Juli	2000 B	13. Januar	2001
Luxemburga	29. August	1989	28. Februar	1990
Madagaskara	8. Mai	1992	8. November	1992
Malawi	7. Oktober	1991 B	7. April	1992
Malediven	3. September	1991 B	3. März	1992
Malia	8. Februar	1989 B	8. August	1989
Malta* a	17. April	1989 B	17. Oktober	1989
Mauretanien	14. März	1980 B	14. September	1980
Mauritius*	22. März	1982 B	22. September	1982
Mazedonien* a	1. September	1993 N	8. September	1991
Mexiko	10. März	1983 B	10. September	1983
Mikronesien	19. September	1995 B	19. März	1996
Moldau	24. Mai	1993 B	24. November	1993
Monacoa	7. Januar	2000 B	7. Juli	2000
Mongolei* a	6. Dezember	1995	6. Juni	1996
Montenegroa	2. August	2006 B	2. Februar	2007
Mosambik	14. März	1983 B	14. September	1983
Namibiaa	18. Oktober	1983 B	18. April	1984
Nauru	27. Juni	2006 B	27. Dezember	2006
Neuseeland* a c	8. Februar	1988	8. August	1988
Nicaragua	19. Juli	1999	19. Januar	2000
Niederlande* a	26. Juni	1987	26. Dezember	1987
Aruba	26. Juni	1987	26. Dezember	1987
Niederländische Antillen	26. Juni	1987	26. Dezember	1987
Niger	8. Juni	1979	8. Dezember	1979
Nigeria	10. Oktober	1988 B	10. April	1989
Norwegen* a	14. Dezember	1981	14. Juni	1982
Oman	29. März	1984 B	29. September	1984
Österreich* a	13. August	1982	13. Februar	1983
Palau	25. Juni	1996 B	25. Dezember	1996
Panamaa	18. September	1995	18. März	1996
Paraguaya	30. November	1990 B	30. Mai	1991
Peru	14. Juli	1989	14. Januar	1990
Polena	23. Oktober	1991	23. April	1992
Portugala	27. Mai	1992	27. November	1992
Ruandaa	19. November	1984 B	19. Mai	1985
Rumäniena	21. Juni	1990	21. Dezember	1990
Russland* a	29. September	1989	29. März	1990
St. Kitts und Nevis	14. Februar	1986 B	14. August	1986

Vertragsstaaten	Ratifikation Beitritt (B) Nachfolgeerklärung (N)		Inkrafttreten	
St. Lucia	7. Oktober	1982 B	7. April	1983
St. Vincent und die Grenadinen	8. April	1983 B	8. Oktober	1983
Salomoninseln	19. September	1988 B	19. März	1989
Sambia	4. Mai	1995 B	4. November	1995
Samoa	23. August	1984 B	23. Februar	1985
San Marino	5. April	1994	5. Oktober	1994
São Tomé und Príncipe	5. Juli	1996 B	5. Januar	1997
Saudi-Arabien*	21. August	1987 B	21. Februar	1988
Schweden* a	31. August	1979	29. Februar	1980
Schweiza	17. Februar	1982	17. August	1982
Senegal	7. Mai	1985	7. November	1985
Serbiena	16. Oktober	2001 N	27. April	1992
Seychellena	8. November	1984 B	8. Mai	1985
Sierra Leone	21. Oktober	1986 B	21. April	1987
Simbabwe	19. Oktober	1992 B	19. April	1993
Slowakeia	2. April	1993 N	1. Januar	1993
Sloweniena	26. März	1992 N	25. Juni	1991
Spanien* a	21. April	1989	21. Oktober	1989
Südafrika	21. November	1995 B	21. Mai	1996
Sudan	7. März	2006 B	7. September	2006
Suriname	16. Dezember	1985 B	16. Juni	1986
Swasiland	2. November	1995 B	2. Mai	1996
Syrien	14. November	1983 B	14. Mai	1984
Tadschikistana	13. Januar	1993 N	21. Dezember	1991
Tansania	15. Februar	1983 B	15. August	1983
Timor-Leste	12. April	2005 B	12. Oktober	2005
Togoa	21. Juni	1984	21. Dezember	1984
Tongaa	20. Januar	2003 B	20. Juli	2003
Trinidad und Tobagoa	20. Juli	2001 B	20. Januar	2002
Tschad	17. Januar	1997 B	17. Juli	1997
Tschechische Republika	5. Februar	1993 N	1. Januar	1993
Tunesien	9. August	1979	9. Februar	1980
Turkmenistan	10. April	1992 N	26. Dezember	1991
Uganda	13. März	1991 B	13. September	1991
Ukrainea	25. Januar	1990	25. Juli	1990
Ungarna	12. April	1989	12. Oktober	1989
Uruguaya	13. Dezember	1985 B	13. Juni	1986
Usbekistan	8. Oktober	1993 B	8. April	1994
Vanuatu	28. Februar	1985 B	28. August	1985
Venezuela	23. Juli	1998 B	23. Januar	1999
Vereinigte Arabische Emiratea	9. März	1983 B	9. September	1983
Vereinigtes Königreich* a	28. Januar	1998	28. Juli	1998
Akrotiri und Dhekelia* a	2. Juli	2002	2. Januar	2003
Anguilla* a	2. Juli	2002	2. Januar	2003

Vertragsstaaten	Ratifikation Beitritt (B) Nachfolgeerklärung (N)		Inkrafttreten	
Bermudas* a	2. Juli	2002	2. Januar	2003
Britische Jungferninseln* a	2. Juli	2002	2. Januar	2003
Britisches Antarktis-Territorium* a	2. Juli	2002	2. Januar	2003
Britisches Territorium im Indischen Ozean* a	2. Juli	2002	2. Januar	2003
Falklandinseln* a	2. Juli	2002	2. Januar	2003
Kaimaninseln* a	2. Juli	2002	2. Januar	2003
Montserrat* a	2. Juli	2002	2. Januar	2003
Pitcairn-Inseln (Ducie, Oeno, Henderson und Pitcairn)* a	2. Juli	2002	2. Januar	2003
St. Helena und Nebengebiete (Ascension und Tristan da Cunha)* a	2. Juli	2002	2. Januar	2003
Südgeorgien und Südliche Sandwichinseln* a	2. Juli	2002	2. Januar	2003
Turks- und Caicosinseln* a	2. Juli	2002	2. Januar	2003
Vietnam	19. Oktober	1981	19. April	1982
Zentralafrikanische Republik	17. Juli	1984 B	17. Januar	1985
Zypern a	1. Juni	1979	1. Dezember	1979

*	Vorbehalte und Erklärungen. Die Vorbehalte und Erklärungen werden in der AS nicht veröffentlicht. Die französischen und englischen Texte können auf der Internetseite des Internationalen Komitees vom Roten Kreuz: http://www.icrc.org eingesehen oder bei der Direktion für Völkerrecht, Sektion Staatsverträge, 3003 Bern bezogen werden.
a	Dieser Vertragsstaat anerkennt die Zuständigkeit der Internationalen Ermittlungskommission gemäss Art. 90 des Prot.
b	Auf Grund einer Erklärung der Volksrepublik China vom 31. Mai 1999 ist das Prot. seit dem 20. Dez. 1999 auf die Besondere Verwaltungsregion (SAR) Macau anwendbar.
c	Das Prot. gilt nicht für Niue und Tokelau.

Vorschriften über die Kennzeichnung

Art. 1   Allgemeine Bestimmungen

1. Die in diesem Anhang enthaltenen Vorschriften über die Kennzeichnung stützen sich auf die einschlägigen Bestimmungen der Genfer Abkommen und des Protokolls; sie haben zum Zweck, die Identifizierung des Personals, des Materials, der Einheiten, der Transportmittel und der Einrichtungen, die von den Genfer Abkommen und dem Protokoll geschützt sind, zu erleichtern.

2. Diese Vorschriften gewähren nicht an sich das Recht auf Schutz. Dieses Recht wird von den einschlägigen Artikeln der Abkommen und des Protokolls festgelegt.

3. Die zuständigen Behörden können unter Vorbehalt der einschlägigen Bestimmungen der Genfer Abkommen und des Protokolls jederzeit die Verwendung, das Entfalten und die Beleuchtung der Schutzzeichen und Erkennungssignale sowie die Möglichkeit, diese zu erkennen, regeln.

4. Die Vertragsparteien, insbesondere die am Konflikt beteiligten Parteien, sind jederzeit eingeladen, sich über zusätzliche oder andersgeartete Signale, Mittel und Systeme zu verständigen, welche die Möglichkeit der Identifizierung verbessern und die technische Entwicklung auf diesem Gebiet voll ausnützen.

Kapitel I
Ausweise

Art. 2   Ausweis für das ständige zivile Sanitäts- und Seelsorgepersonal

1. Der in Artikel 18 Absatz 3 des Protokolls vorgesehene Ausweis für das ständige zivile Sanitäts- und Seelsorgepersonal soll

a)   mit dem Schutzzeichen versehen sein und Taschenformat haben;

b)   so haltbar wie möglich sein;

c)   in der Landes- oder Amtssprache und ausserdem, falls dies angebracht erscheint, in der Lokalsprache der betroffenen Gegend abgefasst sein;

d)   Namen und Geburtsdatum des Inhabers (oder, falls dieses nicht bekannt ist, sein Alter im Zeitpunkt der Ausstellung) sowie gegebenenfalls seine Kennnummer angeben;

e)   angeben, in welcher Eigenschaft der Inhaber Anspruch auf den Schutz der Abkommen und des Protokolls hat;

f)   mit dem Lichtbild des Inhabers sowie mit seiner Unterschrift oder seinem Daumenabdruck oder mit beidem versehen sein;

---

[11]   Geändert am 30. Nov. 1993, in Kraft getreten für die Schweiz am 1. März 1994 (AS **1994** 786).

g)	den Stempel und die Unterschrift der zuständigen Behörde tragen;

h)	sein Ausstellungs- und Verfallsdatum angeben;

i)	auf der Rückseite des Ausweises nach Möglichkeit die Blutgruppe des Inhabers angeben.

2. Der Ausweis ist im gesamten Hoheitsgebiet jeder Vertragspartei einheitlich und für alle am Konflikt beteiligten Parteien soweit wie möglich gleichartig. Die am Konflikt beteiligten Parteien können sich an das einsprachige Muster in Abbildung 1 halten. Bei Beginn der Feindseligkeiten übermitteln sie einander ein Exemplar des von ihnen verwendeten Ausweises, wenn dieser von dem Muster in Abbildung 1 abweicht. Der Ausweis wird nach Möglichkeit in zwei Exemplaren ausgefertigt, von denen eines von der ausstellenden Behörde aufbewahrt wird; diese soll für die Kontrolle der von ihr ausgestellten Ausweise sorgen.

3. Die Ausweise dürfen dem ständigen zivilen Sanitäts- und Seelsorgepersonal in keinem Fall abgenommen werden. Bei Verlust eines Ausweises hat der Inhaber Anspruch auf die Ausfertigung eines neuen Ausweises.

Art. 3	Ausweis für das nichtständige zivile Sanitäts- und Seelsorgepersonal

1. Der Ausweis für das nichtständige zivile Sanitäts- und Seelsorgepersonal soll dem in Artikel 2 dieser Vorschriften vorgesehenen Ausweis nach Möglichkeit entsprechen. Die am Konflikt beteiligten Parteien können sich an das Muster in Abbildung 1 halten.

2. Verhindern die Umstände, dass dem nichtständigen zivilen Sanitäts- und Seelsorgepersonal Ausweise ausgestellt werden, die dem in Artikel 2 dieser Vorschriften beschriebenen Ausweis entsprechen, so kann dieses Personal eine von der zuständigen Behörde unterzeichnete Bescheinigung erhalten, die bestätigt, dass der Inhaber dem nichtständigen Personal zugewiesen wurde; nach Möglichkeit ist die Dauer der Zuteilung und die Berechtigung des Inhabers zum Tragen des Schutzzeichens anzugeben. Die Bescheinigung soll Name und Geburtsdatum des Inhabers (oder, falls dieses nicht bekannt ist, sein Alter im Zeitpunkt der Ausstellung der Bescheinigung), seine Dienststellung sowie gegebenenfalls seine Kennummer angeben. Sie muss mit seiner Unterschrift oder seinem Daumenabdruck oder mit beidem versehen sein.

Schutz der Opfer internationaler bewaffneter Konflikte – Prot. I

0.518

Muster eines Ausweises (Format: 74 × 105 mm)

Abbildu

VORDERSEITE

(Hier Angabe des Landes und der Behörde,
die diesen Ausweis ausstellen)

AUSWEIS

für STÄNDIGES ziviles Sanitäts- Personal
NICHTSTÄNDIGES Seelsorge-

Name ....

....

Geburtsdatum (oder Alter) ....

Kennummer (falls vorhanden) ....

Der Inhaber dieses Ausweises steht unter dem Schutz der Genfer Abkommen vom 12. August 1949 und des Zusatzprotokolls zu den Genfer Abkommen vom 12. August 1949 über den Schutz der Opfer internationaler bewaffneter Konflikte (Protokoll I) in seiner Eigenschaft als

....

....

Ausstellungsdatum ....   Ausweis Nr. ....

    Unterschrift der
    ausstellenden Behörde

Verfalldatum ....

RÜCKSEITE

Grösse	Augen	Haare ....

Besondere Kennzeichen oder Angaben:

....

....

LICHTBILD DES INHABERS

Stempel

Unterschrift und/
oder Daumenabdruck
des Inhabers

Kapitel II
Das Schutzzeichen

Art. 4   Form

Das Schutzzeichen (rot auf weissem Grund) muss eine den Umständen angemessene Grösse besitzen. Bezüglich der Form des Kreuzes, des Halbmonds oder des Löwen mit Sonne[12] können sich die Hohen Vertragsparteien an die Muster in Abbildung 2 halten.

Abbildung 2

Schutzzeichen in Rot auf weissem Grund

Art. 5   Verwendung

1. Das Schutzzeichen wird nach Möglichkeit auf Fahnen oder auf einer glatten oder auf jegliche andere Art und Weise der Beschaffenheit des Geländes angepassten Fläche angebracht, um möglichst nach allen Seiten und möglichst weithin, namentlich in die Luft, sichtbar zu sein.

2. Bei Nacht oder bei beschränkter Sicht kann das Schutzzeichen erleuchtet sein oder angestrahlt werden.

3. Das Schutzzeichen kann aus Material bestehen, das seine Erkennung durch technische Hilfsmittel ermöglicht. Der rote Teil sollte auf eine schwarze Glanzschicht aufgemalt sein, um die Erkennung des Schutzzeichens, namentlich mit Infrarotgeräten, zu erleichtern.

4. Das im Kampfgebiet tätige Sanitäts- und Seelsorgepersonal hat nach Möglichkeit eine mit dem Schutzzeichen versehene Kopfbedeckung und Kleidung zu tragen.

Kapitel III
Erkennungssignale

Art. 6   Verwendung

1. Alle in diesem Kapitel erwähnten Erkennungssignale können von den Sanitätseinheiten und -transportmitteln verwendet werden.

---

[12]   Seit 1980 verwendet kein Staat mehr das Emblem des Löwen mit Sonne.

2. Diese Signale, die ausschliesslich den Sanitätseinheiten und -transportmitteln zur Verfügung stehen, dürfen nicht zu anderen Zwecken, unter Vorbehalt des Lichtsignals, verwendet werden (siehe Absatz 3 unten).

3. Wurde zwischen den am Konflikt beteiligten Parteien keine besondere Vereinbarung getroffen, wonach blaue Blinklichter nur zur Kennzeichnung von Sanitätsfahrzeugen, Sanitätsschiffen und sonstigen Sanitätswasserfahrzeugen verwendet werden dürfen, so ist die Verwendung dieser Signale durch andere Fahrzeuge, Schiffe und sonstige Wasserfahrzeuge nicht verboten.

4. Nichtständige Sanitätsluftfahrzeuge, die aus Zeitmangel oder wegen ihrer Beschaffenheit nicht mit dem Schutzzeichen versehen werden können, dürfen die in diesem Kapitel zugelassenen Erkennungssignale verwenden.

Art. 7   Lichtsignal

1. Das im Technischen Flugtüchtigkeits-Handbuch der ICAO, Doc. 9051, definierte Lichtsignal besteht aus einem blauen Blinklicht und dient zur Kenntlichmachung von Sanitätsluftfahrzeugen. Dieses Signal darf von keinem anderen Luftfahrzeug verwendet werden. Das blaue Licht sollte von einer Stelle der Sanitätsluftfahrzeuge, die es verwenden, aus blinken, wo dieses Lichtsignal nach möglichst vielen Seiten sichtbar ist.

2. Gemäss den Bestimmungen von Kapitel XIV Absatz 4 des Internationalen Signalbuchs der IMO sollten die von den Genfer Abkommen von 1949 und vom Protokoll geschützten Wasserfahrzeuge ein oder mehrere am ganzen Horizont sichtbare blaue Lichter blinken lassen.

3. Die Sanitätsfahrzeuge sollten ein oder mehrere möglichst weithin sichtbare blaue Lichter blinken lassen. Die Vertragsparteien, insbesondere die am Konflikt beteiligten Parteien, die Lichter anderer Farben verwenden, sollten dies notifizieren.

4. Die empfohlene blaue Farbe wird erzielt, wenn sich ihre Färbung innerhalb der Grenzen des von folgenden Gleichungen festgelegten Farbdiagramms der CIE befindet:

Grenze der grünen Farbe $y = 0,065 + 0,805 x$
Grenze der weissen Farbe $y = 0,400 - x$
Grenze der purpurroten Farbe $x = 0,133 + 0,600 y$.

Das blaue Blinklicht soll 60–100 Lichtblitze in der Minute ausstrahlen.

Art. 8   Funksignal

1. Das Funksignal besteht aus einem Notsignal und einem Erkennungssignal, so wie sie in den Vollzugsordnungen für den Funkdienst der UIT (RR Artikel 40 und N 40) beschrieben sind.

2. Der Funkspruch, dem die in Absatz 1 erwähnten Not- und Erkennungssignale vorangehen, ist in englischer Sprache in angemessenen Zeitabständen auf einer oder mehreren der zu diesem Zweck in den Vollzugsordnungen für den Funkdienst vorgesehenen Frequenzen durchzugeben und umfasst folgende Angaben zu den Sanitätstransporten:

a) Rufzeichen oder andere anerkannte Kennzeichnungsmittel;

b) Standort;

c) Anzahl und Art;

d) vorgesehener Weg;

e) voraussichtliche Fahr- oder Flugzeit bzw. Abfahrts- oder Abflugs- und Ankunftszeit;

f) jegliche sonstige Angabe wie Flughöhe, Funkwachfrequenz, verwendete Sprachen sowie Modus und Codes der Rundsicht-Sekundärradarsysteme.

3. Um den nach den Absätzen 1 und 2 sowie den in den Artikeln 22, 23 und 25 bis 31 des Protokolls erwähnten Nachrichtenverkehr zu erleichtern, können die Hohen Vertragsparteien oder einzelne oder alle an einem Konflikt beteiligten Parteien gemeinsam oder einzeln die inländischen Frequenzen, die sie für diesen Nachrichtenverkehr wählen, nach dem Frequenzbereichsplan, der in den Vollzugsordnungen für den Funkdienst in der Anlage zum Internationalen Fernmeldevertrag[13] enthalten ist, festlegen und veröffentlichen. Diese Frequenzen werden der Internationalen Fernmeldeunion nach dem von einer weltweiten Funkverwaltungskonferenz gebilligten Verfahren notifiziert.

Art. 9   Elektronische Kennzeichnung

1. Das Rundsicht-Sekundärradarsystem (SSR), das in der jeweils gültigen Anlage 10 des am 7. Dezember 1944[14] in Chicago geschlossenen Abkommens über die Internationale Zivilluftfahrt im einzelnen angegeben ist, kann verwendet werden, um den Kurs eines Sanitätsluftfahrzeugs festzustellen und zu verfolgen. Modus und Code des zur alleinigen Benutzung durch Sanitätsluftfahrzeuge bestimmten SSR-Systems werden von den Hohen Vertragsparteien oder einzelnen oder allen an einem Konflikt beteiligten Parteien gemeinsam oder einzeln in Übereinstimmung mit den von der Internationalen Zivilluftfahrt-Organisation zu empfehlenden Verfahren festgelegt.

2. Zum Zweck der Identifizierung und Lokalisierung können die geschützten Sanitätstransportmittel genormte aeronautische Radar-Anrufbeantworter und/oder maritime SAR (search and rescue)-Anrufbeantworter verwenden.

Die geschützten Sanitätstransporte sollten von den andern mit dem Rundsicht-Radarsystem (SSR) ausgerüsteten Schiffen oder Luftfahrzeugen dank dem von einem an Bord der erwähnten Sanitätstransporte installierten Radar-Anrufbeantworter z. B. im Modus 3/A gesendeten Code festgestellt werden können.

Der vom Radar-Anrufbeantworter des Sanitätstransports gesendete Code sollte von den zuständigen Behörden zugewiesen und den am Konflikt beteiligten Parteien notifiziert werden.

---

[13]   SR **0.784.16.** Sowie die Konstitution und die Konvention der Internationalen Fernmeldeunion vom 22. Dez. 1992 (SR **0.784.0I/.02**).

[14]   SR **0.748.0**

3. Die Sanitätstransporte können von den Unterseebooten dank dem Senden angemessener akustischer Unterwassersignale festgestellt werden.

Das akustische Unterwassersignal muss vom Rufzeichen des Schiffs (oder jedem andern anerkannten Mittel zur Feststellung der Sanitätstransporte) gebildet sein, dem die im Morse-Code auf einer angemessenen akustischen Frequenz, z. B. 5 kHz, gesendete Gruppenkennung YYY vorangeht.

Die am Konflikt beteiligten Parteien, die das oben beschriebene akustische Unterwasser-Kennzeichnungssignal verwenden wollen, geben dieses so bald als möglich den betroffenen Parteien bekannt und bestätigen die verwendete Frequenz, wenn sie den Einsatz ihrer Lazarettschiffe notifizieren.

4. Die an einem Konflikt beteiligten Parteien können durch besondere Vereinbarung ein von ihnen anzuwendendes ähnliches elektronisches System zur Kennzeichnung von Sanitätsfahrzeugen, Sanitätsschiffen und sonstigen Sanitätswasserfahrzeugen festlegen.

Kapitel IV
Nachrichtenverkehr

Art. 10   Funkverkehr

1. Das Not- und das Erkennungssignal nach Artikel 8 können bei Anwendung der nach den Artikeln 22, 23 und 25 bis 31 des Protokolls durchgeführten Verfahren vor dem entsprechenden Funkverkehr der Sanitätseinheiten und -transportmittel gesendet werden.

2. Die Sanitätstransporte, auf welche sich die Artikel 40 (Sektion II, Nr. 3209) und N 40 (Sektion III, Nr. 3214) der Vollzugsordnungen für den Funkdienst der UIT beziehen, können für ihren Funkverkehr gemäss den Bestimmungen der Artikel 37, N 37 und 59 der Vollzugsordnungen betreffend den mobilen Dienst via Satellit ebenfalls die Satellitenfunksysteme verwenden.

Art. 11   Benutzung internationaler Codes

Sanitätseinheiten und -transportmittel können auch die von der Internationalen Fernmeldeunion, der Internationalen Zivilluftfahrt-Organisation und der Internationalen Seeschifffahrts-Organisation festgelegten Codes und Signale benutzen. Diese Codes und Signale sind nach Massgabe der von diesen Organisationen festgelegten Normen, Praktiken und Verfahren zu benutzen.

Art. 12   Andere Nachrichtenmittel

Ist kein zweiseitiger Funkverkehr möglich, so können die Signale verwendet werden, die in dem von der Internationalen Seeschifffahrts-Organisation angenommenen Internationalen Signalbuch oder in der jeweils gültigen einschlägigen Anlage des am 7. Dezember 1944[15] in Chicago geschlossenen Abkommens über die Internationale Zivilluftfahrt vorgesehen sind.

Art. 13   Flugpläne

Die Vereinbarungen und Mitteilungen über Flugpläne nach Artikel 29 des Protokolls sind soweit wie möglich in Übereinstimmung mit den von der Internationalen Zivilluftfahrt-Organisation festgelegten Verfahren abzufassen.

Art. 14   Signale und Verfahren zur Ansteuerung von Sanitätsluftfahrzeugen

Wird ein Luftfahrzeug eingesetzt, um ein im Flug befindliches Sanitätsluftfahrzeug zu identifizieren oder in Anwendung der Artikel 30 und 31 des Protokolls zur Landung aufzufordern, so sollen die in der jeweils gültigen Anlage 2 des am 7. Dezember 1944[16] in Chicago geschlossenen Abkommens über die Internationale Zivilluftfahrt vorgeschriebenen Standardverfahren über die Ansteuerung nach Sicht und Funkanweisungen von dem ansteuernden Luftfahrzeug und dem Sanitätsluftfahrzeug benutzt werden.

Kapitel V
Zivilschutz

Art. 15   Ausweis

1. Der Ausweis des in Artikel 66 Absatz 3 des Protokolls bezeichneten Zivilschutzpersonals richtet sich nach den einschlägigen Bestimmungen des Artikels 2 dieser Vorschriften.

2. Der Ausweis des Zivilschutzpersonals kann dem Muster in Abbildung 3 entsprechen.

3. Ist das Zivilschutzpersonal befugt, leichte Handfeuerwaffen zu tragen, so soll dies auf dem Ausweis vermerkt werden.

---

[15]   SR **0.748.0**
[16]   SR **0.748.0**

Abbildu.

Muster eines Ausweises für das Zivilschutzpersonal (Format: 74 × 105 mm)

VORDERSEITE

(Hier Angabe des Landes und der Behörde,
die diesen Ausweis ausstellen)

AUSWEIS

für Zivilschutzpersonal

Name ....

....

Geburtsdatum (oder Alter) ....

Kennummer (falls vorhanden) ....

Der Inhaber dieses Ausweises steht unter dem Schutz der Genfer Abkommen vom 12. August 1949 und des Zusatzprotokolls zu den Genfer Abkommen vom 12. August 1949 über den Schutz der Opfer internationaler bewaffneter Konflikte (Protokoll I) in seiner Eigenschaft als

....

....

Ausstellungsdatum ....   Karte Nr. ....

Unterschrift der
ausstellenden Behörde

Verfalldatum ....

RÜCKSEITE

Grösse	Augen	Haare ....

Besondere Kennzeichen oder Angaben:

....

Waffenbesitz ....

LICHTBILD DES INHABERS

Stempel

Unterschrift und/
oder Daumenabdruck
des Inhabers

Art. 16   Internationales Schutzzeichen

1. Das in Artikel 66 Absatz 4 des Protokolls vorgesehene internationale Schutzzeichen des Zivilschutzes ist ein gleichseitiges blaues Dreieck auf orangefarbenem Grund. Es entspricht dem Muster in Abbildung 4:

Abbildung 4

Blaues Dreieck auf orangefarbenem Grund

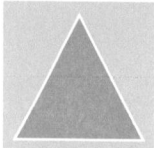

2. Es wird empfohlen,

   a) dass, wenn sich das blaue Dreieck auf einer Fahne, einer Armbinde oder einer Brust- bzw. Rückenmarkierung befindet, diese den orangefarbenen Grund bilden,

   b) dass eine Spitze des Dreiecks senkrecht nach oben zeigt,

   c) dass keine Spitze des Dreiecks bis zum Rand des orangefarbenen Grundes reicht.

3. Das internationale Schutzzeichen muss eine den Umständen angemessene Grösse besitzen. Das Zeichen wird nach Möglichkeit auf einer glatten Fläche oder auf Fahnen angebracht, die nach möglichst allen Seiten und möglichst weithin sichtbar sind. Vorbehaltlich der Anweisungen der zuständigen Behörde hat das Zivilschutzpersonal nach Möglichkeit eine mit dem internationalen Schutzzeichen versehene Kopfbedeckung und Kleidung zu tragen. Bei Nacht oder bei beschränkter Sicht kann das Zeichen erleuchtet sein oder angestrahlt werden; es kann auch aus Material bestehen, das seine Erkennung durch technische Hilfsmittel ermöglicht.

Kapitel VI
Anlagen und Einrichtungen, die gefährliche Kräfte enthalten

Art. 17   Internationales besonderes Kennzeichen

1. Das in Artikel 56 Absatz 7 des Protokolls vorgesehene internationale besondere Kennzeichen für Anlagen und Einrichtungen, die gefährliche Kräfte enthalten, besteht aus einer Gruppe von drei gleich grossen, in einer Linie angeordneten, leuchtend orangefarbenen Kreisen, wobei gemäss Abbildung 5 der Abstand zwischen den Kreisen dem Radius entspricht.

2. Das Kennzeichen muss eine den Umständen angemessene Grösse besitzen. Wird das Kennzeichen auf einer grossen Fläche angebracht, so kann es so oft wiederholt werden, wie es den Umständen angemessen ist. Es wird nach Möglichkeit auf einer

glatten Fläche oder auf Fahnen angebracht, um nach möglichst allen Seiten und möglichst weithin sichtbar zu sein.

3. Auf einer Fahne entspricht der Abstand zwischen dem äusseren Rand des Zeichens und den angrenzenden Rändern der Fahne dem Radius eines Kreises. Die Fahne ist rechteckig und hat einen weissen Grund.

4. Bei Nacht oder bei beschränkter Sicht kann das Kennzeichen erleuchtet sein oder angestrahlt werden. Es kann auch aus Material bestehen, das seine Erkennung durch technische Hilfsmittel ermöglicht.

Abbildung 5

Internationales besonderes Kennzeichen für Anlagen und Einrichtungen, die gefährliche Kräfte enthalten

Ausweis für Journalisten in gefährlichem Auftrag

Aussenseite des Ausweises

ZUR BEACHTUNG Dieser Ausweis wird für Journalisten in gefährlichem beruflichem Auftrag in Gebieten eines bewaffneten Konflikts ausgestellt. Der Inhaber hat Anspruch darauf, als Zivilperson im Sinne der Genfer Abkommen vom 12. August 1949 und ihres Zusatzprotokolls I behandelt zu werden. Er hat jederzeit den Ausweis mitzuführen. Wird er festgenommen, so übergibt er den Ausweis sofort den ihn festnehmenden Behörden, damit sie seine Identität feststellen können.	(Name des diesen Ausweis ausstellenden Landes) AUSWEIS FÜR JOURNALISTEN IN GEFÄHRLICHEM BERUFLICHEM AUFTRAG

Innenseite des Ausweises

Ausgestellt von (zuständige Behörde)	Grösse .... Augen ....
	Gewicht .... Haare ....
Lichtbild Ort	Blutgruppe .... Rhesusfaktor ....
des Inhabers Datum	Religion (freigestellt) ....
(Stempel der den Ausweis ausstellenden Behörde) Unterschrift des Inhabers	Fingerabdrücke (freigestellt) .... (linker (rechter Zeigefinger Zeigefinger
....	
Name	Besondere Kennzeichen ....
Vornamen	
Geburtsort und -datum	
Berichterstatter für	
Berufsgruppe	
gültig bis	

Zusatzprotokoll
zu den Genfer Abkommen vom 12. August 1949
über den Schutz der Opfer
nicht internationaler bewaffneter Konflikte
(Protokoll II)

Angenommen in Genf am 8. Juni 1977
Von der Bundesversammlung genehmigt am 9. Oktober 1981[2]
Schweizerische Ratifikationsurkunde hinterlegt am 17. Februar 1982
In Kraft getreten für die Schweiz am 17. August 1982

(Stand am 26. Juni 2009)

Präambel

Die Hohen Vertragsparteien,

eingedenk dessen, dass die humanitären Grundsätze, die in dem den Genfer Abkommen vom 12. August 1949[3] gemeinsamen Art. 3 niedergelegt sind, die Grundlage für die Achtung der menschlichen Person im Fall eines nicht internationalen bewaffneten Konflikts darstellen,

sowie eingedenk dessen, dass die internationalen Übereinkünfte über die Menschenrechte der menschlichen Person einen grundlegenden Schutz bieten,

unter Betonung der Notwendigkeit, den Opfern dieser bewaffneten Konflikte einen besseren Schutz zu sichern,

eingedenk dessen, dass die menschliche Person in den vom geltenden Recht nicht erfassten Fällen unter dem Schutz der Grundsätze der Menschlichkeit und der Forderungen des öffentlichen Gewissens verbleibt, sind wie folgt übereingekommen:

Teil I
Geltungsbereich dieses Protokolls

Art. 1   Sachlicher Anwendungsbereich

1. Dieses Protokoll, das den den Genfer Abkommen vom 12. August 1949[4] gemeinsamen Art. 3 weiterentwickelt und ergänzt, ohne die bestehenden Voraussetzungen für seine Anwendung zu ändern, findet auf alle bewaffneten Konflikte Anwendung, die von Art. 1 des Zusatzprotokolls zu den Genfer Abkommen vom 12. August 1949

AS **1982** 1432; BBl **1981** I 953

1   Der französische Originaltext findet sich unter der gleichen Nummer in der entsprechenden Ausgabe dieser Sammlung.
2   Art. 1 Abs. 1 Bst. *b* des BB vom 9. Okt. 1981 (SR **518.52**)
3   SR **0.518.12**, **0.518.23**, **0.518.42**, **0.518.51**
4   SR **0.518.521**

1

über den Schutz der Opfer internationaler bewaffneter Konflikte (Protokoll I)[5] nicht erfasst sind und die im Hoheitsgebiet einer Hohen Vertragspartei zwischen deren Streitkräften und abtrünnigen Streitkräften oder anderen organisierten bewaffneten Gruppen stattfinden, die unter einer verantwortlichen Führung eine solche Kontrolle über einen Teil des Hoheitsgebiets der Hohen Vertragspartei ausüben, dass sie anhaltende, koordinierte Kampfhandlungen durchführen und dieses Protokoll anzuwenden vermögen.

2. Dieses Protokoll findet nicht auf Fälle innerer Unruhen und Spannungen wie Tumulte, vereinzelt auftretende Gewalttaten und andere ähnliche Handlungen Anwendung, die nicht als bewaffnete Konflikte gelten.

Art. 2   Persönlicher Anwendungsbereich

1. Dieses Protokoll findet ohne jede auf Rasse, Hautfarbe, Geschlecht, Sprache, Religion oder Glauben, politischen oder sonstigen Anschauungen, nationaler oder sozialer Herkunft, Vermögen, Geburt oder sonstiger Stellung oder auf irgendeinem anderen ähnlichen Unterscheidungsmerkmal beruhende nachteilige Unterscheidung (im folgenden als «nachteilige Unterscheidung» bezeichnet) auf alle Personen Anwendung, die von einem bewaffneten Konflikt im Sinne des Artikels 1 betroffen sind.

2. Mit Beendigung des bewaffneten Konflikts geniessen alle Personen, die aus Gründen im Zusammenhang mit dem Konflikt einem Entzug oder einer Beschränkung ihrer Freiheit unterworfen waren, sowie alle Personen, die nach dem Konflikt aus den gleichen Gründen derartigen Massnahmen unterworfen sind, bis zu deren Beendigung den Schutz nach den Artikeln 5 und 6.

Art. 3   Nichtintervention

1. Dieses Protokoll darf nicht zur Beeinträchtigung der Souveränität eines Staates oder der Verantwortung der Regierung herangezogen werden, mit allen rechtmässigen Mitteln die öffentliche Ordnung im Staat aufrechtzuerhalten oder wiederherzustellen oder die nationale Einheit und territoriale Unversehrtheit des Staates zu verteidigen.

2. Dieses Protokoll darf nicht zur Rechtfertigung einer wie immer begründeten unmittelbaren oder mittelbaren Intervention in den bewaffneten Konflikt oder in die inneren oder äusseren Angelegenheiten der Hohen Vertragspartei herangezogen werden, in deren Hoheitsgebiet dieser Konflikt stattfindet.

[5]   SR **0.518.521**

Teil II
Menschliche Behandlung

Art. 4   Grundlegende Garantien

1. Alle Personen, die nicht unmittelbar oder nicht mehr an Feindseligkeiten teilnehmen, haben, gleichviel ob ihnen die Freiheit entzogen ist oder nicht, Anspruch auf Achtung ihrer Person, ihrer Ehre, ihrer Überzeugungen und ihrer religiösen Gepflogenheiten. Sie werden unter allen Umständen mit Menschlichkeit und ohne jede nachteilige Unterscheidung behandelt. Es ist verboten, den Befehl zu erteilen, niemanden am Leben zu lassen.

2. Unbeschadet der allgemeinen Gültigkeit der vorstehenden Bestimmungen sind und bleiben in Bezug auf die in Absatz 1 genannten Personen jederzeit und überall verboten

   a) Angriffe auf das Leben, die Gesundheit und das körperliche oder geistige Wohlbefinden von Personen, insbesondere vorsätzliche Tötung und grausame Behandlung wie Folter, Verstümmelung oder jede Art von körperlicher Züchtigung;

   b) Kollektivstrafen;

   c) Geiselnahme;

   d) terroristische Handlungen;

   e) Beeinträchtigung der persönlichen Würde, insbesondere entwürdigende und erniedrigende Behandlung, Vergewaltigung, Nötigung zur Prostitution und unzüchtige Handlungen jeder Art;

   f) Sklaverei und Sklavenhandel in allen ihren Formen,

   g) Plünderung;

   h) die Androhung einer dieser Handlungen.

3. Kindern wird die Pflege und Hilfe zuteil, deren sie bedürfen, insbesondere

   a) erhalten sie die Erziehung, einschliesslich der religiösen und sittlichen Erziehung, die den Wünschen ihrer Eltern oder – bei deren Fehlen – der Personen entspricht, die für sie zu sorgen haben;

   b) werden alle geeigneten Massnahmen getroffen, um die Zusammenführung von vorübergehend getrennten Familien zu erleichtern;

   c) dürfen Kinder unter fünfzehn Jahren weder in Streitkräfte oder bewaffnete Gruppen eingegliedert werden noch darf ihnen die Teilnahme an Feindseligkeiten erlaubt werden;

   d) gilt der in diesem Art. für Kinder unter fünfzehn Jahren vorgesehene besondere Schutz auch dann für sie, wenn sie trotz der Bestimmungen des Buchstabens c unmittelbar an Feindseligkeiten teilnehmen und gefangen genommen werden;

   e) werden bei Bedarf Massnahmen getroffen – nach Möglichkeit mit Zustimmung der Eltern oder der Personen, die nach Gesetz oder Brauch in erster

3

Linie für die Kinder zu sorgen haben –, um diese vorübergehend aus dem Gebiet, in dem Feindseligkeiten stattfinden, in ein sichereres Gebiet des Landes zu evakuieren und ihnen die für ihre Sicherheit und ihr Wohlergehen verantwortlichen Personen mitzugeben.

Art. 5   Personen, denen die Freiheit entzogen ist

1. Ausser den Bestimmungen des Artikels 4 werden mindestens folgende Bestimmungen in Bezug auf Personen befolgt, denen aus Gründen im Zusammenhang mit dem bewaffneten Konflikt die Freiheit entzogen ist, gleichviel ob sie interniert oder in Haft gehalten sind:

a) Verwundete und Kranke werden nach Massgabe des Artikels 7 behandelt;

b) die in diesem Absatz genannten Personen werden im gleichen Umfang wie die örtliche Zivilbevölkerung mit Lebensmitteln und Trinkwasser versorgt: ihnen werden Gesundheitsfürsorge und Hygiene sowie Schutz vor den Unbilden der Witterung und den Gefahren des bewaffneten Konflikts gewährleistet;

c) sie sind befugt, Einzel- oder Sammelhilfe zu erhalten;

d) sie dürfen ihre Religion ausüben und auf Wunsch und soweit angemessen geistlichen Beistand von Personen empfangen, die seelsorgerisch tätig sind, wie zum Beispiel von Feldgeistlichen;

e) falls sie zur Arbeit herangezogen werden, haben sie Anspruch auf vergleichbare Arbeitsbedingungen und Sicherheitsvorkehrungen wie die örtliche Zivilbevölkerung.

2. Die für die Internierung oder Haft der in Absatz 1 genannten Personen Verantwortlichen befolgen im Rahmen ihrer Möglichkeiten nachstehende Bestimmungen in Bezug auf diese Personen:

a) ausser in Fällen, in denen Männer und Frauen derselben Familie zusammen untergebracht sind, werden Frauen in Räumlichkeiten untergebracht, die von denen der Männer getrennt sind, und unterstehen der unmittelbaren Überwachung durch Frauen;

b) sie sind befugt, Briefe und Postkarten abzuschicken und zu empfangen; deren Anzahl kann von der zuständigen Behörde beschränkt werden, wenn sie es für erforderlich hält;

c) die Orte der Internierung und Haft dürfen nicht in der Nähe der Kampfzone liegen. Werden sie den aus dem bewaffneten Konflikt erwachsenden Gefahren besonders stark ausgesetzt, so werden die in Absatz 1 genannten Personen evakuiert, sofern ihre Sicherheit dabei ausreichend gewährleistet werden kann;

d) es ist ihnen Gelegenheit zu geben, sich ärztlich untersuchen zu lassen;

e) ihre körperliche oder geistige Gesundheit und Unversehrtheit dürfen durch keine ungerechtfertigte Handlung oder Unterlassung gefährdet werden. Es ist daher verboten, die in diesem Art. genannten Personen einem medizinischen Verfahren zu unterziehen, das nicht durch ihren Gesundheitszustand geboten ist und das nicht mit den allgemein anerkannten und unter entsprechenden medizinischen Umständen auf freie Personen angewandten medizinischen Grundsätzen im Einklang steht.

3. Personen, die von Absatz 1 nicht erfasst sind, deren Freiheit jedoch aus Gründen im Zusammenhang mit dem bewaffneten Konflikt in irgendeiner Weise eingeschränkt ist, werden nach Art. 4 sowie nach Absatz 1 Buchstaben a, c und d und Absatz 2 Buchstabe b des vorliegenden Artikels mit Menschlichkeit behandelt.

4. Wird beschlossen, Personen freizulassen, denen die Freiheit entzogen wurde, so treffen diejenigen, die den entsprechenden Beschluss fassen, die notwendigen Massnahmen, um die Sicherheit dieser Personen zu gewährleisten.

Art. 6   Strafverfolgung

1. Dieser Artikel findet auf die Verfolgung und Bestrafung solcher Straftaten Anwendung, die mit dem bewaffneten Konflikt im Zusammenhang stehen.

2. Gegen eine Person, die für schuldig befunden wurde, eine Straftat begangen zu haben, darf eine Verurteilung nur in einem Urteil ausgesprochen und nur auf Grund eines Urteils eine Strafe vollstreckt werden, dieses Urteil muss von einem Gericht gefällt werden, das die wesentlichen Garantien der Unabhängigkeit und Unparteilichkeit aufweist. Insbesondere gilt folgendes:

a) Das Verfahren sieht vor, dass der Beschuldigte unverzüglich über die Einzelheiten der ihm zur Last gelegten Straftat unterrichtet werden muss, und gewährt ihm während der Hauptverhandlung und davor alle zu seiner Verteidigung erforderlichen Rechte und Mittel;

b) niemand darf wegen einer Straftat verurteilt werden, für die er nicht selbst strafrechtlich verantwortlich ist;

c) niemand darf wegen einer Handlung oder Unterlassung verurteilt werden, die nach dem zur Zeit ihrer Begehung geltenden Recht nicht strafbar war; ebenso darf keine schwerere Strafe als die im Zeitpunkt der Begehung der Straftat angedrohte verhängt werden; wird nach Begehung der Straftat durch Gesetz eine mildere Strafe eingeführt, so kommt dies dem Täter zugute,

d) bis zum gesetzlichen Nachweis seiner Schuld wird vermutet, dass der wegen einer Straftat Angeklagte unschuldig ist;

e) jeder wegen einer Straftat Angeklagte hat das Recht, bei der Hauptverhandlung anwesend zu sein;

f) niemand darf gezwungen werden, gegen sich selbst als Zeuge auszusagen oder sich schuldig zu bekennen.

3. Jeder Verurteilte wird bei seiner Verurteilung über sein Recht, gerichtliche und andere Rechtsmittel oder Rechtsbehelfe einzulegen, sowie über die hierfür festgesetzten Fristen unterrichtet.

4. Die Todesstrafe darf nicht gegen Personen ausgesprochen werden, die bei Begehung der Straftat noch nicht achtzehn Jahre alt waren; sie darf nicht an schwangeren Frauen und Müttern kleiner Kinder vollstreckt werden.

5. Bei Beendigung der Feindseligkeiten bemühen sich die an der Macht befindlichen Stellen, denjenigen Personen eine möglichst weitgehende Amnestie zu gewähren, die am bewaffneten Konflikt teilgenommen haben oder denen aus Gründen im Zusammenhang mit dem Konflikt die Freiheit entzogen wurde, gleichviel ob sie interniert oder in Haft gehalten sind.

Teil III
Verwundete, Kranke und Schiffbrüchige

Art. 7 Schutz und Pflege

1. Alle Verwundeten, Kranken und Schiffbrüchigen werden geschont und geschützt, gleichviel ob sie am bewaffneten Konflikt teilgenommen haben oder nicht.

2. Sie werden unter allen Umständen mit Menschlichkeit behandelt und erhalten so umfassend und so schnell wie möglich die für ihren Zustand erforderliche medizinische Pflege und Betreuung. Aus anderen als medizinischen Gründen darf kein Unterschied zwischen ihnen gemacht werden.

Art. 8 Suche

Sobald die Umstände es zulassen, insbesondere aber nach einem Gefecht, werden unverzüglich alle durchführbaren Massnahmen getroffen, um die Verwundeten, Kranken und Schiffbrüchigen zu suchen und zu bergen, sie vor Plünderung und Misshandlung zu schützen und für ihre angemessene Pflege zu sorgen sowie um die Toten zu suchen, ihre Beraubung zu verhindern und sie würdig zu bestatten.

Art. 9 Schutz des Sanitäts- und Seelsorgepersonals

1. Das Sanitäts- und Seelsorgepersonal wird geschont und geschützt und erhält alle verfügbare Hilfe zur Wahrnehmung seiner Aufgaben. Es darf nicht gezwungen werden, Aufgaben zu übernehmen, die mit seinem humanitären Auftrag unvereinbar sind.

2. Vom Sanitätspersonal darf nicht verlangt werden, bei der Wahrnehmung seiner Aufgaben bestimmte Personen aus anderen als medizinischen Gründen zu bevorzugen.

Art. 10 Allgemeiner Schutz der ärztlichen Aufgabe

1. Niemand darf bestraft werden, weil er eine ärztliche Tätigkeit ausgeübt hat, die mit dem ärztlichen Ehrenkodex im Einklang steht, gleichviel unter welchen Umständen und zu wessen Nutzen sie ausgeübt worden ist.

2. Wer eine ärztliche Tätigkeit ausübt, darf nicht gezwungen werden, Handlungen vorzunehmen oder Arbeiten zu verrichten, die mit den Regeln des ärztlichen Ehrenkodexes, mit sonstigen dem Wohl der Verwundeten und Kranken dienenden Regeln oder mit den Bestimmungen dieses Protokolls unvereinbar sind, oder Handlungen zu unterlassen, die auf Grund dieser Regeln oder Bestimmungen geboten sind.

3. Die Standespflichten der ärztliche Tätigkeiten ausübenden Personen hinsichtlich der Auskünfte, die sie möglicherweise über von ihnen betreute Verwundete und Kranke erhalten, müssen vorbehaltlich des innerstaatlichen Rechts beachtet werden.

4. Vorbehaltlich des innerstaatlichen Rechts darf niemand, der eine ärztliche Tätigkeit ausübt, in irgendeiner Weise bestraft werden, weil er sich weigert oder es unterlässt, Auskunft über Verwundete und Kranke zu geben, die er betreut oder betreut hat.

Art. 11   Schutz von Sanitätseinheiten und -transportmitteln

1. Sanitätseinheiten und -transportmittel werden jederzeit geschont und geschützt und dürfen nicht angegriffen werden.

2. Der Sanitätseinheiten und -transportmitteln gebührende Schutz darf nur dann enden, wenn diese ausserhalb ihrer humanitären Bestimmung zu feindlichen Handlungen verwendet werden. Jedoch endet der Schutz erst, nachdem eine Warnung, die möglichst eine angemessene Frist setzt, unbeachtet geblieben ist.

Art. 12   Schutzzeichen

Unter Aufsicht der betreffenden zuständigen Behörde führen Sanitäts- und Seelsorgepersonal sowie Sanitätseinheiten und -transportmittel das Schutzzeichen des roten Kreuzes, des roten Halbmonds oder des roten Löwen mit roter Sonne auf weissem Grund. Es ist unter allen Umständen zu achten. Es darf nicht missbräuchlich verwendet werden.

Teil IV
Zivilbevölkerung

Art. 13   Schutz der Zivilbevölkerung

1. Die Zivilbevölkerung und einzelne Zivilpersonen geniessen allgemeinen Schutz vor den von Kampfhandlungen ausgehenden Gefahren. Um diesem Schutz Wirksamkeit zu verleihen, sind folgende Vorschriften unter allen Umständen zu beachten.

2. Weder die Zivilbevölkerung als solche noch einzelne Zivilpersonen dürfen das Ziel von Angriffen sein. Die Anwendung oder Androhung von Gewalt mit dem hauptsächlichen Ziel, Schrecken unter der Zivilbevölkerung zu verbreiten, ist verboten.

3. Zivilpersonen geniessen den durch diesen Teil gewährten Schutz, sofern und solange sie nicht unmittelbar an Feindseligkeiten teilnehmen.

Art. 14   Schutz der für die Zivilbevölkerung lebensnotwendigen Objekte

Das Aushungern von Zivilpersonen als Mittel der Kriegführung ist verboten. Es ist daher verboten, für die Zivilbevölkerung lebensnotwendige Objekte wie Nahrungsmittel, zur Erzeugung von Nahrungsmitteln genutzte landwirtschaftliche Gebiete, Ernte- und Viehbestände, Trinkwasserversorgungsanlagen und -vorräte sowie Bewässerungsanlagen zu diesem Zweck anzugreifen, zu zerstören, zu entfernen oder unbrauchbar zu machen.

Art. 15   Schutz von Anlagen und Einrichtungen, die gefährliche Kräfte
                 enthalten

Anlagen oder Einrichtungen, die gefährliche Kräfte enthalten, nämlich Staudämme, Deiche und Kernkraftwerke, dürfen auch dann nicht angegriffen werden, wenn sie militärische Ziele darstellen, sofern ein solcher Angriff gefährliche Kräfte freisetzen und dadurch schwere Verluste unter der Zivilbevölkerung verursachen kann.

Art. 16   Schutz von Kulturgut und Kultstätten

Unbeschadet der Bestimmungen des Haager Abkommens vom 14. Mai 1954[6] für den Schutz von Kulturgut bei bewaffneten Konflikten ist es verboten, feindselige Handlungen gegen geschichtliche Denkmäler, Kunstwerke oder Kultstätten zu begehen, die zum kulturellen oder geistigen Erbe der Völker gehören, und sie zur Unterstützung des militärischen Einsatzes zu verwenden.

Art. 17   Verbot von Zwangsverlegungen

1. Die Verlegung der Zivilbevölkerung darf nicht aus Gründen im Zusammenhang mit dem Konflikt angeordnet werden, sofern dies nicht im Hinblick auf die Sicherheit der betreffenden Zivilpersonen oder aus zwingenden militärischen Gründen geboten ist. Muss eine solche Verlegung vorgenommen werden, so sind alle durchführbaren Massnahmen zu treffen, damit die Zivilbevölkerung am Aufnahmeort befriedigende Bedingungen in Bezug auf Unterbringung, Hygiene, Gesundheit, Sicherheit und Ernährung vorfindet.

2. Zivilpersonen dürfen nicht gezwungen werden, ihr eigenes Gebiet aus Gründen zu verlassen, die mit dem Konflikt im Zusammenhang stehen.

Art. 18   Hilfsgesellschaften und Hilfsaktionen

1. Die im Hoheitsgebiet der Hohen Vertragspartei gelegenen Hilfsgesellschaften, wie die Organisationen des Roten Kreuzes (Roten Halbmonds, Roten Löwen mit Roter Sonne) können ihre Dienste anbieten, um ihre herkömmlichen Aufgaben gegenüber den Opfern des bewaffneten Konflikts zu erfüllen. Die Zivilbevölkerung kann auch von sich aus ihre Bereitschaft erklären, Verwundete, Kranke und Schiffbrüchige zu bergen und zu pflegen.

[6]   SR **0.520.3**

2. Erleidet die Zivilbevölkerung übermässige Entbehrungen infolge eines Mangels an lebensnotwendigen Versorgungsgütern wie Lebensmitteln und Sanitätsmaterial, so sind mit Zustimmung der betroffenen Hohen Vertragspartei Hilfsaktionen rein humanitärer unparteiischer Art zugunsten der Zivilbevölkerung ohne jede nachteilige Unterscheidung durchzuführen.

Teil V
Schlussbestimmungen

Art. 19   Verbreitung

Dieses Protokoll wird so weit wie möglich verbreitet.

Art. 20   Unterzeichnung

Dieses Protokoll wird für die Vertragsparteien der Abkommen sechs Monate nach Unterzeichnung der Schlussakte zur Unterzeichnung aufgelegt; es liegt für einen Zeitabschnitt von zwölf Monaten zur Unterzeichnung auf.

Art. 21   Ratifikation

Dieses Protokoll wird so bald wie möglich ratifiziert. Die Ratifikationsurkunden werden beim Schweizerischen Bundesrat, dem Depositar der Abkommen, hinterlegt.

Art. 22   Beitritt

Dieses Protokoll steht für jede Vertragspartei der Abkommen, die es nicht unterzeichnet hat, zum Beitritt offen. Die Beitrittsurkunden werden beim Depositar hinterlegt.

Art. 23   Inkrafttreten

1. Dieses Protokoll tritt sechs Monate nach der Hinterlegung von zwei Ratifikations- oder Beitrittsurkunden in Kraft.

2. Für jede Vertragspartei der Abkommen, die zu einem späteren Zeitpunkt dieses Protokoll ratifiziert oder ihm beitritt, tritt es sechs Monate nach Hinterlegung ihrer eigenen Ratifikations- oder Beitrittsurkunde in Kraft.

Art. 24   Änderung

1. Jede Hohe Vertragspartei kann Änderungen dieses Protokolls vorschlagen. Der Wortlaut jedes Änderungsvorschlags wird dem Depositar mitgeteilt; dieser beschliesst nach Konsultierung aller Hohen Vertragsparteien und des Internationalen Komitees vom Roten Kreuz, ob eine Konferenz zur Prüfung des Änderungsvorschlags einberufen werden soll.

2. Der Depositar lädt zu dieser Konferenz alle Hohen Vertragsparteien sowie die Vertragsparteien der Abkommen ein, gleichviel ob sie dieses Protokoll unterzeichnet haben oder nicht.

Art. 25   Kündigung

1. Kündigt eine Hohe Vertragspartei dieses Protokoll, so wird die Kündigung erst sechs Monate nach Eingang der Kündigungsurkunde wirksam. Ist jedoch bei Ablauf der sechs Monate für die kündigende Partei die in Art. 1 genannte Situation eingetreten, so wird die Kündigung erst bei Beendigung des bewaffneten Konflikts wirksam. Personen, die aus Gründen im Zusammenhang mit dem Konflikt einem Freiheitsentzug oder einer Freiheitsbeschränkung unterworfen waren, geniessen jedoch bis zu ihrer endgültigen Freilassung weiterhin den Schutz dieses Protokolls.

2. Die Kündigung wird dem Depositar schriftlich notifiziert; dieser übermittelt sie allen Hohen Vertragsparteien.

Art. 26   Notifikationen

Der Depositar unterrichtet die Hohen Vertragsparteien sowie die Vertragsparteien der Abkommen, gleichviel ob sie dieses Protokoll unterzeichnet haben oder nicht,

a)   von den Unterzeichnungen dieses Protokolls und der Hinterlegung von Ratifikations- und Beitrittsurkunden nach den Artikeln 21 und 22,

b)   vom Zeitpunkt des Inkrafttretens dieses Protokolls nach Art. 23 und

c)   von den nach Art. 24 eingegangenen Mitteilungen und Erklärungen.

Art. 27   Registrierung

1. Nach seinem Inkrafttreten wird dieses Protokoll vom Depositar dem Sekretariat der Vereinten Nationen zur Registrierung und Veröffentlichung gemäss Art. 102 der Charta der Vereinten Nationen[7] übermittelt.

2. Der Depositar setzt das Sekretariat der Vereinten Nationen auch von allen Ratifikationen und Beitritten in Kenntnis, die er in Bezug auf dieses Protokoll erhält.

Art. 28   Authentische Texte

Die Urschrift dieses Protokolls, dessen arabischer, chinesischer, englischer, französischer, russischer und spanischer Wortlaut gleichermassen verbindlich ist, wird beim Depositar hinterlegt; dieser übermittelt allen Vertragsparteien der Abkommen beglaubigte Abschriften.

(Es folgen die Unterschriften)

---

[7]   SR **0.120**

Geltungsbereich am 26. Juni 2009[8]

Vertragsstaaten	Ratifikation Beitritt (B) Nachfolgeerklärung (N)		Inkrafttreten	
Ägypten*	9. Oktober	1992	9. April	1993
Albanien	16. Juli	1993 B	16. Januar	1994
Algerien	16. August	1989 B	16. Februar	1990
Antigua und Barbuda	6. Oktober	1986 B	6. April	1987
Äquatorialguinea	24. Juli	1986 B	24. Januar	1987
Argentinien* **	26. November	1986 B	26. Mai	1987
Armenien	7. Juni	1993 B	7. Dezember	1993
Äthiopien	8. April	1994 B	8. Oktober	1994
Australien	21. Juni	1991	21. Dezember	1991
Bahamas	10. April	1980 B	10. Oktober	1980
Bahrain	30. Oktober	1986 B	30. April	1987
Bangladesch	8. September	1980 B	8. März	1981
Barbados	19. Februar	1990 B	19. August	1990
Belarus	23. Oktober	1989	23. April	1990
Belgien	20. Mai	1986	20. November	1986
Belize	29. Juni	1984 B	29. Dezember	1984
Benin	28. Mai	1986 B	28. November	1986
Bolivien	8. Dezember	1983 B	8. Juni	1984
Bosnien und Herzegowina	31. Dezember	1992 N	6. März	1992
Botsuana	23. Mai	1979 B	23. November	1979
Brasilien	5. Mai	1992 B	5. November	1992
Brunei	14. Oktober	1991 B	14. April	1992
Bulgarien	26. September	1989	26. März	1990
Burkina Faso	20. Oktober	1987	20. April	1988
Burundi	10. Juni	1993 B	10. Dezember	1993
Chile	24. April	1991	24. Oktober	1991
China	14. September	1983 B	14. März	1984
Hongkong[a]	14. April	1999	1. Juli	1997
Macau[b]	31. Mai	1999	20. Dezember	1999
Cook-Inseln	7. Mai	2002 B	7. November	2002
Costa Rica	15. Dezember	1983 B	15. Juni	1984
Côte d'Ivoire	20. September	1989	20. März	1990
Dänemark	17. Juni	1982	17. Dezember	1982

11

Vertragsstaaten	Ratifikation Beitritt (B) Nachfolgeerklärung (N)		Inkrafttreten	
Deutschland*	14. Februar	1991	14. August	1991
Dominica	25. April	1996 B	25. Oktober	1996
Dominikanische Republik	26. Mai	1994 B	26. November	1994
Dschibuti	8. April	1991 B	8. Oktober	1991
Ecuador	10. April	1979	10. Oktober	1979
El Salvador	23. November	1978	23. Mai	1979
Estland	18. Januar	1993 B	18. Juli	1993
Fidschi	30. Juli	2008 B	30. Januar	2009
Finnland	7. August	1980	7. Februar	1981
Frankreich	24. Februar	1984 B	24. August	1984
Gabun	8. April	1980 B	8. Oktober	1980
Gambia	12. Januar	1989 B	12. Juli	1989
Georgien	14. September	1993 B	14. März	1994
Ghana	28. Februar	1978	7. Dezember	1978
Grenada	23. September	1998 B	23. März	1999
Griechenland	15. Februar	1993 B	15. August	1993
Guatemala	19. Oktober	1987	19. April	1988
Guinea	11. Juli	1984 B	11. Januar	1985
Guinea-Bissau	21. Oktober	1986 B	21. April	1987
Guyana	18. Januar	1988 B	18. Juli	1988
Haiti	20. Dezember	2006 B	20. Juni	2007
Heiliger Stuhl	21. November	1985	21. Mai	1986
Honduras	16. Februar	1995	16. August	1995
Irland*	19. Mai	1999	19. November	1999
Island	10. April	1987	10. Oktober	1987
Italien	27. Februar	1986	27. August	1986
Jamaika	29. Juli	1986 B	29. Januar	1987
Japan	31. August	2004 B	28. Februar	2005
Jemen	17. April	1990	17. Oktober	1990
Jordanien	1. Mai	1979	1. November	1979
Kambodscha	14. Januar	1998 B	14. Juli	1998
Kamerun	16. März	1984 B	16. September	1984
Kanada*	20. November	1990	20. Mai	1991
Kap Verde	16. März	1995 B	16. September	1995
Kasachstan	5. Mai	1992 N	21. Dezember	1991
Katar	5. Januar	2005 B	5. Juli	2005
Kenia	23. Februar	1999 B	23. August	1999
Kirgisistan	18. September	1992 N	21. Dezember	1991
Kolumbien	14. August	1995 B	14. Februar	1996
Komoren	21. November	1985 B	21. Mai	1986
Kongo (Brazzaville)	10. November	1983 B	10. Mai	1984
Kongo (Kinshasa)	12. Dezember	2002 B	12. Juni	2003
Korea (Süd-)	15. Januar	1982	15. Juli	1982
Kroatien	11. Mai	1992 N	8. Oktober	1991

Vertragsstaaten	Ratifikation Beitritt (B) Nachfolgeerklärung (N)		Inkrafttreten	
Kuba	23. Juni	1999 B	23. Dezember	1999
Kuwait	17. Januar	1985 B	17. Juli	1985
Laos	18. November	1980	18. Mai	1981
Lesotho	20. Mai	1994 B	20. November	1994
Lettland	24. Dezember	1991 B	24. Juni	1992
Libanon	23. Juli	1997 B	23. Januar	1998
Liberia	30. Juni	1988 B	30. Dezember	1988
Libyen	7. Juni	1978 B	7. Dezember	1978
Liechtenstein*	10. August	1989	10. Februar	1990
Litauen	13. Juli	2000 B	13. Januar	2001
Luxemburg	29. August	1989	28. Februar	1990
Madagaskar	8. Mai	1992	8. November	1992
Malawi	7. Oktober	1991 B	7. April	1992
Malediven	3. September	1991 B	3. März	1992
Mali	8. Februar	1989 B	8. August	1989
Malta*	17. April	1989 B	17. Oktober	1989
Mauretanien	14. März	1980 B	14. September	1980
Mauritius	22. März	1982 B	22. September	1982
Mazedonien	1. September	1993 N	8. September	1991
Mikronesien	19. September	1995 B	19. März	1996
Moldau	24. Mai	1993 B	24. November	1993
Monaco	7. Januar	2000 B	7. Juli	2000
Mongolei	6. Dezember	1995	6. Juni	1996
Mosambik	12. November	2002 B	12. Mai	2003
Namibia	18. Oktober	1983 B	18. April	1984
Nauru	27. Juni	2006 B	27. Dezember	2006
Neuseeland^c	8. Februar	1988	8. August	1988
Nicaragua	19. Juli	1999	19. Januar	2000
Niederlande	26. Juni	1987	26. Dezember	1987
Aruba	26. Juni	1987	26. Dezember	1987
Niederländische Antillen	26. Juni	1987	26. Dezember	1987
Niger	8. Juni	1979	8. Dezember	1979
Nigeria	10. Oktober	1988 B	10. April	1989
Norwegen	14. Dezember	1981	14. Juni	1982
Oman	29. März	1984 B	29. September	1984
Österreich*	13. August	1982	13. Februar	1983
Palau	25. Juni	1996 B	25. Dezember	1996
Panama	18. September	1995	18. März	1996
Paraguay	30. November	1990 B	30. Mai	1991
Peru	14. Juli	1989	14. Januar	1990
Philippinen	11. Dezember	1986 B	11. Juni	1987
Polen	23. Oktober	1991	23. April	1992
Portugal	27. Mai	1992	27. November	1992
Ruanda	19. November	1984 B	19. Mai	1985

Vertragsstaaten	Ratifikation Beitritt (B) Nachfolgeerklärung (N)		Inkrafttreten	
Rumänien	21. Juni	1990	21. Dezember	1990
Russland	29. September	1989	29. März	1990
Salomoninseln	19. September	1988 B	19. März	1989
Sambia	4. Mai	1995 B	4. November	1995
Samoa	23. August	1984 B	23. Februar	1985
San Marino	5. April	1994	5. Oktober	1994
St. Kitts und Nevis	14. Februar	1986 B	14. August	1986
St. Lucia	7. Oktober	1982 B	7. April	1983
St. Vincent und die				
Grenadinen	8. April	1983 B	8. Oktober	1983
São Tomé und Príncipe	5. Juli	1996 B	5. Januar	1997
Saudi-Arabien	28. November	2001 B	28. Mai	2002
Schweden	31. August	1979	29. Februar	1980
Schweiz	17. Februar	1982	17. August	1982
Senegal	7. Mai	1985	7. November	1985
Serbien	16. Oktober	2001 N	27. April	1992
Seychellen	8. November	1984 B	8. Mai	1985
Sierra Leone	21. Oktober	1986 B	21. April	1987
Simbabwe	19. Oktober	1992 B	19. April	1993
Slowakei	2. April	1993 N	1. Januar	1993
Slowenien	26. März	1992 N	25. Juni	1991
Spanien	21. April	1989	21. Oktober	1989
Südafrika	21. November	1995 B	21. Mai	1996
Sudan	13. Juli	2006 B	13. Januar	2007
Suriname	16. Dezember	1985 B	16. Juni	1986
Swasiland	2. November	1995 B	2. Mai	1996
Tadschikistan	13. Januar	1993 N	21. Dezember	1991
Tansania	15. Februar	1983 B	15. August	1983
Timor-Leste	12. April	2005 B	12. Oktober	2005
Togo	21. Juni	1984	21. Dezember	1984
Tonga	20. Januar	2003 B	20. Juli	2003
Trinidad und Tobago	20. Juli	2001 B	20. Januar	2002
Tschad	17. Januar	1997 B	17. Juli	1997
Tschechische Republik	5. Februar	1993 N	1. Januar	1993
Tunesien	9. August	1979	9. Februar	1980
Turkmenistan	10. April	1992 N	26. Dezember	1991
Uganda	13. März	1991 B	13. September	1991
Ukraine	25. Januar	1990	25. Juli	1990
Ungarn	12. April	1989	12. Oktober	1989
Uruguay	13. Dezember	1985 B	13. Juni	1986
Usbekistan	8. Oktober	1993 B	8. April	1994
Vanuatu	28. Februar	1985 B	28. August	1985
Venezuela	23. Juli	1998 B	23. Januar	1999
Vereinigte Arabische Emirate	9. März	1983 B	9. September	1983

Vertragsstaaten	Ratifikation Beitritt (B) Nachfolgeerklärung (N)		Inkrafttreten	
Vereinigtes Königreich	28. Januar	1998	28. Juli	1998
Akrotiri und Dhekelia	2. Juli	2002	2. Januar	2003
Anguilla	2. Juli	2002	2. Januar	2003
Bermudas	2. Juli	2002	2. Januar	2003
Britische Jungferninseln	2. Juli	2002	2. Januar	2003
Britisches Antarktis-Territorium	2. Juli	2002	2. Januar	2003
Britisches Territorium im Indischen Ozean	2. Juli	2002	2. Januar	2003
Falklandinseln	2. Juli	2002	2. Januar	2003
Kaimaninseln	2. Juli	2002	2. Januar	2003
Montserrat	2. Juli	2002	2. Januar	2003
Pitcairn-Inseln (Ducie, Oeno, Henderson und Pitcairn)	2. Juli	2002	2. Januar	2003
St. Helena und Nebengebiete (Ascension und Tristan da Cunha)	2. Juli	2002	2. Januar	2003
Südgeorgien und Südliche Sandwichinseln	2. Juli	2002	2. Januar	2003
Turks- und Caicosinseln	2. Juli	2002	2. Januar	2003
Zentralafrikanische Republik	17. Juli	1984 B	17. Januar	1985
Zypern	18. März	1996 B	18. September	1996

*	Vorbehalte und Erklärungen.
**	Einwendungen.
	Die Vorbehalte, Erklärungen und Einwendungen werden in der AS nicht veröffentlicht. Die französischen und englischen Texte können auf der Internetseite des Internationalen Komitees vom Roten Kreuz: http:www.icrc.org eingesehen oder bei der Direktion für Völkerrecht, Sektion Staatsverträge, 3003 Bern bezogen werden.
a	Auf Grund einer Erklärung der Volksrepublik China vom 14. April 1999 ist das Protokoll seit dem 1. Juli 1997 auf die Besondere Verwaltungsregion (SAR) Hongkong anwendbar.
b	Auf Grund einer Erklärung der Volksrepublik China vom 31. Mai 1999 ist das Protokoll seit dem 20. Dez. 1999 auf die Besondere Verwaltungsregion (SAR) Macau anwendbar.
c	Das Protokoll gilt nicht für Niue und Tokelau.

Zusatzprotokoll
zu den Genfer Abkommen vom 12. August 1949
über die Annahme eines zusätzlichen Schutzzeichens
(Protokoll III)

Präambel

Die Hohen Vertragsparteien,

(PP1) *in Bekräftigung* der Bestimmungen der Genfer Abkommen vom 12. August 1949[3] (insbesondere der Artikel 26, 38, 42 und 44 des I. Genfer Abkommens[4]) und, soweit anwendbar, ihrer Zusatzprotokolle vom 8. Juni 1977[5] (insbesondere der Artikel 18 und 38 des Zusatzprotokolls I[6] und des Artikels 12 des Zusatzprotokolls II[7]), welche die Verwendung der Schutzzeichen betreffen,

(PP2) *in dem Wunsch*, die genannten Bestimmungen zu ergänzen, um ihren schützenden Wert und ihren universellen Charakter zu stärken,

(PP3) *in Anbetracht dessen*, dass dieses Protokoll das anerkannte Recht der Hohen Vertragsparteien nicht berührt, die Zeichen weiter zu verwenden, die sie in Übereinstimmung mit ihren Verpflichtungen aus den Genfer Abkommen und, soweit anwendbar, aus deren Zusatzprotokollen bereits verwenden,

(PP4) *eingedenk dessen*, dass sich die Verpflichtung zur Achtung der durch die Genfer Abkommen und ihre Zusatzprotokolle geschützten Personen und Objekte aus dem Schutz ergibt, den ihnen das Völkerrecht gewährt, und nicht von der Verwendung der Schutzzeichen, Kennzeichen oder Erkennungssignale abhängig ist,

(PP5) *unter Betonung* der Tatsache, dass den Schutzzeichen keine religiöse, ethnische, rassische, regionale oder politische Bedeutung zukommen soll,

(PP6) *unter Hervorhebung* der Notwendigkeit, die uneingeschränkte Einhaltung der Verpflichtungen zu gewährleisten, die mit den durch die Genfer Abkommen und, soweit anwendbar, ihre Zusatzprotokolle anerkannten Schutzzeichen verbunden sind,

---

AS **2007** 189; BBl **2006** 1929

1   Der französische Originaltext findet sich unter der gleichen Nummer in der entsprechenden Ausgabe dieser Sammlung.
2   Art. 1 Abs. 1 des BB vom 24. März 2006 (AS **2007** 185)
3   SR **0.518.12**, **0.518.23**, **0.518.42**, **0.518.51**
4   SR **0.518.12**
5   SR **0.518.521**, **0.518.522**
6   SR **0.518.521**
7   SR **0.518.522**

(PP7) *eingedenk dessen*, dass Artikel 44 des I. Genfer Abkommens zwischen der Verwendung der Schutzzeichen zum Schutz und ihrer Verwendung zur Bezeichnung unterscheidet,

(PP8) *ferner eingedenk dessen*, dass die nationalen Gesellschaften, die im Hoheitsgebiet eines anderen Staates tätig werden, sicherstellen müssen, dass die Zeichen, die sie im Rahmen dieser Tätigkeit zu verwenden beabsichtigen, in dem Land, in dem die Tätigkeit stattfindet, und in dem Transitstaat oder den Transitstaaten verwendet werden dürfen,

(PP9) *im Bewusstsein* der Schwierigkeiten, welche die Verwendung der bestehenden Schutzzeichen bestimmten Staaten und bestimmten nationalen Gesellschaften bereiten kann,

(PP10) *in Anbetracht* der Entschlossenheit des Internationalen Komitees vom Roten Kreuz, der Internationalen Föderation der Rotkreuz- und Rothalbmondgesellschaften sowie der Internationalen Rotkreuz- und Rothalbmondbewegung, ihre gegenwärtigen Namen und Zeichen beizubehalten,

sind wie folgt übereingekommen:

Art. 1 Einhaltung und Anwendungsbereich dieses Protokolls

1. Die Hohen Vertragsparteien verpflichten sich, dieses Protokoll unter allen Umständen einzuhalten und seine Einhaltung durchzusetzen.

2. Durch dieses Protokoll werden die Bestimmungen der vier Genfer Abkommen vom 12. August 1949 («Genfer Abkommen») und, soweit anwendbar, ihrer beiden Zusatzprotokolle vom 8. Juni 1977 («Zusatzprotokolle von 1977») über die Schutzzeichen, nämlich das rote Kreuz, den roten Halbmond und den roten Löwen mit roter Sonne, bekräftigt und ergänzt; es findet auf die in diesen Bestimmungen bezeichneten Situationen gleichermassen Anwendung.

Art. 2 Schutzzeichen

1. Durch dieses Protokoll wird zusätzlich zu den Schutzzeichen der Genfer Abkommen und zu denselben Zwecken ein zusätzliches Schutzzeichen anerkannt. Die Schutzzeichen geniessen alle denselben Status.

2. Dieses zusätzliche Schutzzeichen, das aus einem roten Rahmen in Form eines auf der Spitze stehenden Quadrats auf weissem Grund besteht, entspricht der Abbildung im Anhang zu diesem Protokoll. In diesem Protokoll wird dieses Schutzzeichen als «Zeichen des III. Protokolls» bezeichnet.

3. Die Bedingungen für die Verwendung und Achtung des Zeichens des III. Protokolls sind die gleichen wie die durch die Genfer Abkommen und, soweit anwendbar, die Zusatzprotokolle von 1977 für die Schutzzeichen festgelegten Bedingungen.

4. Die Sanitätsdienste und das Seelsorgepersonal der Streitkräfte der Hohen Vertragsparteien können alle in Absatz 1 bezeichneten Schutzzeichen unbeschadet ihrer gegenwärtigen Zeichen vorübergehend verwenden, sofern dadurch ihr Schutz erhöht werden kann.

2

Art. 3   Verwendung des Zeichens des III. Protokolls
zum Zweck der Bezeichnung

1. Die nationalen Gesellschaften der Hohen Vertragsparteien, die sich für die Verwendung des Zeichens des III. Protokolls entscheiden, können bei der Verwendung dieses Zeichens in Übereinstimmung mit den einschlägigen innerstaatlichen Rechtsvorschriften zum Zweck der Bezeichnung Folgendes in das Zeichen einfügen:

a)   ein durch die Genfer Abkommen anerkanntes Schutzzeichen oder eine Kombination dieser Zeichen; oder

b)   ein anderes Zeichen, das eine Hohe Vertragspartei tatsächlich verwendet hat und das vor der Annahme dieses Protokolls Gegenstand einer über den Depositar an die anderen Hohen Vertragsparteien und das Internationale Komitee vom Roten Kreuz gerichteten Mitteilung war.

Die Einfügung muss der Abbildung im Anhang zu diesem Protokoll entsprechen.

2. Eine nationale Gesellschaft, die sich entscheidet, nach Absatz 1 in das Zeichen des III. Protokolls ein anderes Zeichen einzufügen, kann in Übereinstimmung mit den innerstaatlichen Rechtsvorschriften in ihrem Hoheitsgebiet die Bezeichnung dieses Zeichens verwenden und dieses Zeichen führen.

3. Nationale Gesellschaften dürfen in Übereinstimmung mit den innerstaatlichen Rechtsvorschriften unter aussergewöhnlichen Umständen und zur Erleichterung ihrer Arbeit das in Artikel 2 dieses Protokolls genannte Schutzzeichen vorübergehend verwenden.

4. Dieser Artikel berührt weder die Rechtsstellung der in den Genfer Abkommen und in diesem Protokoll anerkannten Schutzzeichen noch diejenige der Zeichen, die zum Zweck der Bezeichnung in Übereinstimmung mit Absatz 1 eingefügt werden.

Art. 4   Internationales Komitee vom Roten Kreuz
und Internationale Föderation der Rotkreuz- und
Rothalbmondgesellschaften

Das Internationale Komitee vom Roten Kreuz und die Internationale Föderation der Rotkreuz- und Rothalbmondgesellschaften sowie ihr gehörig ausgewiesenes Personal können unter aussergewöhnlichen Umständen und zur Erleichterung ihrer Arbeit das in Artikel 2 dieses Protokolls genannte Schutzzeichen verwenden.

Art. 5   Missionen unter dem Dach der Vereinten Nationen

Die Sanitätsdienste und das Seelsorgepersonal, die an Einsätzen unter dem Dach der Vereinten Nationen beteiligt sind, können mit dem Einverständnis der teilnehmenden Staaten eines der in den Artikeln 1 und 2 genannten Schutzzeichen verwenden.

Art. 6   Verhinderung und Ahndung von Missbrauch

1. Die Bestimmungen der Genfer Abkommen und, soweit anwendbar, der Zusatzprotokolle von 1977, welche die Verhinderung und Ahndung des Missbrauchs der Schutzzeichen regeln, finden gleichermassen auf das Zeichen des III. Protokolls

Anwendung. Insbesondere treffen die Hohen Vertragsparteien die erforderlichen Massnahmen, um jeden Missbrauch der in den Artikeln 1 und 2 genannten Schutzzeichen und ihrer Bezeichnungen, einschliesslich ihrer heimtückischen Verwendung und der Verwendung aller Zeichen und Bezeichnungen, die eine Nachahmung der Schutzzeichen darstellen, jederzeit zu verhindern und zu ahnden.

2. Ungeachtet des Absatzes 1 können die Hohen Vertragsparteien es den bisherigen Benutzern des Zeichens des III. Protokolls oder eines Zeichens, das eine Nachahmung davon darstellt, gestatten, dieses weiter zu verwenden, wobei diese Verwendung in Zeiten eines bewaffneten Konflikts nicht den Anschein erwecken darf, als ob dadurch der Schutz der Genfer Abkommen und, soweit anwendbar, der Zusatzprotokolle von 1977 gewährleistet werde, und sofern die Rechte zur Verwendung dieser Zeichen vor der Annahme dieses Protokolls erworben wurden.

Art. 7   Verbreitung

Die Hohen Vertragsparteien verpflichten sich, in Friedenszeiten wie in Zeiten eines bewaffneten Konflikts dieses Protokoll in ihren Ländern so weit wie möglich zu verbreiten, insbesondere sein Studium in ihre militärischen Ausbildungsprogramme aufzunehmen und die Zivilbevölkerung zu seinem Studium anzuregen, so dass diese Übereinkunft den Streitkräften und der Zivilbevölkerung bekannt wird.

Art. 8   Unterzeichnung

Dieses Protokoll wird für die Vertragsparteien der Genfer Abkommen am Tag seiner Annahme zur Unterzeichnung aufgelegt; es liegt für einen Zeitabschnitt von zwölf Monaten zur Unterzeichnung auf.

Art. 9   Ratifikation

Dieses Protokoll wird so bald wie möglich ratifiziert. Die Ratifikationsurkunden werden beim Schweizerischen Bundesrat, dem Depositar der Genfer Abkommen und der Zusatzprotokolle von 1977, hinterlegt.

Art. 10   Beitritt

Dieses Protokoll steht für jede Vertragspartei der Genfer Abkommen, die es nicht unterzeichnet hat, zum Beitritt offen. Die Beitrittsurkunden werden beim Depositar hinterlegt.

Art. 11   Inkrafttreten

1. Dieses Protokoll tritt sechs Monate nach Hinterlegung von zwei Ratifikations- oder Beitrittsurkunden in Kraft.

2. Für jede Vertragspartei der Genfer Abkommen, die dieses Protokoll zu einem späteren Zeitpunkt ratifiziert oder ihm beitritt, tritt es sechs Monate nach Hinterlegung ihrer eigenen Ratifikations- oder Beitrittsurkunde in Kraft.

Art. 12   Vertragsbeziehungen beim Inkrafttreten dieses Protokolls

1. Sind die Vertragsparteien der Genfer Abkommen auch Vertragsparteien dieses Protokolls, so finden die Abkommen so Anwendung, wie sie durch das Protokoll ergänzt sind.

2. Ist eine der am Konflikt beteiligten Parteien nicht durch dieses Protokoll gebunden, so bleiben dessen Vertragsparteien in ihren gegenseitigen Beziehungen durch das Protokoll gebunden. Sie sind durch das Protokoll auch gegenüber jeder nicht durch das Protokoll gebundenen Partei gebunden, wenn diese dessen Bestimmungen annimmt und anwendet.

Art. 13   Änderung

1. Jede Hohe Vertragspartei kann Änderungen dieses Protokolls vorschlagen. Der Wortlaut jedes Änderungsvorschlags wird dem Depositar mitgeteilt; dieser beschliesst nach Konsultierung aller Hohen Vertragsparteien, des Internationalen Komitees vom Roten Kreuz und der Internationalen Föderation der Rotkreuz- und Rothalbmondgesellschaften, ob eine Konferenz zur Prüfung des Änderungsvorschlags einberufen werden soll.

2. Der Depositar lädt zu dieser Konferenz alle Hohen Vertragsparteien sowie die Vertragsparteien der Genfer Abkommen ein, gleichviel ob sie dieses Protokoll unterzeichnet haben oder nicht.

Art. 14   Kündigung

1. Kündigt eine Hohe Vertragspartei dieses Protokoll, so wird die Kündigung erst ein Jahr nach Eingang der Kündigungsurkunde wirksam. Ist jedoch bei Ablauf dieses Jahres für die kündigende Vertragspartei die Situation eines bewaffneten Konflikts oder einer Besetzung eingetreten, so bleibt die Kündigung bis zum Ende des bewaffneten Konflikts oder der Besetzung unwirksam.

2. Die Kündigung wird dem Depositar schriftlich notifiziert; dieser übermittelt sie allen Hohen Vertragsparteien.

3. Die Kündigung wird nur in Bezug auf die kündigende Vertragspartei wirksam.

4. Eine Kündigung nach Absatz 1 berührt nicht die wegen des bewaffneten Konflikts oder der Besetzung von der kündigenden Vertragspartei nach diesem Protokoll bereits eingegangenen Verpflichtungen in Bezug auf eine vor dem Wirksamwerden der Kündigung begangene Handlung.

Art. 15   Notifikationen

Der Depositar unterrichtet die Hohen Vertragsparteien sowie die Vertragsparteien der Genfer Abkommen, gleichviel ob sie dieses Protokoll unterzeichnet haben oder nicht:

    a)   von den Unterzeichnungen dieses Protokolls und der Hinterlegung von Ratifikations- und Beitrittsurkunden nach den Artikeln 8, 9 und 10;

    b)   vom Zeitpunkt des Inkrafttretens dieses Protokolls nach Artikel 11, und zwar innerhalb von zehn Tagen nach diesem Inkrafttreten;

c)   von den nach Artikel 13 eingegangenen Mitteilungen;

d)   von den Kündigungen nach Artikel 14.

Art. 16   Registrierung

1. Nach seinem Inkrafttreten wird dieses Protokoll vom Depositar dem Sekretariat der Vereinten Nationen zur Registrierung und Veröffentlichung nach Artikel 102 der Charta der Vereinten Nationen[8] übermittelt.

2. Der Depositar setzt das Sekretariat der Vereinten Nationen auch von allen Ratifikationen, Beitritten und Kündigungen in Kenntnis, die er in Bezug auf dieses Protokoll erhält.

Art. 17   Verbindlicher Wortlaut

Die Urschrift dieses Protokolls, dessen arabischer, chinesischer, englischer, französischer, russischer und spanischer Wortlaut gleichermassen verbindlich ist, wird beim Depositar hinterlegt; dieser übermittelt allen Vertragsparteien der Genfer Abkommen beglaubigte Abschriften.

Zeichen des III. Protokolls

(Art. 2 Abs. 2 und Art. 3 Abs. 1 des Protokolls)

Art. 1   Schutzzeichen

Art. 2   Verwendung des Zeichens des III. Protokolls
zum Zweck der Bezeichnung

   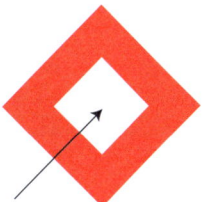

Einfügung in Übereinstimmung mit Art. 3

Geltungsbereich am 17. September 2009[9]

Vertragsstaaten	Ratifikation Beitritt (B)		Inkrafttreten	
Albanien	6. Februar	2008 B	6. August	2008
Australien	15. Juli	2009	15. Januar	2010
Belize	3. April	2007 B	3. Oktober	2007
Brasilien	28. August	2009	28. Februar	2010
Bulgarien	13. September	2006	13. März	2007
Chile	6. Juli	2009	6. Januar	2010
Costa Rica	30. Juni	2008	30. Dezember	2008
Dänemark	25. Mai	2007	25. November	2007
Deutschland	17. Juni	2009	17. Dezember	2009
Dominikanische Republik	1. April	2009	1. Oktober	2009
El Salvador	12. September	2007	12. März	2008
Estland	28. Februar	2008	28. August	2008
Fidschi	30. Juli	2008 B	30. Januar	2009
Finnland	14. Januar	2009	14. Juli	2009
Frankreich	17. Juli	2009	17. Januar	2010
Georgien	19. März	2007	19. September	2007
Guatemala	14. März	2008	14. September	2008
Honduras	8. Dezember	2006	8. Juni	2007
Island	4. August	2006	4. Februar	2007
Israel*	22. November	2007	22. Mai	2008
Italien	29. Januar	2009	29. Juli	2009
Kanada*	26. November	2007	26. Mai	2008
Kasachstan	24. Juni	2009 B	24. Dezember	2009
Kroatien	13. Juni	2007	13. Dezember	2007
Lettland	2. April	2007	2. Oktober	2007
Liechtenstein	24. August	2006	24. Februar	2007
Litauen	28. November	2007	28. Mai	2008
Mazedonien	14. Oktober	2008	14. April	2009
Mexiko	7. Juli	2008	7. Januar	2009
Moldau*	19. August	2008	19. Februar	2009
Monaco	12. März	2007	12. September	2007
Nicaragua	2. April	2009	2. Oktober	2009
Niederlande[a]	13. Dezember	2006	13. Juni	2007
Aruba[b]	13. Dezember	2006	13. Juni	2007
Niederländische Antillen	13. Dezember	2006	13. Juni	2007
Norwegen	13. Juni	2006	14. Januar	2007
Österreich	3. Juni	2009	3. Dezember	2009
Paraguay	13. Oktober	2008	13. April	2009
Philippinen	22. August	2006	22. Februar	2007
San Marino	22. Juni	2007	22. Dezember	2007

Vertragsstaaten	Ratifikation Beitritt (B)		Inkrafttreten	
Schweiz	14. Juli	2006	14. Januar	2007
Singapur	7. Juli	2008	7. Januar	2009
Slowakei	30. Mai	2007	30. November	2007
Slowenien	10. März	2008	10. September	2008
Tschechische Republik	23. Mai	2007	23. November	2007
Uganda	21. Mai	2008 B	21. November	2008
Ungarn	15. November	2006	15. Mai	2007
Vereinigte Staaten	8. März	2007	8. September	2007
Zypern	27. November	2007	27. Mai	2008

* Vorbehalte und Erklärungen.
  Die Vorbehalte und Erklärungen werden in der AS nicht veröffentlicht. Die Texte können auf der Internetseite des Depositars www.eda.admin.ch/depositar eingesehen oder bei der Direktion für Völkerrecht, Sektion Staatsverträge, 3003 Bern, bezogen werden.

a Für das Königreich in Europa.

b Am 1. Jan. 1986 erhielt die Insel Aruba, die ein Teil der Niederländischen Antillen war, die innere Autonomie innerhalb des Königreichs der Niederlande. Diese Änderung betrifft nur die internen verfassungsrechtlichen Beziehungen innerhalb des Königreichs der Niederlande.